Schriften zur Grenzüberschreitenden Zusammenarbeit

Herausgegeben von

Prof. Dr. iur. Kerstin Odendahl
Geschäftsführende Direktorin des Walther-Schücking-Instituts
für Internationales Recht
an der Christian-Albrechts-Universität zu Kiel
Westring 400, D-24118 Kiel
E-mail: odendahl@internat-recht.uni-kiel.de

Prof. Dr. iur. Benjamin Schindler
Lehrstuhl für Öffentliches Recht, Universität St. Gallen
Tigerbergstrasse 21, CH-9000 St. Gallen
E-mail: benjamin.schindler@unisg.ch

Dr. iur. Hans Martin Tschudi
ehem. Regierungsrat des Kantons Basel-Stadt, Lehrbeauftragter
für Grenzüberschreitende Zusammenarbeit, Universität St. Gallen
Furer & Karrer Rechtsanwälte, Gerbergasse 26, CH-4001 Basel
E-mail: hans-martin.tschudi@furerkarrer.ch

Kooperationspartner

Schriften zur Grenzüberschreitenden Zusammenarbeit

Band 10   Wissenschaft

Transnationale Verwaltungskulturen in Europa
Bestandesaufnahme und Perspektiven

Les cultures administratives transnationales en Europe
Etat des lieux et perspectives

Herausgegeben von

Joachim Beck / Fabrice Larat

ISBN 978-3-03751-665-2 (Dike Verlag Zürich/St. Gallen)
ISBN 978-3-8487-1866-5 (Nomos Verlag, Baden-Baden)

Bibliografische Information der ‹Deutschen Bibliothek›.
Die Deutsche Bibliothek verzeichnet diese Publikation in der Deutschen Nationalbibliografie;
detaillierte bibliografische Daten sind im Internet über ‹http://dnb.ddb.de› abrufbar.

Alle Rechte, auch des Nachdrucks von Auszügen, vorbehalten. Jede Verwertung ist ohne
Zustimmung des Verlages unzulässig. Das gilt insbesondere für Vervielfältigungen, Übersetzungen, Mikroverfilmungen und die Einspeicherung und Verarbeitung in elektronische
Systeme.

© Dike Verlag AG, Zürich/St. Gallen 2015

Inhaltsverzeichnis / Sommaire

Zusammenfassende Einführung / Introduction   1

JOACHIM BECK / FABRICE LARAT   3
Europäisierung oder Hybridisierung? – Konzeptioneller Ansatz, Ergebnisse und Perspektiven eines Forschungsprojekts zu Verwaltungskulturen in der transnationalen Zusammenarbeit

FABRICE LARAT / JOACHIM BECK   29
Européanisation ou phénomène d'hybridation?
Perspectives de recherche sur les cultures administratives et la coopération transnationale

**Teil I / Première Partie:
Empirische Bestandsaufnahmen zur grenzüberschreitenden Zusammenarbeit
Réalités empiriques concernant la cooperation transfrontalière**

ULRIKE BECKER-BECK / DIETER BECK   59
Kultur der grenzüberschreitenden Zusammenarbeit
am Beispiel der Oberrhein-Region
Ergebnisse einer Befragung von Akteuren der grenzüberschreitenden Zusammenarbeit

JOACHIM BECK   91
Grenzüberschreitende Kooperationskultur am Oberrhein –
eine erfahrungsbasierte Interpretation

RAPHAËLLE GRISEL   99
Transnationale Verwaltungskultur?
Das Beispiel der grenzüberschreitenden Zusammenarbeit zwischen deutschen und französischen Polizeiverwaltungen aus Kehl und Straßburg

HANNAH WUNRAM   109
La dimension interculturelle dans la prise de décision en groupe
Le cas d'une équipe de projet transfrontalier franco-allemand

Praktikerberichte / Témoignages

GÉRARD TRABAND † 123
La coopération transfrontalière fait-elle émerger une culture administrative transnationale spécifique?

MARTIN WEBER 129
Grenzüberschreitende Verhandlungen aus Schweizer Sicht

ANDREAS UEBLER 133
Grenzüberschreitende Verwaltungskultur am Oberrhein?
Die Sicht eines deutschen Kommunalpraktikers

Teil II: / Deuxième Partie
Deutsch-Französische Kooperation auf der zwischenstaatlichen Ebene
La coopération inter-étatique France-Allemagne

FABRICE LARAT 145
Les cultures admininistratives française et allemande et la coopération bilatérale

FABRICE LARAT 161
Les multiples facettes de la coopération administrative entre la France et l'Allemagne

Praktikerberichte / Témoignages

BERTRAND CADIOT 185
Un fonctionnaire d'échange, conseiller au ministère fédéral de l'intérieur

CHRISTINE BENEKE 197
Eine deutsche Juristin an der französischen Ecole Nationale d'Administration (ENA)
Erfahrungsbericht zu Gemeinsamkeiten und Unterschieden in der Verwaltungskultur in Deutschland und Frankreich

BEN BEHMENBURG und JEAN-LUC TALTAVULL 215
Deutsch-französische Polizeizusammenarbeit – Ein Bericht aus
der Praxis

Teil III: / Troisième Partie
Interdisziplinäre Interpretationen
Interprétations pluridisciplinaires

CÉDRIC DUCHÊNE-LACROIX 225
Un point de vue sociologique sur les cultures administratives
transnationales

KARL-PETER SOMMERMANN 253
Von der Europäisierung des Verwaltungsrechts zur Europäisierung
der Verwaltungskultur?

JÜRGEN KEGELMAN 269
Transnationale Verwaltungskulturen

JOACHIM BECK 279
Transnationale Verwaltungskultur in der grenzüberschreitenden
Zusammenarbeit?
Eine politik-/verwaltungswissenschaftliche Betrachtung

STEFAN FISCH 309
Wächst am Oberrhein eine grenzüberschreitende Verwaltungskultur?
Anmerkungen aus historischer Sicht

FRANZ THEDIECK 319
Wandel der transnationalen Verwaltungskultur
Leben in einer entgrenzten Welt

MICHEL CASTEIGTS 335
Le pilotage des politiques européennes
Un management sous injonctions paradoxales ou pourquoi l'Europe est de
plus en plus schizophrène

Verzeichnis der Autoren 349

Zusammenfassende Einführung / Introduction

Europäisierung oder Hybridisierung? – Konzeptioneller Ansatz, Ergebnisse und Perspektiven eines Forschungsprojekts zu Verwaltungskulturen in der transnationalen Zusammenarbeit

JOACHIM BECK / FABRICE LARAT

Inhaltsverzeichnis

1. Analytische Fragestellung der Untersuchung	3
2. Querschnittsanalyse der vorliegenden Publikation	8
3. Erste Schlussfolgerungen und neue Forschungsperspektiven	14
Literatur	26

1. Analytische Fragestellung der Untersuchung

Die Transnationalität öffentlicher Verwaltungsbeziehungen hat in den letzten 30 Jahren in Europa beständig an Bedeutung gewonnen. Gemeint sind damit grenzüberschreitende politisch-administrative Interaktionen, bei denen im Unterschied zur klassischen internationalen Politik, mit dem Staat als einheitlichem Bezugspunkt, sektorale und territoriale Akteure direkte Kooperationsbeziehungen mit ihren jeweiligen Pendants aus anderen Staaten entwickeln. Damit tritt in der europaorientierten Verwaltungsforschung ein analytisches Bezugsfeld in den Fokus, das komplementär zu der eher vertikal verstandenen Supranationalität und ihrer diesbezüglichen ebenenübergreifenden Funktionsbezüge (Europäische Mehr-Ebenen-Governance) auch die «horizontale» Dimension des europäischen Integrationsprozesses zu beleuchten sucht (Beck 2013).

In den jüngeren Forschungsarbeiten zur EU-Governance wird zwar die Bedeutung beider Dimensionen durchaus betont (Bache 2008). Während unter der vertikalen Dimension dabei das Zusammenspiel unterschiedlicher politisch-administrativer Handlungsebenen betrachtet wird (lokale, regionale, nationale und europäische Ebene), bezieht sich die horizontale Dimension von Governance allerdings zumeist auf die (eher normative) Frage, inwiefern neben öffentlichen Akteuren auch Akteure aus dem ökonomischen und dem gesellschaftlichen Sektor in diese Kooperationsprozesse einbezogen sind. Relativ wenig betrachtet sind bislang demgegenüber die direkten transnationalen Beziehungen zwischen den öffentlichen Verwaltungen selbst: Welche horizontalen Interaktionsformen lassen sich in Europa auf welcher Ebene beobachten, welches sind die für ihre Funktionalität jeweils konstitutiven Faktoren, welche Charakteristika teilen diese mit klassischen Formen der internationalen Politik, welche Spezifika wiederum unterscheiden sie von dieser?

Ein zweites Forschungsfeld, das in diesem Zusammenhang von Interesse ist, bezieht sich auf die Dimension der Verwaltungskultur. Da transnationale Verwaltungskooperation auf der Grundlage unterschiedlicher verwaltungskultureller Kontexte stattfindet, stellt sich zum einen die Frage, wie diese im Sinne einer unabhängigen Variable auf die Ausgestaltung transnationaler Kooperationsbeziehungen einwirken und wie stark die entsprechenden Kooperationsbezüge selbst durch die jeweiligen inter-kulturellen Vermittlungsprozesse geprägt sind. Zum anderen legt die Empirie der grenzüberschreitenden Verwaltungsbeziehungen die Frage nahe, ob sich im transnationalen Raum – analog der Entwicklung auf der supranationalen Ebene der Europäischen Institutionen – zwischenzeitlich bereits eigenständige Muster einer spezifischen Verwaltungskultur (im Sinne einer abhängigen Variable) identifizieren und kategorisieren lassen: Inwiefern lassen sich die verwaltungskulturellen Muster, die anlässlich der Zusammenarbeit zwischen nationalen Verwaltungen entstehen, durch die jeweiligen Funktionsbedingungen der praktizierten Kooperationsformen erklären, wie stark sind diese durch übergeordnete supranationale Integrationsleistungen (z.B. EU-Regulierungen oder Förderprogramme) mitgeprägt, welcher Transfer nationaler verwaltungskultureller Muster auf den transnationalen und europäischen Kontext lässt sich beobachten, inwiefern variiert die Ausprägung transnationaler Verwaltungskultur in Abhängigkeit der Charakteristika der behandelten Politikinhalte bzw. der beteiligten Verwaltungen?

Ein gemeinsam von Euro-Institut und dem Centre d'expertise et de recherche administrative der Ecole nationale d'administration (ENA) im Rahmen des PEAP (Pôle Européen d'Administration Publique de Strasbourg) konzipiertes Forschungsprojekt verfolgte vor diesem Hintergrund das Ziel, sich dem Gegenstand der transnationalen Verwaltungskulturen aus dem Blickwinkel unterschiedlicher fachlicher Disziplinen, administrativer Praktiken und nationaler Wissenschaftsakteure heraus zu nähern[1].

---

[1] Die Herausgeber danken dem PEAP für die finanzielle Unterstützung bei der Durchführung und Publikation des Projektes. Ein besonderer Dank gilt Anne Dussap, Fortbildungs-

In einer ersten konzeptionellen Reflexion wurden im Februar 2011 im Rahmen eines Workshops die folgenden untersuchungsleitenden Hypothesen entwickelt, welche zugleich die konzeptionellen Bezugsebenen einer so verstandenen transnationalen Verwaltungskultur eingrenzen.

Abb. 1: **Konzeptioneller Rahmen – die unterschiedlichen Dimensionen transnationaler Verwaltungskultur**

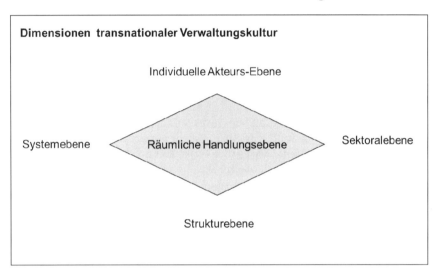

Systemebene:

Transnationale Verwaltungskultur konstituiert sich aus unterschiedlichen nationalen Politik- und Verwaltungssystemen heraus. Diese sind durch unterschiedliche strukturelle, funktionale und verwaltungskulturelle Muster charakterisiert. In transnationalen Kooperationsbeziehungen kommen diese sowohl über die handelnden Akteure selbst (inter-kulturelle Vermittlungsdimension) als auch über die Einbettung der Kooperationssysteme in den nationalen und europäischen institutionellen Kontext (inter-institutionelle Vermittlungs- und Rückkopplungsfunktion) zum Tragen.

---

referentin am Euro-Institut für ihre aktive Mitwirkung bei der Konzeption und Umsetzung des Forschungsprojekts sowie der beiden Workshops.

Strukturebene:

Je höher der Institutionalisierungsgrad, d.h. je intensiver die grenzüberschreitende Kooperation durch festgelegte Ziele, Prinzipien und Verfahren strukturiert ist, desto eher dürften sich auch spezifische transnationale verwaltungskulturelle Muster entwickeln, die sich von den eigenen (=«nationalen») Verwaltungskulturen der beteiligten Akteure und Systeme unterscheiden. Ob diese Kooperation stark organisiert oder nicht organisiert, formell oder informell, strategisch oder operationell und ob diese punktueller oder regelmäßiger Natur ist, prägt die grenzüberschreitende Kooperation und ihre verwaltungskulturellen Handlungsmuster.

Sektoralebene:

Unabhängig von den Systemen und Strukturen in denen Verwaltungskultur(en) existieren, spielen der Gegenstand der transnationalen Zusammenarbeit sowie die Sachlogik der Kooperation eine Rolle. Es gibt auf der Ebene der beteiligten Länder politikfeldspezifische Muster, die als weitere Differenzierungsebene ebenfalls die transnationalen Verwaltungskooperationen beeinflussen können. So lassen sich für verschiedene Fachverwaltungen grundlegende Funktionsmerkmale herausarbeiten, die zum einen durch den jeweils zugrunde liegenden Verwaltungstypus (Ordnungs-, Leistungs-, Planungsverwaltung etc.) sowie die in Frage stehende Fachaufgabe (Umwelt-, Verkehrs-, Wirtschafts-, Hochschul-, Justiz-, Sozial-, Gesundheitsverwaltung etc.) geprägt sind. Zum anderen kann der spezifische Policy-Typus (distributiv, re-distributiv, regulativ etc.) der in Frage stehenden Kooperationsgegenstände selbst einen prägenden Einfluss auf den «Politisierungsgrad» der transnationalen Verhandlungssysteme und damit auch ihrer verwaltungskulturellen Muster haben. Da Verwaltungstypus, Fachaufgabe und Policy-Typus im jeweiligen nationalen Kontext z.T. erheblich variieren, kann die Frage der Ausprägung und dann Kompatibilität der jeweiligen sektoralen Verwaltungskulturen auch und gerade für die Funktionalität des transnationalen Kooperations-Zusammenhangs von hoher Bedeutung sein.

Individuelle Akteursebene:

An transnationalen Kooperationsprozessen sind als handelnde Akteure Vertreter verschiedener öffentlicher Verwaltungen beteiligt. Jenseits der institutionellen Dimension des «Stellvertreterhandelns» (Principal-Agent Beziehung) spielt dabei in der administrativen Praxis regelmäßig – ob bewusst oder unbewusst – auch die jeweilige individuell-personelle Disposition eine wichtige Rolle. Zwar sind die beteiligten Akteure immer auch Träger einer spezifischen übergeordneten Landeskultur, sie können jedoch nicht einfach auf die simple

Dimension des Repräsentanten ihrer jeweiligen Landeskultur oder Organisation reduziert werden. Vielmehr zeigt sich, dass persönliche und berufliche Sozialisation, Status innerhalb der Heimatverwaltung, individuelle Interessen, Präferenzen und Kompetenzen sowie die Beherrschung von strategischen Schlüsselkompetenzen (verhandlungsbezogene Arbeits(fremd)sprache, gruppenbezogene Artikulationsfähigkeit, interkulturelle Offenheit und Erfahrung, Erfahrung bezüglich inter- und transnationaler Verhandlungskonstellationen, Fähigkeit zum Aufbau von Sozialkapital etc.) oftmals eine wichtigere Rolle für die Ausprägung und den Erfolg einer interpersonellen Interaktion auf der transnationalen Ebene spielen, als die Tatsache, aus einem bestimmten kulturellen Kontext zu kommen. Daher erfordert auch die Dimension der inter- (bzw. multi-)kulturellen Vermittlung jenseits der engeren Fragestellung einer funktionsgerechten Oszilliation bzw. Akkulturation weitere Differenzierungen, wie etwa diejenige nach den transnationalen verwaltungskulturellen Voraussetzungen (bzw. Beiträgen) einer Schaffung von handlungsfähigen interpersonellen *und* inter-institutionellen grenzüberschreitenden Kollektiven, z.B. durch die Identifizierung mit dem *transnationalen* Sinn und Zweck der Zusammenarbeit.

Räumliche Handlungsebene:

Schließlich ist zu erwarten, dass auch die räumlichen Handlungsebenen selbst, auf die sich transnationale Kooperationen beziehen, einen Einfluss auf die entsprechenden verwaltungskulturellen Muster haben werden. So wird es einen Unterschied machen, ob diese zwischen unmittelbar benachbarten Gemeinden innerhalb einer Grenzregion, zwischen den Vertretern verschiedener europäischer Regionen oder zwischen den Fachverwaltungen und Ministerien verschiedener Mitgliedstaaten stattfinden.

Empirische Grundlage des Forschungsprojekts

Diese Hypothesen bildeten die Grundlage für die Konzeption einer Befragung, mit der im Rahmen des obengenannten Projekts versucht wurde, transnationale Muster von Verwaltungskultur auf zwei Ebenen zu erheben: zum einen auf der Ebene der grenzüberschreitenden Zusammenarbeit – exemplarisch wurden im November 2011 551 Akteure in der trinationalen Region Oberrhein befragt –, zum anderen auf der zwischenstaatlichen Ebene der deutsch-französischen Kooperation – hier wurde in den Jahren 2012 und 2013 eine kleine Gruppe von Mitarbeitern deutscher und französischer Ministerien befragt, welche als Austauschbeamten oder Teilnehmer eines berufsbegleitenden deutsch-französischen Studiengangs beide Verwaltungskulturen kennen. Ergänzt wurden diese Befragungen um sog. Praktikerberichte, für die einzelne Akteure gebeten wurden, eine differenziertere, bewusst aber subjektive Einschätzung des Themenfelds der transnationalen Verwaltungskultur aus dem eigenen Erfahrungbereich zu dokumentieren. Schließlich hatte das Forschungsprojekt auch die Förderung eines interdisziplinären und internationalen Dialogs zwischen Wissenschaftlern zum Ziel. Dieser erfolgte in Form eines Forums, das am 12. und 13. Dezember 2011 im Euro-Institut in Kehl stattfand. Hierzu sind im dritten Teil der vorliegenden Publikation Beiträge von Wissenschaftlern verschiedener Disziplinen und nationaler Wissenschaftskulturen dokumentiert, welche eine erste interdisziplinäre Näherung an den Forschungsgegenstand der transnationalen Verwaltungskulturen leisten. Der vorliegende Band dokumentiert die verschiedenen Arbeitsergebnisse dieses Forschungsprojekts. Im Folgenden werden die wesentlichen Inhalte der einzelnen Beiträge in einer vergleichenden Betrachtung dargestellt. Der dritte Teil dieses Beitrags versucht auf dieser Grundlage eine erste perspektivische Schlussfolgerung.

2. Querschnittsanalyse der vorliegenden Publikation

Die Beiträge des vorliegenden Bands untergliedern sich in drei Teile. Im Teil I stellen *Ulrike Becker-Beck und Dieter Beck* zunächst die wesentlichen Ergebnisse einer Befragung grenzüberschreitender Akteure am Oberrhein vor. Die Befragungsergebnisse weisen auf eine eigene Kultur der grenzüberschreitenden Zusammenarbeit hin. Die Hypothesen zu den Besonderheiten der Kultur der grenzüberschreitenden Zusammenarbeit ließen sich weitgehend stützen: Von 37 Hypothesen zu den verschiedenen Themenfeldern wurden 24 im Durchschnitt als (eher) zutreffend [Mittelwerte zwischen 3,5 und 5 auf der 5-stufigen Skala von 1 (unzutreffend) bis 5 (zutreffend)] beurteilt. Dabei lässt sich erkennen, dass die grenzüberschreitende Zusammenarbeit ihre «Profilspitzen» bei Humanorientierung, Gruppen-Kollektivismus, Institutionellem Kollektivismus und Bestimmtheit hat. Hier liegt sie in der Einschätzung der Befragten auch signifikant über den Werten der Heimatverwaltung. Die Zukunftsorientierung ist in beiden Fällen in etwa gleich stark und etwas mehr als mittelmäßig ausgeprägt. «Profilsenken» hat die grenzüberschreitende Zusammenarbeit bei Machtdistanz, Geschlechtergleichheit, Unsicherheitsvermeidung und Leistungsorientierung. Auf diesen Dimensionen (mit Ausnahme der Geschlechtergleichheit) liegt die Einschätzung der grenzüberschreitenden Zusammenarbeit auch signifikant unterhalb der Beurteilung der Heimatverwaltungen. Der Frage nach einer eigenen transnationalen Verwaltungskultur wurde darüber hinaus auch durch eine vergleichende Beschreibung der Kultur der grenzüberschreitenden Zusammenarbeit und der Kultur der Zusammenarbeit in der jeweiligen Heimatverwaltung anhand der Kulturdimensionen der internationalen GLOBE-

Studie nachgegangen. Dieser Vergleich zeigt in der Tat, dass Unterschiede zwischen grenzüberschreitender Zusammenarbeit und Heimatverwaltung bei Machtdistanz, Unsicherheitsvermeidung, Bestimmtheit, Institutionellem Kollektivismus und Humanorientierung konsensual von deutschen und französischen Akteuren wahrgenommen werden. Man kann also von einer gemeinsamen Wahrnehmung der Kultur der grenzüberschreitenden Zusammenarbeit in Europa ausgehen.

Dieser Befund wird zum einen im Rahmen einer erfahrungsbasierten Interpretation durch *Joachim Beck* dadurch erklärt, dass diese oberrheinische Kooperationskultur weniger durch eine Integration der vorhandenen nationalen Verwaltungskulturen denn durch die funktionalen Erfordernisse (Lösung gemeinsamer Probleme, Entwicklung gemeinsamer Potenziale), die gemeinsam getragenen Werthaltungen bzw. Nutzenerwartungen (Versöhnung, Programmverwaltung, regionale Positionierung in Europa) sowie die Spezifika der grenzüberschreitenden Zusammenarbeit als «kleiner Außenpolitik» (Symbolik, diplomatischer Gestus) bzw. «dezentraler europäischer Innenpolitik» (Laboratorium der europäischen Integration) begründet und getragen ist. Sie dürfte sich diesbezüglich auch nicht wesentlich von anderen Grenzregionen unterscheiden.

Dem gegenüber zeigt *Raphaëlle Grisel* in ihrem Beitrag die Bedeutung des institutionellen Rahmens auf: Durch das Aufeinandertreffen der kulturellen Merkmale deutscher und französischer Verwaltungen in der grenzüberschreitenden Zusammenarbeit kann eine eigene grenzüberschreitende Verwaltungskultur entstehen. Im Bereich der grenzüberschreitenden Zusammenarbeit der deutschen und französischen Polizei zwischen Kehl und Straßburg ist das insbesondere bei den deutsch-französischen polizeilichen Einrichtungen für die grenzüberschreitende Zusammenarbeit der Fall: dem Gemeinsamen Zentrum der deutsch-französischen Polizei- und Zollzusammenarbeit sowie der deutsch-französischen Wasserschutzpolizeistation in Kehl.

Dieser Befund wird von *Hannah Wunram* aus dem Blickwinkel einer Analyse von Entscheidungsprozessen, die im Rahmen von deutsch-französischen grenzüberschreitenden Projekten stattfinden, zwar ebenfalls bestätigt. Ergänzend wird hier jedoch noch die Bedeutung der Dimensionen «Offenheit» und «Diversität» sowie die Notwendigkeit eines konstruktiven Umgangs mit diesen als Charakteristikum und Herausforderung der grenzüberschreitenden Kooperationskultur hervorgehoben.

Die Praktikerberichte von *Gérard Traband*, für Frankreich, *Martin Weber* für die Schweiz und *Andreas Uebler für Deutschland* wiederum verdeutlichen auf beeindruckende Weise – aus dem Blickwinkel des jeweils eigenen kulturellen und institutionellen Kontext heraus –, wie sehr die grenzüberschreitende Kooperationskultur durch einen hohen Pragmatismus, die Notwendigkeit unkonventioneller Lösungen und damit verbundener Flexibilitäten sowie das Vorhandensein belastbarer inter-personeller Beziehungen charkterisiert ist, wie fragil diese aber auch sein kann und wie sehr sie eben letztlich durch die Bedingungen und Notwendigkeiten des politisch-administrativen Heimatkontexts der beteiligten Akteure beeinflusst ist.

Für den Bereich der zwischenstaatlichen Zusammenarbeit, der Gegenstand von Teil II des Buches ist, arbeitet zunächst *Fabrice Larat* in seiner zusammenfassenden Auswertung einer Befragung ministerieller Akteure aus Deutschland und Frankreich die wesentlichen Muster dieses Kooperations-Typus heraus. Dabei lässt sich beobachten, dass das Muster der zwischenstaatlichen Zusammenarbeit bei einigen Variablenausprägungen näher beim deutschen, bei einigen Variablen näher beim französischen und bei einigen Variablen genau zwischen den beiden nationalen Verwaltungskulturmustern liegt. Eher «französischen Eigenschaften» ähnelt die zwischenstaatliche Kooperation, wenn es um Regelorientierung, Klarheit von Erwartungen und Vorgaben für die Mitarbeiter sowie Detailliertheit der Aufgaben geht. Eher den «deutschen Eigenschaften» ähnelt die zwischenstaatliche Kooperation hingegen, wenn es um Merkmalsausprägungen wie Offenheit für kulturelle Belange anderer, eine geringere Statusorientierung der Akteure, eine geringere Durchsetzungsorientierung, aber auch eine größere Unsicherheit, die eigene Rolle betreffend, geht. Interessanterweise ist die Zahl der Variablen, die in ihrer Ausprägung auf eine Mittelstellung des zwischenstaatlichen Kooperationsmusters zwischen den beiden nationalen Mustern verweist – d.h. auf einen spezifischen «Modus operandi» – schließen ließe –, eher gering: Dies ist lediglich bei der Bedeutung des Wissens für die Bestimmung des Einflusses einer Person, die Loyalität gegenüber der gemeinsamen Sache (Gruppen-Kollektivismus) sowie dem Stolz, an einer gemeinsamen Sache zu arbeiten (Identität), der Fall. Insofern scheint es also durchaus Unterschiede zwischen dem Muster der grenzüberschreitenden und der zwischenstaatlichen Kooperation zu geben, welche wir im Punkt 3 dieser Einführung daher nochmals gesondert betrachten und perspektivisch interpretieren wollen.

Einen weiteren Aspekt der deutsch-französischen Kooperation arbeitet *Fabrice Larat* in seinem zweiten Beitrag heraus, in dem er die verschiedenen institutionalisierten und informellen Facetten der deutsch-französischen im Vergleich zu Formen der Europäischen Zusammenarbeit kategorisiert und unter der Fragestellung analysiert, inwiefern deren Grad an Institutionalisierung zu ihrer Funktionalität beiträgt bzw. umgekehrt, inwiefern eher die gute Kenntnis der verwaltungsstrukturellen und/oder institutionellen Spezifika des jeweiligen Gegenübers für eine hohe Funktionalität i.S. einer effektiven deutsch-französischen Aufgabenbewältigung von Relevanz ist. Er arbeitet heraus, dass deutsch-französische Kooperationen nur dann erfolgreich sind, wenn sie durch intensive Mitarbeiteraustausche auf der Ebene der institutionellen «Muttereinrichtungen» begleitet werden, da der humane Faktor bei dieser Art von Beziehungen entscheidend ist. *Larat* zieht die Schlussfolgerung, dass dies letztendlich auch eine wichtige Lektion für den weiteren Europäischen Integrationsprozess sein sollte: Nur wenn die handelnden Akteure bereits im Vorfeld von Projekten, Programmen, institutionellen Lösungsansätzen und Entscheidungen sich mit den jeweiligen Spezifika ihres Gegenübers gut vertraut machen und dabei auch die notwendigen informellen Kommunikationsressourcen aufbauen, können Kooperationen nachhaltig erfolgreich sein.

Diese Argumentationslinie lässt sich, aus ganz unterschiedlichen Blickwinkeln, auch in den drei Praktikerbeiträgen dieses Kapitels erkennen: So stellt *Bertrand Cadiot* in seinen Erfahrungen als französischer Austauschbeamter im Bundesinnenministerium zwar die großen strukturellen Unterschiede beider Einrichtungen dar, zeigt aber auch auf, wie diese durch den Aufenthalt überhaupt erst bewusst wurden und wie diese dann über den Aufbau persönlicher Kontakte für die weitere Kooperation nutzbar gemacht werden konnten. In ihrem Erfahrungsbericht einer deutschen Juristin, die als Praktikantin in der Stadtverwaltung Orléans und in der Ständigen Vertretung Frankreichs bei der EU tätig war, arbeitet *Christine Beneke* sehr eindrücklich die verwaltungskulturellen Spezifika Frankreichs heraus und reflektiert diese vergleichend. Am Beispiel der Unterschiede im Bereich der Personalführung und der Rolle des Rechts im Verwaltungsalltag erörtert sie abschließend Möglichkeiten und Grenzen einer verstärkten deutsch-französischen Verwaltungskooperation.

Wie dies sehr erfolgreich funktionieren kann, zeigen *Ben Behmenburg* und *Jean-Luc Taltavull* wiederum am Beispiel des gemeinsamen Zentrums der deutsch-französischen Polizei- und Zollzusammenarbeit in Kehl. Über den Ansatz eines gemeinsamen «Institutionen-building» konnten die negativen Auswirkungen unterschiedlicher struktureller und kultureller Ausgangsbedingungen aufgefangen und eigene Muster einer sehr erfolgreichen grenzüberschreitenden deutsch-französischen Aufgabenerfüllung verstetigt werden.

Teil III des Bandes widmet sich dem Forschungsgegenstand der transnationalen Verwaltungskulturen aus dem Blickwinkel unterschiedlicher wissenschaftlicher Disziplinen.

Céderic Duchêne-Lacroix arbeitet in seiner soziologischen Analyse eingangs zunächst die konstitutiven Faktoren von transnationaler Verwaltungskultur heraus: eine gemeinsame Identität, kollektive gemeinsame Erinnerungen, gemeinsame Techniken und soziale Beziehungen, Kontakte etc. Über diese etablieren sich auf der individuellen, der kollektiven, der geographischen und der strategischen Ebene Differenzierungen zwischen einem «Miteinander» und einem «Ohne einander». Der transnationale Charakter ist dabei plural und reicht vom direkten Grenzüberschreitenden, über das Interregionale und Interkontinentale bis zum Supranationalen. So verstandene transnationale Verwaltungskulturen entstehen und routinisieren sich auf sehr spezifische Weise, jeweils in Abhängigkeit der beteiligten beruflichen Kontexte, spezifischen Aufgaben- und Ziele sowie institutionellen Formen und regionalen Kontexte, und erfordern folglich verschiedene theoretische Zugänge der Soziologie. Der Beitrag bezieht sich auf diese, indem unterschiedliche Aspekte von transnationaler Verwaltungskultur näher anaylsiert werden: ihre Genese, strategische Ausrichtung, Handlungsmuster, ihre Akteure und ihre Ausprägung in der grenzüberschreitenden Zusammenarbeit.

Aus rechtswissenschaftlicher Sicht geht *Karl-Peter Sommermann* der Frage nach, inwiefern aus einer Europäisierung des Rechts auch auf eine Europäisierung von Verwaltungskultur geschlossen werden kann. Er analysiert zunächst die drei unterschiedlichen Phasen der direkten Europäisierung des nationalen Verwaltungsrechts (Europäisierung des materiellen Verwaltungsrechts, des Verwaltungsverfahrensrechts sowie des Verwaltungsorganisationsrechts) sowie Ausprägungen der indirekten Europäisierung (funktionale Anpassung, Spillover-Effekte, wettbewerbsbedingte Anpassungen und Transnationalisierungsphänomene). Sodann wird herausgearbeitet, auf welcher Ebene, in welcher Intensität und durch welche Akteure befördert, sich bereits eine Europäisierung von nationaler Verwaltungskultur feststellen lässt. Was die Frage nach der Emergenz einer Europäischen Verwaltungskultur betrifft, kommt die Analyse demgegenüber zu einer zurückhaltenden Einschätzung: Diese werde sich in erster Linie jenseits der großen Konzepte vollziehen und eher an den konkreten Wertorientierungen des öffentlichen Dienstes, den Verhaltensweisen seiner Mitglieder und der Verfahrensgestaltung ansetzen.

Aus organisationswissenschaftlicher Sicht geht *Jürgen Kegelmann* der Frage nach, welche Rolle im Rahmen einer sich immer mehr verzahnenden Welt- und Europäischen Gesellschaft einer die nationalen Grenzen überschreitenden Verwaltungskultur zukommt. Dabei untersucht er, wie sich gerade in der internationalen Zusammenarbeit, die nationalen Verwaltungs- und Berufskulturen zueinander verhalten, ob diese in einem Spannungsverhältnis zueinander stehen und um die jeweilige Dominanz konkurrieren, oder ob diese sich vielmehr durchmischen und es zu «hybriden» Kulturmustern kommt, die sich jeweils ergänzen, d.h. inwiefern man ggf. sogar von einer neuen «transnationalen» Kultur sprechen kann, die die jeweiligen Einzelkulturen überschreitet. Auf der Basis einer Kritik klassischer Verwaltungskulturdiskussion plädiert Kegelmann für einen «Mehrebenenansatz», ein Zulassen «paradoxer» Kulturmuster sowie ein besseres Verständnis «relationaler» Kulturmuster, wie sie gerade im transnationalen Kontext zu beobachten sind.

Aus politik-/verwaltungswissenschaftlicher Sicht geht *Joachim Beck* der Frage nach, inwiefern in den grenzüberschreitenden Kooperationsbeziehungen jenseits der Dimension spezifischer *Kooperations*muster tatsächlich von einer transnationalen Verwaltungskultur gesprochen werden kann und welches die funktionalen Unterschiede sind, zwischen der grenzüberschreitenden Zusammenarbeit und dem jeweiligen nationalen «Heimatkontext», aus dem sich die Akteure dieser Kooperation konstituieren. Im Ergebnis fällt die Analyse eher zurückhaltend aus: da sowohl das originäre Aufgaben-, Organisations-, Personal- und Institutionenprofil des grenzüberschreitenden Kooperationssystems als auch die faktischen grenzüberschreitenden Handlungskompetenzen noch immer sehr schwach ausgeprägt sind, fehlt der verwaltungskulturellen «Software» letztlich ihre konstitutive «Hardware». Auf Basis dieses Befunds werden abschließend mit dem Konzept einer «horizontalen Subsidiarität» wissenschaftliche und praktische Perspektiven entwickelt, mit denen das grenzüberschreitende Handlungssystem seine Potenziale besser entfalten und damit auch die Grundlagen für die Emergenz einer eigenen Verwaltungskultur legen kann.

Stefan Fisch kommt in seiner geschichtswissenschaftlichen Betrachtung zu einer ganz ähnlichen Schlussfolgerung. Zunächst zeichnet er die Emergenz jeweils eigener verwaltungskultureller Muster auf der supra-nationalen, der inter-nationalen und der nationalen Ebene nach und zeigt auf, weshalb die Frage nach einer spezifischen Verwaltungskultur in der grenzüberschreitenden Zusammenarbeit offen und nicht offenkundig zu bejahen ist. Neben dem schwachen Verwaltungsprofil selbst thematisiert er auf der Basis einer Interpretation der qualitativen Ergebnisse der Umfrage am Oberrhein, die bislang offensichtlich nur schwach entwickelten Kooperationsmerkmale «gleichberechtigte Partnerschaft», «gegenseitiges Lernen», «Kombination der besten Handlungsansätze» sowie «gegenseitiges sprachliches und kulturelles Verständnis» als konstitutive Bestandteile einer noch zu entwickelnden transnationalen Verwaltungskultur.

Am Beispiel der Entwicklung einer deutschen Organisation zur Förderung der internationalen Verwaltungszusammenarbeit analysiert *Franz Thedieck* aus verwaltungswissenschaftlicher Perspektive, inwiefern verwaltungskulturelle Muster veränderbar sind, welche Ursachen sich für einen solchen organisationalen Kulturwandel heranziehen lassen und mit welchen Mechanismen und Methoden dieser bewirkt wurde. Er zieht hieraus für den transnationalen Kontext die interessante Schlussfolgerung, dass in einer entgrenzten Welt die Veränderungen zwar umfassender sind, sich mit einer wachsenden Geschwindigkeit vollziehen und diese tendenziell zu einer Einebnung kultureller Unterschiede führen. Entgrenzte Welten lassen andererseits aber auch neue Kommunikationsräume entstehen und territoriale Grenzregionen, so das abschließende Argument, besitzen naturgemäß einen leichteren Zugang zu Nachbarkulturen und damit ein in mehrfacher Hinsicht dynamisch wirkendes Potenzial.

In seinem Beitrag über die verwaltungskulturellen Muster der Entwicklung und Umsetzung europäischer Politik argumentiert *Michel Casteigts* aus dem Blickwinkel der Managementwissenschaft, dass die Verwaltung der Europäischen Kommission zunehmend durch multirationale Paradoxien charakterisiert ist, bei denen die Bedarfe nach einer verwaltungskulturellen Identität immer stärker mit den antagonistischen Tendenzen der nationalen Verwaltungskulturen kontrastieren. Dies führt nicht nur auf der Ebene der Mitarbeiter der Europäischen Kommission selbst, sondern auch bezüglich ihrer Politikproduktion und des zugrunde liegenden Managements zu einer zunehmenden Heterogenität und Widersprüchlichkeit, mit dem Ergebnis einer Paradoxie im Sinne von Gregory Bateson und der Denkschule von Palo Alto. Zugleich werden dadurch Tendenzen einer Schizophrenie begründet, die sich mit der bestehenden Ambiguität der Europäischen Kommission verbindet.

3. Erste Schlussfolgerungen und neue Forschungsperspektiven

Da die Entstehung der Bürokratie nach Max Weber Ausdruck der Genese des modernen Staates ist, bezieht sich auch die Definition dessen, was unter dem Konzept der Verwaltungskultur zu verstehen ist, eng auf die Perspektive des Nationalstaates. Man kann davon ausgehen, dass die Genese von Verwaltungskultur direkt mit jener des modernen Staates verbunden ist. Dieser sieht sich heute insbesondere im Zusammenhang mit dem europäischen Interationsprozess mit vielfältigen internen wie externen Herausforderungen konfrontiert.

Im Hinblick auf die definitorische Fassung des Konzepts «Verwaltungskultur» haben in den 60er Jahren die meisten Autoren, den Arbeiten von Almond und Verba (1963) folgend, dieses mit dem Konzept der politischen Kultur verbunden. Im Zusammenhang mit den organisationalen und juristischen Rahmenbedingungen, unter denen Verwaltungen sich entwickeln, wird dabei mit dem Konzept der Verwaltungskultur ein Schwerpunkt auf Aspekte wie Werte, Normen, Orientierungen und Handlungsmuster gelegt (Thedieck 2006). Werner Jann unterscheidet in diesem Zusammenhang drei Formen von Verwaltungskultur: die erste bezieht sich auf die werteorientierten und normativen Vorstellungen und Einstellungen der Gesellschaft gegenüber der Verwaltung, die zweite bezieht sich auf die Internalisierung dieser Werte und Normen durch die

Verwaltung selbst, während die dritte sich auf die hieraus resultierenden spezifischen administrativen Handlungsmuster bezieht (Jann 1083). Alle drei Dimensionen sind maßgeblich von der geschichtlichen Entwicklung geprägt. In diesem Sinne kann Verwaltungskultur dann auch als «geronnene Geschichte» (Fisch 2000) verstanden werden.

Diese starke, auf den Nationalstaat bezogene Sicht hat gleichwohl die Entwicklung einer vergleichenden Verwaltungskulturforschung nicht behindert, mit der insbesondere in europäischen Staaten unterschiedliche Verwaltungskulturen herausgearbeitet und verglichen wurden. Bereits die frühen Arbeiten von Werner Jann, in denen in den 80er Jahren die Umsetzung staatlicher Handlungsprogramme in Schweden, Großbritannien und Deutschland vergleichend analysiert wurden, ließen erkennen, dass diese Staaten zwar durchaus mit vergleichbaren materiellen Herauforderungen konfrontiert waren, dass aber die jeweiligen Handlungs- und Lösungsmuster, mit denen diese angegangen wurden, sehr unterschiedlich und eben durch verschiedene Verwaltungskulturen erklärbar waren.

Unter dem Einfluss der europäischen Integration und der Emergenz des Phänomens des New Public Management hat sich dann ab den 90er Jahren der Fokus der Verwaltungskulturforschung signifikant erweitert (Beck&Thedieck 2008; Beck&Larat 2011). Die Frage, inwiefern kulturelle Faktoren administratives Handeln prägen und wie demzufolge auch Ansätze einer internationalen Verwaltungsmodernisierungsbewegung in ihrer Umsetzung pfadabhängig bzw. in der Lage sind, diese zu verändern, stieß insbesondere in den europäischen Verwaltungswissenschaften zunehmend auf Interesse (Ziller 1993).

Dieser Forschungslinie folgend, kann die Frage aufgeworfen werden, inwiefern die innerhalb des europäischen Verwaltungsraums stattfindende Vervielfältigung der transnationalen Kooperationsmuster ebenfalls einen Einfluss auf die Kulturen der beteiligten Verwaltungen hat. In den vergangenen 30 Jahren lässt sich in Europa eine zunehmende Verdichtung transnationaler Beziehungen von öffentlichen Verwaltungen beobachten, in deren Rahmen zahlreiche sektorale Akteure direkte Kooperationen mit ihren Pendents in Nachbarstaaten entwickelt haben (CESI 2012).

Diese zumeist von der Europäischen Union beförderten direkten wechselseitigen Bezüge zwischen Verwaltungsakteuren unterschiedlicher Mitgliedstaaten geben der Analyse der unterschiedlichen nationalen Verwaltungskulturen eine politische Dimension, da deren transnationale Funktionalität einen direkten Einfluß auf die Art und Weise hat, wie sich die europäische Verwaltungszusammenarbeit insgesamt gestaltet. In diesem Kontext erscheinen zwei Konzepte von besonderer Bedeutung, um die Auswirkung, die die Verwaltungszusammenarbeit auf die Entwicklung der Verwaltungskulturen in Europa hat, besser zu verstehen: das erste ist das Konzept des europäischen Verwaltungraums und das zweite der Prozess der Europäisierung nationaler Verwaltungen selbst. Eine perspektivische Bestandsaufnahme zu den transnationalen Verwaltungskulturen in Europa erfordert dabei die Analyse der spezifischen Wechselbeziehung, die sich zwischen der Emergenz eines integrierten europäischen Verwaltungsraums und den verschiedenartigen Formen der Verwaltungskooperation ergibt, bzw. – in einem allgemeineren Fokus – den generellen Zusammenhang zwischen Europäisierung und Kooperation näher zu betrachten.

Verwaltungszusammenarbeit und die Konstituierung eines europäischen Verwaltungsraums

Auch wenn sie durch unterschiedliche rechtliche Traditionen charakterisiert sind und über individuelle Systeme der Verwaltung öffentlicher Angelegenheiten verfügen, teilen die Mitgliedstaaten der Europäischen Union dennoch dieselben Grundprinzipien öffentlicher Verwaltung. Diese Prinzipien bilden die Basis eines europäischen Verwaltungsraums, der eine Reihe gemeinsamer Handlungsnormen umfasst, welche sich dann auf nationaler Ebene über entsprechende Kodifizierungen und normierte Verfahren ausgestalten (OECD 2000). Eines dieser Prinzipien ist die «gute Verwaltungsführung», deren Verwirklichung durch die europäischen und die nationalen Regierungen nicht nur die Schaffung eines gemeinsamen europäischen Verwaltungsraums befördert, sondern auch im Interesse einer effektiven und effizienten Umsetzung europäischen Rechts zu einer immer enger werdenden Zusammenarbeit zwischen nationalen und europäischen Verwaltungen führt (Chevalier 2014, 425). In diesem Kontext kann die Verwaltungzusammenarbeit als integraler Bestandteil der Umetzung und Vertiefung des Binnenmarktes gesehen werden – einem der zentralen Handlungssäulen der Europäischen Union.

So konkretisiert sich beispielsweise das Prinzip der gegenseitigen Amtshilfe innerhalb der Europäischen Union etwa durch das Einsetzen von Verbindungsbüros und den Austausch von Informationen und Inspektoren, wie es z.B. in Artikel 4, Abs. 1 der Richtlinie 96/71 für den Bereich des Arbeitsschutzes normiert ist. In diesem Falle dient die entsprechende transnationale Verfahrensregelung, kooperativ auf spezifische Bedarfe zu reagieren, die sich aus der grenzüberschreitenden Entsendung von Arbeitnehmern ergeben können, eben auch der Verwirklichung der europäischen Integration.

Diese Zusammenarbeit kann – idealtypisch – informatorischer (Statistiken, Vernetzung bestehender Systeme, Schaffung gemeinsamer Datenbanken), prozeduraler (Schaffung gegenseitiger und europäischer Informationspflichten, Konzertation, Etablierung gemeinsamer Verfahren, Erleichterung der gegenseitigen Anerkennung von Dokumenten etc.) oder institutioneller (Entwicklung von Verwaltungsnetzen insbesondere zwischen Agenturen) Natur sein. Auf diese Weise entsteht der europäische Verwaltungsraum im Kontext eines komplexen europäischen Integrationsprozesses, der eine Anpassung der jeweils historisch gewachsenen Institutionen und Strukturen der Mitgliedstaaten erforderlich macht und diese dadurch zugleich verändert (Ktistakis 2013, 36).

Ein gemeinsamer Verwaltungsraum im eigentlichen Sinne des Wortes ist indessen erst dann verwirklicht, wenn eine Grundeinheit von europäischen administrativen Prinzipien, Regeln und Regulierungen auf gleiche Art und Weise auf verschiedenen Gebieten realisiert werden, die durch unterschiedliche nationale Verfassungen reguliert werden. Allerdings besteht mit der auf Dauer angelegten Interaktion zwischen den Vertretern der Mitgliedstaaten sowie zwischen diesen und den Beamten der Europäischen Kommmission eine weitere wichtige Quelle der europäischen Annäherung unterschiedlicher Verwaltungssysteme. Diese intergouvernementalen Beziehungen, deren eigentliche Qualität sich in der Regel allerdings durch entsprechende inter-personelle Beziehungen entfaltet, tragen ebenfalls dazu bei, auf der nationalen Ebene ein gemeinsames Verständnis über die effektive und effiziente Umsetzung europäischer Politiken und Regulierungen zu befördern, insbesondere durch den Austausch und die Verbreitung guter Praktiken (OECD 2000)[2].

Die Bedeutung solcher im Rahmen der Anwendung europäischen Rechts entstehender transnationaler Kooperationen sollte aber nicht darüber hinwegtäuschen, dass auch eine Vielzahl zwischenstaatlicher Kooperationen auf der bilateral-horizontalen Ebene existiert, die nicht unbedingt in direktem Zusammenhang mit der europäischen Integration steht. Auch diese Kooperationen können ihre Ausprägung in Form von Datenaustausch, direkter grenzüberschreitender Informationsbeziehungen auf der dezentralen Ebene, abgestimmte bzw. gemeinsame Kontrollen, Verbindungsbeamte, Abstimmung von Verfahren, Verwaltungsvereinbarungen, gemeinsame Erklärungen etc. finden.[3]

Auch wenn natürlich diese sektoralen, bi- (wie z.B. zwischen Deutschland und Frankreich) oder multilateralen Kooperationsbeziehungen innerhalb der EU

---

[2] Die Analyse des europäischen Verwaltungsraums im Kontext der Europäischen regionalen Integration zeigt z.B. eine teils originelle Praktik mancher Mitgliedstaaten, sich der Umsetzung Europäischer Regelungen zu entziehen, um ihre historischen und kulturellen Besonderheiten aufzuwerten. Zudem zeigt sie, wie sich ein professioneller öffentlicher Dienst in den Europäischen Institutionen bildet, der sich zwar aus unterschiedlichen Humanressourcen der Mitgliedstaaten, jedoch anhand eines gemeinsamen professionellen Selbstverständnisses rekrutiert (KTISTAKIS 2013, 36).

[3] Zur deutsch-französischen institutionellen Kooperation siehe den zweiten Beitrag von LARAT (S. 159) in diesem Band.

primär Organisationen (Agenturen, ministerielle Abteilungen etc.) und nicht einzelne, personelle Akteure miteinander vernetzen, so sind es jedoch letztlich Individuen, die dann konkret die relevanten Arbeitsbeziehungen und -sitzungen ausgestalten, wie sich dies z.b. bei Netzwerken nationaler Experten beobachten lässt. Als Vertreter ihrer jeweiligen Institutionen sind diese durch die jeweiligen Besonderheiten ihrer nationalen Verwaltungskultur geprägt, innerhalb derer sie professionell sozialisiert wurden und die unabhängig von den konkreten Anlässen der transnationalen Begegnung bestehen. Da sie nationale Staatsgrenzen und damit auch nationale Verwaltungssysteme und -kulturen überschreitet, erfordert eine funktionale transnationale Verwaltungszusammenarbeit gemeinsam entwickelte und von den beteiligten Partnern getragene Handlungs- und Verhaltensregeln, mit denen die inter-systemischen Herausforderungen rationalisiert werden können.

Vektoren einer Europäisierung nationaler Kulturen

Die Tatsache, dass die transnationale Verwaltungszusammenarbeit in Europa zumeist direkte oder zumindest indirekte Bezüge zu den Institutionen, dem Rechtsrahmen und auch den Politiken der europäischen Union aufweist und insofern mit dem bereits seit Jahrzehnten stattfindenden Integrationsprozess verbunden ist[4], wirft die Frage auf, inwiefern dieser Prozess auch zu einer Europäisierung nationaler Verwaltungskulturen geführt hat.

Die Europäisierung an sich kann unter verschiedenen konzeptionellen Blickwinkeln betrachtet werden. Man unterscheidet gemeinhin drei Typen von Definitionen: zum einen Definitionen, die den Schwerpunkt auf die Entstehung distinkter europäischer Governance-Strukturen legen; zum anderen Definitionen, die auf die schrittweise Integrierung der europäischen Dimension auf der Ebene nationaler Praktiken abheben; schließlich Definitionen, welche die Interaktion zwischen der nationalen und der europäischen Ebene betonen (Saurugger 209, 259).

Vor diesem Hintergrund unterstreichen Kevin Featherstone und Claudio Radaelli (2003) den multidimensionalen Charakter der Europäisierung, und zwar sowohl auf nationaler als eben auch auf europäischer Ebene. Europäisierung kann insofern als ein Prozess der Konstruktion, Diffusion und Institutionalisierung von formellen und informellen Regeln verstanden werden, die zunächst auf der europäischen Ebene definiert und dann auf der Ebene nationaler Praktiken integriert werden. Dieser mehrdimensionale Prozess ist sowohl durch ein «downloading» (Mitgliedstaaten übernehmen Praktiken der EU) als eben auch

---

[4] Zum Verhältnis zwischen den verschiedenen administrativen Kooperationsformen und der Europäischen Integration siehe LARAT 2003.

durch ein «uploading» (Transfer guter nationaler Praktiken auf die europäische Ebene) gekennzeichnet.

In einer solchen Perspektive liesse sich durchaus erwarten, dass der Prozess der Europäisierung, angesichts der prägenden Wirkung der europäischen Institutionen und ihrer Politiken, zu einer Konvergenz in der Entwicklung der nationalen Verwaltungen und deren Kulturen führt, beispielsweise in Form einer Vereinheitlichung der Arbeitsstrukturen und -verfahren. Blickt man jedoch, wie Karl-Peter Sommermann in seinem Beitrag anschaulich darlegt, auf die großen Unterschiede zwischen den Mitgliedstaaten in der Art und Weise, wie diese EU-Recht umsetzen, und vergegenwärtigt man sich ferner, wie stark in der administrativen Praxis nationale Prinzipen, Traditionen und auch politische Prioritäten nach wie vor dominieren, so wird man statt von einer Uniformisierung eher von einer Hybridisierung der Verwaltungskulturen in Europa sprechen müssen. Diese ist charakterisiert durch die Emergenz eines Systems von Intraktionen zwischen europäischer und nationaler Verwaltung, das zwar zu einer gemeinsamen Rahmenarchitektur führt, bei der aber jede nationale Ebene gleichwohl ihre eigenen administrativen Kulturen und Traditionen bewahrt.

Unabhängig von der Frage, inwiefern das Phänomen der Vernetzung nationaler Verwaltungen Konsequenzen für deren Europäisierung hat, kann die zentrale Leitfrage der in diesem Band versammelten Beiträge wie folgt formuliert werden: Welche Art von Verwaltungskultur kann aus der transnationalen Verwaltungskooperation entstehen? Neben der in den Verträgen kodifizierten Kooperation hat die Europäische Integration de facto das Entstehen von bi- und multilateralen Verwaltungsnetzwerken stark befördert, die auf ihren jeweiligen Fachebenen immer intensiver zu kooperieren suchen, wie z.B. das Abkommen zwischen Frankreich und Belgien zur Abstimmung und administrativen Kooperation im Bereich der Steuerhinterziehung und des Steuerbetrugs zeigt.[5]

Effekte der transnationalen Verwaltungskooperation

Kann sich diese transnationale Verwaltungskooperation, sei sie nun institutionalisiert (durch Verträge, Abkommen, Vereinbarungen etc.) oder nicht, konkretisieren, ohne dass dies zumindest partielle Auswirkungen auf die beteiligten nationalen Verwaltungen hat? Wie die Beiträge des vorliegenden Bandes ver-

---

[5] Dies ist auch im Bereich der polizeilichen und Zoll-Zusammenarbeit der Fall, dessen entsprechendes Abkommen von Mondorf-les-Bains (1997) u.a. im Jahre 1999 zur Schaffung eines Gemeinsamen Zentrums in der deutschen Grenzstadt Kehl geführt hat. Es sei darauf hingewiesen, dass seitdem Frankreich vergleichbare Abkommen mit Spanien, Italien, Luxembourg, der Schweiz und Belgien abgeschlossen hat. Deutschland unterzeichnete analoge Abkommen mit Polen und der Tschechischen Republik.

deutlichen, lässt diese Form der zwischenstaatlichen Kooperation über die mit ihr einhergehende Auseinandersetzung mit einem anderen politisch-administrativen System auf der Ebene der direkt Beteiligten durchaus eine Auswirkung in der Art und Weise erkennen, wie diese Kooperation ausgestaltet wird. Dies führt wiederum zu der Frage, inwiefern sich in diesem Kontext eine spezifische Verwaltungskultur entwickeln kann, wo doch selbst auf nationaler Ebene die verwaltungskulturellen Ausprägungen sich regional durchaus unterschiedlich gestalten und auf der europäischen Ebene eine eigene Verwaltungskultur erst im Entstehen begriffen ist. Um diese spezifischen Effekte des Transnationalen richtig einordnen zu können, müssen zunächst zwei Fragen beantwortet werden:

- Inwiefern unterscheiden sich diese transnationalen Praktiken von den verwaltungskulturellen Mustern der beteiligten nationalen Partner?
- Im Falle einer Differenz: Was führt zu dieser Differenz transnationaler Verwaltungskultur – handelt es sich lediglich um eine wie immer geartete (Ver-)Mischung bestehender nationaler Verwaltungskulturen oder befördert der Gegenstand der Kooperation selbst ein spezifisch transnationales Muster?

Ein Vergleich der Ergebnisse der beiden Umfragen, die in den Kapiteln I und II näher dargestellt sind, ist insofern aufschlussreich, als er einige empirisch gestützte Elemente für die Beantwortung der beiden Fragen beisteuern kann. Dabei können die fünf analytischen Dimensionen des Untersuchungsansatzes, wie sie in Abbildung 1 dargestellt sind, als Referenzrahmen für die Interpretation der Untersuchungsergebnisse dienen.

Der erste Eindruck, der sich aufdrängt, ist zunächst die große Ähnlichkeit der Ergebnisse der grenzüberschreitenden und der zwischenstaatlichen Untersuchungen (vgl. Schaubild 2, S. 21). Bei der großen Mehrheit der Antworten zeigen sich allenfalls graduelle Unterschiede hinsichtlich der Art, wie die Funktionsweise der Verwaltungszusammenarbeit wahrgenommen wird (vgl. die in den Beiträgen Becker-Beck/Beck auf den Seiten 59 ff. und Larat auf den Seiten 145 ff. erster Beitrag präsentierten Daten). Und auch bei den wenigen Kategorien, bei denen ein Unterschied größer/gleich 0,5 (auf einer Skala von 1–7) festzustellen ist, wird man eher von unterschiedlichen Intensitäten denn tatsächlichen Unterschieden sprechen.

Europäisierung oder Hybridisierung?

Abbildung 2: Vergleich der Wahrnehmung der Verwaltungskooperation auf zwischenstaatlicher und grenzüberschreitender Ebene anhand ausgewählter Variablen

(Zwischenstaatliche Kooperation = gestrichelte Linie; Grenzüberschreitende Zusammenarbeit = durchgängige Linie) [6]

	1	2	3	4	5	6	7
Hohe Bedeutung der Berücksichtigung von Regeln und der Stabilität (1) / sogar zu Lasten der Experimentation und der Innovation (7)							
Im Allgemeinen suchen die Akteure ihren Standpunkt durchzusetzen (1)/ ...sind bereit Kompromisse einzugehen (7)							
Der Einfluss einer Person beruht eher auf dem Können, der Expertise, ihren konkreten Handlungsbeiträgen (1)/ ... ihrer Autorität, ihrem formalen Status (7)							
Die Akteure sind sich allgemein ihrer selbst sicher (1)/ ... ihrer selbst unsicher (7)							
Die Mitglieder einer Arbeitsgruppe oder einer Kooperationsinstanz haben mit dieser eine besonders hohe Loyalität: Völlig zutreffend (1) /Gar nicht zutreffend (7)							
Die Sitzungen werden in der Regel lange vorher geplant (1) / werden spontan festgelegt (7)							
In der Regel sind die Individuen sehr um den anderen besorgt (1) / absolut nicht um den anderen besorgt (7)							
Die Akteure sind in der Regel dominant (1) / nicht dominant (7)							
Die Mitglieder einer Arbeitsgruppe sind stolz auf die Arbeitsergebnisse: völlig zutreffend (1) / gar nicht zutreffend (7)							
Man erwartet, dass die Akteure Weisungen der Hierarchie unmittelbar umsetzen (1) /...Lösungen dezentral und partnerschaftlich erarbeiten (7)							
Die beteiligten Partner sind in der Regel unflexibel (1) / flexibel (7)							
Die Aufgaben sind in der Regel sehr strukturiert und Überraschungen sind eher die Ausnahme: Völlig zutreffend (1) / gar nicht zutreffend (7)							
Es sind mehr Männer als Frauen an Entscheidungsprozessen beteiligt: trifft völlig zu (1) / trifft gar nicht zu (7)							
Die Ziele sind detailliert so daß jeder weiß, was von ihm erwartet wird: Trifft völlig zu (1) / trifft gar nicht zu (7)							
Die Beteiligten sind insbesondere den kulturellen Eigenheite der anderen gegenüber: sehr offen (1) / wenig offen (7)							
Die Entscheidugnen werden überwiegend von Männern (1) / Frauen getroffen (7)							
Die Vorgesetzten sind sehr stolz (1) / gar nicht stolz auf die erreichten Ergebnisse (7)							
In Konfliktsituationen sind die Partner in der Regel dem anderen gegenüber sehr (1) / garnicht höflich (7)							
Hierarchisch höher gestellte Personen versuchen ihren Status eher zu unterstreichen (1) / eher zu verringern (7)							
Die Beteiligten sind nicht stolz (1) / sehr stolz auf das Erreichte (7)							

---

[6] Hinweis: Die Punktwerte der einzelnen Profile stellen den Mittelwert aller Antworten der jeweiligen Umfrage dar. Die abgefragten Items wurden anhand zweier Alternativen von 1 bis 7 skaliert.

Im Ergebnis zeigt sich, dass die Akteure der grenzüberschreitenden Zusammenarbeit im Vergleich zur zwischenstaatlichen Zusammenarbeit größere Spielräume haben, Lösungen dezentral und partnerschaftlich zu entwickeln, dabei felxibler sein können und insgesamt stolzer auf das Erreichte sind. Umgekehrt sind die Akteure der zwischenstaatlichen Zusammenarbeit etwas weniger offen für die kulturellen Spezifika ihrer Partner, suchen sich tendenziell stärker druchzusetzen, sind im Hinblick auf ihre Handlungsspielräume stärker von ihrer jeweiligen Hierarchie abhängig und betonen dabei ihren jeweiligen formalen Status stärker. Dies bestätigt grundsätzlich die Bedeutung der territorialen Ebene für die Funktionalität der transnationalen Kooperation, wie sie in den Arbeitshypothesen formuliert wurde. In diesem Fall ist die territoriale Ebene, auf der die transnationale Kooperation stattfindet, wichtiger als die Eigenschaften dieser Kooperation selbst: das Erfordernis, insbesondere solche Verhaltensweisen zu vermeiden, die ggf. zu interkulturellen Blockaden führen können, erscheint in der grenzüberschreitenden Kooperation besonders ausgeprägt. Umgekehrt erscheint es weniger überraschend, dass die Auswirkungen der unterschiedlichen nationalen Verwaltungskulturen auf der Ebene der zwischenstaatlichen Kooperation, die stärker von Vertretern der jeweiligen Ministerialverwaltungen getragen ist, deutlicher ausgeprägt sind, als dies bei den territorialen Akteuren der grenzüberschreitenden Zusammenarbeit der Fall ist. Offensichtlich erlaubt es hier die räumliche Nähe zum Kooperationsgegenstand leichter, sich im Interesse einer gemeinsamen Lösung aus den eigenen verwaltungskulturellen Mustern zu lösen.

Wie Emile Biland zu Recht hervorhebt, sehen sich öffentliche Bedienstete, sofern sie Mitglied einer stabilen Organisation sind, in der Regel mehr oder weniger stark sedimentierten Organisationskulturen (im Sinne von Berger und Luckann) gegenüber. Umgekehrt kann ihr individuelles Handeln, gerade in kritischen Momenten, durchaus auch eine sich in Entwicklung befindliche Organisationskultur prägen (Biland, 2010, 186). Dies scheint insbesondere bei der transnationalen Kooperation der Fall zu sein, wo es in der Regel darum geht, dass eine Gruppe von Akteuren, die sich aus verschiedenen kulturellen Kontexten heraus konstituiert, im Rahmen eines Projektes an der Verwirklichung eines gemeinsamen Zieles arbeiten soll. Diesbezüglich lässt sich ein weiteres Referenzniveau der transnationalen Verwaltugskultur erkennen, nämlich die Bedeutung, welche der individuellen und professionellen Sozialisierung der beteiligten Akteure zukommt. Diese ist sowohl für die Art und Weise, wie die Kooperationskonstellation konkret gehandhabt und ausgestaltet wird, als auch im Hinblick auf den Grad an Einfluss der beteiligten Personen selbst von entscheidender Bedeutung. Zudem kann die kulturelle Verarbeitung der transnationalen Kooperationskonstellation auch Rückwirkungen auf die Wahrnehmung und Veränderung der organisationalen Heimatkulturen haben. Aufgrund der vielfältigen Variablen, die hierbei eine Rolle spielen, ist es allerdings kaum möglich, die diesbezügliche Wirkung der Kooperation belastbar einzugrenzen. Wie Benz und Bogumil am Beispiel des Föderalismus als institutionellen Rahmen für das dominante Verwaltungshandeln in Deutschland herausarbeiten, modellieren Institutionen zwar bestimmte Prozesse, wie z.B. das Verhalten, die Strategien oder die Interaktionen von administrativen Akteuren, sie determinieren diese jedoch nicht vollständig (Benz & Bogumil 2006, 118).

Abschließend bleibt zu fragen, inwiefern die nationalen und dezentralen Verwaltungskulturen durch die Europäische Integration beeinflusst sind, insbesondere im Hinblick auf die vielfältigen sektoralen Wechselbeziehungen, die zwischen der Europäischen Kommission und den nationalen und/oder dezentralen Fachverwaltungen bestehen. Hierzu konnten die vorliegenden Untersuchungen leider keine eigenen Daten liefern. Die dafür notwendigen Befragungen von nationalen Experten, die entweder an die entsprechenden europäischen Einrichtungen abgeordnet oder aktiv an der Umsetzung europäischer Politik beteiligt sind, konnten aufgrund des aus Kapazitätsgründen nur reduzierten Fokus der Befragungen nicht geleistet werden.

Insofern müsste sich dieser Frage auf der Basis verfügbarer Fallstudien zu europäischen Entscheidungsprozessen interpretativ, unter besonderer Berücksichtigung der kulturellen und interkulturellen Dimensionen sowie interner wie externer Faktoren, genähert werden. Im Kontext der europäischen Integration und der Emergenz neuer Ansätze des Verwaltungsmanagements könnte die transnationale Zusammenarbeit dabei als ein Schmelztiegel erscheinen, dessen Analyse evolutionäre, strukturelle, funktionelle und sektorelle Besonderheiten erkennen lässt.

Die transnationale Zusammenarbeit, die sowohl auf europäischer, nationaler wie lokaler Ebene stattfindet, erlaubt in der Tat die Entwicklung eines konzeptionellen Verständnisses, das sowohl die interkulturelle und europäisch-vergleichende, als auch die territoriale und thematisch-sektorelle Dimension europäischer Verwaltungszusammenarbeit beinhaltet. Wie die vorliegende Publikation in der jeweiligen Perspektive ihrer verschiedenen Kapitel verdeutlicht, kann nur die Analyse aller relevanten Dimensionen und Formen zumindest eine Annäherung an die Vielschichtigkeit der real stattfindenden Transformationen und Interaktionen der Verwaltungskooperationen in Europa leisten. Neben dem «vertikalen» Vergleich kann die Analyse der transnationalen Zusammenarbeit eine «horizontale» Vergleichsperspektive eröffnen, mit der die strukturellen, individuellen, systemischen, territorialen und sektoralen Dimensionen, die einer jeden Verwaltungskultur inhärent sind, erfasst werden können.

Zwei Schlussfolgerungen lassen sich aus diesem Befund ziehen:

a) Auf der individuellen und institutionellen Ebene erscheint die Verwaltungszusammenarbeit als ein wichtiger Vektor der Europäisierung. Ob auf bi- oder multilateraler Ebene durchlaufen die beteiligten Akteure dabei einen Sozialisationsprozess. Die zahlreichen Kontakte und Austausche, die im Rahmen gemeinsamer Projekte, gemeinsamer Aus- und Weiterbildungen oder individueller beruflicher Mobilität stattfinden, befördern das gegenseitige Kennenlernen, neue Einsichten in die transnationalen Handlungsmöglichkeiten und -notwendigkeiten sowie angepasste Verhaltensweisen, mit denen das Verständnis von und der Umgang mit anderen Verwaltungssystemen und -kulturen verbessert wird.[7] Angesichts der noch immer maßgeblichen zentralen Strukturvorgaben für die Ausgestaltung der öffentlichen Verwaltung auf der Ebene der Mitgliedstaaten (im Falle Frankreichs z.B. ist dies direkt die Regierungszentrale, in den Fällen der deutschen Länder die jeweiligen Innenministerien, lediglich auf kommunaler Ebene herrscht dezentrale Organisationsfreiheit) erfolgt diese Öffnung allerdings nicht in der Form, dass der transnationale Referenzrahmen den nationalen überlagert. Aber es handelt sich zumeist immerhin um die Erkenntnis, dass es jenseits der eigenen Grenzen andere administrative Systeme und Funktionalitäten gibt, aus deren Kenntnis heraus Anregungen für die eigene Praxis gezogen werden können. Im Laufe der Zeit hat diese Intensivierung der direkten, über die Grenzen des klassischen Nationalstaates hinausreichenden transnationalen Kontakte einen wichtigen Beitrag für die Entstehung des europäischen Verwaltungsraums geleistet. Auch wenn dieser insgesamt erst im Entstehen begriffen ist, lassen sich auf der transnationalen Ebene bereits belastbare administrative Realitäten erkennen, die in Bereichen wie Zoll, Justizwesen, Sicherheit und Migration, aber eben auch auf der Ebene der zahlreichen grenzüberschreitenden Projekte auf der territorialen Ebene, einen sehr konkreten Beitrag zur Verwirklichung der vier Grundfreiheiten (Güter, Dienstleistungen, Kapital und Personen) erbringen.

b) Hinzu kommt, dass die transnationale Verwaltungszusammenarbeit auch das System der europäischen Mehrebenen-Governance stabilisiert und funktionalisiert. Am Beispiel der deutsch-französischen Zusammenarbeit lässt sich zeigen, wie die vielfältigen bilateralen Beziehungen auf der administrativen Ebene letztlich dazu beitragen, die übergeordnete politische Intention einer besseren Zusammenarbeit und Abstimmung in Europafragen zu konkretisieren. Diese Beziehungen sind mittlerweile so stabil, dass sie auch in der Lage sind, politi-

---

[7] JOCHEN PRESL, «Les élèves allemands de l'ENA et leur vision de la gestion publique. Mémoire de master en affaire publique ENA/Paris Dauphine», mai 2012. Eine gute Übersicht über gewandelte Perspektiven in Folge von Auseinandersetzungen mit einer anderen Verwaltungskultur bietet der Blog «echangeberlin.blogspot.fr».

sche Spannungen oder Mißverständnisse abzufedern. Hinzu kommt ihr genereller Beitrag zur Schaffung administrativer Kapazitäten in Europa (Beck 2013), dem Aufbau von Fachwissen und Expertise für die Umsetzung europäischer Politiken sowie dem Lösen von Problemen, sei es auf europarechtlicher Ebene oder im Zusammenhang mit bi- oder multilateralen Projekten. Anders als man unter einer «souverainistischen» Zusammenarbeit, bei der die Mitgliedstaaten lediglich Objekte der Europäischen Integration wären, erwarten würde, verdeutlicht diese transnationale Kooperation die progressive Rolle, welche die Mitgliedstaaten und ihre Verwaltungen als zentrale Akteure de facto für den Europäischen Integrationsprozess spielen.

Die vorliegenden Ergebnisse des Forschungsprojekts zu den transnationalen Verwaltungskulturen in Europa verweisen darüber hinaus auf zwei weitere Forschungsperspektiven, die bislang in der Literatur nur wenig beleuchtet sind, die aber für die weitere konzeptionelle Fassung eines transnationalen Verwaltungsraums in Europa – und damit auch für die epistemologische Fundierung eines Konzepts der transnationalen Verwaltungskulturen – konstitutive Bedeutung haben dürften. Dies ist zum einen die Frage nach den spezifischen Funktionen und Funktionalitäten einer transnationalen Kooperation zwischen Sektoralverwaltungen auf der horizontalen Ebene. Während in der vertikalen Sicht sowohl die Emergenz als auch die spezifische Funktion von ebenen-übergreifenden administrativen «Fachbruderschaften» für die Entwicklung und Implementierung öffentlicher Politiken sowohl im binnenstaatlichen wie eben auch im europäischen Kontext belegt ist, stellt diese in der transnationalen Perspektive noch ein völlig offenes Forschungsfeld dar. Sowohl die zwischenstaatliche als auch die grenzüberschreitende Kooperation wird maßgeblich von Verwaltungsakteuren getragen – aber welche spezifischen Muster und (policy-spezifischen?) Varianzen solcher «horizontaler Fachbruderschaften» lassen sich hier im Spannungsfeld zwischen Generalisten und Spezialisten, zwischen Regierungszentralen und Fachministerien, zwischen staatlicher und gebietskörperschaftlicher, zwischen Ordnungs-, Leistungs-, planender etc. Verwaltung im transnationalen Kontext beobachten? Gibt es solche transnationalen Fachbruderschaften überhaupt und wenn ja was sind die Anlässe, Formen und Ergebnisse einer solchen Kooperation, welche Bezüge weist diese zu übergeordneten europäischen Integrationsleistungen auf (bzw. inwiefern soll und kann diese nicht erfolgte europäische Integrationsleistung auf der transnationalen Ebene kompensieren?), funktioniert diese einfacher oder schwerer als interinstitutionelle Muster und Netzwerke und führt sie zur Emergenz einer sektoralen Verwaltungskultur im transnationalen Raum?

Die zweite Perspektive bezieht sich auf die Beziehung zwischen Verwaltung und ihrem systemischen Umfeld. Auch hier lassen sich sowohl auf der europäischen wie auch auf der nationalen und der territorialen Ebene in einer horizontalen Dimension vielfältige Wechselbeziehungen beobachten, die in der Literatur unter dem Stichwort «Governance» konzeptionell gefasst werden. Dies legt die Frage nahe, inwiefern auch im Kontext des transnationalen Verwaltungsraums solche horizontalen, inter-sektoralen Akteurs-Konstellationen hinsichtlich Politikentwicklung und -implementierungen gegeben sind, d.h. inwiefern sich neben der Hybridisierung von nationaler und europäischer Verwaltung im transnationalen Kontext ggf. auch eine Hybridisierung zwischen öffentlichem, ökonomischem und gesellschaftlichem Sektor beobachten lässt und welche Konsequenzen dies perspektivisch für das Konzept von transnationaler Verwaltungskultur haben könnte. Die empirischen Erhebungen des vorliegenden Projektes legen ein relativ gering ausgeprägtes direktes Lernen vom jeweiligen administrativen Pendent nahe. Andererseits lässt sich derzeit in Europa bereits erkennen, wie – u.a. durch den Einfluss der Neuausrichtung der europäischen Kohäsionspolitik – auf dezentral-territorialer Ebene neue Formen einer territorialen Governance auch und gerade im transnationalen Raum entstehen, die historisch gewachsene Kooperationsmuster aufbrechen und verändern (Beck & Wassenberg 2014).

Solche Muster sind auch für die Spezifika der europäischen Governance sowie moderner Formen des Regierens und des Verwaltungsmanagements auf der nationalen Ebene belegt. Die Suche nach dem Profil der transnationalen Verwaltungskultur, wie sie in den verschiedenen Formen der transnationalen Verwaltungskooperation vorzufinden ist, wird insofern – insbesondere bezüglich ihres Verhältnisses zur nationalen Verwaltungskultur – nicht ohne einen breiteren Rekurs auf solche Konzepte zu leisten sein, die die Diffusion von Regeln, Prinzipien und Verfahren im Zusammenhang mit neuen Formen der Europäischen Governance (Héritier & Rhodes 2010), die Methoden des neuen Verwaltungsmanagements (Politt & Bouckaert 2004) bzw. die Notwendigkeit einer grundsätzlichen Neugestaltung der öffentlichen Governance (Osborne 2010) betonen. Diese haben einen unmittelbaren Bezug zu den Praktiken, Verhaltens- und Denkmustern, die im Rahmen der transnationalen Verwaltungskooperation entstehen – sei es im direkten Verhältnis zu Brüssel (vertikale Dimension) oder im Verhältnis zwischen einzelnen Mitgliedstaaten (horizontale Dimension).

Literatur

ALMOND, GABRIEL (1963): «Civic Culture: Political Attitudes and Democracy in Five Nations»; Sage Publications, NY: 1963

BACHE, IAN (2008), Europeanization and Multi-Level Governance. Cohesion Policy in the European Union and Britain, Lanham, MD: Rowman & Littlefield

BECK, JOACHIM; THEDIECK, FRANZ (2008) «The European Dimension of Administrative Culture». Baden-Baden, Nomos

BECK, JOACHIM; LARAT, FABRICE (sd/ed) (2011), «Reform von Staat und Verwaltung in Europa. Jenseits von New Public Management? / Réforme de l'État et de l'administration en Europe. Au-delà de la Nouvelle Gestion Publique?», Zurich, Dike Verlag, 2011

BECK, JOACHIM & WASSENBERG, BIRTE (2014), Vivre et penser la coopération transfrontalière (Vol. 6), Vers une cohésion territoriale transfrontalière?, Stuttgart

BECK, JOACHIM (2013), «Prospects of Cross-Border Cooperation in Europe: Capacity-Building and the Operating Principle of ‹Horizontal Subsidiarity›», in: International Public Administration Review, Volume XI/March 2013, 7–24

BENZ, ARTHUR; BOGUMIL, JÖRG (2006) «Des ‹fonctionnaires dominants› au cœur du système fédéral: le cas de l'Allemagne», in Françoise Dreyfus et Jean-Michel Eymeri (sd), Science politique de l'administration. Une approche comparative. Paris, Economica, p. 118–134

BILAND, EMILIE (2010) Les cultures d'institution», in Lagroye, Jacques, Offerle, Michel (sd), «Sociologie de l'institution», Paris, Belin. 177–192

CESI (2012), «Promouvoir la coopération administrative transnationale en Europe. Aspects choisis de la coopération administrative»: http://www.cesi.org/pdf/seminars/Brochure_Finale_COOP_16P_WEB_FR.pdf

CHEVALIER, EMILIE (2014), «Bonne administration et Union européenne». Bruxelles, Bruyland

FEATHERSTONE, KEVIN; RADAELLI, CLAUDIO M. (eds) (2003), «The Politics of Europeanization», Oxford, Oxford University Press

FISCH, STEFAN (2000), «Verwaltungskulturen – Geronnene Geschichte?», in: Die Verwaltung. Zeitschrift für Verwaltungsrecht und Verwaltungswissenschaften, 33, S. 303–323

HÉRITIER, ADRIENNE; RHODES, MARTIN (eds) (2010), «New Modes of Governance in Europe. Governing in the Shadow of Hierarchy», Palgrave Macmillan

JANN, WERNER (1983): Staatliche Programme und «Verwaltungskultur». Bekämpfung des Drogenmissbrauchs und der Jugendarbeitslosigkeit in Schweden, Großbritannien und der Bundesrepublik Deutschland im Vergleich, Opladen

JANN, WERNER (2000), «Verwaltungskulturen in internationalen Vergleich. Ein Überblick über den Stand der empirischen Forschung», in Die Verwaltung Band 33, Heft 1–4

KTISTAKIS, STAVROULA (2013), «L'espace administratif européen et ses implications. Le cas du professionnalisme de la fonction publique dans le spays d'Europe continentale», in Demetrios Argyriades et Gérard Timsit «Moving beyond the crisis: reclaiming and reafriming our common administrative space/Pour dépasser la crise: un espace administratif commun». Bruxelles, Bruyland, 35–69

LARAT, FABRICE (2003), «Histoire politique de l'intégration européenne». Paris: La Documentation Française

MANGENOT, MICHEL (2005), «Administration publiques et services d'intérêt général: quelle européanisation?». Maastricht, Institut européen d'administration publique

OCDE (2000), «Principes européens d'administration publique», Paris, Documents SIGMA No. 27

OSBORNE, STEPHEN P. (2010), «The New Public Governance?: Emerging Perspectives on the Theory and Practice of Public Governance», Routledge

POLLITT, CHRISTOPHER; BOUCKAERT, GEERT (2004). «Public Management Reform: A Comparative Analysis, 2nd ed., Oxford, Oxford University Press

SAURUGGER, SABINE (2009) «Théories et concepts de l'intégration européenne». Presses de Sciences Po

THEDIECK, FRANZ (2008) «The Coming into Being of an European Administrative Culture», in Beck, Joachim; Thedieck, Franz «The european dimension of administrative culture». Baden-Baden, Nomos, 81–97

ZILLER, JACQUES (1993), «Administrations comparées», Paris: Montchrétien

Européanisation ou phénomène d'hybridation? Perspectives de recherche sur les Cultures administratives et la coopération transnationale

FABRICE LARAT / JOACHIM BECK

Sommaire

1. Problématique et présentation générale de l'ouvrage 29
2. Structure et contenu de l'ouvrage 34
3. Conclusions préliminaires et nouvelles perspectives de recherche 41
Bibliographie 53

1. Problématique et présentation générale de l'ouvrage

Au cours des 30 dernières années, les relations administratives à caractère transnational ont constamment gagné en importance en Europe. Ces interactions entre différents systèmes politico-administratives ne s'inscrivent pas dans le schéma classique des relations internationales orchestrées par l'Etat en tant référent unique, mais voient divers acteurs sectoriels ou territoriaux développer des coopérations directement avec leurs homologues d'autres Etats. Ce faisant, dans le champ de recherche des sciences administratives s'intéressant à l'Europe apparait un nouveau domaine d'analyse. En complément des approches qui se focalisent essentiellement sur les interactions verticales entre les différents niveaux politiques de la gouvernance européenne, ce dernier concerne également la dimension horizontale du processus d'intégration européenne (Beck 2013).

Dans les récents travaux de recherche consacrés à la gouvernance dans l'Union européenne (UE), l'importance des deux dimensions, verticale et horizontale, est certes soulignée (Bache 2008). Alors que l'étude de la dimension verticale permet de considérer les interactions entre différents niveaux d'action politico-administratifs (local, régional, national et européen), la prise en compte de la dimension horizontale de la gouvernance cherche essentiellement à clarifier dans quelle mesure les acteurs du secteur privé et de la société civile sont associés aux acteurs publics dans les processus de coopération. Par contre, jusqu'à présent, les relations directes entre administrations publiques et leur caractère transnational sont peu prises en compte, or l'étendue de ce phénomène et ses manifestations concrètes mériteraient d'être précisés: Quelles formes d'interaction peut-on observer en Europe et à quel niveau? Quels sont les facteurs qui contribuent à une fonctionnalité des échanges? Ce phénomène présente-il des caractéristiques communes avec des formes plus classiques de politique internationale, et si tel n'est pas le cas, qu'est ce qui les en distingue?

La question de la dimension culturelle présente dans ces interactions entre administrations appartenant à différents Etats européens constitue un deuxième champ de recherche digne d'intérêt. La coopération transnationale se faisant entre des administrations ancrées dans des contextes culturels différents, on peut alors se demander dans quelle mesure certains facteurs propres à ces cultures agissent, au titre de variable indépendante, sur la configuration des coopérations transnationales et jusqu'à quel point la manière dont la coopération s'établit n'est pas marquée par les processus de médiation interculturels à l'œuvre dans ces interactions.

Par ailleurs, l'observation de la pratique des relations administratives transnationales soulève de nombreuses interrogations. Est-il par exemple possible d'identifier et d'inventorier des éléments constitutifs d'une culture administrative qui seraient propres à la coopération transnationale (au sens d'une variable dépendante), comme on a pu l'observer au niveau supranational avec l'évolution des institutions européennes? Dans quelle mesure les motifs caractérisant une telle culture administrative transnationale et qui apparaissent à l'occasion de la coopération entre différents systèmes politico-administratifs s'expliquent-ils par la fonctionnalité des formes de coopération pratiquées, et jusqu'où les mesures d'intégration à caractère supranational prises dans le cadre de l'Union européenne (par ex. règlements européens ou programmes communautaires) favorisent-elles l'émergence d'une culture administrative transnationale? Existe-t-il un transfert de caractéristiques propres aux cultures administratives nationales en direction des pratiques en vigueur dans la coopération administrative transnationale? Enfin, dans quelle mesure cette dernière se distingue-t-elle des caractéristiques propres aux contenus des politiques publiques abordées, voire des caractéristiques techniques des administrations concernées?

Toutes ces questions figuraient au cœur d'un projet de recherche conduit par l'Euro-Institut de Kehl et le Centre d'expertise et de recherche administrative de l'Ecole nationale d'administration dans le cadre du Pôle européen d'administration public de Strasbourg.[1] Partant de la réflexion évoquée ci-dessus, et en croisant les regards grâce à la fois aux contributions de chercheurs provenant des différentes disciplines et aux témoignages de praticiens, l'objectif était de mieux cerner la réalité de la coopération administrative transnationale en Europe sous l'angle d'éventuelles différences culturelles.

Un premier séminaire visant affiner le cadre conceptuel du projet s'est tenu en février 2011 au cours duquel des hypothèses de travail ont été formulées, lesquelles permettent en même temps de mieux définir les différentes dimensions prises en compte dans notre analyse en ce qui concerne la manière d'aborder la question des cultures administratives transnationales. C'est ainsi qu'une première ébauche de modélisation permet d'identifier, selon le niveau d'analyse auquel on se réfère, cinq facteurs pouvant influencer la culture qui régit le fonctionnement des différentes formes de coopération administrative transnationale.

Schéma 1 : Cadre d'analyse des différentes dimensions influençant la culture régissant le fonctionnement de la coopération administrative transnationale

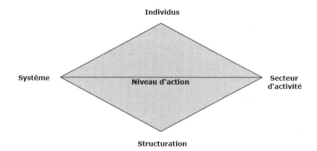

Poids des systèmes administratifs nationaux

Une culture administrative transnationale se constitue à partir de systèmes politico-administratifs caractérisés à leur tour par des éléments structurels, fonctionnels et culturels spécifiques. Dans les relations de coopération transnationales, ils jouent un rôle tant par le biais des acteurs concernés (médiation

---

[1] Les auteurs tiennent à remercier le PEAP pour le soutien financier apporté aux rencontres programmées dans le cadre du projet ainsi qu'à la publication du présent volume. Ce projet a également bénéficié dans sa conception et sa réalisation de la participation active d'Anne Dusap de l'Euro-Institut.

interculturelle) que par l'ancrage des mécanismes de coopération dans les contextes institutionnels nationaux et européen (fonction d'interface institutionnelle et de rétroaction).

Manière dont la coopération est structurée

Plus le degré d'institutionnalisation est important – autrement dit plus la coopération transfrontalière est structurée – plus il est vraisemblable qu'apparaisse une culture administrative distincte des cultures administratives «nationales» des acteurs et systèmes impliqués. Le fait que cette coopération soit organisée ou non, qu'elle fonctionne de manière formelle ou informelle, ait un caractère stratégique ou opérationnel, ponctuel ou régulier, tout cela va avoir une incidence sur la coopération entre administrations et ses schémas d'action, donc sur la culture administrative qui régit son fonctionnement.

Type de secteur d'activité concerné

Indépendamment des systèmes auxquels sont rattachés les cultures administratives ainsi que de la manière dont la coopération entre administrations est structurée, l'objet même de cette coopération au-delà des frontières nationales, tout comme la rationalité inhérente à la coopération, ne sauraient rester sans effet. Il existe dans les pays impliqués des caractéristiques propres à chaque champ de politique publique concerné par la coopération. Il s'agit là d'un autre facteur de différenciation potentielle à prendre en compte. Pour les différents secteurs administratifs spécialisés, on peut ainsi dégager des caractéristiques fonctionnelles particulières liées au type de mission accomplie par l'administration en question (réglementation, délivrance de services, planification, etc.) ainsi qu'au champ thématique lui-même couvert par ces activités (environnement, transport, économie, enseignement supérieur, justice, affaires sociales, santé, etc.). D'autre part, le type de politique (politique de distribution, de redistribution, de régulation.) qui fait l'objet de la coopération peut avoir une incidence importante sur le degré de politisation des systèmes de négociation transnationaux et ainsi sur les schémas d'action. Comme les missions exercées par les administrations, le champ thématique et le type de politique varient parfois énormément selon les contextes nationaux, la question de la portée des cultures administratives sectorielles de même que leur compatibilité respective peut avoir grande importance en ce qui concerne le fonctionnement des mécanismes de coopération transnationale.

Rôle des individus

Les processus de coopération transfrontalière sont portés par des acteurs, représentant les différentes administrations impliquées. Au-delà de la dimension institutionnelle liée au fait que dans le cadre de la coopération les participants agissent au nom de leur administration (relation de type *principal-agent*), dans la pratique, les dispositions personnelles et individuelles de chacun jouent un rôle important. Certes, les acteurs impliqués sont toujours consciemment ou non des vecteurs de la culture spécifique de leur pays. Ils ne peuvent toutefois être réduits à la seule dimension d'un représentant de celle-ci ou de l'organisation dont ils sont issus. Au contraire, on constate que la socialisation personnelle et professionnelle, le statut au sein de son administration d'origine, les intérêts personnels, les préférences et savoir-faire mais aussi la maîtrise de compétences clés (langue de travail, langue étrangère, compétences de négociations, compétences sociales, ouverture et expérience interculturelle, expériences relatives aux négociations interculturelles et transnationales, capacité à élargir son capital social, etc.) jouent souvent un rôle plus déterminant dans les interactions qui s'établissent au niveau transnational que le fait de venir d'un contexte culturel donné. Aussi la médiation inter(multi)culturelle requiert, au-delà de question de la bonne marche des processus d'oscillation ou d'acculturation propres aux situations d'interface, la prise en compte d'autres facteurs de variation comme les conditions et contributions nécessaires à l'existence d'un acteur collectif capable d'agir transnationalement à la fois sur le plan interpersonnel et sur le plan interinstitutionnel, notamment à travers l'identification avec la raison d'être de la coopération.

Niveau territorial d'action

Enfin, on peut penser que le niveau territorial d'action concerné par la coopération transnationale a également une incidence sur le type de culture administrative. Ainsi, des différences sont prévisibles selon que la coopération administrative se déroule entre deux communes directement voisines à l'intérieur d'un espace frontalier, entre les représentants de différentes régions européennes ou encore au niveau national entre des administrations sectorielles et des ministères de différents Etats européens.

Assise empirique du projet de recherche

Ces hypothèses ont servi de base à l'élaboration d'un questionnaire afin de collecter des données quantitatives relatives aux caractéristiques culturelles présentes dans des formes de coopération administrative transnationale pratiquées à deux niveaux distinctes. Pour ce qui est de la coopération transfrontalière, quelque 500 acteurs de la région tri-nationale du Rhin supérieur ont été interrogés en novembre 2011; tandis que pour ce qui est de la coopération au niveau interétatique entre la France et l'Allemagne un petit groupe de fonctionnaires d'échange et de participants à un programme commun de formation professionnelle également familiers de la coopération et des cultures administratives de ces deux pays a été interrogé en 2012/2013.

Cette enquête a été complétée lors d'un séminaire qui s'est tenu les 12 et 13 décembre 2011 par une analyse qualitative sous la forme de témoignages recueillis auprès de différents acteurs de la coopération transnationale auxquels nous avons demandé de livrer leur perception – certes subjective, mais nuancée – de leur propre expérience concernant les aspects culturels qui se dégagent de la coopération administrative transnationale. Enfin, notre projet avait également pour objet d'initier un dialogue à la fois international et interdisciplinaire entre chercheurs travaillant sur cette question.

Alors que la première partie de l'ouvrage regroupe les contributions analysant les résultats de l'enquête portant sur la coopération transfrontalière ainsi que les témoignages s'y rapportant, la deuxième partie est consacrée à la coopération interétatique franco-allemande, tandis que la troisième et dernière partie présente les regards croisés que portent les représentants de différentes disciplines et traditions académiques nationales. Dans la sous-partie suivante, l'apport de chacune des contributions à cet ouvrage sera résumé avant que nous concluions cette introduction en tirant quelques conclusions et en évoquant les principales perspectives de recherche ouvertes par nos travaux.

2. Structure et contenu de l'ouvrage

Les contributions rassemblées dans le présent ouvrage sont structurées autour de trois grandes parties. Dans la première, *Ulrike Becker-Beck et Dieter Beck* présentent les principaux résultats de l'enquête menée auprès des acteurs de la coopération transfrontalière dans la région du Rhin supérieur. Les données collectées mettent en lumière l'existence de ce qui apparait comme étant une culture de la coopération transfrontalière qui se distinguerait des caractéristiques que l'on retrouve dans les cultures administratives nationales des participants. Les hypothèses de départ concernant le caractère spécifique de la culture de la coopération administrative transfrontalière ont été en grande partie confirmée: sur les 37 hypothèses formulées par rapport aux différents aspects thématiques abordés, 24 ont obtenu une moyenne comprise entre 3,5 et 5 sur une échelle allant de 1 (pas du tout pertinent) à 5 (tout à fait pertinent). On constate ainsi que le profil qui se dégage de la coopération au niveau transfrontalier est essentiellement marqué par son orientation vers le groupe et les autres (respect de la personne et des différences), une attention particulière portée au groupe et à l'institution. Ces caractéristiques, telles qu'elles sont perçues par les personnes interrogées sont nettement plus marquées que dans leur perception de leur administration d'origine. L'orientation vers le futur est tout aussi élevée dans la coopération transfrontalière que dans les administrations nationales, par contre le profil de la coopération transfrontalière est beaucoup moins marqué pour ce qui est d'autres caractéristiques contre la distance au pouvoir, l'égalité des genres, la relation à l'incertitude et l'orientation vers la performance. A l'exception de l'égalité des genres, le niveau d'évaluation de l'importance de ces caractéristiques dans la coopération transfrontalière est nettement inférieur à celui qui s'applique aux administrations nationales. La question du contenu d'une culture administrative transnationale a été étudiée à l'aide des différentes dimensions culturelles identifiées par l'étude internationale GLOBE en comparant la culture de la coopération transfrontalière et de la culture de la coopération au sein des administrations d'origine respectives. Celle-ci montre bien que des différences apparaissent entre la manière dont sont perçues les dimensions évoquées ci-dessus dans le cadre de la coopération transfrontalière par rapport aux administrations nationales, les acteurs français et allemands s'accordant à ce sujet. D'après les deux auteurs, on peut donc bien parler d'une approche commune de ce qui fait la culture de la coopération administrative transfrontalière.

Ce constat est partagé *Joachim Beck* qui interprète la culture qui règne dans la coopération entre administrations du Rhin supérieur sur la base de ses propres observations comme étant moins le résultat d'une intégration des cultures administratives des parties prenantes que la conséquence des exigences propres à la coopération (résolution de problèmes communs, développement de potentiels conjoints), de valeurs partagées et d'attentes similaires en ce qui concerne les bénéfices de la coopération (réconciliation, gestion de programmes européens, positionnement régional en Europe) de même qu'à cause des spécificités de la coopération transfrontalière comme «petite politique étrangère» (symbolique, postures diplomatiques) ou comme «politique intérieure européenne décentralisée» (laboratoire de l'intégration européenne). Pour ces raisons, La perception qui se dégage de l'enquête menée dans la région du Rhin supérieure ne devrait pas se différencier de ce que l'on pourrait observer dans d'autres régions transfrontalières au sein de l'Union européenne.

De son côté, *Raphaëlle Grisel* montre bien dans sa contribution l'importance du cadre institutionnel: du fait de la rencontre des particularités des cultures administratives française et allemande à l'occasion de la coopération transfrontalière, une culture administrative propre à cette forme de coopération peut voir le jour. C'est particulièrement vrai dans le cas de la coopération transfrontalière entre les polices française et allemande de Strasbourg et de Kehl avec le centre commun de coopération policière et douanière ainsi que de la brigade fluviale franco-allemande de Kehl.

Ce constat est confirmé par l'analyse d'*Hannah Wunram* conduite sous l'angle des processus décisionnels qui ont cours dans le cadre de la coopération transfrontalière entre la France et l'Allemagne. Elle y ajoute l'importance de principes comme l'«ouverture» ou «la diversité» ainsi que la nécessité pour les acteurs concernés d'avoir une relation positive à leur égard. Il s'agit là à la fois de caractéristiques de la culture de coopération transfrontalière mais aussi de défis pour son fonctionnement.

Les compte-rendus des praticiens *Gérard Traband*, pour la France, *Martin Weber* pour la Suisse *Andreas Uebler* pour l'Allemagne viennent à leur tour souligner de manière impressionnante et du point de vue de leur contextes culturel et institutionnel respectifs à quel point la culture de la coopération transfrontalière est marquée par un degré élevé de pragmatisme et par la nécessité de rechercher des solutions non-conventionnelles de même que par la flexibilité qui va avec et la nécessaire présence de relations entre les individus qui soient capables. Ils témoignent également de leur fragilité et à quel point ces relations sont influencées par les contingences du contexte politico-administratif dans lequel évoluent ces acteurs.

Pour ce qui relève de la coopération interétatique traitée dans la deuxième partie, *Fabrice Larat* nous livre dans son interprétation des données d'une enquête portant sur des agents travaillant au niveau ministériel sur les questions de coopération franco-allemande les principales caractéristiques de cette forme de coopération. On constate à cette occasion que le profil de la coopération administrative entre ces deux pays correspond parfois au modèle de culture administrative française pour ce qui est de certaines variables, de la culture administrative allemande pour d'autres variables et qu'il se situe à égale distance des deux pour d'autres. La culture de la coopération administrative au niveau interétatique ressemble le plus à la française pour tout ce qui est de l'orientation par rapport aux règles, la clarté des attentes et le caractère détaillé des tâches. A l'opposé, elle est plus proche du modèle allemand pour ce qui touche à l'ouverture par rapport aux différences culturelles chez les partenaires, à une moindre importance accordée au statut des individus, à une moindre tendance à chercher à dominer les autres et à une confiance en soi moins forte. Il est intéressant de relever que le nombre de variables dont le résultat se situe sur l'échelle d'appréciation entre celui caractérisant la culture française et celui décrivant la culture administrative allemande – ce qui peut être interprété comme l'existence d'un *modus operandi* intermédiaire entre les positions françaises et allemandes – est assez limité: cela concerne des critères comme le poids des compétences dans l'influence exercée par une personne, la loyauté vis-à-vis de l'organisation, ou le niveau de fierté concernant le travail accompli en faveur d'un objectif commun.

Il semble par conséquent qu'il existe bien certaines différences de profil entre les deux formes de coopération transnationale que sont la coopération interétatique et la coopération transfrontalière, différences sur lesquelles nous reviendrons dans la troisième partie de cette introduction.

Un autre aspect de la coopération franco-allemande est traité dans le chapitre suivant, toujours par *Fabrice Larat,* où il passe en revue les différentes formes prises par la coopération franco-allemande – qu'elles soient institutionnalisées ou informelles – par rapport aux autres modes de coopération européenne. Il analyse ces catégories à travers la question de savoir dans quelle mesure le degré d'institutionnalisation de ces formes de coopération contribue à leur fonctionnalité ou, à l'opposé, dans quelle mesure ce n'est pas plutôt une bonne connaissance des structures administratives et/ou des spécificités institutionnelles du partenaire qui permet une fonctionnalité élevée et une réalisation effective des objectifs de la coopération. Il avance que la coopération franco-allemande n'est efficace que lorsqu'elle peut s'appuyer sur des programmes d'échange de fonctionnaires et de formation commune étant donné la part essentielle qui incombe au facteur humain.

Larat tire la conclusion que ce constat est également valable pour les autres contributions au processus d'intégration: ce n'est que quand les acteurs en cause se familiarisent avec les particularismes de leurs interlocuteurs et qu'ils mettent en place les canaux de communication informelle nécessaires en amont de leur participation à des projets, programmes et formes institutionnalisées de recherche de solution et de prise de décision que les différentes formes de coopération peuvent être durablement efficaces.

Cet argument est également présent dans les comptes rendu des trois praticiens qui se trouvent à la suite de ce chapitre. C'est ainsi que *Bertrand Cadiot,* à partir de son expérience comme fonctionnaire d'échange français au ministère fédéral allemand de l'intérieur, relève certes l'existence de différences importantes sur le plan structurel entre les deux ministères de l'intérieur mais montre bien qu'il n'en a pris conscience qu'à l'occasion de son séjour à Berlin, et comment cette prise de conscience lui a été utile pour développer des contacts personnels afin d'approfondir cette coopération.

Dans la même veine et sur la base de son expérience en tant que juriste allemande ayant effectué un stage long au sein de l'administration de la ville d'Orléans et à la représentation permanente de la France à Bruxelles, *Christine Beneke* décrit avec beaucoup d'acuité les caractéristiques de la culture administrative qu'elle a pu observer en France en les comparant avec la situation en Allemagne. A travers l'exemple des différences existant en matière de management du personnel et de la place occupée par le droit dans le fonctionnement quotidien des administrations elle discute des possibilités et limites d'une coopération administrative renforcée entre les deux pays.

De leur côté *Ben Behmenburg* et *Jean-Luc Taltavull* montrent à travers l'exemple du centre commun de coopération policière et douanière de Kehl à quel point une telle coopération peut être une réussite et comment, à travers la construction d'une institution commune, les effets négatifs qui découlent des différences de configuration sur le plan structurel et culturel peuvent être neutralisés et les facteurs permettant de réaliser avec succès des missions communes entre la France et l'Allemagne être pérennisés.

La troisième partie du volume est quant à elle consacrée à une approche comparative de l'objet de recherche que sont les cultures administratives transnationales du point de vue des différentes disciplines académiques pertinentes.

Céderic Duchêne-Lacroix présente à partir d'une analyse sociologique les éléments constitutifs d'une culture administrative transnationale: l'identité commune, les mémoires collectives communes, les techniques communes, des relations sociales communes, des contacts. A travers ces points communs s'établissent aux niveaux individuel, collectif, géographique et stratégique des différenciations entre ce qui est «en commun» et ce qui ne l'est pas. Le caractère transnational est pluriel, il va du transfrontalier bilatéral régional à l'intercontinental, multilatéral supranational. Les cultures administratives transnationales ainsi définies se créent et s'activent, se routinisent ou s'imposent dans un contexte particulier. Il s'agit du développement d'une culture propre à un ensemble de corps de métiers, effectuant des tâches particulières dans des institutions particulières et dans des régions particulières. Eclairer la production, les usages et le système des cultures administratives transnationales nécessite par conséquent d'avoir recours à différents courants théoriques qui sont mobilisés dans ce chapitre afin de pouvoir analyser de près la genèse, l'orientation stratégique, les acteurs et les ressorts de l'action dans la coopération transnationale.

Pour ce qui est des sciences juridiques, *Karl-Peter Sommermann* traite de la question de savoir dans quelle mesure on peut déduire une européanisation des cultures administratives de l'européanisation du droit. Il analyse dans un premier temps les trois phases de l'européanisation directe des droits administratifs nationaux (européanisation du droit matériel administratif, du droit des procédures administratives ainsi que des dispositions régissant l'organisation administrative nécessaire au respect du droit européen) ainsi que les formes d'européanisation indirecte (adaptation fonctionnelle, effets de *spill-*

over, règles de concurrence et adaptation réciproque des standards juridiques nationaux au sein des pays membres de l'Union). Il met ainsi en lumière à quel niveau, avec quelle intensité et à l'aide de quels acteurs une européanisation des cultures administratives nationale est déjà à l'œuvre. Pour ce qui est de l'émergence d'une culture administrative européenne, son diagnostic est plus réservé: celle-ci se fera en dehors des grands concepts abstraits et partira plutôt des valeurs concrètes de la fonction publique, des comportements de ses agents et de la manière dont les procédures administratives sont organisées.

A partir d'une approche basée sur la sociologie des organisations, *Jürgen Kegelmann* analyse quant à lui la place qu'occupe une culture administrative transcendant les frontière nationales dans un contexte où le monde en général et les sociétés européennes en particuliers sont de plus en plus placés sous le signes des interdépendances. Ce faisant, il examine comment dans le cadre de la coopération internationale, les cultures administratives et professionnelles nationales se comportent les unes par rapport aux autres, si leur relation est marquée par des tensions et si elles sont en situation de concurrence à des fins de domination, ou bien si elles se mélange plutôt et faisant apparaitre des motifs de culture administrative «hybride» qui se compléteraient. Dans ce cas de figure, la question serait de savoir dans quelle mesure on peut bien parler d'une nouvelle culture administrative qui dépasserait les cultures administratives préexistantes. Sur la base d'une critique des interprétations classiques des cultures administratives, Kegelmann plaide en faveur d'une approche multi-niveaux qui permettrait la prise en compte de profils «paradoxaux» de culture administratif ainsi qu'une meilleure compréhension du caractère relationnel de ses éléments constitutifs, c'est-à-dire de sa dépendance par rapport à d'autres facteurs comme on peut l'observer dans le cadre de la coopération transnationale.

C'est dans une perspective de sciences politiques et de sciences administratives que *Joachim Beck* s'interroge si par rapport aux formes de coopération existant au niveau transfrontalier et au-delà de l'existence de profils de coopération spécifiques on peut bien parler de culture administrative transnationale, et à ce moment-là, quelle seraient les différences fonctionnelles entre la coopération transfrontalière et les contextes nationaux d'origine à partir desquelles les acteurs de cette coopération agissent. Les résultats de son analyse sont assez circonspects étant donné que le profil des missions, des formes d'organisation, des personnels et des institutions du système de coopération transfrontalière, de même que les compétences d'action dans ce domaine sont *de facto* sous-développées, il manque au logiciel (*software*) de la culture administrative transfrontalière son progiciel constitutif (*hardware*). Partant de ce constat, il développe le concept de «subsidiarité horizontale» qui ouvrir des perspectives permettant au système d'action transfrontalier de mieux déployer son potentiel et ainsi de jeter les bases pour l'émergence d'une culture administrative qui lui soit propre.

Stefan Fisch arrive à une conclusion tout à fait similaire en suivant une approche historique. Dans un premier temps, il évoque l'émergence de profil de culture administrative spécifique aux niveaux national, inter- et supranational et démontre pourquoi la question de l'existence d'une culture administrative spécifique à la coopération transfrontalière doit être abordée de manière ouverte et pas de manière évidente. Outre le caractère peu marqué du profil de la coopération administrative transfrontalière, il interprète certaines caractéristiques faiblement développées telles qu'elles ressortent des résultats de l'enquête quantitative menée auprès d'acteur de la coopération dans la région du Rhin supérieur telles que «partenariat équilibré», «apprentissage mutuel», «combinaison des meilleures pratiques», ainsi que «compréhension culturelle et linguistique réciproque» comme étant des éléments constitutifs d'une culture administrative encore en formation.

C'est à partir de l'exemple d'une organisation visant à promouvoir la coopération administrative internationale que *Franz Thedieck* sous l'angle des sciences administratives dans quelle mesure les caractéristiques d'une culture administrative peuvent être modifiées, quelles sont les causes d'une telle transformation de la culture d'une organisation et par quels mécanismes et moyens elle s'accomplit. Il en tire la conclusion intéressante pour le contexte de la coopération transnationale que, dans un monde où les barrières et frontières ont tendance à disparaitre ou à se déplacer, ces transformations sont certes de grande ampleur, qu'elles s'accomplissent à une vitesse croissante et qu'elles conduisent de manière tendancielle à un nivellement des différences culturelles. Les espaces aux limites ainsi modifiées voient toutefois l'apparition de nouveaux champs de communication ainsi que de nouvelles régions frontalières pour lesquelles il est naturellement plus facile d'entrer en interaction avec la culture du voisin ce qui potentiellement peut développer des effets dynamiques.

Enfin, dans sa contribution consacrée aux aspects liés au rôle de la culture administrative dans la conception et la mise en œuvre des politiques européennes, *Michel Casteigts* dans la perspective des sciences de gestion fait le constat que le mode de fonctionnement de l'administration de la Commission européenne est de plus en plus caractérisé par des injonctions paradoxales. Cela a pour conséquence que le besoin de pouvoir disposer d'une culture administrative avec laquelle ses agents pourraient s'identifier tranche par rapport aux tendances antagonistes des cultures administratives nationale. Cela conduit à une hétérogénéité et à des contradictions grandissantes, non seulement au niveau des agents de la Commission elle-même mais aussi la production et dans la gestion des politiques publiques. Face à des conflits de rationalité multiple, leur management est soumis à des injonctions paradoxales, au sens que Gregory Bateson et l'école de Palo Alto ont donné à cette expression. L'existence d'une double contrainte favorise d'apparition de tendances schizophrènes et se combine avec les ambigüités de positionnement de la Commission.

3. Conclusions préliminaires et nouvelles perspectives de recherche

L'émergence de la bureaucratie étant, selon Max Weber, liée à l'apparition de l'Etat moderne, la définition de ce qu'est une culture administrative puisse ses racines dans ce substrat stato-nationale. On peut par ailleurs partir du principe que l'évolution des cultures administratives se trouve directement liée à celle de l'Etat moderne, lequel est soumis à des phénomènes, aussi bien externes qu'internes, de plus en plus puissants, notamment dans le cadre du processus d'intégration européenne.

Pour répondre au besoin de définition du concept de «culture administrative» la plupart des auteurs ont, au cours des années 60 et dans le sillage d'Almond et Verba (1963), abordé ce concept en relation avec la culture politique. Par rapport au cadre organisationnel et juridique dans lequel les administrations évoluent, le concept de culture administrative accorde une grande importance aux valeurs, normes, orientations et modèles d'action qui les sous-tendent (Thedieck 2006). Werner Jann, distingue quant à lui trois formes de cultures administratives. La première concerne les représentions que la société se fait de l'administration en termes de normes et de valeurs. La deuxième porte sur ces représentations au sein de l'administration elle-même, tandis que la dernière concerne les modes de comportements administratifs (Jann 1983). Ces trois dimensions sont profondément marquées par l'évolution des administrations au cours du temps. En ce sens, les cultures administratives nationales peuvent être définies comme un condensé d'histoire coagulée (Fisch 2000).

Cette focale sur les spécificités nationales n'a cependant pas empêché l'apparition d'une approche comparatiste des cultures administratives pratiquées dans différents Etats, notamment européens, ce qui a permis de relativiser ces spécificités. Ainsi, au début des années 80, les recherches comparatives de Werner Jann (2000) sur les cultures administratives en lien avec la conduite de programmes étatiques en Suède, Grande-Bretagne et Allemagne ont montré que ces différents Etats étaient confrontés aux mêmes difficultés dans la réalisation de missions comparables, même si les modèles d'action et de recherche de solution adoptés étaient très différents et que ces derniers pouvaient justement s'expliquer par l'existence de cultures administratives spécifiques.

De fait, sous l'influence, d'une part, de la construction européenne et, d'autre part, de l'émergence de la nouvelle gestion publique, le champ d'étude de la culture administrative s'est considérablement élargi (Beck & Thedieck 2008; Beck & Larat 2011). La question de savoir comment les facteurs culturels existant se traduisent dans l'action administrative et comment des initiatives visant à moderniser l'administration peuvent ou non changer cette culture a ainsi retenu l'attention de certains chercheurs (Ziller 1993).

Par conséquent, dans le prolongement de cette interrogation, il convient de se demander dans quelle mesure la multiplication, au sein de l'espace européen, d'activités de coopération à dimension transnationale n'exercent pas, elles aussi, une influence sur les cultures des différentes administrations impliquées. Au cours des trente dernières années, on a en effet assisté à une augmentation des relations transnationales entre administrations publiques par lesquelles de nombreux acteurs sectoriels développent des coopérations directes avec leurs homologues des autres Etats membres (CESI 2012).

Par ailleurs, la confrontation permanente des manières d'agir de ses pays membres à laquelle conduit le fonctionnement de l'Union européenne confère à l'étude des différences de culture entre les administrations nationales un intérêt de nature politique, puisque que ces différences peuvent elles-mêmes avoir un impact sur la manière dont la coopération administrative européenne fonctionne. A cet égard, deux concepts s'avèrent particulièrement utiles pour comprendre l'impact de la coopération administrative sur l'évolution des cultures administratives en Europe: le premier est celui d'espace administratif européen, le second celui d'européanisation. Dresser un état des lieux des cultures administratives transnationales en Europe nécessite donc d'étudier le rapport existant entre l'effet qu'exerce l'émergence d'un espace administratif européen intégré et les différentes formes de coopération administrative, et plus largement entre coopération et européanisation.

Coopération administrative et constitution d'un Espace administratif européen

Tout en ayant des traditions juridiques différentes et des systèmes singuliers de gestion des affaires publiques, les Etats membres de l'Union européenne partagent en fait les mêmes principes d'administration publique. Ces principes constituent le fondement de l'Espace administratif européen, qui comprend une série de normes communes d'action au sein de l'administration publique, définies par la loi et mises en pratique au travers de procédures et de mécanismes en matière de responsabilité (OCDE 2000). Parmi ces principes, on trouve celui de la «bonne administration» dont l'invocation par les autorités européennes et nationales favorise l'approfondissement d'un tel espace administratif européen, dans la mesure où elle conduit au renforcement des relations entre administrations nationales et européenne, ce afin de garantir l'exécution efficace du droit européen (Chevalier 2014, 425). De fait, la coopération administrative est nécessaire à la bonne réalisation et à l'approfondissement de ce pilier central de l'action de l'Union européenne qu'est le marché intérieur.

L'assistance administrative réciproque au sein de l'Union passe par exemple par la mise en place de bureaux de liaison, l'échange d'informations ou d'inspecteurs du travail comme le prévoit l'article 4 alinéa 1 la directive 96/71. Dans ce cas de figure, la coopération consiste à répondre à des demandes motivées relatives à la mise à disposition transnationale de travailleurs, y compris en ce qui concerne des abus manifestes ou des cas d'activités transnationales présumées illégales.

De manière plus générale, cette coopération peut être de nature informationnelle (statistiques, inter-connection de réseaux, voire création de banques de données communes), procédurale (obligation d'information réciproque entre Etats membres et vis-à-vis de la Commission, de concertation, de conduite commune de procédures, y compris de mise en place de procédures pour la clarification rapide d'information ou la reconnaissance de documents officiels comme les diplômes…), ou encore institutionnelle (développement des réseaux d'administration, notamment entre agences). Un espace administratif européen émerge ainsi dans le cadre du processus complexe d'intégration européenne lequel nécessite l'adaptation des institutions et structures des Etats membres, avec leur traditions propres, mais tout en les dépassant (Ktistakis 2013, 36).

Un espace administratif commun, à proprement parler, est possible lorsqu'un ensemble de principes, de règles et de réglementations à caractère administratif sont appliquées de façon uniforme sur un territoire donné régi par une constitution nationale. Toutefois, il existe une autre source de rapprochement administratif qui est l'interaction constante entre les responsables des Etats membres et entre ceux-ci et les fonctionnaires de la Commission européenne. Ces relations intergouvernementales, qui sont pour l'essentiel des relations entre personnes, contribuent à créer une vision commune de la mise en œuvre des politiques et réglementations de l'UE au niveau national et à instaurer un échange fructueux sur les meilleures pratiques permettant d'atteindre les résultats visés par ces politiques (OCDE 2000).[2]

L'importance de ces pratiques dans le cadre de l'application du droit européen ne doit toutefois pas masquer l'existence de pratiques «horizontales» de coopération administrative notamment au niveau interétatique bilatéral, lesquelles peuvent également prendre la forme d'échange de données, d'échange d'informations concernant les suites données à une demande, la mise en place de référents locaux dans les zones transfrontalières, des actions de contrôle coordonnées voire communes, l'utilisation de fiches de liaison, la coordination des procédures, ou des accords de coopération, arrangements administratifs, et autres déclarations.[3]

Même si les réseaux sectoriels de coopération qu'ils soient multilatéraux dans l'UE, ou bilatéraux comme entre la France et l'Allemagne, rassemblent des organisations (agences, départements ministériels), et non des individus à titre personnel, ce sont bien des individus qui participent aux réunions et échanges découlant des activités de coopération, comme par exemple pour les réseaux d'experts nationaux. Or, en tant qu'agents des institutions qu'ils représentent, ils sont tous marqués par les particularités de la culture administrative nationale dans laquelle ils évoluent normalement à côté de ces activités de coopération qui les amènent à rencontrer des agents issus d'autres cultures. Quelquesoit la forme qu'elle puisse prendre, la coopération administrative transnationale, parce qu'elle dépasse les limites du périmètre d'action de l'Etat-nation, entraine une confrontation avec d'autres systèmes et cultures. De ce fait, elle nécessite pour pouvoir elle-même fonctionner de développer des règles et modes de comportement communs à tous les participants.

---

[2] L'analyse de l'espace administratif européen, dans le cadre de l'intégration régionale européenne met en évidence les façons originales qu'ont les différents pays de s'emparer des règles communes pour faire valoir leurs particularités historiques et culturelles. De même, elle laisse apparaître qu'une fonction publique professionnelle est en train de se forger dans les institutions de l'UE. Cette dernière pouvant tirer des ressources humaines provenant des différents Etats membres les éléments d'une culture professionnelle commune (Ktistakis 2013, 36).

[3] Pour ce qui est des mécanismes de coopération institutionnels franco-allemand, cf. le chapitre de Fabrice Larat, *Les multiples facettes de la coopération administrative entre la France et l'Allemagne* p. 159.

Les différents vecteurs de l'européanisation des cultures nationales

En même temps, la contribution de la coopération administrative au processus global d'intégration qui a cours en Europe depuis plusieurs décennies[4], le fait qu'elle se déroule en lien direct ou indirect avec les institutions de l'Union européenne, avec un cadre juridique et en relation avec la mise en œuvre de politiques publiques, tout cela soulève la question de savoir si ce processus ne conduit pas à une forme d'européanisation des cultures administratives.

L'européanisation en soi peut avoir plusieurs sens. On distingue globalement trois types de définition: un premier qui met l'accent sur l'émergence de structures de gouvernance distinctement communautaires, un deuxième se concentrant davantage sur l'intégration progressive de la dimension européenne dans les pratiques nationales et une troisième insistant sur l'interaction des deux niveaux (Saurugger 2009, 259).

Kevin Featherstone et Claudio Radaelli (2003) mettent ainsi en évidence le caractère multidimensionnel de l'européanisation, à la fois à l'échelle nationale mais également à l'échelle européenne. L'européanisation est un processus de construction, de diffusion, et d'institutionnalisation de règles formelles et informelles qui sont d'abord définies dans le cadre européen, et ensuite incorporées dans les pratiques nationales. Dans ce processus qu'on désigne aussi sous le nom de *«downloading»*, les États membres «téléchargent» les pratiques de l'Union Européenne. Ce phénomène est doublé d'un second, en sens inverse, qualifié d' *«uploading»*, et qui renvoie à la projection des préférences nationales sur le niveau européen.

Dans cette perspective, on pourrait s'attendre à ce que l'européanisation se traduise par une convergence de l'évolution des administrations nationales et de leur culture, par exemple sous la forme d'une certaine uniformisation des structures et des méthodes de travail dans les Etats membres face à la force motrice des institutions et des politiques européenne, notamment via les exigences et attentes qu'elles véhiculent. Plutôt que d'une uniformisation des cultures administratives nationales sous l'effet du droit européen, laquelle, comme le montre K. P. Sommermann dans son chapitre se heurte aux grandes différences qui subsistent pour ce qui est de la mise en œuvre du droit communautaire au niveau national ainsi qu'au maintien de certaines traditions et de priorités nationales en matière d'attachement à certains principes fondamentaux, il conviendrait alors de parler d'hybridation des cultures administratives nationales par l'émergence d'un système d'interactions entre administration européenne et administrations nationales qui auraient une architecture

---

[4] Sur le lien entre les différentes formes de coopération et intégration européenne, cf. Larat 2003.

commune mais où chacune d'entre elles préserverait sa culture et ses traditions.

Indépendamment du fait de savoir si un phénomène comme la mise en réseau des administrations en Europe a pour conséquence l'européanisation des administrations nationales concernées, la question au centre des contributions du présent ouvrage peut être résumée ainsi: quel type de culture administrative peut naître de la coopération entre les administrations sur le plan transnational? Outre la coopération prévue par les traités, l'Union européenne a en effet conduit et encouragé la mise en place de réseaux multi ou bi-nationaux d'administration qui cherchent à coopérer dans leur domaine respectif, à l'exemple de l'accord franco-belge entre les autorités compétentes de ces deux pays en matière d'échange de renseignements et de coopération administrative en vue de lutter contre l'évasion et la fraude fiscale.[5]

Les effets de la coopération administrative transnationale

Ce dynamisme dans la coopération entre les administrations, qu'elle soit institutionnalisée (par des traités, conventions ou autres accords…) ou non, peut-il alors se matérialiser sans une adaptation même partielle des administrations nationales?

Comme le montrent les contributions à cet ouvrage, les diverses formes de coopération impliquant des acteurs administratifs appartenant aux Etats membres de l'Union, de part la confrontation qu'elles entraînent avec des modes de fonctionnement différents et à cause de la logique d'action qui les sous-tend ne sont pas sans produire des effets sur la manière dont s'effectue le travail administratif des personnes concernées.

Cette constatation nous amène à nous demander si, et comment, une culture administrative spécifique peut se développer au niveau de la coopération administrative transnationale alors même qu'au niveau national le paysage des cultures administratives est pour le moins hétérogène, et que l'expression d'une culture administrative propre aux institutions de l'Union Européenne est encore très incomplète. Afin d'apprécier les effets exacts de la coopération, il faut d'abord répondre aux deux questions suivantes:

---

[5] C'est également le cas dans le domaine de la coopération policière et douanière avec la création du Centre de coopération policière et douanière franco-allemand à Kehl en face de Strasbourg en 1999 suite au traité franco-allemand de Mondorf-les-Bains de 1997. A noter que depuis la France a mis en place d'autres accords de ce type avec l'Espagne, l'Italie, le Luxembourg, la Suisse et la Belgique. L'Allemagne a fait de même avec la Pologne et la République Tchèque.

- Dans quelle mesure et en quoi ces nouvelles pratiques se différencient-elles de celles en vigueur dans les cultures administratives nationales?
- Si différences il y a, qu'est ce qui contribue à former les caractéristiques des cultures administratives transnationales: est-ce essentiellement un mélange des cultures nationales impliquées ou ces caractéristiques sont elles déterminées par l'objet même de la coopération?

La comparaison entre les données des deux enquêtes quantitatives présentées aux parties I et II de ouvrage est à cet égard riche d'enseignements, dans le sens où elle permet d'obtenir des éléments de réponses empiriques à ces deux questions. De même, les cinq dimensions identifiées dans la grille d'analyse conceptuelle présentée ci-dessus (graphique 1) fournissent quant à elles des approches pertinentes pour interpréter ces résultats.

La première impression qui se dégage de la comparaison entre les résultats des deux types de publics (cf. le graphique 2 ci-dessous), c'est la grande similarité des réponses. Pour la plupart des questions posées, on ne distingue pas de différence notable entre la manière dont le fonctionnement de la coopération administrative transnationale est perçue par les acteurs impliqués dans les activités de coopération au niveau transfrontalier (cf. les données présentées dans le chapitre Becker-Beck/Beck p. 59) et ceux impliqués dans la coopération bilatérale au niveau national (cf. le chapitre de Larat p. 143). Les seuls points pour lesquels une certaine variation est perceptible (différence de moyenne supérieure ou égale à 0,5 sur l'échelle de 1 à 7) renvoient en fait plus à des variations d'intensité qu'à des disparités.

Ainsi, les acteurs sont plus enclins à développer des solutions de manière décentralisée et partenariale au niveau local qu'au niveau interétatique et se montrent généralement encore plus souples, tout en étant plus fiers de participer à la coopération dans le cadre transfrontalier que dans la coopération interétatique. A l'inverse, les participants à la coopération interétatique sont un peu moins à l'écoute des particularités culturelles des partenaires, cherchent plus à imposer leur point de vue, et leur influence est perçue comme reposant plus sur l'autorité et leur position hiérarchique.

Cela étant, comme en témoigne l'ampleur réduite des écarts de moyenne, il s'agit là plus de variations d'intensité qui témoignent en fait de l'effet que le niveau territorial de coopération peut avoir, ainsi que nous avons pu l'identifier plus haut dans la liste des dimensions impactant la manière dont fonctionne la coopération transnationale. Dans ce cas de figure, l'influence du niveau territorial auquel se situe la coopération vient se greffer à celle des caractéristiques propres à la coopération: nécessité pour les acteurs de s'adapter aux autres et d'éviter les comportements d'ordre culturel potentiellement sources de conflits.

Graphique 2 : Perception comparée des caractéristiques de la coopération administrative au niveau interétatique et au niveau transfrontalier en ce qui concerne une sélection de variable

(Coopération étatique = ligne brisée   Coopération transfrontalière = ligne continue)[6]

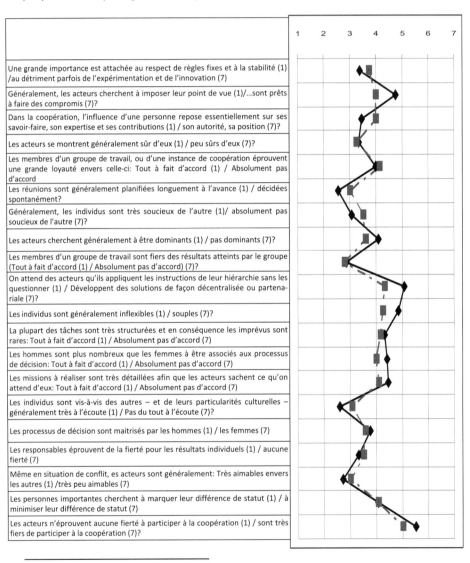

---

[6] Chaque question propose deux alternatives correspondant aux deux extrémités de l'échelle proposée. Les points qui forment les deux lignes représentées indiquent la moyenne respective des réponses sur une échelle de 1 à 7.

De la même manière, il n'est pas surprenant que la trace de certains traits constitutifs des cultures administratives nationales se retrouve plus fortement au niveau de la coopération interétatique impliquant des fonctionnaires de niveau ministériel porteurs qu'au niveau de la coopération transfrontalière. Là encore, on peut penser que c'est la proximité territoriale de l'objet même de la coopération qui facilite chez les agents des administrations concernées le fait de devoir s'écarter de leurs modes de fonctionnement habituels.

En règle générale, comme le relève Emilie Biland, les agents publics lorsqu'ils sont membres d'une institution stabilisée sont exposés à des cultures plus ou moins sédimentées (au sens de Berger et Luckmann). Toutefois, certains peuvent être confrontés à des conjonctions critiques au cours desquelles leurs actions peuvent imprimer leur marque sur une culture institutionnelle en mutation (Biland, 2010, 186). C'est particulièrement le cas de la coopération transnationale, lorsqu'un groupe amené à travailler ensemble autour d'un objectif commun, notamment sur la base d'un projet, est composé de personnes venant d'institutions porteuses de cultures administratives différentes. On trouve là une autre dimension agissant sur la coopération, à savoir le rôle de la socialisation personnelle et professionnelle des individus, notamment pour ce qui est de leur influence sur la façon dont la coopération va fonctionner. Mais ce n'est pas tout: la socialisation qui va se produire à l'occasion de la coopération peut en retour avoir un effet sur la perception que la personne en question a de la culture administrative dans laquelle elle évolue en temps normal. Du fait de la grande diversité des facteurs intervenant dans ce processus, il est très difficile d'évaluer la portée des effets de la coopération. Comme le remarquent à juste titre Arthur Benz et Jörg Bogumil au sujet de l'influence du fédéralisme comme cadre institutionnel sur le comportement administratif des fonctionnaires dominants en Allemagne, les institutions modèlent sans doute les processus, par exemple le comportement des acteurs, leurs stratégies et leurs interactions, mais elles ne les déterminent pas (Benz et Bogumil 2006, 118).

Il reste à savoir dans quelle mesure les cultures administratives nationales et locales sont-elles influencées par l'intégration européenne, notamment quel est le degré d'influence réciproque entre la Commission européenne et les autorités nationales ou locales en matière de politique sectorielle. Il n'a malheureusement pas été possible de collecter des données concernant cet aspect dans le cadre du projet susmentionné. Il aurait fallut pour cela interroger des experts nationaux détachés auprès des institutions européennes, ou des agents publics impliqués dans la gestion et dans la mise en œuvre des politiques européennes.

Il s'agit dès lors de considérer les aspects culturels et interculturels dans les processus décisionnels en prenant en compte le fait que la structuration d'une culture administrative tient aussi bien à des facteurs internes qu'externes. Dans ce contexte d'intégration européenne et d'émergence de nouvelles pratiques gestionnaires, la coopération transnationale peut apparaître comme le creuset de cultures administratives dont l'analyse met en évidence à la fois leurs spécificités structurelles, fonctionnelles et sectorielles mais aussi leur évolution.

La coopération transnationale, pratiquée aussi bien à l'échelon européen, national que local, permet en effet de développer une réflexion sous l'angle, d'une part, d'une ouverture interculturelle et du comparatisme européen et, d'autre part, d'une approche territoriale mais également thématique ou sectorielle. Comme nous allons le montrer à partir des différentes perspectives utilisées dans les chapitres réunis dans cet ouvrage, seule l'analyse globale de l'ensemble des formes prises par la coopération administrative en Europe permet prendre la mesure des transformations en cours et des interactions existantes. Outre une comparaison «verticale», l'analyse de la coopération transnationale implique également de procéder à une comparaison «horizontale» qui passe par l'étude des dimensions structurelles, individuelle, systémique, sectorielle ainsi qu'à celle liée au niveau territorial où se situent les activités de coopération.

Deux grands enseignements peuvent être tirés de cette analyse:

a) Il en va de la dimension individuelle, tout comme de celle portant sur les institutions: la coopération administrative se révèle être un important vecteur d'européanisation. Que cela soit dans des cadres bi- ou multilatéraux, les individus impliqués dans ces activités subissent un processus de socialisation. Les nombreux contacts et échanges qui voient le jour à l'occasion de la conduite commune de projets, lors de la participation à des programmes de formation ou de soutien à la mobilité, sont l'occasion de développer des comportements, attentes ou discours favorables à la coopération transnationale. Cela permet également une prise de conscience ainsi qu'une meilleure compréhension de l'existence de différences culturelles dans le mode de fonctionnement des administrations de même qu'une plus grande indulgence à leur égard, y compris pour les aspects pouvant paraître comme étant particulièrement exotiques.[7] Etant donné l'attraction toujours vivace qu'exerce le pouvoir central dans les administrations, que cela au niveau na-

---

[7] Jochen Presl, «Les élèves allemands de l'ENA et leur vision de la gestion publique». Mémoire de master en affaire publique ENA/Paris Dauphine, mai 2012. Pour une bonne vision des changements de perspective produits par l'immersion dans un environnement administratif étranger, cf. le blog echangeberlin.blogspot.fr

tional pour la France ou des Länder pour l'Allemagne, ces transformations qui apparaissent dans le cadre du processus de socialisation ne passent pas par une modification de l'orientation et de la loyauté des agents en faveur d'un nouveau cadre de référence qui serait l'espace de la coopération transnationale. Il s'agit plutôt d'une plus grande ouverture aux autres réalités et pratiques administratives existant au-delà des frontières nationales, lesquelles sont considérées comme étant également légitimes et utiles. C'est le résultat des nombreuses interactions qui se sont développées au fil du temps ainsi que de la conscience de l'existence, au-delà des frontières de l'Etat-nation, d'un système plus vaste et en voie de construction qu'est l'espace administratif européen. Bien qu'il soit encore en train d'émerger, des manifestations de son existence sont toutefois déjà tangibles dans de nombreux domaines tels que les douanes, la justice, la sécurité et l'immigration, en particulier comme résultat de la concrétisation des quatre libertés de circulation (biens, services, capitaux et personnes) prévues par les traités.

b) A cela s'ajoute le fait que la coopération administrative contribue à rendre le système de gouvernance à niveaux multiples de l'Union européenne plus stable, durable et fonctionnel. Pour ce qui est de la relation franco-allemande, la multiplication de liens administratifs au niveau bilatéral est ainsi devenue un complément essentiel de la volonté politique de développer et d'intensifier la coopération entre les deux pays pour ce qui est des affaires européennes. Lorsqu'il y a des tensions au niveau politique, les liens et attaches multiples au niveau des administrations ont la capacité d'absorber les difficultés causées par les situations de malentendus et de défiance entre dirigeants. Une autre contribution majeure concerne la dimension de renforcement des capacités qui résulte de la coopération administrative (Beck 2013), ainsi que la production d'expertise et de savoirs nécessaires pour conduire des politiques communes, résoudre des problèmes et faire face aux défis communs, que cela soit dans le cadre des traités européens, d'accords multilatéraux ou de projets et d'initiatives bilatérales. Concrètement et contrairement à ce que pourrait laisser entendre une conception souverainiste de la gouvernance européenne, cela veut dire qu'il convient de considérer les Etats membres de l'Union tout comme leurs appareils administratifs comme des acteurs centraux du processus d'intégration et pas seulement comme des structures obligées de s'adapter à un processus exogène.

En complément de ces conclusions, les résultats des réflexions présentées dans les contributions rassemblées ci-dessous sur les cultures administratives transnationales en Europe laissent apparaitre deux nouvelles perspectives de recherche sur des aspects jusqu'à présent peu traités dans la littérature scientifique. Les pistes de recherche qui s'en dégagent sont susceptibles de contribuer à une meilleure compréhension de ce qui se passe dans l'espace administrative européen en voie de constitution et, ce faisant, de fonder sur des bases épistémologiquement solides le concept de culture administrative transnationale. Il s'agit tout d'abord de la question des fonctions spécifiques et plus généralement des fonctionnalités que remplit la coopération transnationale horizontale quand elle rassemble différentes administrations nationales travaillant dans le même secteur d'activité. Alors que dans la dimension verticale de la coopération aussi bien l'émergence que la fonction spécifique exercée par l'apparition de connivences administratives trans-niveaux autour d'un domaine commun d'activité sont perceptibles dans la conception et la mise en œuvre de politiques publiques sur le plan national et européen, autant la recherche sur la réalité d'un tel phénomène pour ce qui est des formes horizontales de coopération entre administrations nationales est encore lacunaire.

La coopération interétatique tout comme la coopération transfrontalière se trouvent être portées de manière décisive par des agents des administrations des pays participants. Mais qu'en est-il d'éventuelles variations concernant le fonctionnement de ces connivences administratives selon que ces agents sont des généralistes ou des spécialistes, des représentants de la fonction publique d'Etat ou des collectivités territoriales, qu'ils travaillent pour les institutions en charge de la coordination de la politique européenne ou pour des ministères techniques ou qu'ils soient en charge de missions régaliennes, de planification et d'organisation ou de délivrance de services publics?

Existe-il aussi des connivences transnationales qui se forment de manière horizontale autour d'un domaine d'activité ou d'intérêt commun à deux ou plusieurs administrations, et si c'est le cas, dans quelles occasions une telle coopération voit le jour, avec quels effets et sous quelle forme? Quel lien entretient-elle avec le processus général d'intégration au niveau européen, c'est-à-dire dans quelle mesure et comment les formes de coopération horizontales viennent-elles renforcer ou compenser les facteurs d'intégration qui manquent au niveau européen, et fonctionnent-t-elles plus facilement ou plus difficilement que les formes de coopération entre institutions nationales et européennes? Enfin, ce phénomène conduit-il à l'émergence d'une culture administrative sectorielle dans un espace transnational donné?

La deuxième piste de recherches à conduire porte sur le lien existant entre l'administration et le système qui l'entoure. Ici aussi sur le plan européen, national et territorial on peut observer une grande diversité d'interrelations conceptualisées dans la littérature scientifique sous le terme de «gouvernance». Dans le contexte général de la montée en puissance de la coopération administrative transnationale, cela soulève la question de savoir dans quelle mesure des constellations d'acteurs regroupés autour de mécanismes de coopération horizontale et intersectorielle se forment pour concevoir et mettre en œuvre des politiques publiques, et dans quelle mesure, à côté du phénomène d'hybridation des cultures administratives nationales et européenne (au sens des institutions de l'Union) qui voit le jour dans le contexte de la coopération transnationale, une autre forme d'hybridation entre la culture des secteurs public, économique et sociétaux n'est pas perceptible, et quelles conséquences cela aurait pour le concept de culture administrative transnationale?

Les données quantitatives et qualitatives collectées dans le cadre de notre projet ne permettent pas de mettre en évidence l'existence de phénomènes d'apprentissage manifestes par rapport aux autres partenaires administratifs impliqués. Cela étant, on constate qu'à l'heure actuelle en Europe, entre autres au travers de l'influence des nouvelles orientations prises par la politique européenne de cohésion, de nouvelles formes de gouvernance territoriale apparaissent au niveau décentralisé, lesquelles remettent en question et transforment les formes traditionnelles de coopération dans l'espace transnational (Beck & Wassenberg 2014).

L'effet des particularités de la gouvernance européenne, des formes modernes de gouvernement ainsi que de la diffusion des méthodes de management public peut également être relevé au niveau national. La question du profil de la culture administrative pratiquée dans les différentes formes de coopération transnationale, notamment par rapport à celui des cultures administratives nationales ne peut donc faire l'impasse d'une réflexion plus large sur la relation existant entre la diffusion de règles, principes et procédures liées aux nouveaux modes de gouvernance de l'UE (Héritier and Rhodes 2010), les méthodes liées plus largement à la nouvelle gestion publique (Politt and Bouckaert 2004) voire à la nouvelle gouvernance publique (Osborne 2010), et les pratiques, comportements et formes de raisonnement qui apparaissent dans le cadre de la coopération administrative transnationale, qu'elle soit directement en lien avec Bruxelles (dimension verticale) ou qu'elle concerne uniquement les administrations des pays membres (dimension horizontale).

Bibliographie

ALMOND, GABRIEL (1963): «Civic Culture: Political Attitudes and Democracy in Five Nations»; Sage Publications, NY: 1963

BACHE, IAN (2008), Europeanization and Multi-Level Governance. Cohesion Policy in the European Union and Britain, Lanham, MD: Rowman & Littlefield

BECK, JOACHIM; THEDIECK, FRANZ (2008) «The european dimension of administrative culture». Baden-Baden, Nomos

BECK, JOACHIM; LARAT, FABRICE (sd/ed) (2011), «Reform von Staat und Verwaltung in Europa. Jenseits von New Public Management? / Réforme de l'État et de l'administration en Europe. Au-delà de la Nouvelle Gestion Publique?», Zurich, Dike Verlag, 2011

BECK, JOACHIM & WASSENBERG, BIRTE (2014), Vivre et penser la coopération transfrontalière (Vol. 6), Vers une cohésion territoriale transfrontalière?, Stuttgart

BECK, JOACHIM (2013), «Prospects of Cross-Border Cooperation in Europe: Capacity-Building and the Operating Principle of «Horizontal Subsidiarity», in: International Public Administration Review, Volume XI/March 2013, 7–24

BENZ, ARTHUR; BOGUMIL, JÖRG (2006) «Des ‹fonctionnaires dominants› au cœur du système fédéral: le cas de l'Allemagne», in Françoise Dreyfus et Jean-Michel Eymeri (sd), Science politique de l'administration. Une approche comparative. Paris, Economica, p.118–134

BILAND, EMILIE (2010) Les cultures d'institution», in Lagroye, Jacques, Offerle, Michel (sd), «Sociologie de l'institution», Paris, Belin. 177–192

CESI (2012), «Promouvoir la coopération administrative transnationale en Europe. Aspects choisis de la coopération administrative»: http://www.cesi.org/pdf/seminars/Brochure_Finale_COOP_16P_WEB_FR.pdf

CHEVALIER, EMILIE (2014), «Bonne administration et Union européenne». Bruxelles, Bruyland

FEATHERSTONE, KEVIN; RADAELLI, CLAUDIO M. (eds) (2003), «The Politics of Europeanization», Oxford, Oxford University Press

FISCH, STEFAN (2000), «Verwaltungskulturen – Geronnene Geschichte?», in: Die Verwaltung. Zeitschrift für Verwaltungsrecht und Verwaltungswissenschaften, 33, S. 303–323

HÉRITIER, ADRIENNE; RHODES, MARTIN (eds) (2010), «New Modes of Governance in Europe. Governing in the Shadow of Hierarchy», Palgrave Macmillan

JANN, WERNER (1983): Staatliche Programme und «Verwaltungskultur». Bekämpfung des Drogenmissbrauchs und der Jugendarbeitslosigkeit in Schweden, Großbritannien und der Bundesrepublik Deutschland im Vergleich, Opladen

JANN, WERNER (2000), «Verwaltungskulturen in internationalen Vergleich. Ein überblick über den Stand der empirischen Forschung», in *Die Verwaltung* Band 33, Heft 1–4

KTISTAKIS, STAVROULA (2013), «L'espace administratif européen et ses implications. Le cas du professionnalisme de la fonction publique dans le spays d'Europe continentale», in Demetrios Argyriades et Gérard Timsit «Moving beyond the crisis: reclaiming and reafriming our common administrative space/Pour dépasser la crise: un espace administratif commun». Bruxelles, Bruyland, 35–69

LARAT, FABRICE (2003), «Histoire politique de l'intégration européenne». Paris: La Documentation Française

Mangenot, Michel (2005), «Administration publiques et services d'intérêt général: quelle européanisation?». Maastricht, Institut européen d'administration publique

OCDE (2000), «Principes européens d'administration publique», Paris, Documents SIGMA No. 27

Osborne, Stephen P. (2010), «The New Public Governance?: Emerging Perspectives on the Theory and Practice of Public Governance», Routledge

Pollitt, Christopher; Bouckaert, Geert (2004). «Public Management Reform: A Comparative Analysis, 2nd ed., Oxford, Oxford University Press

Saurugger, Sabine (2009) «Théories et concepts de l'intégration européenne». presses de Sciences Po

Thedieck, Franz (2008) «The coming into Being of an European Administrative Culture», in Beck, Joachim; Thedieck, Franz «The european dimension of administrative culture». Baden-Baden, Nomos, 81–97

Ziller, Jacques (1993), «Administrations comparées», Paris: Montchrétien

Teil I / Première Partie:

Empirische Bestandsaufnahmen zur grenzüberschreitenden Zusammenarbeit

Réalités empiriques concernant la coopération transfrontalière

Kultur der grenzüberschreitenden Zusammenarbeit am Beispiel der Oberrhein-Region

Ergebnisse einer Befragung von Akteuren der grenzüberschreitenden Zusammenarbeit[1]

ULRIKE BECKER-BECK / DIETER BECK

Inhaltsverzeichnis

1. Eine Pilotstudie zur empirischen Untersuchung der Kultur der grenzüberschreitenden Zusammenarbeit ... 60
   1.1 Grundannahmen, Ziele und Durchführung der Studie ... 60
   1.2 Fragenbereiche: Rahmenbedingungen der grenzüberschreitenden Zusammenarbeit, Hypothesen zu deren Besonderheiten und Vergleich der Kulturen bei der grenzüberschreitenden Zusammenarbeit und der Zusammenarbeit in den Heimatverwaltungen ... 61
   1.3 Auswertungs-Design und Fragestellungen ... 62
2. Ergebnisse der Befragung ... 63
   2.1 Beschreibung des Arbeitsfeldes der grenzüberschreitenden Zusammenarbeit ... 64
   2.2 Hypothesen über Besonderheiten der Kultur der grenzüberschreitenden Zusammenarbeit am Oberrhein ... 66
      2.2.1 Problemwahrnehmung und -analyse im Rahmen der grenzüberschreitenden Zusammenarbeit ... 68
      2.2.2 Prozesse ... 69
      2.2.3 Entscheidungsfindung ... 70
      2.2.4 Politik-Realisierung ... 72
      2.2.5 Bedeutung von Symbolen bei der grenzüberschreitenden Zusammenarbeit ... 74
      2.2.6 Bedeutung von Normen bei der grenzüberschreitenden Zusammenarbeit ... 74

---

[1] Wir danken herzlich Prof. Dr. Felix C. Brodbeck, Inhaber des Lehrstuhls Wirtschafts- und Organisationspsychologie an der Ludwig-Maximilians-Universität München, für die freundliche Unterstützung unseres Projektes und die Überlassung des Fragebogens «Interkulturelle Studie zu Führung und Verhalten in Organisationen» in der deutschen Version A (Teil 1) aus der GLOBE-Studie.

| | | 2.2.7 | Bedeutung gemeinsamer Werte bei der grenzüberschreitenden Zusammenarbeit | 75 |

	2.2.8	Übernahme guter Praktiken	77
	2.2.9	Technische Merkmale der Zusammenarbeit	77
	2.2.10	In welchem Maße sind aus Ihrer Erfahrung folgende Aussagen zur Arbeitssprache in Besprechungen zutreffend?	78
	2.2.11	Analyse der freien Antworten zum Mehrwert der grenzüberschreitenden Zusammenarbeit und Vorschlägen zu deren Verbesserung und Weiterentwicklung	79
		2.2.11.1 Welchen Mehrwert sehen Sie in der grenzüberschreitenden Zusammenarbeit?	79
		2.2.11.2 Was könnte besser laufen?	80
2.3	Vergleichende Beschreibung der Kultur der grenzüberschreitenden Zusammenarbeit und Kultur der Zusammenarbeit in der jeweiligen Heimatverwaltung		81
	2.3.1	Wie stellt sich die Kultur der grenzüberschreitenden Zusammenarbeit im Vergleich zur Zusammenarbeit in den Heimatverwaltungen aus Sicht aller befragten Akteure sowie deutscher, französischer und schweizerischer Akteure dar?	83
	2.3.2	Wie stellt sich die Kultur der grenzüberschreitenden Zusammenarbeit und der Zusammenarbeit in den Heimatverwaltungen in Abhängigkeit von der Nationalität der Akteure dar?	86
3. Diskussion: Besonderheiten einer eigenen Kultur der grenzüberschreitenden Zusammenarbeit			86
3.1	Wie können die Charakteristika einer eigenen transnationalen Kultur der Zusammenarbeit fassbar gemacht werden?		86
3.2	Wie lässt sich die Kultur der grenzüberschreitenden Zusammenarbeit charakterisieren und wie unterscheidet sich diese von den jeweiligen Kulturen der Zusammenarbeit in den Heimatverwaltungen?		87
3.3	Welche förderlichen Bedingungen einer grenzüberschreitenden Zusammenarbeit lassen sich aus Sicht der verschiedenen Akteure identifizieren und wie kann diese weiterentwickelt werden?		88
Literatur			89

1. Eine Pilotstudie zur empirischen Untersuchung der Kultur der grenzüberschreitenden Zusammenarbeit

1.1 Grundannahmen, Ziele und Durchführung der Studie

Die vorliegende Pilotstudie zur Kultur der grenzüberschreitenden Zusammenarbeit am Beispiel der Oberrhein-Region geht von der erfahrungsgestützten

Annahme aus, dass sich im Rahmen der grenzüberschreitenden Zusammenarbeit eine eigene transnationale Verwaltungskultur entwickelt. Im Folgenden wird diese auf die dabei entstandene Kultur grenzüberschreitender Zusammenarbeit zwischen Verwaltungen bezogen. Dabei wird angenommen, dass sich eine eigene Kultur der grenzüberschreitenden Zusammenarbeit im Sinne einer «third culture» (vgl. Casrnir 1999; Beneke 2009) von der jeweiligen Kultur der Zusammenarbeit in den eigenen Heimatverwaltungen unterscheidet.

Angesichts der vielfältigen Erfahrungen in der grenzüberschreitenden (Verwaltungs-)Zusammenarbeit am Oberrhein wird in einer Pilotstudie beispielhaft für diese Modellregion untersucht,

- wie eine solche dritte, transnationale Kultur der Zusammenarbeit beschrieben werden kann,
- wie sich diese von den jeweiligen Kulturen der Zusammenarbeit in vergleichbaren Kontexten in den Heimatverwaltungen unterscheidet,
- welche konstruktiven Bedingungen bei dieser Zusammenarbeit aus Sicht der verschiedenen Akteure bestehen und schließlich
- wie aus deren Expertensicht die grenzüberschreitende Zusammenarbeit weiterentwickelt werden kann.

Nicht zuletzt wird durch die Studie auch ein stärkeres Bewusstsein für die Besonderheiten dieser Art der Zusammenarbeit geschaffen und vielleicht auch ein wenig Stolz bei den Beteiligten auf dieses Engagement.

1.2 Fragenbereiche: Rahmenbedingungen der grenzüberschreitenden Zusammenarbeit, Hypothesen zu deren Besonderheiten und Vergleich der Kulturen bei der grenzüberschreitenden Zusammenarbeit und der Zusammenarbeit in den Heimatverwaltungen

Die Befragung gliedert sich in drei Teile. Im ersten Teil geht es zunächst um eine systematische Erfassung der Rahmenbedingungen der beschriebenen grenzüberschreitenden Zusammenarbeit auf Grundlage des Rahmenmodells der transnationalen Kultur der Zusammenarbeit von Beck (vgl. Beck, 2011 sowie Beck & Larat in diesem Band).

Im zweiten Teil erfolgt dann eine systematische Beschreibung der Kultur der grenzüberschreitenden Zusammenarbeit durch die Akteure der grenzüberschreitenden Zusammenarbeit am Oberrhein auf der Grundlage von Hypothesen zur grenzüberschreitenden Zusammenarbeit in zehn Themenfeldern.

Im Mittelpunkt des dritten Teils steht eine vergleichende Beschreibung der Kultur der grenzüberschreitenden Zusammenarbeit und der Zusammenarbeit in den Heimatverwaltungen. Dies geschieht erstmals für diesen Kontext anhand der Kulturdimensionen der internationalen GLOBE-Studie[2] (vgl. House et al. 2004; House & Javidan 2004; Chhokar, Brodbeck & House 2007).

1.3 Auswertungs-Design und Fragestellungen

Ausgehend von den detaillierten Angaben bei den Rahmenbedingungen können vielfältige Einflussfaktoren (unabhängige Variablen der Untersuchung) auf die Wahrnehmungen der Kultur der Zusammenarbeit (abhängige Variablen) untersucht werden. Beispielsweise wird der Frage nachgegangen: Unterscheidet sich die Wahrnehmung der grenzüberschreitenden Zusammenarbeit in Abhängigkeit von der Nationalität der Akteure, deren institutioneller Herkunft oder Art, Umfang und Ebene der Beteiligung an der grenzüberschreitenden Zusammenarbeit? Ferner wird untersucht, inwiefern sich die Wahrnehmung der Kultur der Zusammenarbeit in den Heimatverwaltungen und der grenzüberschreitenden Zusammenarbeit unterscheidet.

Die Studie zielt auf die Beantwortung dreier Fragestellungen ab:
1. Inhaltliche Frage: Entsteht im Rahmen der grenzüberschreitenden Zusammenarbeit eine eigene transnationale Verwaltungskultur? – im Sinne einer dritten Kultur jenseits der Kultur der Zusammenarbeit in der Heimatverwaltung und in der jeweiligen Partnerverwaltung?
2. Methodische Frage: Wie kann das theoretische Konstrukt einer eigenen transnationalen Verwaltungskultur empirisch fassbar gemacht werden?
3. Praktische Frage: Wie kann die grenzüberschreitende Zusammenarbeit weiterentwickelt werden – bezüglich ihrer fachlichen Wirksamkeit und der interkulturellen Dimension?

Die Idee zur Studie entstand im Rahmen des Workshops «Verwaltungskultur – Cultures administratives» (Kooperation Euro-Institut – ENA – PEAP, 01.02.2011, Euro-Institut).

Für diese Pilot-Untersuchung der Kultur der grenzüberschreitenden Zusammenarbeit wurde von den Autoren in Zusammenarbeit mit Dr. Joachim Beck und Anne Dussap-Köhler vom Euro-Institut, Kehl, zunächst ein eigener Fragebogen entwickelt. Dieser erfasst im ersten Teil verschiedene Merkmale der Rahmenbedingungen des Arbeitsfeldes und der grenzüberschreitenden Zu-

---

[2] Global Leadership and Organizational Behavior Effectiveness Research Program.

sammenarbeit. Im zweiten Teil geht es dann um die Prüfung einer Reihe von erfahrungsgestützten Hypothesen über die Besonderheiten der grenzüberschreitenden Zusammenarbeit. Im dritten Teil geht es dann um einen Kulturvergleich zwischen der grenzüberschreitenden Zusammenarbeit und der Zusammenarbeit in den Heimatverwaltungen. Hierzu wurde ein Fragebogen zum Kulturvergleich aus der internationalen GLOBE-Studie erstmals auf den Kontext der grenzüberschreitenden Zusammenarbeit angepasst.

Der Fragebogen wurde an 250 deutsche, 268 französische und 33 schweizerische Akteure der grenzüberschreitenden Zusammenarbeit am Oberrhein versendet. Dies erfolgte postalisch, wobei ein frankierter Rückumschlag beigelegt wurde. Die Befragung fand vom 8. bis 30. November 2011 statt[3].

Im Folgenden werden die Ergebnisse der Befragung für die drei Teile dargestellt:

1. Beschreibung des Arbeitsfeldes der grenzüberschreitenden Zusammenarbeit
2. Hypothesen über Besonderheiten der Kultur der grenzüberschreitenden Zusammenarbeit
3. Vergleichende Beschreibung der Kultur der grenzüberschreitenden Zusammenarbeit und der Kultur der Zusammenarbeit in der jeweiligen Heimatverwaltung anhand der Kulturdimensionen der internationalen GLOBE-Studie

2. Ergebnisse der Befragung

Von den 551 angeschriebenen Akteuren sandten 132 einen ausgefüllten Fragebogen zurück. Dies entspricht einer Rücklaufquote von 24%, die angesichts der Art der Befragung und des umfangreichen Fragebogens als befriedigend bis gut anzusehen ist.

---

[3] Die Datenerfassung erfolgte durch Eddie Pradier, Vera Jablunka und Raphaëlle Grisel mit Hilfe des Programmsystems EVASYS. Technische Betreuung der Datenerfassung durch Eddie Pradier (Euro-Institut). Die Datenauswertung wurde vom Autorenteam mit Hilfe von Excel und dem Statistik-Programmsystem STATISTICA vorgenommen.

2.1 Beschreibung des Arbeitsfeldes der grenzüberschreitenden Zusammenarbeit

Das Arbeitsfeld und die erlebten Rahmenbedingungen der grenzüberschreitenden Zusammenarbeit werden von den Akteuren anhand von 16 Fragestellungen charakterisiert. Dabei spiegeln die folgenden Ergebnisse vor allem die Perspektive der deutschen (54% der Teilnehmer/innen) und der französischen Akteure (41%) der grenzüberschreitenden Zusammenarbeit wider. Der Anteil der schweizerischen Akteure an den Befragungsteilnehmern beträgt lediglich knapp 5%.

In Bezug auf die Organisation sind 46% der Befragungsteilnehmer in der deutschen und 34% in der französischen Verwaltung tätig, lediglich knapp 4% stammen aus der schweizerischen Verwaltung. 16% der Befragungsteilnehmer arbeiten in einer grenzüberschreitenden Einrichtung.

In ihrer Heimatverwaltung sind die meisten Befragungsteilnehmer (36%) auf der regionalen Ebene tätig, gefolgt von der lokalen Verwaltung (14%) und der Ministerialebene (13%). Darüber hinaus arbeiten 22% in einer nicht näher bezeichneten Ebene «Sonstiges».

Leitungsfunktionen und Sachbearbeitung sind unter den Befragungsteilnehmern mit jeweils 37% am stärksten und in gleichem Maße vertreten; eine Funktion in einem Querschnittsreferat üben 5% der Akteure aus.

Im Hinblick auf die Ebene der grenzüberschreitenden Zusammenarbeit sind die Befragungsteilnehmer zu einem hohen Anteil auf der institutionellen Ebene der Oberrhein-Konferenz (39%), der trinationalen Metropolregion (37%) und den Eurodistrikten (33%) tätig, wobei der größte Anteil in sonstigen grenzüberschreitenden Einrichtungen arbeitet (46%).

Bezüglich des Umfangs der grenzüberschreitenden Zusammenarbeit sind die Befragungsteilnehmer zu 44% hauptamtlich und zu 56% im Nebenamt mit diesen Tätigkeiten befasst.

90% der nicht hauptamtlich mit der grenzüberschreitenden Zusammenarbeit befassten Befragungsteilnehmer befassen sich damit maximal an 5 Tagen pro Monat.

83% der Befragungsteilnehmer sind schon seit mindestens drei Jahren mit Fragen der grenzüberschreitenden Zusammenarbeit befasst, 64% schon mehr als vier Jahre.

Die Dauer der Beschäftigung mit Fragen der grenzüberschreitenden Zusammenarbeit variiert nicht signifikant mit dem Umfang der Tätigkeit als hauptamtlich oder nicht hauptamtlich.

Bei der Form der Zusammenarbeit liegen die Schwerpunkte bei der Arbeit in einer festen grenzüberschreitenden Institution (26%), der Arbeit im Netzwerk (18%) und in Interreg-Projekten (17%).

Gründe der Beschäftigung mit grenzüberschreitender Zusammenarbeit sind in erster Linie beruflicher und fachlicher Natur. In zweiter Linie wird die Zusammenarbeit auch als persönliches Anliegen, als persönlich bereichernder Austausch und als Beitrag zur Völkerverständigung wahrgenommen. Als Karrieremöglichkeit wird die Beschäftigung mit grenzüberschreitender Zusammenarbeit jedoch nicht gesehen. In den ergänzenden Kommentaren wurden als Gründe für die Beschäftigung mit grenzüberschreitender Zusammenarbeit vor allem praktische Fragen z.B. Verkehr und Gesundheitswesen genannt.

Etwa die Hälfte der Befragten hat eine Tätigkeit im Bereich der grenzüberschreitenden Zusammenarbeit bewusst angestrebt, während sie sich bei einem Drittel so ergeben hat.

Bezüglich der Vorbereitung auf die grenzüberschreitende Zusammenarbeit gibt die Mehrheit der Befragten (63%) an, sich selbst in die Besonderheiten der grenzüberschreitenden Zusammenarbeit eingearbeitet zu haben. 39% konnten auf berufliche Vorerfahrungen zurückgreifen und 29% auf Erfahrungen aus dem Studium. Nur 11% der Befragten verweisen auf entsprechende Weiterbildungen. In den Kommentaren wird insbesondere auf vorherige berufliche Erfahrungen hingewiesen sowie auf eine entsprechend ausgerichtete Ausbildung. Einige Befragte geben auch einen persönlichen Hintergrund an.

Bei den Angaben zu den Sprachkenntnissen besteht eine Asymmetrie zwischen den deutsch- und den französisch-sprachigen Akteuren: Während 71% der französisch-sprachigen Akteure ihre Deutschkenntnisse als gut einschätzen (Summe der Antwortalternativen: Muttersprache, sehr gut, gut), geben nur 42% der deutsch-sprachigen Akteure an, über in diesem Sinne gute Französischkenntnisse zu verfügen. Hinsichtlich der wenigen schweizerischen Akteure (N=6) findet sich eine ähnliche Tendenz: nur 50% geben an, über gute Französischkenntnisse zu verfügen.

Englisch, was in den Kommentaren schon einmal als mögliche Lösung des Sprachproblems genannt wird, wäre nicht als alternative gemeinsame Sprache geeignet, angesichts von nur 50% der französisch-sprachigen Akteure, die ihre Englischkenntnisse als gut einschätzen.

Die Befragten sind in sehr verschiedenen Bereichen der grenzüberschreitenden Zusammenarbeit tätig. Schwerpunkte sind die Raumplanung, der Verkehr und Transport sowie Umweltschutz, weitere Schwerpunkte liegen im Bildungs- und Wissenschaftsbereich sowie bei Polizei, Justiz und Rettungswesen.

Bei den für die grenzüberschreitende Zusammenarbeit erforderlichen Kompetenzen sind Querschnitts- und Generalistenfunktionen (55%) stärker gefragt als spezifische fachliche Kompetenzen und Spezialistenfunktionen.

Alles in allem liegt der Schwerpunkt der Tätigkeiten auf der Erarbeitung von Konzepten und Strategien und erst in zweiter Linie auf der Umsetzung von Entscheidungen und Projekten. Des Weiteren wurde statistisch geprüft, ob der Tätigkeitsschwerpunkt abhängt:

a) von der Ebene, auf der die Akteure in ihrer Heimatverwaltung tätig sind,
b) von der Funktion, die sie in der Heimatverwaltung ausüben,
c) von der Form der Zusammenarbeit.

Ein signifikanter Zusammenhang zeigte sich lediglich im Hinblick auf den Aufgabentyp «Erarbeitung von Konzepten/Strategien» und der Funktion in der Heimatverwaltung: Die Erarbeitung von Konzepten und Strategien wird von Personen mit Leitungsfunktion überzufällig häufig als Tätigkeitsschwerpunkt genannt (79,6%), von Personen mit Sachbearbeitungs- oder Referentenfunktion dagegen eher selten (34,7%).

2.2 Hypothesen über Besonderheiten der Kultur der grenzüberschreitenden Zusammenarbeit am Oberrhein

Im zweiten Teil der Befragung wurden Hypothesen zur Besonderheiten der Kultur der grenzüberschreitenden Zusammenarbeit in zehn unterschiedlichen Themenfeldern formuliert. Die Befragten wurden gebeten einzuschätzen, für wie zutreffend sie eine bestimmte Aussage auf einer 5-stufigen Skala von zutreffend (5) bis unzutreffend (1) halten. Darüber hinaus hatten die Befragten die Möglichkeit, ihre Einschätzungen durch Erläuterungen oder Beispiele zu kommentieren. Mit diesem empirischen Zugang wird es erstmals möglich, vielfältige Annahmen zu Besonderheiten der grenzüberschreitenden Zusammenarbeit am Oberrhein, die bislang im Raum stehen, mit den tatsächlichen Einschätzungen der Akteure in der Praxis zu vergleichen.

Folgende Themenfelder wurden in diesem Teil der Befragung näher untersucht
1. Problemwahrnehmung und -analyse
2. Prozesse der grenzüberschreitenden Zusammenarbeit
3. Entscheidungsfindung
4. Politikrealisierung
5. Bedeutung von Symbolen
6. Bedeutung von Normen
7. Bedeutung von Werten

8. Übernahme guter Praxis
9. Technische Merkmale der Zusammenarbeit
10. Erfahrungen mit der Arbeitssprache

Abschließend wurde mit zwei offenen Fragen qualitativ untersucht, welchen Mehrwert die Befragten in der grenzüberschreitenden Zusammenarbeit sehen (Frage 11.1), und was dabei nicht so gut läuft und wie dies überwunden werden kann (Frage 11.2).

Im Folgenden werden die Ergebnisse für die obigen Themenfelder zunächst für die Gesamtheit der befragten Akteure dargestellt.

Danach wurde geprüft, ob die Einschätzungen für die zehn Themenfelder in Abhängigkeit von verschiedenen Akteurmerkmalen variieren, wie sie im ersten Teil der Befragung erhoben wurden (z.B. Nationalität der Akteure). Dabei wurden folgende Akteurmerkmale untersucht[4]:

– Nationalität der Akteure
– Institutionelle Herkunft
   o Tätigkeitsebene in der Heimatverwaltung
   o Funktion in Heimatverwaltung
– Art/Ebene der Beteiligung an der grenzüberschreitenden Zusammenarbeit
   o Institutionelle Tätigkeitsebene in der grenzüberschreitenden Zusammenarbeit[5]
– Umfang der Beschäftigung mit der grenzüberschreitenden Zusammenarbeit
– Erfahrung/Dauer der Beschäftigung mit der grenzüberschreitenden Zusammenarbeit
– Form der grenzüberschreitenden Zusammenarbeit
– Persönlicher Zugang zur grenzüberschreitenden Zusammenarbeit[6]

---

[4] Diese statistischen Prüfungen erfolgten mit Hilfe von Varianzanalysen. Abhängige Variablen sind dabei die jeweiligen Einschätzungen für die Themenfelder. Als unabhängige Variable fungieren die verschiedenen Akteurmerkmale.

[5] Da bei dieser Frage Mehrfachantworten erlaubt waren, sind die verschiedenen Antwortalternativen z.T. mit denselben Akteuren besetzt. Um die Tätigkeitsebene als «unabhängige Variable» nutzen zu können, wurden daher zwei unabhängige Gruppen von Akteuren gebildet: solche, die nur auf den Handlungsebenen «TMO/ORK/ORR» tätig sind, (N=33) und solche, die nur auf den Handlungsebenen «Eurodistrikte/Städtenetz/Interkommunale Zusammenarbeit» tätig sind (N=21).

[6] Hier wurden zwei Extremgruppen von Akteuren verglichen: diejenigen, die dies (eher) bewusst angestrebt haben (N=65), und diejenigen, bei denen es sich (eher) so ergeben hat (N=47).

– Art der Kompetenz, auf die es bei der Tätigkeit in der grenzüberschreitenden Zusammenarbeit besonders ankommt.[7]

Für die weitere Ergebnisdarstellung gilt folgende Struktur:

Pro Frage werden zunächst deren Wortlaut und die mittlere Einschätzung (M) für die Gesamtstichprobe dargestellt. Liegt zwischen den Akteuren der verschiedenen Nationalitäten ein signifikanter Unterschied aufgrund der Varianzanalyse vor, so wird der Effekt im Text beschrieben. Liegen Effekte der weiteren oben beschriebenen «unabhängigen Variablen» vor, so werden diese verbal umschrieben.

Wenn keine signifikanten Unterschiede erwähnt werden, wird eine Hypothese von allen befragten Akteurgruppen ähnlich eingeschätzt.

Soweit bei den Fragen die Gelegenheit zur freien Kommentierung gegeben wurde, werden diese im Rahmen der Ergebnisdarstellung zusammengefasst. Die vollständige Liste aller Kommentare findet sich in einem getrennt veröffentlichten Forschungsbericht (vgl. Beck, Becker-Beck, Beck & Dussap, 2014[8]).

2.2.1 Problemwahrnehmung und -analyse im Rahmen der grenzüberschreitenden Zusammenarbeit

Die Akteure der grenzüberschreitenden Zusammenarbeit sehen die grenzüberschreitende Problemwahrnehmung durch unterschiedliche Prioritäten und Selbstverständnisse der beteiligten Partner als erschwert an.

Diese Hypothese wird als eher zutreffend angesehen (M=3,9). Dies gilt für hauptamtlich mit der grenzüberschreitenden Zusammenarbeit befasste Akteure in größerem Ausmaß (M=4,2) als für nicht hauptamtlich damit befasste (M=3,7). In den Kommentierungen wird des Weiteren auf die unterschiedlichen Verwaltungsstrukturen und rechtlichen Grundlagen hingewiesen, die die Zusammenarbeit erschweren. Hinzu kommen Sprachprobleme und z.T. die Unkenntnis des Verwaltungssystems der Partner und dessen Funktionsweise sowie die Wahrnehmung unterschiedlicher Interessen und Prioritäten.

Grenzüberschreitende Problemanalysen werden oft erfahrungsgestützt durchgeführt, da belastbare Studien zu Handlungsbedarfen und -potenzialen fehlen.

---

[7] Hier wurden zwei Extremgruppen verglichen: Akteure mit Schwerpunkt (eher) auf Querschnittskompetenz (N=71) und Akteure mit Schwerpunkt (eher) auf Fachkompetenz (N=25).
[8] In dieser Publikation finden sich auch der Fragebogen sowie alle statistischen Auswertungen, die im vorliegenden Band aus Platzgründen nicht abgedruckt werden konnten.

Diese Hypothese wird von allen Akteuren als eher zutreffend gesehen (M=3,7). Ergänzend werden in den Kommentierungen Erfahrungswissen und pragmatische Herangehensweisen als positive Merkmale bei der grenzüberschreitenden Zusammenarbeit gesehen. Das Vorhandensein von Daten und Studien wird unterschiedlich bewertet. Überwiegend wird die Datenlage als eher unzureichend angesehen. Die Zusammenarbeit bei Polizei und Justiz wird als positives Beispiel angeführt, das es deutlicher zu kommunizieren gilt.

2.2.2 Prozesse

Die Arbeitsprozesse der grenzüberschreitenden Zusammenarbeit sind durch vielfältige informelle Abstimmungsnotwendigkeiten gekennzeichnet, welche zu einer hohen Komplexität führen.

Der Durchschnitt aller Akteure teilt diese Einschätzung (M=4,2). Sie gilt jedoch für deutsche Akteure in noch stärkerem Ausmaß (M=4,5) als für französische (M=3,9) und schweizerische Akteure (M=3,8). Ferner gilt dies auch für hauptamtlich mit der grenzüberschreitenden Zusammenarbeit befasste Akteure in größerem Ausmaß (M=4,4) als für nicht hauptamtlich damit befasste (M=4,1). In den Kommentaren wird informellen Abstimmungsprozessen ein hoher Stellenwert beigemessen. Die Komplexität der grenzüberschreitenden Zusammenarbeit ergibt sich jedoch vor allem aus der Sachlage.

Die Notwendigkeit einer Vereinbarung der unterschiedlichen Verwaltungskulturen der beteiligten Partner trägt maßgeblich zu dieser Komplexität bei.

Diese Hypothese sehen alle Akteure im Durchschnitt als eher zutreffend an (M=4,1).

Deutsche Akteure nehmen dies am stärksten wahr (M=4,3), gefolgt von französischen (M=3,9) und schweizerischen Akteuren (M=3,5). Signifikante Unterschiede in der Zustimmung zu dieser Hypothese gibt es auch in Abhängigkeit von der Tätigkeitsebene der Akteure in der Heimatverwaltung: Akteure der Ministerialebene sehen die Hypothese nur als teilweise zutreffend (M=3,4), während Akteure der regionalen Ebene (M=4,1), der lokalen Verwaltung (M=4,4) und sonstige (M=4,4) sie als eher zutreffend betrachten.

In den Kommentaren werden vor allem die Verwaltungskulturen als deutlich unterschiedlich wahrgenommen (u.a. Zentralstaat vs. Bundesstaat, verschiedene Entscheidungswege). Die Kenntnis des jeweils anderen Systems wird als wichtig für die Zusammenarbeit angesehen.

Grenzüberschreitende Arbeitssitzungen sind durch einen festen, standardisierten Ablauf charakterisiert.

Diese Hypothese wird von den Akteuren im Durchschnitt nur als teilweise zutreffend angesehen (M=3,1).

Hauptamtlich mit der grenzüberschreitenden Zusammenarbeit befasste Akteure sehen dies aber in etwas größerem Ausmaß (M=3,4) als nicht hauptamtlich damit befasste (M=2,8).

In den Kommentaren wird darauf verwiesen, dass der Ablauf von Arbeitssitzungen weniger von allgemeinen Regeln, sondern stark von der Kultur des jeweiligen Vorsitzes geprägt ist. Darüber hinaus hängt die Gestaltung von der Gruppe und dem Thema ab.

2.2.3 Entscheidungsfindung

Entscheidungsprozesse sind in der Regel langwierig.

Entscheidungsprozesse werden von den Akteuren der grenzüberschreitenden Zusammenarbeit als eher langwierig betrachtet (M=4,2). In den Kommentaren wird darauf verwiesen, dass die Entscheidungsprozesse vor allem aufgrund der unterschiedlichen Verwaltungsstrukturen und -prozesse mit unterschiedlichen Entscheidungswegen als langwierig eingeschätzt werden.

Die grenzüberschreitende Entscheidungsfindung wird sehr stark durch das Einstimmigkeitsprinzip bestimmt.

Diese Annahme schätzen alle Akteure im Durchschnitt als eher zutreffend ein (M=3,8).

Signifikante Unterschiede in der Zustimmung zu dieser Hypothese gibt es in Abhängigkeit von der institutionellen Tätigkeitsebene in der grenzüberschreitenden Zusammenarbeit: Akteure, die nur auf den Handlungsebenen «TMO/ORK/ORR» tätig sind, sehen die Bestimmung der Entscheidungsfindung durch das Einstimmigkeitsprinzip stärker (M=4,0) als solche, die nur auf den Handlungsebenen «Eurodistrikte/Städtenetz/Interkommunale Zusammenarbeit» tätig sind (M=3,5). Dieser Befund ist insofern plausibel, als auf den Handlungsebenen «TMO/ORK/ORR» Prinzipienentscheidungen getroffen werden, während man sich auf den Handlungsebenen «Eurodistrikte/Städtenetz/Interkommunale Zusammenarbeit» vom Einstimmigkeitsprinzip wegbewegt hat.

In den Kommentaren wird darauf hingewiesen, dass das Einstimmigkeitsprinzip weitgehend gilt und eine gewisse Harmonie unterstützt.

Durch das Einstimmigkeitsprinzip werden Innovationen eher gebremst als gefördert.

Im Durchschnitt sind alle Akteure eher der Meinung, dass durch das Einstimmigkeitsprinzip Innovationen eher gebremst als gefördert werden (M=3,6).

Dies trifft für Akteure, die nur auf den Handlungsebenen «TMO/ORK/ORR» tätig sind, stärker zu (M=3,9) als für solche, die nur auf den Handlungsebenen «Eurodistrikte/Städtenetz/Interkommunale Zusammenarbeit» tätig sind (M=3,1).

In den Kommentaren wird das Einstimmigkeitsprinzip als Mittel zur Konsensbildung gesehen.

Die Handlungsspielräume der Akteure werden in der Regel als recht weit erlebt.

Die Akteure der grenzüberschreitenden Zusammenarbeit stimmen der Hypothese nur teilweise zu (M=2,8), dass ihre Handlungsspielräume als recht weit erlebt werden.

In den Kommentaren zeigt sich, dass die Handlungsspielräume alles in allem nicht höher als in der Heimatverwaltung erlebt werden.

Informelle Abstimmungen im Vorfeld werden von den Beteiligten als sehr wichtig angesehen.

Diese Aussage schätzen die Akteure als eher zutreffend ein (M=4,2).

In Abhängigkeit von der Art der Kompetenz, auf die es bei der Tätigkeit in der grenzüberschreitenden Zusammenarbeit besonders ankommt, zeigt sich ein signifikanter Unterschied: Akteure mit Schwerpunkt (eher) auf Querschnittskompetenz stimmen der Hypothese stärker zu (M=4,4) als Akteure mit Schwerpunkt (eher) auf Fachkompetenz (M=3,8).

In den Kommentaren werden informelle Abstimmungen als Chance gesehen, insbesondere um Kulturunterschiede zu berücksichtigen und Konflikte zu vermeiden.

Grenzüberschreitende Entscheidungen müssen immer auch auf der Ebene der Entscheidungsgremien der beteiligten institutionellen Partner abgesegnet werden, was die grenzüberschreitende Entscheidungsfindung dadurch erschwert, dass im Zweifel «externe» Interessen dominieren.

Diese Aussage wird im Durchschnitt als eher zutreffend beurteilt (M=4,0).

Signifikante Unterschiede in der Zustimmung gibt es in Abhängigkeit von der institutionellen Tätigkeitsebene in der grenzüberschreitenden Zusammenarbeit: Akteure, die nur auf den Handlungsebenen «TMO/ORK/ORR» tätig sind, finden sie zutreffender (M=4,4) als solche, die nur auf den Handlungsebenen «Eurodistrikte/Städtenetz/Interkommunale Zusammenarbeit» tätig sind (M=3,7).

Die Notwendigkeit von Abstimmungen und Rückkopplungen wird in den Kommentaren bejaht, jedoch findet sich kaum Bestätigung für die Dominanz externer Interessen.

Anders als im nationalen Kontext werden konfliktreiche Themen / Probleme eher selten von der technischen Ebene auf die Ebene der Chefs «hochgezont», sondern im Zweifel eher vermieden.

Die Akteure finden diese Aussage im Durchschnitt nur teilweise zutreffend (M=3,4).

In den Kommentaren wird darauf hingewiesen, dass die konfliktreichen Themen im Großen und Ganzen nicht «hochgezont» werden. Ausnahmen bilden Polizei und Justiz sowie die Hochschulen.

Sogenannte Koppel- bzw. Tauschgeschäfte zwischen den beteiligten Partnern kommen – anders als im nationalen Kontext – in der grenzüberschreitenden Zusammenarbeit eher selten vor, da es nur wenig «Verhandlungsmasse» bzw. originäre Handlungskompetenzen der grenzüberschreitend handelnden Akteure gibt.

Diese Annahme wird im Durchschnitt als eher zutreffend (M=3,6) angesehen. Dies wird auch in den Kommentaren bestätigt.

In der grenzüberschreitenden Zusammenarbeit werden sehr oft eher Grundsatzentscheidungen und/oder Ankündigungen denn echte materielle Beschlüsse mit faktischer Bindungswirkung getroffen.

Diese Hypothese wird im Durchschnitt als eher zutreffend beurteilt (M=3,7).

In Abhängigkeit von der Art der Kompetenz, auf die es bei der Tätigkeit in der grenzüberschreitenden Zusammenarbeit besonders ankommt, zeigt sich ein signifikanter Unterschied: Akteure mit Schwerpunkt (eher) auf Querschnittskompetenz halten die Hypothese für eher zutreffend (M=3,9), während Akteure mit Schwerpunkt (eher) auf Fachkompetenz sie nur für teilweise zutreffend halten (M=3,2).

In den Kommentaren wird die Hypothese weitgehend bestätigt. So werden u.a. die grenzüberschreitenden Gremien kritisch gesehen. Es wird aber von französischer Seite auf Entscheidungen mit positiven Folgewirkungen hingewiesen.

2.2.4 Politik-Realisierung

Grenzüberschreitende Projekte und Beschlüsse sind in der Umsetzung oft dadurch gekennzeichnet, dass immer wieder unterschiedliche Selbstverständnisse und Vorstellungen der Partner die Realisierungsphase erschweren.

Die Akteure halten diese Aussage im Durchschnitt für eher zutreffend (M=3,8).

Deutsche Akteure stimmen dabei stärker zu (M=4,1) als französische (M=3,4), während die schweizerischen Akteure mit ihrer Einschätzung dazwischen liegen (M=3,8).

Ein weiterer signifikanter Effekt zeigt sich in Abhängigkeit vom persönlichen Zugang zur grenzüberschreitenden Zusammenarbeit: Akteure, die dies (eher) bewusst angestrebt haben, beurteilen die Hypothese als weniger zutreffend (M=3,6) als diejenigen, bei denen es sich (eher) so ergeben hat (M=4,1).

Die Kommentare weisen darauf hin, dass die Umsetzung grenzüberschreitender Projekte insbesondere Sensibilität für interkulturelle Unterschiede erfordert. Organisatorisch wird die Umsetzung durch den Wechsel von Akteuren behindert und zum Teil fehlen die erforderlichen finanziellen Mittel.

Im Rahmen der grenzüberschreitenden Zusammenarbeit haben die Akteure die Kompetenz, Probleme tatsächlich zu lösen.

Diese Annahme halten die Befragten nur teilweise für zutreffend (M=2,9).

Zum einen wird in den Kommentaren darauf abgehoben, dass die formalen Kompetenzen häufig nicht gegeben sind; auf der anderen Seite ist je nach Themenfeld und Zusammensetzung der Akteure auch eine Problemlösung möglich. Positive Erfahrungen ergeben sich vor dem Hintergrund der INTERREG-Projekte.

Die faktische Bindungswirkung einmal gefällter Beschlüsse in der Umsetzung ist in der Praxis der grenzüberschreitenden Zusammenarbeit am Oberrhein eher gering.

Diese Aussage halten die Befragten für teilweise zutreffend (M=3,2).

Im Unterschied zu deutschen (M=2,9) und schweizerischen Akteuren (M=3,2) halten französische Akteure dies für eher zutreffend (M=3,5).

Ein weiterer signifikanter Effekt zeigt sich in Abhängigkeit vom persönlichen Zugang zur grenzüberschreitenden Zusammenarbeit: Akteure, die dies (eher) bewusst angestrebt haben, beurteilen die Hypothese als stärker zutreffend (M=3,4) als diejenigen, bei denen es sich (eher) so ergeben hat (M=2,9).

In den Kommentaren wird die Bindungswirkung einmal gefällter Beschlüsse eher bestätigt, zumindest im Bereich von Polizei und Justiz sowie der Hochschulen.

Bei der Umsetzung von Projekten/Initiativen sind die Akteure der grenzüberschreitenden Zusammenarbeit in hohem Maße auf die Unterstützung «exter-

ner» Partner (z.B. Ministerien) angewiesen, die selbst nicht direkt an der Entscheidungsvorbereitung beteiligt waren.

Diese Aussage halten die befragten Akteure für eher zutreffend (M=3,6).

Hauptamtlich mit der grenzüberschreitenden Zusammenarbeit befasste Akteure sehen dies aber in etwas geringerem Ausmaß (nur teilweise zutreffend; M=3,3) als nicht hauptamtlich damit befasste (M=3,8).

In den Kommentaren werden die externen Partner als wichtiger Faktor bei der Umsetzung von Projekten angesehen, insbesondere wenn es um die Bereitstellung von Ressourcen geht. Darüber hinaus sind sie relevant, wenn gesetzliche Regelungen berührt werden.

2.2.5 Bedeutung von Symbolen bei der grenzüberschreitenden Zusammenarbeit

Grenzüberschreitende Zusammenarbeit am Oberrhein kommt ohne starke Symbole nicht aus.

Diese Aussage wird im Durchschnitt als eher zutreffend (M=3,7) eingeschätzt.

In den Kommentaren werden Symbole alles in allem als ein unterstützendes Mittel angesehen, entscheidender erscheinen jedoch die Arbeit auf der Fachebene und überzeugende Botschafter der Idee der grenzüberschreitenden Zusammenarbeit. Bisweilen werden Symbole auch kritisch gesehen, wenn sie zum Kaschieren von mangelnder Umsetzung genutzt werden.

2.2.6 Bedeutung von Normen bei der grenzüberschreitenden Zusammenarbeit

Die Grundregeln von INTERREG (Partnerschafts-, Kofinanzierungs-, Planungsprinzip) dominieren als gute Praxis auch Projekte und Kooperationsformen, die nicht durch das Programm selbst finanziell unterstützt werden.

Diese Annahme beurteilen die befragten Akteure als teilweise zutreffend (M=3,4).

In den Kommentaren werden alles in allem die INTERREG-Regeln nicht als Beispiel für eine gute Praxis genannt, da sie als zu bürokratisch wahrgenommen werden.

Es gibt in der grenzüberschreitenden Zusammenarbeit ungeschriebene Regeln, welche die Partner beachten müssen, da diese sonst nicht funktionieren.

Diese Aussage wird im Durchschnitt als eher zutreffend (M=4,1) beurteilt.

Deutsche (M=4,2) und französische Akteure (M=3,9) stimmen hier stärker zu als schweizerische Akteure (M=3,5).

Personen aus Querschnittsreferaten (M=4,5) und mit Assistenzfunktion (M=4,7) halten die Aussage für zutreffend, Personen mit Leitungsfunktion (M=4,0) und mit Sachbearbeitungs-/Referentenfunktion (M=3,8) für eher zutreffend, Personen mit sonstiger Funktion (M=2,5) jedoch nur für teilweise zutreffend.

Ferner stimmen hauptamtlich mit der grenzüberschreitenden Zusammenarbeit befasste Akteure der Aussage etwas stärker zu (M=4,3) als nicht hauptamtlich damit befasste (M=3,9).

In den Kommentaren werden als ungeschriebene Regeln genannt: Sensibilität und Respekt für die Kultur und das System der Kooperationspartner, die Beachtung von Hierarchieebenen, die Kenntnis eines interkulturellen Verhaltenskodex mit Partnerschaftlichkeit, Höflichkeit und Konsenssuche, sowie Sprachenkompetenz.

Als wichtiger Faktor wird auch ein persönliches Vertrauensverhältnis zwischen den Akteuren angesehen.

Interessant ist, dass einige Akteure mit der Frage nichts anfangen konnten – womöglich ist dies ein Anzeichen für eine unzureichende Sensibilisierung für die ungeschriebenen Regeln.

2.2.7 Bedeutung gemeinsamer Werte bei der grenzüberschreitenden Zusammenarbeit

Die Partner am Oberrhein verfügen über gemeinsame Werte, welche die Basis für eine erfolgreiche Zusammenarbeit bilden.

Die befragten Akteure halten diese Aussage im Durchschnitt für eher zutreffend (M=4,0).

Die Kommentare ergänzen die Aussage: Die Gemeinsamkeiten basieren zum einen auf der Verantwortung für den Lebensraum Oberrhein und das Gemeinwohl der dort lebenden Menschen; zum anderen wird auf die gemeinsame Geschichte und Kultur verwiesen. Darüber hinaus bestehen gemeinsame Interessen in diesem Lebensraum, die es gemeinsam zu gestalten gilt. Letztlich spielen auch Motive wie Völkerverständigung und das Leben des Europäischen Gedankens eine Rolle. Angemerkt wird auch, dass die gemeinsamen Werthaltungen und Ziele aktiv gepflegt werden müssen.

Hier findet sich erstmals ein Hinweis auf die Bedeutung eines gemeinsamen «Territoires» für die handelnden Akteure mit historischen und kulturellen Gemeinsamkeiten sowie gemeinsamen aktuellen Interessen für die Entwicklung dieses Lebensraums, wie sie von Prof. Casteigts als ein wichtiger Faktor der grenzüberschreitenden Zusammenarbeit in die Diskussion der ersten Ergebnisdarstellung eingebracht wurde.

Die Muster der grenzüberschreitenden Zusammenarbeit lassen Merkmale erkennen, welche in besonderem Maße für die gute Qualität der oberrheinischen Kooperationskultur stehen.

Die Befragten sind weitgehend dieser Meinung (eher zutreffend; M=3,8).

In den Kommentaren werden institutionalisierte Lösungen und Strukturen genannt, die die Zusammenarbeit tragen. Die Kenntnis von Staats- und Verwaltungsaufbau sowie der Kultur der Nachbarn wird dabei zum einen als Stärke genannt, zum anderen wird jedoch beklagt, dass diese Kenntnis immer noch nicht bei allen Akteuren gegeben ist. Auch wird ein Generationswechsel gesehen, der möglicherweise auch mit anderen Wertvorstellungen einhergeht. Als positives Beispiel der Zusammenarbeit wird der Bereich der Polizei genannt.

Die Zusammenarbeit ist durch eine gleichberechtigte Partnerschaft geprägt.

Diese Aussage wird im Durchschnitt für eher zutreffend gehalten (M=3,8).

Allerdings halten französische Akteure dies im Unterschied zu deutschen (M=4,1) und schweizerischen Akteuren (M=4,3) nur für teilweise zutreffend (M=3,3).

In den Kommentaren werden vielfach Beispiele genannt, in denen eine gleichberechtigte Partnerschaft nicht erlebt wird. Zudem wird kritisch gesehen, dass die Schweizer Seite an einer Reihe von Projekten nicht mit beteiligt ist. Hier wird eine Gefährdung der Partnerschaft befürchtet. Darüber hinaus gilt, dass die Qualität der Zusammenarbeit meist durch die Projektleitung geprägt wird. Schließlich wird auch ein Ungleichgewicht in der Sprachkompetenz wahrgenommen.

Bei der Zusammenarbeit sind alle Beteiligten bemüht, Konflikte zu vermeiden.

Die befragten Akteure halten die Aussage im Durchschnitt für eher zutreffend (M=3,9).

Personen aus Querschnittsreferaten halten die Aussage nur für teilweise zutreffend (M=3,0), während Personen mit Leitungsfunktion (M=4,2), mit Sachbearbeitungs-/Referentenfunktion (M=3,9), mit Assistenzfunktion (M=4,0) und mit sonstiger Funktion (M=4,0) sie für eher zutreffend halten.

In den Kommentaren wird insbesondere auf die Nachteile der Konfliktvermeidung hingewiesen und die konstruktiven Aspekte einer gemeinsamen Konfliktbearbeitung betont.

2.2.8 Übernahme guter Praktiken

Mir sind Beispiele bekannt,

- *in denen Verwaltungspraktiken eines der beteiligten Partner (D/F/CH) als gute Praxis in die grenzüberschreitende Zusammenarbeit übernommen wurden,*
- *in denen Verwaltungspraktiken eines der beteiligten Partner von einem anderen Partner im Sinne einer guten Praxis übernommen wurden,*
- *in denen eine Verwaltungspraxis der grenzüberschreitenden Zusammenarbeit als gute Praxis von einem oder mehreren Partnern übernommen wurde,*

Alle drei Aussagen werden von allen Befragten im Durchschnitt knapp als teilweise zutreffend (M=2,7 / M=2,5 / M=2,6) eingeschätzt.

Ein durchgehender signifikanter Effekt zeigt sich in Abhängigkeit vom persönlichen Zugang zur grenzüberschreitenden Zusammenarbeit: Akteure, die dies (eher) bewusst angestrebt haben, halten die Hypothesen für teilweise zutreffend (M=3,0/2,8/2,9), während diejenigen, bei denen es sich (eher) so ergeben hat, sie für eher unzutreffend halten (M=2,3/2,2/2,2).

Insgesamt werden in den Kommentaren über alle drei Fragen keine prägnanten Beispiele für die Übernahme von Verwaltungspraktiken eines der beteiligten Partner genannt.

2.2.9 Technische Merkmale der Zusammenarbeit

Die Arbeitsgruppen sind so zusammengesetzt, dass alle Betroffenen zusammenarbeiten können.

Diese Aussage wird im Durchschnitt als eher zutreffend betrachtet (M=3,7).

Deutsche Akteure stimmen hier etwas stärker zu (M=4,0) als französische (M=3,3) und schweizerische Akteure (M=3,2), die die Aussage nur als teilweise zutreffend einschätzen. (In der Diskussion der Ergebnisse wurde angemerkt, dass die französische Übersetzung einen etwas anderen Sinn hat als die deutsche Formulierung.)

Des Weiteren wurden die technischen Merkmale wie folgt charakterisiert:

Die befragten Akteure sind der Meinung, *dass sich in der Regel immer wieder dieselben Personen treffen* (eher zutreffend; M=4,2).

Dass es *für die Zusammenarbeit eine formale Geschäftsordnung gibt*, gilt nach Ansicht der Befragten nur teilweise (M=3,3).

Als eher zutreffend wird im Durchschnitt angesehen, dass Sitzungsdokumente Basis für die Entscheidung sind (M=3,6) und dass sie das Ergebnis dokumentieren (M=4,1).

Nur teilweise stimmen die Akteure der Aussage zu, dass *Sitzungsdokumente im Vorfeld immer abgestimmt werden* (M=3,2).

Teilweise zutreffend ist nach Ansicht der Befragten, dass *Sitzungsdokumente in der Regel umfangreich und aussagekräftig* (M=2,9) sowie *immer zweisprachig* sind (M=3,4).

Dass *Sitzungen an wechselnden Orten stattfinden*, wird als eher zutreffend eingeschätzt (M=4,2). Deutsche Akteure sehen dies etwas stärker (M=4,4) als französische (M=3,9) und schweizerische Akteure (M=4,2).

2.2.10 In welchem Maße sind aus Ihrer Erfahrung folgende Aussagen zur Arbeitssprache in Besprechungen zutreffend?

Jeder spricht in seiner Muttersprache (mit Dolmetscher).

Dieses Vorgehen wird als teilweise zutreffend eingeschätzt (M=3,4).

Jeder spricht in seiner Muttersprache (ohne Dolmetscher).

Dieses Vorgehen wird ebenfalls als teilweise zutreffend eingeschätzt (M=3,4).

Das Sprechen der Muttersprache ohne Dolmetscher in Besprechungen ist eine Erfahrung,
- die deutsche (M=3,8) und schweizerische Akteure (M=4,0) häufiger machen als französische Akteure (M=3,0),
- die Akteure aus der lokalen Verwaltung (M=4,4) häufiger machen als Akteure aus der Ministerialebene (M=2,9), der regionalen Ebene (M=3,3) und sonstige Akteure (M=3,0),
- die hauptamtlich mit der grenzüberschreitenden Zusammenarbeit befasste Akteure (M=3,7) häufiger machen als nicht hauptamtlich damit befasste (M=3,2),
- die Akteure mit Schwerpunkt (eher) auf Querschnittskompetenz (M=3,7) häufiger machen als Akteure mit Schwerpunkt (eher) auf Fachkompetenz (M=3,0).

Deutsch / Französisch / Schweizerdeutsch als Arbeitssprache

Deutsch als Arbeitssprache in Besprechungen wird als teilweise zutreffend (M=2,8) eingeschätzt, Französisch hingegen als eher unzutreffend (M=2,4), ebenso die Verwendung von Schweizerdeutsch als eher unzutreffend (M=1,6).

Wechselnde Arbeitssprache je nach Gruppenzusammensetzung

Diese Regelung wird als eher zutreffend für Besprechungen eingeschätzt (M=3,8).

Hauptamtlich mit der grenzüberschreitenden Zusammenarbeit befasste Akteure sehen dies in etwas größerem Ausmaß (M=4,1) als nicht hauptamtlich damit befasste (M=3,6).

Englisch als Arbeitssprache

Die Verwendung von Englisch als Arbeitssprache in Besprechungen kommt nach der durchschnittlichen Einschätzung der Befragten kaum vor (unzutreffend; M=1,4).

Im Gegensatz zu Akteuren der Ministerialebene (M=1,2), der regionalen Ebene (M=1,2) und der lokalen Verwaltung (M=1,3) bezeichnen sonstige Akteure dies nur als eher unzutreffend (M=2,0).

Unzureichende Sprachkompetenz stellt ein großes Hindernis bei der Zusammenarbeit dar.

Diese Aussage wird als eher zutreffend eingeschätzt (M=4,2).

Akteure, die seit 1–2 Jahren mit der grenzüberschreitenden Zusammenarbeit befasst sind, erleben diese Aussage sogar als zutreffend (M=4,8) im Unterschied zu Akteuren, die seit wenigen Monaten (M=3,7), seit 3–4 Jahren (M=3,7) oder seit 5 und mehr Jahren (M=4,3) damit befasst sind.

2.2.11 Analyse der freien Antworten zum Mehrwert der grenzüberschreitenden Zusammenarbeit und Vorschlägen zu deren Verbesserung und Weiterentwicklung

2.2.11.1 Welchen Mehrwert sehen Sie in der grenzüberschreitenden Zusammenarbeit?

Am häufigsten benennen die Befragten mit 42% einen praktischen Mehrwert der grenzüberschreitenden Zusammenarbeit. Dabei geht es um Kooperation und die Nutzung von Synergieeffekten bei der Bearbeitung gemeinsamer Problem- und Aufgabenstellungen im Lebensraum Oberrhein sowie um die abgestimmte Verfolgung gemeinsamer oder übergeordneter Ziele. Ergänzend dazu wird von 14% der Befragten der unmittelbare praktische Nutzwert der Zusammenarbeit betont.

An zweiter Stelle wird der persönliche Gewinn durch interkulturelle Begegnungen und Erfahrungen genannt (28%). Hinzu kommen eine Vertiefung der wechselseitigen Kenntnis der Arbeit und Arbeitsbedingungen der Partner.

Als weiterer Aspekt werden von 8% der Befragten die europäische Perspektive und das vor Ort gelebte Europa sowie eine Vorbildfunktion der Oberrhein-Region in dieser Hinsicht gesehen.[9]

Abbildung 1 fasst die verschiedenen Aspekte des wahrgenommenen Mehrwerts zusammen.

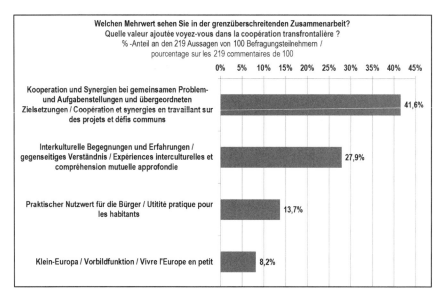

Abbildung 1: Aspekte des Mehrwerts der grenzüberschreitenden Zusammenarbeit

2.2.11.2 Was könnte besser laufen?

Auf die Frage «Was könnte besser laufen?» sehen knapp ein Drittel der Befragten die Notwendigkeit einer Bündelung der Kräfte und eine Verbesserung der Effizienz bei der grenzüberschreitenden Zusammenarbeit.

---

[9] Eine Dokumentation der 219 Originalaussagen findet sich bei BECK, BECKER-BECK, BECK und DUSSAP, 2014.

Ein Viertel weist auf die Notwendigkeit hin, die Fremdsprachen- und interkulturelle Kompetenz zu fördern.

Einzelne praktische Vorschläge der Verbesserung werden von 20% der Befragten eingebracht, während 10% eine Stärkung der Einrichtungen und das Schaffen eigener Finanzierungsgrundlagen vorschlagen.[10]

Abbildung 2 gibt einen Überblick der verschiedenen Arten von Verbesserungsvorschlägen.

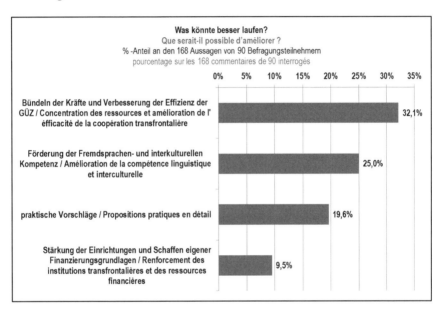

Abbildung 2:   Überblick der Ansatzpunkte von Verbesserungsvorschlägen

2.3 Vergleichende Beschreibung der Kultur der grenzüberschreitenden Zusammenarbeit und Kultur der Zusammenarbeit in der jeweiligen Heimatverwaltung

Um die Besonderheiten der grenzüberschreitenden Zusammenarbeit herauszuarbeiten, wurden im dritten Teil der Studie die Kulturdimensionen der internationalen GLOBE-Studie als Bezugssystem herangezogen.

---

[10] Die Dokumentation der 168 Originalaussagen findet sich in BECK, BECKER-BECK, BECK und DUSSAP (2014).

Auf der Grundlage des Fragebogens «Interkulturelle Studie zu Führung und Verhalten in Organisationen» in der deutschen Version A (Teil 1) von Prof. Dr. Felix C. Brodbeck (Ludwig-Maximilians-Universität München), welcher im Rahmen der internationalen GLOBE-Studie (vgl. z.B. House et al., 2004; House & Javidan, 2004; Chhokar, Brodbeck & House, 2007) entwickelt und eingesetzt wurde, entwickelten die Autoren in Zusammenarbeit mit Anne Dussap-Köhler und Dr. Joachim Beck (beide Euro-Institut) zwei Versionen, die geeignet sind, zum einen die Kultur der grenzüberschreitenden Zusammenarbeit und zum anderen die Kultur der Zusammenarbeit in den Heimatverwaltungen zu beschreiben.

Die beiden Fragebogenversionen umfassen jeweils 32 Items. (Die Bezeichnung der Fragen und deren Reihenfolge sind identisch mit der Fragebogen-Vorlage aus der GLOBE-Studie.) Die 32 Items erfassen neun Dimensionen (jeweils in Untergruppen zu 3–5 Items), anhand derer die grenzüberschreitende Zusammenarbeit und die Zusammenarbeit in den Heimatverwaltungen beschrieben und innerhalb des gemeinsamen Bezugssystems – auch aus verschiedenen Perspektiven – verglichen werden kann. Im Folgenden geben wir einen Überblick über die Bedeutung der neun Kulturdimensionen der GLOBE-Studie (Übersetzung der Autoren aus dem Englischen nach Brodbeck und Frese, 2007, p. 159).

Übersicht 1: Neun Kulturdimensionen der GLOBE-Studie

- **Uncertainty Avoidance** – Unsicherheitsvermeidung
  Ausmaß, in dem sich Mitglieder einer Gemeinschaft auf soziale Normen, Regeln und Vorgehensweisen stützen, um der Unvorhersagbarkeit künftiger Ereignisse entgegenzuwirken.

- **Power Distance** – Machtdistanz
  Ausmaß, in dem Mitglieder einer Gemeinschaft erwarten, dass Macht gleich verteilt ist.

- **Institutional Collectivism 1** – Institutioneller Kollektivismus
  Ausmaß, in dem institutionelle Praktiken die gemeinschaftliche Verteilung von Ressourcen und kollektives Handeln fördern und belohnen.

- **In-Group Collectivism 2** – Gruppen-Kollektivismus
  Ausmaß, in dem Mitglieder Loyalität, Stolz und Verbundenheit gegenüber ihrer Organisation oder Familie zum Ausdruck bringen.

- **Gender Egalitarianism** – Geschlechtergleichheit
  Ausmaß, in dem eine Gemeinschaft Unterschiede zwischen den Geschlechtern minimiert.

- **Assertiveness** – Bestimmtheit
  Ausmaß, in dem sich Mitglied einer Gemeinschaft sich gegenüber anderen bestimmend, konfrontierend und sich durchsetzend verhalten.

- **Future Orientation** – Zukunftsorientierung
  Ausmaß, in dem sich Individuen zukunftsorientiert verhalten, indem sie kurzfristige Belohnung zurückstellen, planen und in die Zukunft investieren.
- **Performance Orientation** – Leistungsorientierung
  Ausmaß, in dem eine Gemeinschaft Mitglieder für Leistungsverbesserungen und Höchstleistungen ermutigt und dafür belohnt werden.
- **Humane Orientation** – Humanorientierung
  Ausmaß, in dem eine Gemeinschaft faires, selbstloses, unterstützendes und rücksichtsvolles Verhalten fördert und belohnt.

2.3.1 Wie stellt sich die Kultur der grenzüberschreitenden Zusammenarbeit im Vergleich zur Zusammenarbeit in den Heimatverwaltungen aus Sicht aller befragten Akteure sowie deutscher, französischer und schweizerischer Akteure dar?

In der unten stehenden Grafik sind die Kultur der grenzüberschreitenden Zusammenarbeit und der Zusammenarbeit in den Heimatverwaltungen aus Sicht aller befragten Akteure dargestellt. Die Dimensionswerte können auf einer Skala von 1 (minimale Ausprägung) bis 7 (maximale Ausprägung) variieren. Signifikante Unterschiede zwischen der Einschätzung der Kultur der grenzüberschreitenden Zusammenarbeit und der Zusammenarbeit in den Heimatverwaltungen sind in den folgenden Abbildungen mit Sternen gekennzeichnet.

Abbildung 3: Vergleichende Beschreibung der Kultur der grenzüberschreitenden Zusammenarbeit und der Kultur der Zusammenarbeit in den Heimatverwaltungen aus Sicht aller Akteure der grenzüberschreitenden Zusammenarbeit (N=131)

Description comparative de la culture de la coopération transfrontalière et de la culture de coopération dans les administrations nationales respectives à l'aide des standards culturels du project international GLOBE - du point de vue de tous les acteurs (N=131)

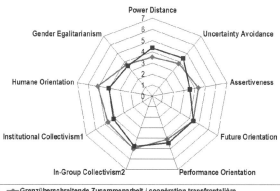

Es zeigt sich, dass die grenzüberschreitende Zusammenarbeit ihre «Profilspitzen» bei Humanorientierung, Gruppen-Kollektivismus, Institutionellem Kollektivismus und Bestimmtheit hat. Hier liegt sie in der Einschätzung der Befragten auch signifikant über den Werten der Heimatverwaltung. Die Zukunftsorientierung ist in beiden Fällen in etwa gleich stark und etwas mehr als mittelmäßig ausgeprägt.

«Profilsenken» hat die grenzüberschreitende Zusammenarbeit bei Machtdistanz, Geschlechtergleichheit, Unsicherheitsvermeidung und Leistungsorientierung. Auf diesen Dimensionen (mit Ausnahme der Geschlechtergleichheit) liegt die Einschätzung der grenzüberschreitenden Zusammenarbeit auch signifikant unterhalb der Beurteilung der Heimatverwaltungen.

Die nächsten drei Abbildungen zeigen, wie sich die Einschätzung der Kultur der grenzüberschreitenden Zusammenarbeit und der Zusammenarbeit in den Heimatverwaltungen aus der Sicht deutscher, französischer und schweizerischer Akteure darstellt.

Es zeigt sich: Unterschiede zwischen grenzüberschreitender Zusammenarbeit und Heimatverwaltungen bei Machtdistanz, Unsicherheitsvermeidung, Bestimmtheit, Institutionellem Kollektivismus und Humanorientierung sind konsensuell zwischen deutschen und französischen Akteuren. Man kann also von einer gemeinsamen Wahrnehmung der Kultur der grenzüberschreitenden Zusammenarbeit ausgehen.

Abbildung 4: Vergleichende Beschreibung der Kultur der grenzüberschreitenden Zusammenarbeit und der Zusammenarbeit in den Heimatverwaltungen anhand der Kulturdimensionen der internationalen GLOBE-Studie - aus Sicht deutscher Akteure (de) (N=71)

Description comparative de la culture de la coopération transfrontalière et de la culture de coopération dans les administrations nationales respectives à l'aide des standards culturels du project international GLOBE - du point de vue des acteurs allemands (de) (N=71)

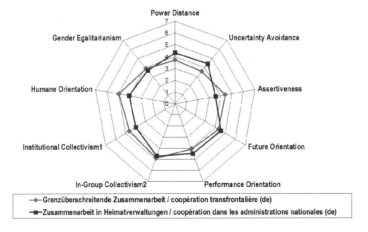

Kultur der grenzüberschreitenden Zusammenarbeit am Beispiel der Oberrhein-Region

Abbildung 5: Vergleichende Beschreibung der Kultur der grenzüberschreitenden Zusammenarbeit und der Zusammenarbeit in den Heimatverwaltungen anhand der Kulturdimensionen der internationalen GLOBE-Studie - aus Sicht französischer Akteure (fr) (N=54)

Description comparative de la culture de la coopération transfrontalière et de la culture de coopération dans les administrations nationales respectives à l'aide des standards culturels du project international GLOBE - du point de vue des acteurs français (fr) (N=54)

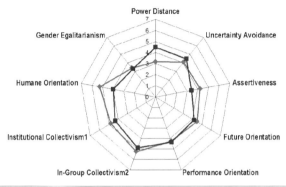

Abbildung 6: Vergleichende Beschreibung der Kultur der grenzüberschreitenden Zusammenarbeit und der Zusammenarbeit in den Heimatverwaltungen anhand der Kulturdimensionen der internationalen GLOBE-Studie - aus Sicht schweizerischer Akteure (ch) (N=6)

Description comparative de la culture de la coopération transfrontalière et de la culture de coopération dans les administrations nationales respectives à l'aide des standards culturels du project international GLOBE - du point de vue des acteurs suisses (ch) (N=6)

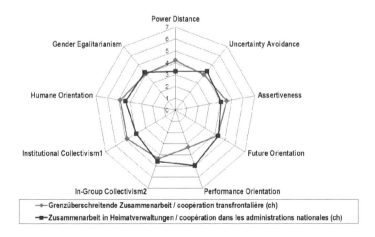

2.3.2 Wie stellt sich die Kultur der grenzüberschreitenden Zusammenarbeit und der Zusammenarbeit in den Heimatverwaltungen in Abhängigkeit von der Nationalität der Akteure dar?

Mit Hilfe von Varianzanalysen wurde geprüft, ob die Einschätzungen der Kultur der grenzüberschreitenden Zusammenarbeit und der Zusammenarbeit in den Heimatverwaltungen in Abhängigkeit von verschiedenen, in Teil I erhobenen Akteurmerkmalen variiert. Aus Platzgründen wird hier nur die Sicht der verschiedenen Nationalitäten verglichen. Für alle weiteren Ergebnisse sei auf den ausführlichen Forschungsbericht (vgl. Beck, Becker-Beck, Beck & Dussap, 2014) verwiesen.

Deutsche, französische und schweizerische Akteure beurteilen die Kultur der grenzüberschreitenden Zusammenarbeit recht einheitlich. Lediglich die Ausprägung von Geschlechtergleichheit und Machtdistanz wird von französischen Akteuren etwas niedriger eingeschätzt als von schweizerischen und deutschen Akteuren, die Ausprägung von Gruppen-Kollektivismus dagegen etwas höher.

Die Einschätzung der Kultur der Zusammenarbeit in den Heimatverwaltungen weist bis auf eine Ausnahme (Geschlechtergleichheit: am höchsten von schweizerischen Akteuren, am geringsten von französischen Akteuren eingeschätzt) keine signifikanten Unterschiede auf.

3. Diskussion: Besonderheiten einer eigenen Kultur der grenzüberschreitenden Zusammenarbeit

Wie steht es nun um die eingangs gestellten Leitfragen?

3.1 Wie können die Charakteristika einer eigenen transnationalen Kultur der Zusammenarbeit fassbar gemacht werden?

Um dies leisten zu können, wurde in dieser Studie ein eigenes Methodeninventar entwickelt. Dieses gründet auf einer Systematisierung von Annahmen von Experten über Charakteristika der grenzüberschreitenden Zusammenarbeit und auf den für den Kontext der grenzüberschreitenden Zusammenarbeit angepassten Kulturfragen der neun Kulturdimensionen der internationalen GLOBE-Studie. Die Anwendung dieser Methoden erlaubt erstmals eine empirisch gestützte Beschreibung der Kultur der grenzüberschreitenden Zusammenarbeit am Beispiel der Oberrhein-Region.

3.2 Wie lässt sich die Kultur der grenzüberschreitenden Zusammenarbeit charakterisieren und wie unterscheidet sich diese von den jeweiligen Kulturen der Zusammenarbeit in den Heimatverwaltungen?

Die Befragungsergebnisse weisen auf eine eigene Kultur der grenzüberschreitenden Zusammenarbeit hin. Die Hypothesen zu den Besonderheiten der Kultur der grenzüberschreitenden Zusammenarbeit ließen sich weitgehend stützen: Von den 37 Hypothesen zu den verschiedenen Themenfeldern wurden 24 im Durchschnitt als (eher) zutreffend (Mittelwerte zwischen 3,5 und 5 auf der 5-stufigen Skala von 1 [unzutreffend] bis 5 [zutreffend]) beurteilt.

- *Problemwahrnehmung und -analyse* im Rahmen der grenzüberschreitenden Zusammenarbeit werden durch unterschiedliche Prioritäten und Selbstverständnisse der beteiligten Partner und durch das Fehlen belastbarer Studien zu Handlungsbedarfen und -potenzialen erschwert.
- Die *Prozesse* der grenzüberschreitenden Zusammenarbeit sind komplex, einerseits weil vielfältige informelle Abstimmungsprozesse notwendig sind, andererseits weil unterschiedliche Verwaltungskulturen vereinbart werden müssen.
- Die *Entscheidungsfindung* ist durch langwierige Prozesse gekennzeichnet. Ferner wird sie stark durch das Einstimmigkeitsprinzip gekennzeichnet, welches seinerseits Innovationen eher bremst. Letzteres wird insbesondere von Akteuren gesehen, die auf der Ebene «TMO/ ORK/ ORR» tätig sind. Die grenzüberschreitende Entscheidungsfindung wird erschwert durch Abstimmungsnotwendigkeiten mit den Entscheidungsgremien der beteiligten institutionellen Partner. Koppel- oder Tauschgeschäfte sind selten Gegenstand der Entscheidungen; häufig sind es eher Grundsatzentscheidungen und/ oder Ankündigungen denn echte materielle Beschlüsse.
- Die *Politik-Realisierung* ist in der grenzüberschreitenden Zusammenarbeit erschwert: Zum einen wird die Umsetzung von Projekten, Initiativen und Beschlüssen durch unterschiedliche Selbstverständnisse und Vorstellungen der Partner erschwert, zum anderen dadurch, dass man auf die Unterstützung durch externe Partner (z.B. Ministerien) angewiesen ist.
- *Symbole* haben in der grenzüberschreitenden Zusammenarbeit eine große Bedeutung.
- Im Hinblick auf *Normen* gilt es, für eine funktionierende grenzüberschreitende Zusammenarbeit ungeschriebene Regeln zu beachten.
- *Gemeinsame Werte* bilden die Basis für eine erfolgreiche Zusammenarbeit. Diese beinhalten eine hohe Qualität der oberrheinischen Kooperationskul-

tur, eine gleichberechtigte Zusammenarbeit und das Bemühen, Konflikte zu vermeiden.
- Die *Übernahme guter Praktiken* aus den Heimatverwaltungen in die grenzüberschreitende Zusammenarbeit oder umgekehrt, bzw. von einer Heimatverwaltung in eine andere, wird eher selten beobachtet, am ehesten noch von Akteuren, die die Mitwirkung in der grenzüberschreitenden Zusammenarbeit bewusst angestrebt haben.
- Die technischen Merkmale der Zusammenarbeit sind vor allem: eine Zusammensetzung von Arbeitsgruppen so, dass alle Betroffenen zusammenarbeiten können, die Beteiligung eines recht konstanten Personenkreises, Sitzungsdokumente als Entscheidungsbasis und Ergebnisdokumentation sowie Sitzungen an wechselnden Orten.
- Die Arbeitssprache wechselt je nach Gruppenzusammensetzung. Dass jeder seine Muttersprache spricht, wird eher beobachtet als eine gemeinsame Arbeitssprache. Vor allem aber wird unzureichende Sprachkompetenz als großes Hindernis bei der Zusammenarbeit gesehen.

Der Frage nach einer eigenen transnationalen Verwaltungskultur wurde darüber hinaus auch durch eine vergleichende Beschreibung der Kultur der grenzüberschreitenden Zusammenarbeit und Kultur der Zusammenarbeit in der jeweiligen Heimatverwaltung anhand der Kulturdimensionen der internationalen GLOBE-Studie nachgegangen. Dieser Vergleich zeigt in der Tat, dass Unterschiede zwischen grenzüberschreitender Zusammenarbeit und Heimatverwaltung bei Machtdistanz, Unsicherheitsvermeidung, Bestimmtheit, Institutionellem Kollektivismus und Humanorientierung konsensuell von deutschen und französischen Akteuren wahrgenommen werden. Man kann also von einer gemeinsamen Wahrnehmung der Kultur der grenzüberschreitenden Zusammenarbeit ausgehen.

3.3 Welche förderlichen Bedingungen einer grenzüberschreitenden Zusammenarbeit lassen sich aus Sicht der verschiedenen Akteure identifizieren und wie kann diese weiterentwickelt werden?

Als zentrale förderliche Bedingungen werden von den Befragten die Kenntnis der Sprache und der jeweiligen Rahmenbedingungen des Handelns der Kooperationspartner von der anderen Seite der Grenze angesehen. Dabei bleibt auch nach vielen Jahren der grenzüberschreitenden Zusammenarbeit die Sprache eine beständige Hürde. Des Weiteren wird eine unzureichende Kenntnis der

Rahmenbedingungen des Handelns der jeweiligen Kooperationspartner auf der anderen Seite der Grenze konstatiert.

So gilt es auch künftig, Anstrengungen zu unternehmen, die Sprachkompetenz bei den zuständigen Akteuren zu fördern oder solche auszuwählen, die über eine entsprechende Kompetenz verfügen. Des Weiteren weisen die Ergebnisse auf die zentrale Bedeutung der Aktivitäten des Euro-Instituts, bei denen die Kultur und Rahmenbedingungen des Handelns der verschiedenen Kooperationspartner vermittelt werden.

Im Mittelpunkt der grenzüberschreitenden Zusammenarbeit stehen zum einen ein pragmatischer Ansatz, gemeinsame Probleme und Aufgabenstellungen auch gemeinsam wirkungsvoller angehen zu können, und in zweiter Linie die persönlich bereichernde Erfahrung der Begegnung mit Kooperationspartnern aus einer anderen Kultur mit den jeweiligen Eigenheiten und Überraschungen.

Literatur

BECK, D., BECKER-BECK, U., BECK, J. & DUSSAP, A. (Hrsg.) (2014): Kultur der grenzüberschreitenden Verwaltungszusammenarbeit – Eine empirische Modellstudie am Beispiel der Oberrhein-Region. Speyerer Arbeitshefte. Speyer, Deutsche Universität für Verwaltungswissenschaften Speyer

BECK, J. (2011): Konzeptpapier zur Tagung, vom??:??:???? «Transnationale Verwaltungskultur: Formen, Einflussfaktoren und Funktionalitäten auf lokaler, nationaler und europäischer Ebene», Euro-Institut, Kehl, 2.2.2011, unveröffentlichtes Manuskript

BENEKE, J. (2009): Lingua franca. Interkulturelle Handlungskompetenz und Third Culture Building. In Goethe-Institut (Hrsg.), Sprachen ohne Grenzen. Ein Projekt des Goethe-Instituts in den Jahren 2008 und 2009 (S. 64–71). Goethe-Institut

BRODBECK, F.C. & FRESE, M. (2007): Societal culture and leadership in Germany. In J.S. Chhokar, F.C. Brodbeck & R.J. House (Eds.), Culture and leadership across the world. The GLOBE book of in-depth studies of 25 societies (pp. 147–214). Mahwah, NJ, Lawrence Erlbaum Associates

CASRNIR, F.L. (1999): Foundations for the study of intercultural communication based on a third culture building model. International Journal of Intercultural Relations, 12, 91–116

CHHOKAR, J.S., BRODBECK, F.C. & HOUSE, R.J. (Eds.) (2007): Culture and leadership across the world. The GLOBE book of in-depth studies of 25 societies. Mahwah, NJ, Lawrence Erlbaum Associates

HOUSE, R.J., HANGES, P.J., JAVIDAN, M. DORFMAN, P.W. & GUPTA, V. (Eds) (2004): Culture, leadership and organizations: The GLOBE-study of 62 societies. Thousand Oaks, CA, Sage

HOUSE, R.J. & JAVIDAN, M. (2004): Overview of GLOBE. In R.J. House, P.J. Hanges, M. Javidan, P.W. Dorfman & V. Gupta (Eds.), Culture, leadership and organizations: The GLOBE-study of 62 societies (pp. 9–48). Thousand Oaks, CA, Sage

Grenzüberschreitende Kooperationskultur am Oberrhein – eine erfahrungsbasierte Interpretation

JOACHIM BECK

Die Ergebnisse der Befragung Akteure[1] lässt erkennen, dass das oberrheinische Kooperationssystem durch sehr spezifische Muster des grenzüberschreitenden policy-making charakterisiert ist (vgl. Beck 2013b). Die unterschiedlichen verwaltungskulturellen Grundmuster der drei Nachbarstaaten am Oberrhein haben für die Ausgestaltung der grenzüberschreitenden Zusammenarbeit und damit für die Funktionalität des grenzüberschreitenden Kooperationssystems als strukturelle Rahmenbedingung eine prägende Wirkung. So zeigt die Umfrage erstens hinsichtlich der *Problemwahrnehmung und -analyse*, dass zwischen den beteiligten Partnern offensichtlich unterschiedliche Zeithorizonte und Ebenen der Problemanalyse vorhanden sind, die in der Regel auch zu divergierenden Bewertungskriterien und Zielen führen. Die Schwierigkeiten einer Abstimmung dieser unterschiedlichen Herangehensweisen führen im Ergebnis dazu, dass die grenzüberschreitende Zusammenarbeit in der Regel nur durch ein geringes Ausmaß originärer Problemanalyse, einen geringen Strategiebezug sowie oftmals durch eine Einseitigkeit der Initiativfunktion einzelner Akteure für neue Projekte charakterisiert ist[2].

Hinsichtlich des grenzüberschreitenden *agenda-setting* lässt sich ein Nachvollzug bzw. die Synchronisierung nationaler Themenkonturen beobachten. Zudem dominieren nicht selten teilräumliche Interessen über die grenzüberschreitenden Bedarfe. Unterschiede beziehen sich auch auf die Rollen von Verwaltung und Politik als Themen- und Ideengeber, was im Ergebnis oftmals zu einer nur geringen Selektivität bzw. einer Addition vielfältiger thematischer Ansätze in der grenzüberschreitenden Zusammenarbeit führt.

Die *Prozessorganisation* der grenzüberschreitenden Kooperation ist durch die Herausforderung einer Synchronisierung von sehr unterschiedlichen Zuständigkeiten und Handlungskompetenzen charakterisiert, die im Ergebnis zu sehr

---

[1] Siehe den Beitrag von BECKER-BECK/BECK in diesem Band, sowie die ausführliche Auswertung der Umfrageergebnisse in: Beck, D./Becker-Beck, U./Beck, J.

[2] Auf einer Bewertungsskala von zutreffend (5) bis unzutreffend (0) wurde diese Hypothese von allen Befragten mit 3,9 bestätigt.

kleinteiligen Arbeitsprozessen mit vielfältigen informellen Rückkopplungsschleifen führt. Die zu beobachtende Vielzahl von Gremien und Sitzungen steht damit für eine hohe Verfahrens- und eine relativ geringe Ergebnisorientierung der grenzüberschreitenden Zusammenarbeit.[3]

Die unterschiedlichen verwaltungskulturellen Basismuster zeigen sich auch in der hohen Komplexität der grenzüberschreitenden *Entscheidungsvorbereitung*. Unterschiedliche Rollen, Kompetenzen und Selbstverständnisse der Akteure führen regelmäßig zu einer – im Vergleich zum nationalen Kontext – erhöhten Komplexität der Vorbereitung und Strukturierung von Arbeitssitzungen mit dem Ergebnis langwieriger Prozesse.[4] Dabei kontrastieren Verwaltungskulturen, die sich stärker über offen gehaltene, diskursbereite Projektideen definieren, mit solchen Kulturen, die bereits in einer sehr frühen Phase ausgearbeitete Projektvorschläge mit Plänen, Vertragsentwürfen und Businessplänen präsentieren. Mangelnde Kenntnisse über die Funktionsbedingungen der Partner führen ebenfalls dazu, dass die grenzüberschreitenden Muster der Entscheidungsvorbereitung durch Verzögerungen auf der Arbeitsebene sowie die Notwendigkeit einer Synchronisierung unterschiedlicher verwaltungskultureller Selbstverständnisse gekennzeichnet sind, mit dem Ergebnis, dass die Entscheidungsvorbereitungen ungewöhnlich lange dauern.

Hinsichtlich der grenzüberschreitenden *Entscheidungsfindung* selbst lässt sich das transnationale Verhandlungssystem dadurch kennzeichnen, dass sehr starke Blockaden durch Veto-Positionen auf Arbeitsebene vorhanden sind. Dies wird nicht nur durch das Einstimmigkeitsprinzip verursacht[5], sondern auch dadurch, dass in den unterschiedlichen Verwaltungskulturen unterschiedliche Selbstverständnisse darüber bestehen, was eine Entscheidung ist und wer diese zu treffen hat. Die informelle Vorentscheidungsfunktion wird daher durch ein enges interpersonelles und interinstitutionelles Netzwerk der Vertreter der offiziellen Kooperationspartner wahrgenommen.[6] Dass dabei – jenseits des institutionell nur sehr geringen Kompetenzprofils für originäre grenzüberschreitende Entscheidungen – zwischen den beteiligten Verwaltungskulturen nicht selten eine große Diskrepanz zwischen Chef-Ebene und Techniker-Ebene besteht, kann auch als Ursache für die generell zu beobachtende Tendenz zur Entscheidungsvertagung und/oder -vermeidung gesehen werden, durch die die

---

[3] Auf einer Bewertungsskala von zutreffend (5) bis unzutreffend (0) wurde diese Hypothese von allen Befragten mit 4,2 bzw. 4.1 bestätigt.

[4] Auf einer Bewertungsskala von zutreffend (5) bis unzutreffend (0) wurde diese Hypothese von allen Befragten mit 4,2 bestätigt.

[5] Auf einer Bewertungsskala von zutreffend (5) bis unzutreffend (0) wurde diese Hypothese von allen Befragten mit 3,8 bzw. 3,6 bestätigt.

[6] Auf einer Bewertungsskala von zutreffend (5) bis unzutreffend (0) wurde diese Hypothese von allen Befragten mit 4,2 bestätigt.

grenzüberschreitende Zusammenarbeit vielfach noch immer charakterisiert ist. Unterschiedliche Interpretationen von Entscheidungsinhalten sowie die institutionell geringe Bindungswirkung in der Umsetzung führen zudem dazu, dass sich die materielle Dimensionierung grenzüberschreitender Entscheidungen sehr häufig auf Basisaussagen, Ankündigungen und übergeordnete externe Unterstützungs-Aspekte der Kooperation im «Außenverhältnis» beschränkt.[7] Offensichtlich gibt es bei grenzüberschreitenden Entscheidungsprozessen deutlich weniger Koppel- bzw. Tauschgeschäfte, da es nur wenig «Verhandlungsmasse» bzw. originäre Handlungskompetenzen der grenzüberschreitend handelnden Akteure gibt.[8] Die grenzüberschreitenden Entscheidungsprozesse werden zudem dadurch erschwert, dass die durch das Subsystem getroffenen Entscheidungen immer auch auf der Ebene der Entscheidungsgremien der beteiligten institutionellen Partner im jeweiligen nationalen Kontext nachvollzogen und demokratisch validiert werden müssen, mit dem Risiko, dass dabei im Zweifel sehr oft «externe» Interessen dominieren.[9] So wundert es auch nicht, dass die materiellen Handlungsspielräume durch die beteiligten Akteure im Ergebnis als nicht sehr weit erlebt werden.[10]

Hinsichtlich der *Politikrealisierung* schließlich lässt sich eine (systemische) Beschränkung auf solche Themenbereiche beobachten, die sich in der Schnittmenge von fachlicher, räumlicher und politischer Zuständigkeit zwischen den beteiligten Akteuren befindet. Da diese nicht per se evident ist, lassen sich sehr oft Verzögerungen in der Umsetzung durch unterschiedliche teilräumliche, politisch-administrative Implementationskulturen beobachten.[11] Zudem dominieren in der Umsetzung grenzüberschreitender Beschlüsse die großen Abhängigkeiten des grenzüberschreitenden Kooperationssystems von fachlichen und finanziellen Leistungsbeiträgen «externer» Akteure. Hier kann das grenzüberschreitende Kooperationssystem nur selten die unterschiedlichen Programm- und Verwaltungskulturen etwa der «externen» Ministerien in Paris, Stuttgart, Mainz und z.T. in Bern aufbrechen: Bei der Umsetzung von grenzüberschreitenden Projekten und Initiativen sind die Akteure der grenzüberschreitenden Zusammenarbeit in hohem Maße auf die Unterstützung dieser «externen»

---

[7] Auf einer Bewertungsskala von zutreffend (5) bis unzutreffend (0) wurde diese Hypothese von allen Befragten mit 3,7 bestätigt.
[8] Auf einer Bewertungsskala von zutreffend (5) bis unzutreffend (0) wurde diese Hypothese von allen Befragten mit 3,6 bestätigt.
[9] Auf einer Bewertungsskala von zutreffend (5) bis unzutreffend (0) wurde diese Hypothese von allen Befragten mit 4,0 bestätigt.
[10] Auf einer Bewertungsskala von zutreffend (5) bis unzutreffend (0) wurde diese Hypothese von allen Befragten nur mit 2,8 bestätigt.
[11] Auf einer Bewertungsskala von zutreffend (5) bis unzutreffend (0) wurde diese Hypothese von allen Befragten mit 3,8 bestätigt.

Partner angewiesen, die selbst wiederum oft nicht direkt an der Entscheidungsvorbereitung beteiligt sind.[12] Die komplexen Realisierungsbedingungen der grenzüberschreitenden Zusammenarbeit führen oftmals dazu, dass sich Projekte und Vorhaben in der Implementierungsphase nochmals aufgrund unterschiedlicher verwaltungskultureller Muster verzögern: inter-verwaltungskulturelle Probleme, Missverständnisse und z.T. auch Konflikte treten hier sehr oft zu Tage, ohne dass diese durch geeignete institutionelle Strukturen und Verfahren im Rahmen echter eigener Problemlösungskompetenzen des Subsystems gelöst werden können.[13] Damit muss die faktische Bindungswirkung einmal gefällter Beschlüsse in der Umsetzung in der grenzüberschreitenden Zusammenarbeit am Oberrhein als eher gering eingestuft werden.

Die Ergebnisse der Befragung zur grenzüberschreitenden Kooperationskultur am Oberrhein[14] lassen erkennen, wie stark die Divergenz der beteiligten Verwaltungskulturen sich auf die Funktionalität des grenzüberschreitenden Kooperationszusammenhangs auswirkt. Die Antworten legen aber noch einen weiteren Schluss für die Suche nach dem Faktor «Verwaltungskultur» in der grenzüberschreitenden Zusammenarbeit nahe: Die starke Homogenität im Antwortverhalten der Befragten aus Deutschland, Frankreich und der Schweiz lässt darauf schließen, dass es sich dabei offensichtlich um ein Akteurs-Netzwerk handelt, das als transnationaler Kooperationsverbund über die Jahre hinweg ein eigenes Funktionsmuster entwickelt hat, das im Sinne von systemischer Organisationskultur überindividuell und damit als Institution im weiteren Sinne interpretiert werden kann. Diese Kooperationskultur der grenzüberschreitenden Zusammenarbeit ermöglicht es, das direkte «Durchschlagen» der nationalen Verwaltungskulturen abzumildern. Sie ist durch die folgenden System-Merkmale charakterisiert:

Blickt man auf die *Handlungsmotive und das Selbstverständnis der beteiligten Akteure,* so zeigt die Geschichte der grenzüberschreitenden Zusammenarbeit am Oberrhein, dass diese durch jeweils phasenspezifische, gemeinsam getragene Leitmotive geprägt ist, die das Handeln und den Umgang der Akteure am Oberrhein geprägt haben: So stand in den 50er Jahren das Handlungsmotiv der Aussöhnung ehemaliger Kriegsgegner im Vordergrund und wirkte prägend für die Kooperation; diese war von einzelnen Persönlichkeiten getragen, die sich als Pioniere verstanden und z.B. direkte Kontakte über grenznahe Städtepartnerschaften entwickelten. Die 60er Jahre waren demgegenüber mit dem Ent-

---

[12] Auf einer Bewertungsskala von zutreffend (5) bis unzutreffend (0) wurde diese Hypothese von allen Befragten mit 3,6 bestätigt.
[13] Auf einer Bewertungsskala von zutreffend (5) bis unzutreffend (0) wurde die Hypothese eigener Problemlösungskompetenzen von allen Befragten nur mit 2,9 bestätigt.
[14] Vgl. BECK/BECKER-BECK in diesem Band.

decken der Notwendigkeit einer Überwindung administrativer und nationaler Grenzen aufgrund zunehmender sozioökonomischer Verflechtungen gekennzeichnet, die nicht an den Staatsgrenzen Halt machten. Nicht von ungefähr erfolgte z.B. die Gründung der Regio Basiliensis in dieser Phase. Die 70er Jahre wiederum waren geprägt von dem Glauben an die Notwendigkeit und Nützlichkeit einer gemeinsamen Institutionenbildung, die ihren Ausdruck in der Gründung der D-F-CH Regierungskommission (mit ihren beiden Regionalausschüssen, der späteren Oberrheinkonferenz) sowie weiterer Kommissionen und Ausschüsse fand. In den 80er und dann 90er Jahren bildete die Erkenntnis ein gemeinsames Leitmotiv, dass es nicht genügt, nur gemeinsam zu planen, sondern dass man auch gemeinsame Projekte realisieren sollte. Die Nutzung von EU-Fördermitteln für gemeinsame Projekte war und ist ein starkes gemeinsames Handlungsmotiv, das auch für das Selbstverständnis der Kooperation insgesamt in dieser Phase stehen kann. Heute steht demgegenüber das Interesse aller Akteure an einer gemeinsamen Nutzung der Potenziale der drei Teilregionen für die Positionierung als integrierte europäische Metropolregion, sowie ein einheitlicher externer Auftritt im Vordergrund. Dies wird verbunden mit dem Wunsch einer Optimierung und besseren Vernetzung der bestehenden Institutionen sowie der Sektoren Politik/Verwaltung, Wirtschaft, Wissenschaft und Zivilgesellschaft im Sinne einer synergetischen, leistungsstarken grenzüberschreitenden *Governance*.

Auch auf der Ebene der *gemeinsamen Symbolsysteme* lassen sich interessante Muster der grenzüberschreitenden Verwaltungskultur festmachen. Die Schaffung gemeinsamer Einrichtungen und Institutionen, die Entwicklung eigener Rechtsformen (Karlsruher Übereinkommen), die Bedeutung gemeinsamer Logos, die Nutzung symbolischer Orte für Treffen und Veranstaltungen, die Rolle von Fahnen etc. symbolisieren heute ein gemeinsames grenzüberschreitendes Selbstverständnis, das in seiner spezifischen Ausprägung ebenso charakteristisch für die grenzüberschreitende Zusammenarbeit gelten kann wie die (noch immer erfolglose) Suche nach einem allgemeingültigen Logo und einem nach außen kommunizierbaren Branding für die trinationale Kooperationsregion am Oberrhein.

Hinsichtlich der *Normensysteme* (geschriebene und ungeschriebene Regeln) lassen sich ebenfalls Muster identifizieren, die als charakteristisch für die grenzüberschreitende Zusammenarbeit gelten können. Diese ist auf der Formalebene in der Regel durch Kooperationsverträge und Vereinbarungen zwischen den beteiligten Partnern strukturiert, in denen formale Entscheidungsverfahren und -regeln festgelegt sind. Generelle Gültigkeit hat zudem das Partnerschafts- und Kofinanzierungsprinzip, das letztlich beinhaltet, dass kein Projekt ohne alle Partner und damit auch nicht gegen den Willen eines der beteiligten Partner realisiert werden kann. Es bestehen ferner strukturierte

Muster der Entscheidungsvorbereitung über Projekt- und Arbeitsgruppen sowie etablierte Muster der informellen trinationalen Abstimmung über personelle Netzwerke. Zweisprachigkeit der Dokumente, aber auch die Differenzierung zwischen «offiziellen» und «sonstigen» Kooperationsformen sind weitere Elemente des grenzüberschreitenden Normensystems. Dazu gehört ferner die informelle Regel, dass Projekte nur zustande kommen, wenn sich alle Partner in ihnen wiederfinden können. Informelle Koppelgeschäfte, wie sie für Verhandlungssysteme normalerweise üblich sind, existieren im grenzüberschreitenden Kontext demgegenüber in Ermangelung hinreichender Verhandlungsmassen eher nicht. Als informelle Regel gilt, dass jeder seine Muttersprache sprechen kann, aber es gehört zum guten Ton, dass man auf dessen Boden die Sprache des Nachbarn spricht – nur dann hat man dort im Rahmen informeller Netzwerke die Chance auf tatsächliche Akzeptanz.

Hinsichtlich gemeinsam getragener *Wertesysteme* war und ist die Kooperation am Oberrhein immer durch den Anspruch einer besonders guten und intensiven Zusammenarbeit getragen. Man bemüht sich stets um ein positives Erscheinungsbild, und folglich finden (auch als Ergebnis einer intensiven abgestimmten Pressearbeit) sich auch kaum kritische Presseartikel, sondern eher Erfolgsmeldungen über die grenzüberschreitende Kooperation. Die beteiligten Akteure auf allen Ebenen sehen sich zudem als Überzeugungstäter, die an der Notwendigkeit der grenzüberschreitenden Zusammenarbeit beständig festhalten, auch wenn unmittelbare Ergebnisse und kommunizierbarer Nutzen nicht immer sofort erkennbar sind. Man versteht sich zudem als Labor der europäischen Integration und definiert sich gegenüber dem Nationalstaat über den Anspruch der sog. «kleinen Außenpolitik». Der Oberrhein wird daher immer als europäische Modellregion dargestellt mit dem festen Willen, die grenzüberschreitende Zusammenarbeit als eigenes Politikfeld zu sehen und weiter aufzuwerten. Zudem bilden auch der Respekt der kulturellen Unterschiedlichkeit sowie ein auf Vertrauen basierendes Miteinander weitere Elemente dieses gemeinsamen Wertesystems.

Schließlich ist die grenzüberschreitende Verwaltungskultur auch dadurch gekennzeichnet, dass sich gemeinsame *Handlungsmuster in und für Standardsituationen* entwickelt haben. Deren sichtbarster Ausdruck besteht darin, dass heute alle institutionellen Partner der grenzüberschreitenden Zusammenarbeit spezielle Organisationseinheiten für die Kooperation geschaffen haben. Diese bilden ein überindividuelles Netzwerk der grenzüberschreitenden Zuständigkeiten und sind durch einen hohen Professionalisierungsgrad in den grenzüberschreitenden Angelegenheiten gekennzeichnet. Ferner lässt sich die Schaffung gemeinsamer Arbeitsprozesse für die Politikentwicklung und -umsetzung beobachten, die ein sehr spezifisches oberrheinisches Muster darstellen: Relevante Themen werden durch sog. Dreiländer-Kongresse aufbereitet, deren Ergebnisse dann durch die Oberrheinkonferenz aufgegriffen und umgesetzt und mit Hilfe der vorhandenen *Interreg*-Mittel umgesetzt werden. Neue Themen werden am Oberrhein zunächst durch trinationale Basis-Studien aufbereitet. Die Arbeiten werden durch das Einsetzen bi- und trinationaler Projektgruppen auf der Arbeitsebene strukturiert, welche wiederum der Entscheider-Ebene zuarbeiten (Lenkungsausschuss). Eine wichtige Rolle spielen dabei die hauptberuflich für die grenzüberschreitende Zusammenarbeit Tätigen, die als Sherpas ein dichtes, informelles Netzwerk von 15 bis 30 Personen bilden. Zudem lässt sich eine hohe Routinisierung der Entscheidungsinhalte und -prozesse durch einen standardisierten Sitzungsablauf beobachten (grenzüberschreitende Sitzungen folgen in der Regel demselben Ablauf – egal ob man auf der deutschen, der französischen oder der Schweizer Seite tagt). Insbesondere auf der Chef-Ebene legt man Wert auf einen glatten Sitzungsverlauf: Konflikte müssen vorab auf der Arbeitsebene gelöst werden, denn die «Hochzonung» von und damit die direkte Befassung der politischen Ebene mit konflikttrüchtigen Themen soll vermieden werden. Dies würde mit einer weiteren Standardkonstellation kollidieren: derjenigen der Schaffung eines besonders angenehmen Umfelds für die Begegnungen, was auch durchaus die kulinarische Dimension umfassen kann.

Das oberrheinische Mehrebenen-System verfügt damit über eine eigene Kooperationskultur. Charakteristisch für das System ist allerdings, dass diese oberrheinische Kooperationskultur weniger durch eine Integration der vorhandenen nationalen Verwaltungskulturen denn durch die funktionalen Erfordernisse (Lösung gemeinsamer Probleme, Entwicklung gemeinsamer Potenziale), die gemeinsam getragenen Wertehaltungen bzw. Nutzenerwartungen (Versöhnung, Programmverwaltung, regionale Positionierung in Europa) sowie die Spezifika der grenzüberschreitenden Zusammenarbeit als «kleiner Außenpolitik» (Symbolik, diplomatischer Gestus) bzw. «dezentraler europäischer Innenpolitik» (Laboratorium der europäischen Integration) begründet wird. Sie dürfte sich diesbezüglich nicht wesentlich von anderen Grenzregionen unterscheiden.

Transnationale Verwaltungskultur?

Das Beispiel der grenzüberschreitenden Zusammenarbeit zwischen deutschen und französischen Polizeiverwaltungen aus Kehl und Straßburg

RAPHAËLLE GRISEL

Inhaltsverzeichnis

1. Einleitung 99
2. Ergebnisse 100
3. Handlungsempfehlungen 104
4. Schluss 105
   Literatur 107

1. Einleitung

Die deutsch-französischen Beziehungen sind seit vielen Jahren von stetig wachsender Bedeutung. Historisch beruhen sie vor allem auf dem im Jahre 1963 geschlossenen Elysée-Vertrag, dem deutsch-französischen Freundschaftsvertrag. Dieser begründete eine enge politische Zusammenarbeit zwischen den Regierungen der beiden ehemals verfeindeten Länder. Besonders lebendig sind die deutsch-französischen Beziehungen in der grenzüberschreitenden Zusammenarbeit, wie beispielsweise am Oberrhein. Auf supranationaler Ebene ist die grenzüberschreitende Zusammenarbeit unter anderem in der Struktur- und Regionalpolitik der EU verankert. Ihr Ziel ist die Stärkung des wirtschaftlichen und sozialen Zusammenhalts in der EU, vor allem über regionalpolitische Maßnahmen. Doch die grenzüberschreitende Zusammenarbeit wird auch von anderen Faktoren stark beeinflusst. Sie lässt sich nicht einfach als technische Kooperation zwischen Verwaltungen erklären. So sind sowohl das französische als auch das deutsche Grenzgebiet sehr stark von ihrer jeweiligen Kultur und Geschichte geprägt. Daraus ergeben sich Unterschiede im Verwaltungs- und Staatsaufbau, aber auch kulturelle Unterschiede in den Verwaltungen, die grenzüberschreitende Projekte zum Scheitern bringen können. Dabei geht es regelmäßig nicht nur um zwei verschiedene nationale Kulturen und Systeme, sondern auch um verschiedene regionale Systeme, Identitäten, Arbeitskulturen und darum, wie die einzelnen Projektträger oder Organisationen von der Kultur der eigenen Einrichtung geprägt sind. Auf grenzüberschreitender Ebene treffen also oft nicht nur zwei verschiedene Kulturen, sondern eine Vielzahl unterschiedlicher kultureller Einflüsse und Hintergründe aufeinander. Aus diesem Zusammenhang heraus kann man sich folgende Frage stellen: *Entsteht durch das Aufeinandertreffen der kulturellen Merkmale deutscher und französischer Verwaltungen in der grenzüberschreitenden Zusammenarbeit eine eigene grenzüberschreitende Verwaltungskultur?*

Zur Untersuchung dieser Frage wurde insbesondere das Experteninterview als qualitative Forschungsmethode ausgewählt. Gegenstand der Untersuchung war die deutsche und französische Polizeiverwaltung am Oberrhein. In den Experteninterviews wurden Akteure der deutschen und französischen Polizeiverwaltungen zur Rolle der Kultur in ihrer eigenen Heimatverwaltung sowie im grenzüberschreitenden Kontext befragt. Die Ergebnisse der Experteninterviews wurden anschließend mit den Ergebnissen einer Befragung des Euro-Instituts[1] verglichen. Auf diese Weise konnte untersucht werden, ob deutsche und französische Akteure ähnliche oder sogar identische Meinungen zur grenzüberschreitenden Zusammenarbeit haben und ob sie in der Zusammenarbeit ähnliche Vorgehensweisen anwenden.

Im Folgenden werden die wichtigsten Ergebnisse der Arbeit sowie die daraus entwickelten Handlungsempfehlungen für die grenzüberschreitende Zusammenarbeit vorgestellt. Anschließend wird ein kurzes Fazit gezogen.

2. Ergebnisse

Die Ergebnisse der Experteninterviews haben zunächst gezeigt, dass der für die grenzüberschreitende Zusammenarbeit schon vorhandene allgemeine juristische Rahmen für die Zusammenarbeit der deutschen und französischen Polizei von eher geringer Bedeutung ist. Vielmehr wurde für die polizeiliche Zusammenarbeit ein eigener juristischer Rahmen aufgebaut. Die Ergebnisse haben

---

[1] Das Euro-Institut hat im Herbst 2011 eine Befragung zur Kultur der grenzüberschreitenden Zusammenarbeit am Oberrhein durchgeführt. Dafür hat sich das Euro-Institut auf die GLOBE-Studie (Global Leadership and Organizational Behaviour Effectiveness Research Program) gestützt. Die Befragung des Euro-Instituts nutzte die neun Kulturdimensionen der GLOBE-Studie.

aber auch gezeigt, dass die ebenso schon vorhandenen institutionellen Einrichtungen für die grenzüberschreitende Zusammenarbeit im Fall der Polizei eine Rolle spielen können. Der Eurodistrikt beispielsweise unterstützt die Durchführung deutsch-französischer polizeilicher Projekte – auch finanziell.

Für «Verwaltungskultur» liefert der Politik- und Verwaltungswissenschaftler Werner Jann (vgl. Willemer 2003, S. 15–15) zwei verschiedene Definitionen. Danach versteht man unter Verwaltungskultur zum einen *«die in einer Gesellschaft vorhandenen Orientierungen gegenüber der öffentlichen Verwaltung»* (auch Verwaltungskultur I genannt). Die Verwaltungskultur ergibt sich in diesem Fall aus den in einer Gesellschaft vorhandenen Meinungen, Einstellungen und Werten, die einen Einfluss auf die öffentliche Verwaltung haben. Zum anderen bezeichnet Jann als Verwaltungskultur *«die in einer Verwaltung (oder allen Verwaltungen gemeinsam) vorhandenen Orientierungen»* (auch Verwaltungskultur II genannt). Unter «Orientierungen» versteht man hier die Einstellungen, Meinungen und Werte, die in einer Verwaltung vorhanden sind.

Auch für die Polizeiverwaltung im grenzüberschreitenden Kontext, sowohl auf deutscher als auch auf französischer Seite, passen die beiden Definitionen von Verwaltungskultur nach Jann. *«Die in einer Gesellschaft vorhandenen Orientierungen gegenüber der öffentlichen Verwaltung»* sind in diesem Fall die Orientierungen der deutschen Gesellschaft bzw. Polizeiverwaltung gegenüber der französischen Verwaltung und umgekehrt. Es ist anzumerken, dass die Orientierungen der Bürger gegenüber der Verwaltung in der Analyse nicht berücksichtigt wurden. Außerdem gibt es in den Polizeiverwaltungen in der grenzüberschreitenden Zusammenarbeit auch *«gemeinsam vorhandene Orientierungen»*, die ihren Ursprung in den gemeinsamen institutionellen und juristischen Rahmen haben (wie das Gemeinsame Zentrum in Kehl), beispielsweise bei der gemeinsamen Kriminalitätsbekämpfung, was Verwaltungskultur II entspricht.

Der Einfluss der Verwaltungstraditionen beider Länder konnte in den Ergebnissen der Interviews wieder gefunden werden. Die Aussagen haben klar gezeigt, dass die Polizeiverwaltungen Frankreichs und Deutschlands auf hierarchischen Strukturen basieren. Es wurde in den Aussagen der Befragten außerdem deutlich, dass der unterschiedliche Staatsaufbau, der Zentralismus in Frankreich und der Föderalismus in Deutschland, für die grenzüberschreitende Zusammenarbeit ein Hindernis sein kann.

Die Ergebnisse der Experteninterviews haben bestätigt, dass es sehr schwierig ist, für eine Kultur einheitliche Kulturstandards darzustellen. Dies gilt auch für die polizeiliche grenzüberschreitende Zusammenarbeit zwischen Kehl und

Straßburg. Der Kulturstandard «Machtdistanz»[2] ist aufgrund der Verwaltungstraditionen für beide Seiten eher vertikal, obwohl die Polizisten in Deutschland durch den Föderalismus etwas mehr direkte Entscheidungskompetenzen haben als ihre Pendants im zentralistischen Frankreich.

Die Aussagen der Interviewpartner zeigten die hohe Bedeutung der zwischenmenschlichen Beziehungen. So haben beide Seiten gesagt, dass es für eine gute polizeiliche grenzüberschreitende Zusammenarbeit wichtig ist, den Partner zu kennen. Beim Kennenlernen geht es aber nicht etwa darum gegenseitiges Vertrauen aufzubauen. Da Polizisten die gleichen Probleme bekämpfen, so die Interviewpartner, sei Vertrauen selbstverständlich. Sich zu kennen sei vielmehr wichtig, um effizient arbeiten zu können und keine Zeit zu verlieren. Außerdem kommt es auch vor, dass sich deutsche und französische Polizisten außerhalb der Arbeit treffen. Somit wurden die hohen Werte der Humanorientierung[3] der GLOBE-Studie bestätigt. Die Trennung von Persönlichkeits- und Lebensbereichen[4] und die Sachorientierung[5] der Deutschen, welche von Thomas (2005) festgestellt wurden, konnten aber im Fall der Polizei von Kehl und Straßburg nicht bestätigt werden.

Die Arbeitsprozesse der deutschen und französischen Polizei auf grenzüberschreitender Ebene sind komplex. Die Ergebnisse der Interviews haben gezeigt, dass es dabei zwischen deutscher und französischer Polizeiverwaltung sowohl Gemeinsamkeiten als auch Unterschiede gibt. Ferner hat sich herausgestellt, dass es in den deutsch-französischen polizeilichen Einrichtungen kaum Unterschiede gibt. Wenn man die Ergebnisse der Interviews mit Kulturstandards

---

[2] Machtdistanz: Diese Dimension spiegelt wider, in welchem Ausmaß ungleiche Machtverhältnisse in einer Kultur akzeptiert werden. In Kulturen mit hoher Machtdistanz besteht eine Ungleichheit zwischen den Menschen, aber diese wird nicht als problematisch empfunden und wird sogar erwartet. Die Mitarbeiter erwarten in diesen Kulturen außerdem Anweisungen zu erhalten. Länder mit einer niedrigen Machtdistanz werden im Gegensatz dazu eher flache Hierarchien haben. Kulturen mit großer Machtdistanz haben außerdem eine Tendenz zur Zentralisation, während Kulturen mit geringer Machtdistanz eine Tendenz zur Dezentralisation haben (vgl. HOFSTEDE, 1997, S. 47).

[3] Humanorientierung: Ausmaß, in dem eine Gemeinschaft faires, selbstloses, unterstützendes und rücksichtsvolles Verhalten fördert und belohnt (vgl. BECKER-BECK/BECK, 2011, S. 39).

[4] Trennung von Persönlichkeits- und Lebensbereichen: Dieser Kulturstandard zeigt, ob die Persönlichkeitsbereiche von den Lebensbereichen getrennt werden oder nicht. Die Trennung vom Geschäfts- und Privatleben kann ein Beispiel dafür sein oder wenn die Menschen einer Gesellschaft jeden Lebensbereich mit unterschiedlichen Personen teilen, zum Beispiel einen Freund haben, mit dem sie ins Kino gehen, einen Freund mit dem sie arbeiten, einen Freund aus der Schule usw. (vgl. THOMAS 2005, S. 26).

[5] Sachorientierung: Die Dimension «Sachorientierung» zeigt, ob die Beschäftigung mit Sachverhalten schwieriger ist als die mit Personen (vgl. THOMAS 2005, S. 26).

vergleicht, stellt man fest, dass die Kulturstandards Direktheit[6], Zeitplanung[7] und Regelorientierung[8] sowohl für die deutsche als auch für die französische Polizei gelten.

Im Rahmen der Arbeit wurde deutlich, dass nicht nur die Menschen einen Einfluss auf die Verwaltungskultur haben, sondern auch die Verwaltungsstruktur und die für die jeweilige Verwaltung geltenden Regeln. Daher sind Kulturstandards zwar hilfreich, um gewisse Situationen einzuschätzen, aber nicht ausreichend, um eine Verwaltungskultur in ihrer Gesamtheit zu erklären. Die Arbeit zeigte außerdem, dass sich die Kulturstandards der Grenzregionen von den Kulturstandards der beiden Länder unterscheiden, und man kann vermuten, dass beide Kulturen aufeinander abfärben. Die gegenseitige Anpassungsfähigkeit der französischen und deutschen Polizisten wurde auch in den Interviews deutlich.

Der Vergleich der Ergebnisse der Experteninterviews mit den Ergebnissen der Befragung des Euro-Instituts erwies sich als sinnvoll, denn er zeigte, dass sich die Aussagen je nach Verwaltung unterscheiden. Daher kann man vermuten, dass es allein am Oberrhein, oder sogar zwischen Kehl und Straßburg, nicht «eine grenzüberschreitende Verwaltungskultur» gibt, sondern eine Vielzahl von «grenzüberschreitenden Verwaltungskulturen».

Die mögliche grenzüberschreitende Verwaltungskultur kann am besten anhand der folgenden Graphik dargestellt werden. Die Pfeile, die von der EU zu den Ländern und von den Ländern zur grenzüberschreitenden Verwaltungskultur gehen, stellen die institutionellen und rechtlichen Rahmen für die grenzüberschreitende Zusammenarbeit dar, die direkt aus der EU oder aus den jeweiligen Ländern entstehen können.

---

[6] Direktheit/Wahrhaftigkeit: Diese Dimension betrachtet den Kommunikationsstil, das heißt, ob direkt oder indirekt kommuniziert wird (vgl. THOMAS 2005, S. 26).

[7] Zeitplanung: Durch die Zeitplanung wird klargestellt, ob die Zeit für eine Kultur eine wichtige Rolle spielt oder nicht. Die Rolle der Pünktlichkeit kann ein Beispiel dafür sein (vgl. Thomas 2005, S. 26).

[8] Regelorientierung: Die Dimension «Regelorientierung» zeigt, welche Wertschätzung gegenüber Strukturen und Regeln besteht (vgl. THOMAS 2005, S. 26).

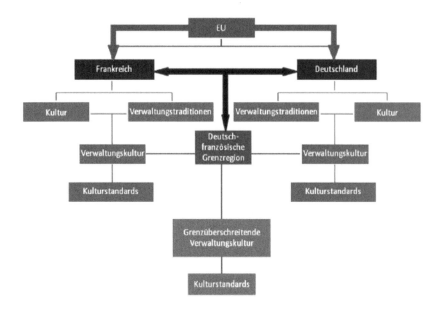

Abbildung 1: Graphische Darstellung der Entstehung einer grenzüberschreitenden Verwaltungskultur (Eigene Darstellung).

3. Handlungsempfehlungen

Auf Basis der Ergebnisse der Untersuchung konnten Handlungsempfehlungen herausgearbeitet werden, die für die Praxis eine Hilfe darstellen können. Dabei ist allerdings anzumerken, dass sich die Handlungsempfehlungen vor allem an jene Beamte der deutschen und französischen Polizeiverwaltung richten, die noch wenig Kenntnisse in der grenzüberschreitenden Zusammenarbeit haben, und die in Zukunft regelmäßig mit ihren Nachbarn zusammenarbeiten werden. Denn tatsächlich hat die Arbeit gezeigt, dass die Befragten keine großen Probleme haben mit dem Nachbarn zusammenzuarbeiten, entweder, weil sie bereits umfangreiche Erfahrungen in der Zusammenarbeit haben, oder weil sie sogar in einer deutsch-französischen Einrichtung arbeiten. Daher benötigen sie nicht unbedingt Handlungsempfehlungen. Da sich die Polizeiverwaltung im Bezug auf die grenzüberschreitende Zusammenarbeit von den anderen Verwaltungen unterscheidet, haben die Handlungsempfehlungen für die anderen Verwaltungen nur eine begrenzte Gültigkeit. Die Empfehlungen werden im Folgenden als Stichpunkte dargestellt:

- Für eine erfolgreiche Zusammenarbeit sollte man die Sprache des Nachbarn beherrschen. Englisch ist keine Alternative: Der polizeiliche Wortschatz enthält viele spezifische Begriffe, die möglichst wenig übersetzt werden sollten, um das Verständnis nicht zu erschweren.
- Um Hindernisse bei der grenzüberschreitenden Zusammenarbeit zu vermeiden, sollte man nicht vergessen, dass die Arbeitsweise, Systeme und Vorschriften im Nachbarland anders sind als im Heimatland. Vorsicht: Was im Heimatland möglich ist, ist im Nachbarland nicht unbedingt möglich!
- Da die Arbeitszeiten über die Grenze hinweg unterschiedlich sind, sollte man beachten, dass die beste Zeit, um den Ansprechpartner zu erreichen, vormittags von 9.30 bis 12.00 und nachmittags von 14.00 bis 15.30 ist.
- Es ist möglich, den Nachbarn über das Gemeinsame Zentrum der deutsch-französischen Polizei- und Zollzusammenarbeit zu erreichen, jedoch ist es empfehlenswert, den Nachbarn unmittelbar zu kontaktieren, damit die Beziehungen und dadurch auch die Arbeit intensiver werden. Netzwerke und die Kenntnis über den richtigen Ansprechpartner sind für die Zusammenarbeit von großer Bedeutung.
- Franzosen tendieren dazu, Pünktlichkeit nicht so streng zu nehmen wie die Deutschen. Dies sollte bei einem ersten Treffen berücksichtigt werden, um den Nachbarn nicht zu verletzen.
- Arbeitssitzungen folgen im Nachbarland anderen Regeln. Deutsche kommen zur Sitzung gut vorbereitet und treffen manchmal bereits bei der ersten Sitzung Entscheidungen. In Frankreich dient die erste Sitzung dem Kennenlernen, und Entscheidungen werden später getroffen. Um Missverständnisse zu vermeiden, sollte dies berücksichtigt werden.
- Aufgrund der in Deutschland starken Dezentralisierung können deutsche Polizeibeamte manche Entscheidungen treffen, für die die Franzosen zunächst ihre Vorgesetzten fragen müssen. Es ist wichtig zu wissen, dass der Wille auf beiden Seite da ist, dass der Entscheidungsprozess aufgrund des unterschiedlichen Verwaltungsaufbaus aber nicht gleich ist.

4. Schluss

Zur Beantwortung der Fragestellung, ob durch das Aufeinandertreffen der kulturellen Merkmale deutscher und französischer Verwaltungen in der grenzüberschreitenden Zusammenarbeit eine eigene grenzüberschreitende Verwaltungskultur entsteht, wurden in der Arbeit zunächst die Elemente einer möglichen grenzüberschreitenden Verwaltungskultur herausgearbeitet: Eine gemeinsame Kultur, bzw. ähnliche oder gleiche Kulturstandards innerhalb einer Verwaltung, die sich in einer Grenzregion befindet, die ihren Ursprung aber in zwei oder mehr Ländern hat. Gemeinsame institutionelle und/oder juristische Rahmen verfestigen diese grenzüberschreitende Verwaltungskultur.

Die Untersuchung der grenzüberschreitenden deutsch-französischen Zusammenarbeit der Polizei zwischen Kehl und Straßburg brachte viele interessante Erkenntnisse. Zum einen wurde festgestellt, dass sich durch die grenzüberschreitende Zusammenarbeit zwischen Kehl und Straßburg die deutsche und die französische Polizei sehr angenähert haben, so dass man sagen kann, dass sie einander in vielen Aspekten ähnlich sind. Aber es bestehen auch immer noch viele Unterschiede – Unterschiede, die die Zusammenarbeit aber nicht bedeutend erschweren. Zum anderen wurde aufgezeigt, dass es innerhalb deutsch-französischer Polizeieinrichtungen wie dem Gemeinsamen Zentrum der deutsch-französischen Polizei- und Zollzusammenarbeit und der deutsch-französischen Wasserschutzpolizeistation von Kehl sowohl eine gemeinsame Kultur mit gemeinsamen Kulturstandards gibt als auch, dass diese Verwaltungen durch einen neuen institutionellen Rahmen und im Fall der Wasserschutzpolizei durch einen neuen juristischen Rahmen verfestigt wurden. Diese Einrichtungen befinden sich außerdem in einer Grenzregion, und die Verwaltungen haben ihren Ursprung in zwei unterschiedlichen Ländern.

Die Ergebnisse der durchgeführten Experteninterviews von französischen und deutschen Polizeibeamten wurden außerdem mit Ergebnissen einer Studie über grenzüberschreitende Verwaltungskultur am Oberrhein verglichen. Es zeigte sich, dass sich die deutsche und französische Polizeiverwaltung teilweise stark von den vielen weiteren in der Studie untersuchten Verwaltungen unterscheiden. Somit wurde klar, dass es am Oberrhein nicht nur eine grenzüberschreitende Verwaltungskultur gibt, sondern dass es sich um mehrere grenzüberschreitende Verwaltungskulturen handelt.

Wenn man die Arbeit zusammenfasst, stellt man also fest, dass durch das Aufeinandertreffen der kulturellen Merkmale deutscher und französischer Verwaltungen in der grenzüberschreitenden Zusammenarbeit eine eigene grenzüberschreitende Verwaltungskultur entstehen kann. Im Bereich der grenzüberschreitenden Zusammenarbeit der deutschen und französischen Polizei zwischen Kehl und Straßburg ist das insbesondere bei den deutsch-französischen polizeilichen Einrichtungen für die grenzüberschreitende Zusammenarbeit anzunehmen: dem Gemeinsamen Zentrum der deutsch-französischen Polizei- und Zollzusammenarbeit sowie der deutsch-französischen Wasserschutzpolizeistation in Kehl.

Literatur

BECKER-BECK, U./BECK, D. (2014): Kultur der grenzüberschreitenden Zusammenarbeit am Oberrhein. Ergebnisse einer Befragung von 132 Akteuren der grenzüberschreitenden Zusammenarbeit im November 2011 (in diesem Band)

HOFSTEDE, G. (1997): Lokales Denken, globales Handeln-Kulturen, Zusammenarbeit und Management. München, Deutscher Taschenbuch Verlag

THOMAS, A. (2005): Grundlagen der interkulturellen Psychologie, Nordhausen

WILLEMER, T. (2003): Verwaltungskulturen: Inwieweit prägt das kulturelle Umfeld politisch-administrative Konzepte? Dargestellt anhand eines Vergleiches der politisch-administrativen Kultur in Dänemark und Deutschland. Hamburg, Lit Verlag

La dimension interculturelle dans la prise de décision en groupe
Le cas d'une équipe de projet transfrontalier franco-allemand

Hannah Wunram

Sommaire

1. Introduction 109
2. Perception de la diversité dans le groupe de projet 111
3. Vécu de la diversité en situation de prise de décision 113
4. L'Euro-Institut: un facilitateur pour le projet? 115
5. Conclusion 118
   Bibliographie 118

1. Introduction

Contrairement à des coopérations internationales entre des pays non-voisins, la coopération transfrontalière se situe dans un contexte influencé par un contact direct au niveau géographique entre les pays coopérants, facilitant la rencontre de leurs habitants et nécessitant pour des raisons pratiques une collaboration au quotidien. C'est pourquoi beaucoup d'acteurs de la coopération transfrontalière pensent connaître suffisamment les personnes vivant de l'autre côté de la frontière pour mener un projet avec elles sans difficulté majeure. Dans de nombreux projets transfrontaliers, par contre, les problèmes, qui ont souvent des origines dans les différences entre les cultures nationales impliquées, apparaissent quand même à la surprise des partenaires, qui n'arrivent souvent pas à en identifier la cause. D'où l'importance de se poser la question de savoir quelle influence le facteur interculturel peut avoir dans la coopération transfrontalière. C'était l'objectif global de mon mémoire de master en communication internationale de répondre à cette question par une étude de cas dont une partie des résultats seront présentés dans cet article.

L'objet de cette étude de cas était un groupe de chercheurs de la France et de l'Allemagne qui ont monté ensemble le projet nutrhi.net. Porté par l'Université de Strasbourg et financé en partie par le fonds INTERREG, ce projet a été lancé en début de 2009 et clôturé en fin juin 2012. Il s'agit d'un «réseau transfrontalier de nutrition» (http://www.interreg-rhin-sup.eu/priorite-a,10200,fr.html, INTERREG, A4 Réseau transfrontalier de nutrition – Nutrhi.net, consulté le 08/10/2012) dans la région du Rhin Supérieur, constitué de chercheurs des universités de Strasbourg et de Karlsruhe ainsi que d'autres institutions de recherche des deux côtés du Rhin.[1] L'équipe nutrhi.net a eu recours à un suivi de leur projet par l'Euro-Institut. Ce suivi a pris la forme d'un séminaire interculturel au début du projet et un «coaching de processus de travail» (http://www.euroinstitut.org/wFranzoesisch/aktuelles/meldungen/99-1-Nutrhinet.php?navanchor=2110001, Euro-Institut, En bonne santé grâce aux fruits et légumes régionaux – projet INTERREG pour la recherche franco-allemande nutrhi.net, consulté le 07/10/2012) pendant la dernière année du projet au cours de laquelle le groupe a préparé un symposium destiné à la présentation et la communication des résultats de leur travail sur l'apport des fruits et légumes locaux à la santé.

L'objectif de ma recherche était d'étudier dans un premier temps quelle importance les membres du groupe accordent à la dimension interculturelle (définie pour cette étude comme l'effet de la rencontre de cultures nationales différentes) parmi d'autres formes de diversité dans leur équipe (chapitre 1). Dans un second temps, l'objectif était de montrer comment la diversité culturelle influence la pratique de prise de décision dans l'équipe (chapitre 2). Par la suite, l'étude a cherché à déceler si l'accompagnement du projet par l'Euro-Institut a eu un effet facilitateur sur la collaboration au sein du groupe de travail (chapitre 3).

N'ayant, pour des raisons pratiques, pas eu la possibilité d'effectuer des observations directes de manière scientifique et systématique pendant le processus de travail du groupe, l'étude s'appuie uniquement sur une évaluation rétrospective de la coopération au sein du groupe donnée par les membres de l'équipe après la fin du projet. Cela veut dire que les résultats peuvent présenter un biais en plus de celui de mon interprétation: les situations décrites par les membres du groupe passent par le filtre de leur perception individuelle qui est bien sûr très subjective.

Concernant la méthode de collecte de données, j'ai d'abord fait passer aux membres de l'équipe un questionnaire anonyme dont le but était d'obtenir une première idée de l'ensemble des points de vue et des opinions qui existent dans le groupe par rapport à sa collaboration ainsi que de récolter des informations sur les personnes dans le groupe (par exemple leur expérience intercultu-

---

[1] A Karlsruhe le Max Rubner Institut et à Strasbourg le Centre National de la Recherche Scientifique (CNRS), l'Institut National de la Santé et de la Recherche Médicale (INSERM), ainsi que l'Aérial (Centre de Ressources Technologique et Institut Technique Agro-Industriel).

relle) qui étaient importantes pour mieux comprendre les enjeux du groupe. Ce questionnaire a été rempli par 9 membres du groupe sur 15.

Dans un second temps, sur la base des résultats du questionnaire, j'ai effectué des entretiens avec 4 membres du groupe, incluant le coordinateur français du projet ainsi que le coordinateur adjoint allemand. La collaboratrice française de l'Euro-Institut ayant suivi le projet a également été interviewée pour comparer les discours des personnes impliquées dans le projet avec un point de vue supposé plus neutre afin de vérifier si le «coach» expérimenté perçoit différemment certaines choses, vues de l'extérieur. Les entretiens ont été conçus et menés selon la méthode semi-directive (Berthier Nicole 2006, p.75 et traités en utilisant la méthode d'analyse interprétative de contenu selon Meuser et Nagel (http://www.ipw.ovgu.de/inisoz_media/downloads/reim_narratives_interview_und_biographieanalyse/meuser_nagel_experteninterviews.pdf, MEUSER Michael, NAGEL Ulrike, ExpertInneninterviews – vielfach erprobt, wenig bedacht, consulté le 25/11/2012).

Quant à mon rôle d'enquêteur, le fait que je sois bilingue m'a permis de réaliser le questionnaire ainsi que les entretiens en français et allemand et de m'adapter ainsi à la langue de chaque interviewé. Malgré ce facteur qui assure l'équilibre dans la démarche de l'enquête, je suis toujours influencée par ma propre culture, ce qui peut avoir un impact notamment sur la sélection de l'information des données et sur leur interprétation. Consciente de cet effet, j'ai essayé de traiter les données le plus objectivement possible.

2. Perception de la diversité dans le groupe de projet

La diversité d'un groupe de travail peut apparaître à travers des dimensions multiples. Ce chapitre montrera comment les chercheurs du groupe nutrhi.net perçoivent les différentes dimensions de la diversité dans leur équipe. Une de ces dimensions est la culture des membres de l'équipe liée à leur origine. Dans le cas de ce groupe de projet, le pays de travail des personnes correspond à une exception près à leur pays d'origine. C'est pour cela que, dans le cadre de cette étude, toutes les personnes travaillant à Strasbourg sont supposées appartenir à la culture nationale française et celles qui travaillent à Karlsruhe à la culture allemande.[2] Cependant, vu que les sociétés d'aujourd'hui sont de plus en plus multiculturelles, il faut de manière générale éviter des conclusions qui mènent à un rattachement précipité d'une personne à une culture.

---

[2] Le fait qu'une personne du groupe est d'origine étrangère a été considéré négligeable pour cette étude, la personne ne fait pas partie des chercheurs interrogés en entretien.

Les autres facteurs de diversité du groupe de projet étudiés sont la diversité des disciplines des chercheurs, la différence de générations et la diversité liée aux sexes ainsi qu'aux positions hiérarchiques. Contrairement à mon attente, les résultats du questionnaire révèlent que les chercheurs interrogés n'ont pas estimé que la dimension interculturelle ait eu le plus d'importance dans leur collaboration. C'est plutôt le facteur des différents statuts hiérarchiques qui occupe la première place des éléments déterminants de la collaboration, suivi par la dimension interculturelle et l'interdisciplinarité. Les facteurs de l'âge et du sexe ont été jugés moins importants pour la collaboration dans l'équipe. Il est d'ailleurs intéressant de noter que pour l'agent de l'Euro-Institut, au contraire, le facteur du sexe combiné au facteur interculturel a joué un rôle fondamental dans la coopération du groupe.

Quant aux discours tenus dans les entretiens par rapport aux différentes dimensions de diversité dans l'équipe nutrhi.net, cet article se limitera à aborder le facteur des différentes positions hiérarchiques et de la diversité au niveau culturel.

Les résultats des entretiens confirment que les positions hiérarchiques ont joué un rôle important dans la prise de décision au sein du groupe, notamment dans la mesure où il peut y avoir des divergences entre les personnes de différents niveaux hiérarchiques et que certains chercheurs de l'équipe jouissaient d'une reconnaissance particulière. Les positions hiérarchiques officielles du projet étant clairement définies, les interviewés étaient en revanche beaucoup moins unanimes pour identifier sur quoi se basait la structure hiérarchique informelle du groupe, et à quel point celle-ci était clairement établie avec différents pouvoirs décisionnels. Sur ce point, il faut noter que certains résultats suggèrent que la perception de la structure hiérarchique et de ses positions n'est pas la même dans les sous-groupes français et allemand.

En ce qui concerne la dimension interculturelle, elle a occupé une place très variée dans les discours des chercheurs interrogés. Pour prendre deux exemples contraires: une personne a répondu à ma demande qu'à son avis, la collaboration dans l'équipe nutrhi.net ne se distinguait pas de celle d'un groupe composé de personnes originaires d'un seul pays.[3] Pour cette personne, la dimension interculturelle n'avait donc aucun impact sur le groupe. En revanche, dans le discours tenu par un autre interviewé, la diversité culturelle était le thème le plus important.[4]

Deux interviewés ont parlé de la particularité d'un groupe binational: un chercheur allemand avait déjà auparavant participé à un projet européen impli-

---

[3] *Cf.* entretien n° 3, représentante allemande du groupe.
[4] *Cf.* entretien n° 4, coordinateur adjoint allemand.

quant un plus grand nombre de pays. Il a constaté que le «facteur de dilution culturelle», donné dans cet autre projet par la présence de partenaires d'autres pays à part la France, n'était plus là dans le projet nutrhi.net: «Beaucoup d'impressions [du travail avec les Français] que j'avais eues à un moindre degré lors du grand projet de l'UE sont revenues de manière renforcée au début du projet nutrhi.net».[5] Dans le groupe nutrhi.net, le facteur interculturel avec ses effets est donc apparu dans un format concentré sur deux cultures dont les traits différents prenaient alors plus de poids. Un autre interviewé a également mentionné le fait que le projet nutrhi.net ne comptait, contrairement à d'autres projets de recherche, «que deux aspects. On avait que deux nations, donc deux cultures, deux façons de penser un peu différentes».[6] Pour lui, en revanche, un projet avec deux pays impliqués serait, semble-t-il, plus facile à gérer qu'un projet avec un nombre plus élevé de nationalités.

3. Vécu de la diversité en situation de prise de décision

La diversité du groupe de projet nutrhi.net se manifeste à plusieurs niveaux de la collaboration entre ses membres. L'étude présentée dans cet article se concentre sur l'impact de la diversité culturelle sur la pratique de la prise de décision dans l'équipe incluant le style de prise de décision. Ce dernier est culturellement influencé par le style de leadership pratiqué dans un pays donné, si on s'intéresse à la marge de manœuvre que le chef du groupe laisse à ses subalternes pour participer à la prise de décision. Ainsi, le style de leadership peut être plutôt participatif ou au contraire plutôt autoritaire. L'impact culturel a pour conséquence qu'un style de leadership peut très bien fonctionner dans une culture et pas du tout dans une autre. En effet, les subalternes ont selon la norme de leur culture concernant les relations hiérarchiques, des attentes particulières quant au degré de leur participation à la prise de décision. Ils s'identifient d'autant plus avec le groupe et ses objectifs et sont d'autant plus satisfaits, que le style de leadership correspond à leurs attentes (cf. Thomas 1996, p. 42; Pateau 1998, p. 32).

Dans le questionnaire comme dans les entretiens, les membres de l'équipe nutrhi.net indiquent que le style de leadership du coordinateur de projet était très participatif: les décisions auraient été prises majoritairement par consensus. Selon le questionnaire, ce style de décision était habituel pour tous les sondés (Français et Allemands), on peut donc supposer qu'ils s'attendaient à ce

---

[5] Entretien n°4, coordinateur adjoint allemand, *op. cit.*, ma traduction.
[6] Entretien n°1, coordinateur français.

que ce style de prise de décision soit appliqué au sein du groupe. Ce résultat est étonnant vu plusieurs études comparatives selon lesquelles les Français ne manifesteraient que peu d'intérêt pour une décision que le supérieur et les subalternes prennent ensemble, tandis que les Allemands auraient une préférence pour une prise de décision par consensus (Pateau 1998, pp. 30–31).

Tous les chercheurs interviewés étaient très satisfaits du mode consensuel de la prise de décision qui a été qualifié de procédure «très amicale».[7] En revanche, certains propos des interviewés font penser que le groupe a poussé le consensus même trop loin. Tous les chercheurs questionnés ont évoqué des discussions souvent très longues avant d'arriver à une décision. Dans certaines situations où le groupe n'a pas réussi à trouver un consensus, la décision n'a finalement pas été prise du tout. Une plainte exprimée par plusieurs chercheurs allemands est que les décisions qu'ils pensaient prises, étaient très souvent remises en question ultérieurement, puis rediscutées. Les chercheurs français interrogés ont perçu ce phénomène comme beaucoup moins important[8] voire même inexistant dans le groupe.[9] Cela pourrait signifier que pour eux, les décisions prises avaient un statut moins définitif que pour leurs collègues allemands.[10] Le fait de ne pas avoir une alternative au consensus bien qu'il ne soit pas adapté à chaque décision à prendre, pourrait être dû à une crainte de menacer le partenariat franco-allemand en négligeant le point de vue du partenaire.

Ces résultats montrent donc que la diversité culturelle du groupe ne s'est pas manifestée au niveau de la préférence du style de prise de décision. Pourtant, elle a tout de même eu des effets sur la manière de pratiquer le consensus et d'arriver finalement à une décision. Ainsi, la collaboratrice de l'Euro-Institut a témoigné avoir observé une pratique particulière de consensus dans le groupe, à savoir un «consensus franco-allemand» en deux étapes dans lequel les membres français et les membres allemands du groupe se concertaient et se mettaient d'accord entre eux avant que la discussion ne «traverse la frontière» pour trouver un accord entre les deux côtés. Elle donne comme raison que «ça va plus vite, et je pense aussi que ils retrouvent entre eux des fonctionnements culturels qu'ils connaissent pour se mettre d'accord, ils connaissent entre eux les hiérarchies et les pondérations».[11]

Un autre exemple d'une différence culturelle dans la façon d'arriver à une décision montre que les critères pour attribuer la responsabilité d'une tâche à

---

[7] Cf. Entretien n°1, coordinateur français, op. cit.
[8] Cf. Entretien n°2, représentante française du groupe, op. cit.
[9] Cf. Entretien n°1, coordinateur français, op. cit.
[10] Cf. Entretien n°4, coordinateur adjoint allemand, op. cit.
[11] Cf. Entretien n°5, coopératrice de l'Euro-Institut, op. cit.

une personne particulière peuvent ne pas être les mêmes. D'après le témoignage d'un interviewé allemand, un des objectifs au début du projet était de créer un site internet qui puisse être rapidement mis en ligne. La désignation d'une personne pour cette tâche a été faite «en respectant la structure». Ainsi, la tâche a été attribuée à une personne «qui se sentait responsable». Ce membre de l'équipe était cependant, selon l'interviewé, incapable d'atteindre l'objectif d'une mise en ligne rapide. «Et malgré le fait que cela était évident, il était très, très difficile, et même un peu douloureux de détacher cette personne de cette tâche».[12] Grâce au séminaire interculturel à l'Euro-Institut, le chercheur a pu identifier cette situation comme étant un problème interculturel dans la mesure où, dans la culture allemande, la définition des compétences nécessaires à la réalisation d'une tâche particulière précède la désignation de la personne qui présente toutes les compétences pour réaliser la tâche au mieux. Les Français, au contraire, ont tendance à choisir une personne en prenant en compte sa position dans la hiérarchie plus que ses compétences directement liées à la tâche. Quant au projet nutrhi.net, l'interviewé témoigne avoir finalement pu convaincre le coordinateur de remplacer la personne initialement choisie.[13]

4. L'Euro-Institut: un facilitateur pour le projet?

Au début de leur projet, le groupe nutrhi.net a suivi un séminaire interculturel à l'Euro-Institut qui a eu, selon les chercheurs, un effet très positif sur leur coopération. Vers la fin du projet, ils ont fait appel à l'Euro-Institut une nouvelle fois pour les aider à préparer le symposium. C'est le rôle de L'Euro-Institut dans cette période du projet qui sera l'objet de ce chapitre.

Il s'avère que la demande posée à l'agent de l'Euro-Institut pour son intervention n'était pas très claire, car derrière la demande explicite limitée à l'organisation du symposium se cachait apparemment une autre demande implicite qui était un coaching de groupe, faisant que rapidement, la coopératrice de l'Euro-Institut a animé l'intégralité des réunions. La raison de cette demande était selon elle qu' «il n'y avait plus de communication possible à l'intérieur du groupe. C'était très net, puisqu'ils m'avaient laissé le fauteuil du président de réunion».[14] Manifestement, le groupe se trouvait dans une situation qui ren-

---

[12] Cf. Entretien n°4, coordinateur adjoint allemand, op. cit., ma traduction.
[13] Cf. Ibid.
[14] Cf. Entretien n°5, coopératrice de l'Euro-Institut, op. cit.

dait impossible la collaboration sans un médiateur externe qui puisse «relancer une dynamique de travail»[15] et assurer ainsi l'atteinte des objectifs du groupe.

Les résultats du questionnaire ainsi que des entretiens montrent que tous les interviewés ont beaucoup apprécié l'intervention de l'agent de l'Euro-Institut. Quant à leur perception son rôle, il peut être divisé en deux thèmes: le rôle dans la gestion du projet (c'est-à-dire la préparation du symposium) d'un côté, et dans la gestion du groupe de travail de l'autre côté. C'est son aide à la préparation du symposium que la majorité des interviewés évoque en premier lieu. Le coordinateur du projet précise que c'était important pour ce projet transfrontalier d'avoir une aide à l'organisation qui soit neutre, c'est-à-dire «ni français, ni allemand».[16]

Un autre interviewé précise que pour l'organisation du symposium, c'était «rassurant» d'avoir quelqu'un qui ait de l'expérience dans l'organisation de grands événements comme celui-ci et qui connaisse en plus les deux cultures (française et allemande) du public visé, autant du côté des participants que du côté des intervenants extérieurs. Comme illustration, elle donne l'exemple de l'animateur de la table ronde du qui avait contacté par téléphone les participants prévus, quand la collaboratrice de l'Euro-Institut lui a expliqué que pour les participants allemands, il serait très important de recevoir une confirmation par écrit qui précise ce qu'on attend d'eux pour la table ronde ainsi que d'autres informations pratiques.[17]

Un deuxième aspect du rôle de l'agent de l'Euro-Institut évoqué par les interviewés correspond à la demande plus implicite du groupe et consistait à animer les réunions et à faciliter les processus de travail de l'équipe. Ainsi, l'agent de l'Euro-Institut a également joué un rôle facilitateur dans la prise de décision du groupe. Les deux interviewés allemands ont évoqué sa régulation des échanges durant les réunions: en rendant les discussions plus «constructives» et «orientées vers l'objectif», elle aurait aidé à «aboutir à une décision, à quelque chose de tangible».[18] Néanmoins, elle aurait veillé également à ce que tout le monde ait la possibilité d'exprimer son avis et ait à peu près le même temps de parole à sa disposition.[19] Cependant, le fait que les entretiens font malgré tout état de discussions parfois trop longues et de la reprise fréquente de décisions, indique que l'agent de l'Euro-Institut aurait pu intervenir encore davantage pour orienter et limiter les débats, et rappeler quelles décisions avaient été prises, afin que tous les membres du groupe en soient conscients.

---

[15] Cf. Ibid.
[16] Cf. Entretien n°1, coordinateur français, op. cit.
[17] Cf. Entretien n°2, représentante française du groupe, op. cit.
[18] Cf. Entretien n°4, coordinateur adjoint allemand, op. cit., ma traduction.
[19] Cf. Entretien n°3, représentante allemande du groupe, op. cit.

Compte tenu du fait que l'agent de l'Euro-Institut a participé à la conduite du groupe et qu'elle a repris une partie des tâches du coordinateur, on peut se demander quel était son impact sur la hiérarchie dans le groupe. Elle-même a vécu la situation comme assez délicate et suppose que son intervention n'était pas facile pour le coordinateur du projet. Elle a donc pris certaines mesures pour éviter de donner l'impression de prendre sa place par exemple en s'assurant que ce soit toujours le coordinateur qui ouvre les réunions.[20] Selon la perception d'une des personnes interrogées, elle avait un rôle «très complémentaire» de celui du coordinateur, car elle proposait différentes alternatives pour la décision, c'était ensuite au groupe de prendre la décision, et le coordinateur veillait à ce que la décision prise soit mise en œuvre.[21]

En ce qui concerne le rôle de l'agent de l'Euro-Institut en tant que facilitatrice de la coopération dans le groupe de projet, une des dimensions est restée largement inaperçue: seul un des interviewés a mentionné dans son entretien l'aspect interculturel de l'animation des réunions. Pour l'agent de l'Euro-Institut, son intervention impliquait clairement une dimension interculturelle et en plus de cela la gestion de diversité au sens large: selon elle, sa présence a permis «d'atténuer un peu les frottements qui peuvent apparaitre du fait de la diversité justement. Et la diversité, encore une fois, elle est multiple».[22] Cette tâche demande une conscience des différentes dimensions de diversité et a consisté par exemple à veiller que chaque catégorie de personnes soit impliquée à part égale, indépendamment de la position hiérarchique dans le groupe. Par rapport à son rôle en tant que médiatrice neutre entre les deux cultures, l'agent de l'Euro-Institut a précisé que malgré sa bonne connaissance et son expérience des cultures allemande et française et des enjeux interculturels, elle ne peut pas être considérée comme complètement neutre. En effet, elle a expliqué qu'«on comprend [...] beaucoup plus vite [les codes] chez ceux qui sont de même culture que soi-même», car on est toujours culturellement marqué.[23] Pour elle, c'était donc plus facile d'identifier les enjeux culturels du côté français du groupe nutrhi.net.

---

[20] Cf. Entretien n°5, coopératrice de l'Euro-Institut, op. cit.
[21] Cf. Entretien n°2, représentante française du groupe, op. cit.
[22] Cf. Entretien n°5, coopératrice de l'Euro-Institut, op. cit.
[23] Cf. Ibid.

5. Conclusion

En somme, ce travail donne un aperçu du fonctionnement d'un groupe de chercheurs binational et biculturel dans le processus de prise de décision. Il montre également, comment le groupe lui-même perçoit sa diversité et comment il perçoit l'intervention du formateur et coach interculturel dans le projet.

L'étude met entre autres en évidence que la collaboration dans un groupe binational peut être non seulement marquée par sa dimension interculturelle, mais également par d'autres facteurs de diversité dont l'effet peut paraître même plus important aux membres du groupe. D'autres résultats de l'étude, qui n'étaient pas inclus dans cet article, suggèrent également une interaction entre le facteur interculturel avec d'autres dimensions de diversité.

Le point commun de tous les facteurs de diversité est d'un côté leur effet positif sur le groupe de travail en lui donnant une plus grande ouverture sur un sujet grâce à la multitude de points de vue et d'expériences présents. De l'autre côté, les facteurs de diversité posent un défi: celui de gérer le potentiel de conflit résultant de ces points de vue différents qui sont accompagnés par d'autres différences comme les attitudes, le comportement etc. L'étude met en évidence ces deux facettes dans la pratique de prise de décision dans l'équipe transfrontalière nutrhi.net. L'objectif de gestion de la diversité dans un groupe de travail doit donc être d'éviter tout conflit qui n'est pas constructif pour l'équipe et d'utiliser consciemment la diversité au sein du à son avantage.

Bibliographie

BERTHIER N. (2006), Les techniques d'enquêtes en sciences sociales: méthodes et exercices corrigés, Ed. Colin, Paris

PATEAU J. (1998), Une étrange alchimie: la dimension interculturelle dans la coopération franco-allemande, Ed. CIRAC, Levallois-Perret

THOMAS A. (1996), Aspekte interkulturellen Führungsverhaltens, in Bergmann N./Sourisseaux A. (ed.) Interkulturelles Management, Ed. Physica-Verl., Heidelberg, pp. 35–58

EURO-INSTITUT, En bonne santé grâce aux fruits et légumes régionaux – projet INTERREG pour la recherche franco-allemande nutrhi.net, http://www.euroinstitut.org/wFranzoesisch/aktuelles/meldungen/99-1Nutrhinet.php?navanchor=2110001, consulté le 07/10/2012

MEUSER M./NAGEL U., ExpertInneninterviews – vielfach erprobt, wenig bedacht, http://www.ipw.ovgu.de/inisoz_media/downloads/reim_narratives_interview_und_biographieanalyse/meuser_nagel_experteninterviews.pdf, consulté le 25/11/2012

INTERREG, A4 Réseau transfrontalier de nutrition – Nutrhi.net, http://www.interreg-rhin-sup.eu/priorite-a,10200,fr.html, consulté le 08/10/2012

Praktikerberichte / Témoignages

La coopération transfrontalière fait-elle émerger une culture administrative transnationale spécifique?

Gérard Traband †

Comment cette «culture» élaborée durant les trente dernières années peut-elle exister à l'intersection de deux cultures caractérisées par une langue, des institutions, une mémoire et des représentations qui sont le produit de nombreux siècles d'histoire? De plus comment peut-elle se développer, alors qu'elle est directement dépendante de deux sphères politiques très différentes: l'une centralisée, l'autre fédérale? Mon témoignage sera celui d'un élu français, c'est-à-dire d'un non professionnel qui agit à côté de son métier. J'ai ainsi fait partie d'un certain nombre d'instances transfrontalières entre 1998 et 2004: conseil rhénan et eurodistrict Pamina. Le président Zeller m'avait confié en plus la mission de représenter la Région Alsace dans le comité d'organisation des 7ème et 8ème Congrès Tripartite. J'ai ensuite présidé le comité de suivi «Rencontre du Rhin supérieur» dans le cadre du programme «People to People» d'interreg III. Tout en étant dans la sphère politique, j'étais donc au contact des fonctionnaires qui sont les acteurs de cette éventuelle culture transnationale.

Pour accéder à cette dimension transnationale, il faut tout d'abord maîtriser la langue du partenaire. J'étais, à ce sujet, dans une situation inconfortable. Si j'en avais une bonne compréhension, j'avais de grandes difficultés pour accéder au niveau de langue utilisé. Mes collaborateurs s'y sentaient très à l'aise. Petit à petit je me suis rendu compte que nos interlocuteurs allemands et suisses soit parlaient le français, soit en avait une bonne compréhension ce qui permettait à chacun de parler dans sa langue. Cette facilité de passer d'une langue à l'autre, de mener une réunion en plusieurs langues était très stimulante. J'appris ainsi à mieux connaître ce groupe. Ils avaient tous le rang de directeurs ou de chargés de mission. Ils se connaissaient tous, certains de longue date. D'ailleurs pendant les 6 années de mon mandat, je travaillais toujours avec le même groupe que je rencontrais aussi au Conseil Rhénan et pour certains d'entre eux à Pamina. C'était comme un club de personnes pour qui la coopération transfrontalière était quelque chose qui leur tenait personnellement à cœur, au moins pour la majorité d'entre eux. Ce n'était pas une tâche comme une autre, ils la vivaient comme un enrichissement.

Quelle différence avec le monde politique régional qui était sur ce sujet assez divisé! Un certain nombre d'évènements marquèrent le début de cette période. Tout d'abord la création, en 1998, du Conseil Rhénan qui ne faisait pas bondir de joie le préfet. Le président Zeller y tenait particulièrement pour nouer des alliances avec les collègues allemands et suisses afin de contourner le représentant de l'Etat qui voulait régner en maître au sein de la Conférence du Rhin supérieur. D'ailleurs au moment des accords de Bâle en 2000 qui marquaient le 25ème anniversaire des accords de Bonn, le préfet a tu à ses partenaires allemands et suisses la loi qui rendait possible la participation des collectivités territoriales françaises à cet accord. Mais les dissensions existaient aussi à l'intérieur du groupe majoritaire au Conseil régional. Elles apparaîtront clairement, en 1999, lors des débats sur la Charte européenne des langues régionales ou minoritaires du Conseil de l'Europe. Dans un livre pamphlet «Main basse sur ma langue», Robert Grosmann traite de «nostalgique du Reichsland» tous ceux qui veulent promouvoir la langue allemande en Alsace. Contre toute évidence, il nie le lien qui relie cette langue au dialecte alsacien. C'est au point où le journal «Le Monde» titre «Le bilinguisme alsacien serait-il le cheval de Troie du pangermanisme?». Le débat est très mouvementé. Un nombre significatif d'élus du groupe majoritaire se posait la question à propos des Allemands et des Suisses: «Pourquoi devrions-nous nous adapter à eux et pas eux à nous?»

Je trouvais auprès des fonctionnaires chargés des dossiers transfrontaliers une toute autre approche. Ils étaient capables de sortir de leur propre culture, de leur propre représentation pour aller à la rencontre de celle de leurs partenaires. Je prendrai pour exemple le titre donné au 8ème congrès tripartite:» Bürger sein am Oberrhein, Etre citoyen dans le Rhin Supérieur». Ni le président Zeller ni moi-même n'avions vu malice à ce titre adopté à la fin du 7ème congrès. Après une présentation au Conseil Régional, un collègue intervient vigoureusement suivi par d'autres comme quoi:» Bürger ne pouvait être traduit par citoyen car s'il existait une citoyenneté française, il n'existait pas de citoyenneté du Rhin supérieur.» La confusion était totale entre la notion juridique de citoyenneté liée à une entité politique et une attitude responsable vis-à-vis d'un espace donné. Devant l'ampleur de l'émotion l'intitulé fut modifié:» Bürger sein am Oberrhein, vivre ensemble dans le Rhin supérieur». Nos partenaires allemands et suisses n'ont fait aucune difficulté pour accepter le compromis. Ils ont bien compris que la notion de citoyen en français correspondait chez eux à Staatsbürger. Nous nous retrouvions dans les difficultés provoquées par une traduction trop littérale et par la nature très différente des états: centralisée en France, fédérale en Allemagne et en Suisse.

Cet épisode montre bien la dépendance de la sphère administrative face à la sphère politique. Chaque fonctionnaire agissait dans le cadre de son administration d'origine et du mandat qui lui a été donné. Mes collaborateurs étaient très attentifs aux contraintes dans lesquelles agissaient nos partenaires, des contraintes dues à l'organisation de leur système administratif, à la personnalité de leur supérieur ou au contexte politique. Cette connaissance permettait de mieux comprendre par exemple les différences de réaction entre la Rhénanie-Palatinat et le Bade-Wurtemberg. La compétence pour les relations transfrontalières était pour la première à la chancellerie à Mayence alors que pour la seconde, elle était localisée à Fribourg-en-Brisgau ce qui nécessitait des consultations quelquefois longues avec Stuttgart. Ma présence au Conseil rhénan me permettait de découvrir les élus et le contexte politique dans lequel les techniciens que nous avions en face de nous travaillaient.

Cette capacité à respecter des modes de fonctionnement différents pour traiter un même problème, ils l'avaient appris sur le tas. Rares étaient ceux qui avaient reçu une formation pour travailler dans un contexte interculturel. La directrice de l'Euro-institut était, je pense, la seule exception. J'ai été moi-même surpris par les différences de codes et de normes implicites qui modèlent des choses très banales comme celles de mener des réunions, de rédiger une note ou de faire un discours. Je me souviens d'une réunion de «Vis-à-vis», association transfrontalière de promotion du tourisme dans l'espace Pamina. Les partenaires allemands étaient venus à la réunion avec un projet tout ficelé alors que nous, du côté français, nous voulions d'abord nous mettre d'accord sur les grands principes. Le maire de Wissembourg avait mal pris la chose trouvant que les partenaires voulaient nous forcer la main alors que nous apparaissions comme des gens n'ayant pas préparé la réunion. Ce genre de situation qui peut dégénérer n'arrivait pas avec les techniciens chargés des dossiers transfrontaliers, prévenus qu'ils étaient de ces différences de pratiques.

Petit à petit j'acceptais que le domaine des relations transfrontalières soit le royaume de la complexité et qu'il puisse difficilement en être autrement. La bonne volonté partagée ne peut gommer un long processus d'élaboration du système administratif et institutionnel, des schémas de représentations, des structures de l'imaginaire qui caractérisent chacun des partenaires d'une démarche transfrontalière. C'est pourquoi celle-ci est plus à l'aise dans la formulation de grands principes que dans les réalisations concrètes. Un des pionniers des relations transfrontalières me disait un jour: «plus le projet est concret, plus la difficulté est grande.» Pour m'en convaincre il me citait le cas de l'échec de la création côté français d'une école maternelle transfrontalière à Scheibenhardt, une commune de l'espace Pamina. Le projet n'avait pas pu se faire surtout faute de moyens financiers. Mais il me disait: «rendez vous compte, les parents allemands, pour téléphoner à l'école, située à peu de distance de la frontière, aurait dû payer le tarif international, les périodes de congés ne correspondaient pas des deux côtés de la frontière, sans parler des différences dans la conception même des apprentissages.» Malgré ces difficultés les réalisations concrètes ne manquent pas mais elles se font dans un contexte bien plus compliqué qu'à l'intérieur d'un même pays. J'en veux pour preuve encore récemment la mise en place de LOGAR, un outil commun de gestion de la nappe phréatique ou de l'opération «Offensive sciences» qui mobilise 36 consortiums scientifiques. A travers ces deux actions on voit bien ce qu'apporte la coopération transfrontalière. Elle permet de faire face à des défis communs: protéger la nappe phréatique, augmenter notre capacité d'innovation.

Une autre réalisation démontre la plus-value de la coopération transfrontalière par sa capacité à construire des entités juridiques en choisissant dans le droit des trois pays. J'en veux pour exemple l'association porteuse du «Pass-musées». Cette initiative politique nécessita un travail de deux années, ce qui n'est pas rare pour un projet transfrontalier. L'objectif était de faciliter les échanges de publics entre 80 musées du Rhin supérieur grâce à une carte de réduction. Cette opération devait à terme s'autofinancer. La question était de savoir quel droit utiliser pour monter l'association. Après bien des consultations, le droit suisse a été choisi pour sa rigueur et sa souplesse. En effet une association suisse n'a pas le droit de faire de déficit deux années de suite. A côté de cette rigueur rassurante, la rédaction des statuts était d'une grande souplesse qui permettait d'introduire les articles nécessaires au vu du droit des associations allemand et français. Ce mécano juridique, pas toujours possible cependant, illustre bien cette capacité des techniciens du transfrontalier à repérer les avantages dans les différents systèmes pour faire aboutir le projet.

Evoluant dans un système non hiérarchique, la recherche du compromis est une obligation puisqu'il faut que toutes les décisions soient prises de manière unanime. Cette recherche du compromis à tout prix peut avoir des résultats discutables. En tant que professeur d'histoire et de géographie, j'ai été sollicité pour réaliser un manuel transfrontalier à destination de l'école primaire sous la maîtrise d'œuvre de l'ADIRA. Une grande différence dans la conception des programmes d'enseignement constituait un obstacle non négligeable: nationale en France, propre à chaque land et chaque canton chez nos partenaires. De plus en France la découverte des périodes historiques est un élément important alors que pour nos voisins du Rhin supérieur c'est l'analyse du milieu proche qui constituait l'essentiel de leur programme. Malgré mes efforts de motiver les collègues allemands pour mettre en avant l'histoire, il a fallu se glisser dans un plan qui se structurait en 10 chapitres avec des intitulés comme se déplacer, habiter, travailler, s'approvisionner, etc. La dimension historique de ces activités n'était pas recherchée. On a pu prendre le dessus dans le chapitre «voir et comprendre» avec 5 fiches de travail sur 50 que compte le manuel. Autant dire que ce n'est pas avec ce travail que les stéréotypes qui gênent tellement les relations de part et d'autre de la frontière allaient s'atténuer. Mes visites régulières dans les écoles m'ont montré par la suite qu'après un moment de curiosité les manuels restèrent stockés dans les armoires. Comment cela aurait-il pu être autrement! Les professeurs d'écoles français enseignent peu la géographie et un peu l'histoire. Ils sont jugés par les parents et les inspecteurs sur leur enseignement du français et des mathématiques. L'unanimité doit être recherchée, elle est indispensable, mais il y a des domaines où, avant de se lancer, il faut analyser les pratiques pour voir si elles sont conciliables. L'échec d'un tel projet dessert la dynamique transnationale qui cherche à réduire les effets négatifs de la frontière et renforce les opposants qui peuvent ainsi facilement montrer la gabegie des instances transfrontalières.

Ce type d'action vient d'un désir récurrent de la sphère politique d'associer le mieux possible la population du Rhin supérieur avec des projets concrets. Certains parlent même de constituer une identité du Rhin supérieur ignorant complètement la complexité des facteurs qui rentrent en jeu et ceci sur des durées bien supérieures à celle des actions transfrontalières qui ont une trentaine d'années d'existence. Autant nos techniciens savent gérer la complexité transnationale dans les domaines de l'aménagement du territoire, de l'environnement, des transports ou de la formation professionnelle, autant ils sont démunis dans la lutte contre les stéréotypes et dans l'ouverture des frontières mentales. Faire partager des intérêts communs quant à l'air que l'on respire, à l'eau que l'on boit, au réseau de transport que l'on utilise, à l'emploi que l'on recherche est suffisamment concret pour montrer la valeur ajoutée des actions transfrontalières plutôt que d'avoir pour objectif une identité du Rhin supérieur qui se réalisera peut être, mais dans combien de temps! Lors des derniers forums citoyens organisés dans le cadre de la Région métropolitaine, les techniciens se sont rendu compte que la moitié des demandes exprimées à ces occasions étaient déjà satisfaites par les institutions transfrontalières. Pourtant on ne peut pas leur reprocher de ne pas communiquer.

En conclusion, qu'est-ce qui caractérise la culture administrative transnationale? Tout d'abord une capacité interculturelle c'est-à-dire la maîtrise de la langue du partenaire, la connaissance du système administratif et des institutions dans lequel il évolue, la gestion de ses codes et de ses normes, l'acceptation que chaque culture puisse apporter une réponse particulière à une même question. Ensuite la capacité de travailler dans un système non hiérarchique et décentralisé qui donne la priorité à la gestion des interdépendances et à la concertation avec pour objectif le compromis qui donnera l'accord unanime. On peut donc parler d'une culture administrative transnationale mais dans le sens d'une culture d'entreprise à l'intersection des cultures des différents partenaires du Rhin supérieur. Cette culture transnationale est mise en œuvre sous l'impulsion des politiques.

Grenzüberschreitende Verhandlungen aus Schweizer Sicht

Martin Weber

Jeder Schweizer lebt täglich über Grenzen hinweg. Es liegt dies im äußerst kleinräumigen Zusammenleben begründet, das für die meisten Arbeitnehmer im Wechsel von der Wohnortgemeinde eines Kantons in die Arbeits-, Einkaufs- oder Erholungsgemeinde im selben Kanton oder in einem anderen Kanton erfolgt. Man könnte dies als horizontale Grenzüberschreitungen bezeichnen. Spätestens beim Durchschreiten einer landesüblichen Reihenhaussiedlung bemerkt der Grenzüberschreiter, dass er sich in einer anderen Kultur befindet.

In vertikaler Hinsicht erfährt jeder Bürger die Wechselbeziehungen zwischen seiner Gemeinde und der staatlichen Politik auf Kantons- und Bundesebene. Der Subsidiaritätsgedanke steckt tief: Die tiefst mögliche Regulierung – z.B. der Gemeindesteuersatz – stösst am ehesten auf Akzeptanz, die nächsthöheren Stufen erfordern immer grössere Mehrheiten. Vergleichbar, wenn auch deutlich weniger ausgeprägt, ist die Situation im ähnlich föderalistischen Deutschland, immer noch grundsätzlich zentralistisch organisiert ist die Situation in Frankreich.

Begibt sich der Schweizer in eine Zusammenarbeit über Landesgrenzen, stossen neue Ebenen hinzu:

– Unterschiede in den Kompetenzhierarchien machen sich bemerkbar,
– Verwaltungskulturen weichen voneinander ab,
– sprachliche Probleme können auftreten,
– politische Probleme können die Kooperation erschweren,
– interkulturelle Unterschiede treten in Erscheinung.

Im Zeitalter der Personenfreizügigkeit und der entwickelten grenzüberschreitenden Institutionen ist eine Einschränkung notwendig: wenn vom «Schweizer» gesprochen wird: Es handelt sich nicht mehr notwendigerweise um eine Schweizerbürgerin oder einen Schweizerbürger. Der personenbezogene Aspekt soll in den folgenden Ausführungen nicht im Vordergrund stehen. Deutsche Staatsbürger arbeiten in französischen und schweizerischen Verwaltungen und umgekehrt.

Als Funktionsträger ist davon auszugehen, dass sie die typischen Charakteristika «ihrer» nationalen Verwaltungskultur verinnerlicht haben. Der Begriff der transnationalen Kultur der Zusammenarbeit, wie er in der Umfrage im Sinne einer «third culture» verwendet wird, scheint daher umso adäquater. Umgekehrt ist es je nach Kontext und Kleinräumigkeit wohl auch zweckmässig, von lokalen «Heimat»-Kulturen zu sprechen: (nordwest)schweizerisch/kantonal/lokal oder französisch/elsässisch/lokal oder deutsch/baden-württembergisch/lokal.

Wie auch in der Schweiz können Verhandlungen bilateral oder multilateral sein, wobei im europäischen Kontext die EU-Ebene als vierte und übergeordnete Ebene hinzutreten kann. In der Schweiz und in Deutschland bilden die subnationalen Ebenen der Kantone und Bundesländer die üblicherweise ausreichende oberste Stufe, in Frankreich die staatliche Ebene. Wir wollen in diesem kurzen Praxisbeschrieb weitere denkbare übergeordnete Ebenen wie internationales Umweltrecht u. dgl. vernachlässigen.

Wie in jedem Verhandlungskontext kann sich der Charakter der Verhandlung auf verschiedene Ziele beziehen:
- Soll lediglich eine (politische) Absichts- oder Willenserklärung verabschiedet werden?
- Soll ein prozessualer oder organisatorischer Rahmen festgelegt werden?
- Hat die Verhandlung Kostenfolgen, löst sie Fragen nach dem Verteilschlüssel aus?
- Wird über ein (regionales) Entwicklungsprogramm mit mehr oder weniger konkretem Detaillierungsgrad verhandelt (bspw. in der Raumplanung)?
- Wird über ein konkretes Projekt verhandelt, mit Fragen der Projektleitung und Organisation, des Zeitplans und Budgets und der Erfolgskriterien und -kontrolle?
- Wird lediglich gesetztes (binnenstaatliches oder staatsvertragliches) Recht vollzogen?

Wird eine grenzüberschreitende Projektorganisation gebildet oder treffen sich die beteiligten Parteien zum ersten Mal, müssen eine Reihe von Wahrnehmungsfragen geklärt werden, welche es erlauben, ein Verständnis für die andere Seite zu entwickeln:
- An oberster Stelle steht dabei immer die Frage nach dem Kompetenzbereich der Verhandlungspartner. Aufgrund der föderalistischen Struktur und der relativ kleinen Verwaltungen existiert auf Schweizer Seite in der Regel ein hoher Kompetenzgrad: Man kann davon ausgehen, dass ein Kadermitarbeiter in einem Projekt sehr nahe an den Entscheidungswegen ist oder die-

se in seiner Verwaltung sogar selbst «steuert» – unter Vorbehalt des politischen Entscheidungsprozesses.
- Der deutsche, und etwas pragmatischer gehandhabt, auch schweizerische Ansatz besteht in der klaren Festlegung der Vorgehensweise, der Definition eines Weges zum Ziel. Der französische Ansatz sieht den Weg als Ziel. Methodische Unterschiede bestehen mit «offenen» oder fehlenden Tagesordnungen im Gegensatz zu möglichst strukturierten Tagesordnungen.
- Daran schliesst sich die Klärung der Entscheidungswege an. Es kann entscheidend sein, dass ein Projekt auf die meist unterschiedlichen Abläufe abgestimmt wird. Nicht wenige Projekte erleiden in letzter Minute unnötige Verzögerungen, weil beispielsweise erst beim Abschluss einer Finanzierungsphase Informationen darüber ausgetauscht werden, welche Genehmigungsverfahren benötigt werden.
- Bestehen dieselben Vorstellungen über die Finalität des gemeinsamen Vorhabens, über methodisches Herangehen und zeitliches Vorgehen bei der Projektrealisierung? Ein Kompromiss mag in der Schweiz oder in Deutschland ein pragmatischer Schritt in Richtung Projektrealisierung sein, in Frankreich ist ein «compromis» nicht erstrebenswert.

Die interkulturellen Aspekte bestehen in den lokalen Verwaltungskulturen fort, unabhängig von der Nationalität der Funktionsträger:
- So bestehen sprachliche Differenzen, auch zwischen deutscher und schweizerischer Verwaltungssprache, oder etwa im «Direktheitsgrad», mit dem Probleme angesprochen werden, und der von Deutschland über die Schweiz nach Frankreich graduell abnimmt.
- Abgesehen von der bewussten Wahrnehmung der Unterschiede und Eigenheiten jeder Seite, erweist sich in der Praxis oft der informelle Weg als zielführend. Es ist ein unschätzbarer Vorteil, wenn die Zusammenarbeit erstens kleinräumig in guter Kenntnis des lokalen oder regionalen Gegenübers stattfindet und zweitens auch von unten her formuliert und als Bedürfnis nach oben getragen wird. Die Schaffung eines angenehmen informellen Rahmens vor allen Dingen in Frankreich («verre d'amitié»), ähnlich in der Schweiz und etwas weniger ausgeprägt in Deutschland, ist daher eine zwingende Notwendigkeit. Dadurch werden auch das informelle Sondieren und Vorspuren erleichtert.
- Die gegenseitige Kenntnis von Behördenmitgliedern schafft eine Vertrauensbasis und erleichtert das Verständnis für die Bewältigung von Krisensituationen. Die Regelmässigkeit und Intensität von grenzüberschreitenden Begegnungen ist daher in ihrer langfristigen Wirkung nicht zu unterschätzen.
- Zum interkulturellen Verständnis und zur hierarchischen Problematik gehört auch die korrekte Zusammenstellung politischer Begleit- oder Lenkungsaus-

schüsse. Das «Übersehen» auch nur eines einzigen mit seiner Gebietskörperschaft partizipierenden Politikers führt zu einem absoluten No-Go im weiteren Verhandlungsprozess. Symbole, Werte, Normen müssen beachtet werden, um den «Harmonie»-Aspekt der Zusammenarbeit nicht zu gefährden, der die Konsensfindung und die Einstimmigkeit ermöglicht.

Die Praxis zeigt, dass es heute nach Jahrzehnten der Zusammenarbeit möglich ist, auch über konfliktbehaftete Themen zu sprechen. Gute Beispiele hierfür sind die Trinationalisierung von Umweltfragen am EuroAirport (dem ältesten Beispiel für grenzüberschreitende Nachkriegskooperation überhaupt), die rechtsstaatliche Bewältigung um den Konflikt der Zollfreistrasse zwischen Weil und Lörrach, die Homologisierung von Rollmaterial der Regio-S-Bahn oder die Kooperation im Gesundheitsbereich. Positiv zu bewerten sind in jüngster Zeit die Debatten des Districtsrats im Trinationalen Eurodistrict Basel, die sich aus der Tabuzone heraus auch an Fragen wie Lärmschutz, Geothermie und Atomendlager wagen, und damit die grenzüberschreitende Zusammenarbeit auf eine neue Qualitätsstufe heben.

Grenzüberschreitende Verwaltungskultur am Oberrhein?
Die Sicht eines deutschen Kommunalpraktikers

ANDREAS UEBLER[1]

I. Haben die tiefgreifenden Veränderungen, insbesondere seit 1989, in der Welt, in Europa, in Deutschland und in Frankreich dazu geführt, dass man heute davon sprechen kann, dass am Oberrhein neben einer deutschen und einer französischen Verwaltungskultur auch eine eigene spezifisch deutsch-französiche Verwaltungskultur existiert? Welches wären ihre Merkmale?

Die Regeln, nach denen Verwaltungen arbeiten, sind äußerst vielfältig und komplex. Gleiches gilt für den Behördenaufbau, den internen Arbeitsablauf sowie Fragen der territorialen und inhaltlichen Zuständigkeit. In der Art und Weise des Staats- und Verwaltungsaufbaus manifestieren sich die Geschichte eines Volkes, seine Kultur, sein Selbstverständnis, seine politischen Fundamente. Sie bilden zum einen den Rahmen für das Ringen um die grossen politischen und rechtlichen Weichenstellungen und geben zum anderen bis mitunter zum letzten Cent vor, wieviel Steuern und Bürgerinnen und Bürger zu bezahlen haben oder wieviel cm Abstand in einem Neubaugebiet mindestens zwischen zwei neuen Bauten bestehen müssen.

Es ist beeindruckend, täglich selbst immer wieder zu erleben, mit welcher Regelungsdichte und Regelungstiefe Deutschland und Frankreich ihre jeweiligen Gesellschaften organisiert und strukturiert haben und auf welchem Niveau dies in vielfältigster Weise von den verschiedenen Verwaltungsebenen täglich umgesetzt wird. Ebenso wichtig ist hier aber auch die Feststellung, dass nahezu alle diesbezüglichen Regelungen, Erfahrungen und auch die jeweilige Verwaltungskultur an der jeweiligen Staatsgrenze ihre Gültigkeit und Wirkung nahezu komplett verlieren. Der Staats- und Verwaltungsaufbau Deutschlands und Frankreichs stehen nebeneinander, zum Glück friedlich. Gleiches gilt auch für

---

[1] Der Verfasser ist Jahrgang 1962 und lebt als deutscher Staatsbürger mit seiner französischen Ehefrau und drei Kindern seit 1999 im Elsass. Er war bereits in mehreren deutschen und französischen Verwaltungen tätig. Der Beitrag gibt ausschliesslich persönliche Einschätzungen und Erfahrungen wieder.

die jeweiligen Verwaltungskulturen. Ihre Schnittmengen sind bis heute sehr gering.

Dies stellte über Jahrhunderte kein Problem dar. Bei geringer Mobilität, effektiven Grenzsicherungen, dem Rhein als natürliche Grenze konnten sich beide Staats- und Verwaltungssysteme nahezu unbeeinflusst voneinander entwickeln. In diesem Zusammenhang ist es interessant, sich dessen bewusst zu werden, dass die Öffnung und der Wegfall von Grenzen Gesellschaften und deren Strukturen tiefgreifend beeinflussen und verändern. Es scheint ausser Frage zu stehen, dass nahezu geschlossene Aussengrenzen über Jahrzehnte einen stabilisierenden Einfluss auf die inneren Strukturen Deutschlands und Frankreichs ausübten. Diese Zeiten sind vorbei. Sind wir uns in unseren inneren staatlichen und kommunalen Strukturen auf beiden Seiten des Rheines ausreichend darüber im Klaren, dass wir uns alle diesen neuen Gegebenheiten stellen müssen? Zweifel hieran sind erlaubt.

Allerdings habe ich in den vergangenen 13 Jahren hier am Oberrhein auch viele Menschen in deutschen und französischen Verwaltungen kennengelernt, die auf dem Gebiet der grenzüberschreitenden Kooperation Beeindruckendes leisten und hierbei oft nicht nur mit großem beruflichem Engagement, sondern oft auch mit Herzblut dabei sind. Ich hoffe, dass sich viele in diesen Ausführungen hier und da wiederfinden.

II. Das Leben am Oberrhein hat sich insbesondere in den vergangenen gut 20 Jahren in vielfältiger Hinsicht verändert. Dies gilt sowohl im Hinblick auf die weltweiten und europäischen Rahmenbedingungen, aber auch bezüglich konkreter lokaler Gegebenheiten. Im Zuge der fundamentalen und friedlichen Veränderungen in Deutschland und anderen europäischen Staaten wurden die Welt und auch Europa in historisch wohl einmaligem Tempo neu geordnet. Die seit 1989 erfolgte Ausdehnung der NATO und die Vertiefung des europäischen Friedens- und Einigungsprozesses sind hierbei die wesentlichen Eckpunkte und Zeichen des Fortschritts. Dies wurde hier am Oberrhein konkret spürbar durch die Einführung des EURO sowie auch durch den Wegfall der Grenzkontrollen zwischen Deutschland und Frankreich. Hierin manifestierte sich eine Veränderung, deren Symbolgehalt, aber auch konkrete Auswirkungen auf die realen Gegebenheiten der Oberrheinregion gar nicht hoch genug eingeschätzt werden können.

Hinzu kommt die gleichzeitige Veränderung unseres Lebens durch die immer umfassendere Nutzung des Internets in allen Bereichen des gesellschaftlichen Lebens. Nicht nur Informationen, Ideen und Kapital bewegen sich immer schneller, auch die Menschen selbst hier am Oberrhein haben deutlich mehr Bewegungs- und Entscheidungsfreiheit als früher und nutzen diese mehr und mehr.

Bei diesen bedeutenden Veränderungen stellt sich die Frage, ob, und wenn ja, in welcher Art und Weise die jeweiligen Staats- und Verwaltungsstrukturen Deutschlands und Frankreichs sich diesen realen Veränderungen gestellt haben. Die Antwort hierauf fällt sehr vielfältig und differenziert aus. Bezüglich einer etwaigen Bilanz ist dies sicher eher ein Feld, was der Wissenschaft und Forschung überlassen werden kann. Als seit 1999 in der Region lebender Bürger und Verwaltungspraktiker mit diesbezüglichen konkreten beruflichen Erfahrungen in Verwaltungen auf beiden Seiten des Rheines sind hier eher andere Fragen von Interesse. Es soll vorliegend nicht um eine Bilanz gehen, sondern vor allem der Frage nachgegangen werden, ob die gegenwärtigen Politik- und Verwaltungsstrukturen sowie die Verwaltungskulturen auf beiden Seiten des Rheines es erlauben, die Herausforderungen der Zukunft zu erkennen und gemeinsam zum Wohle der Bügerinnen und Bürger zu meistern.

III. Die historisch gewachsenen Staats- und Verwaltungsstrukturen sowie die sie prägenden Verwaltungskulturen waren auf die 1989 begonnenen grundlegenden Änderungen der realen Situation am Oberrhein nicht vorbereitet. Unsere Strukturen und die ihnen innewohnenden Kulturen sind noch immer so ausgerichtet, dass sie die Dinge jeweils national regeln und diese Regelungen dann auch national oder lokal umsetzen. Fragestellungen oder allein nur Bezüge zu anderen Ordnungen oder Territorien kommen kaum vor. Es war über Jahrhunderte Ausfluss ureigenster staatlicher Souveränität, diese auch ungeteilt auf dem eigenen Territorium ausüben zu können.

Die Aussenbeziehungen wurden nahezu ausschließlich durch die in den Hauptstädten ansässigen Außenministerien wahrgenommen. Für die wesentlichen Bereiche des Staats- und Verwaltungsrechtes änderte daran auch die Vergemeinschaftung einiger Politikbereiche auf der europäischen Ebene seit den 60er Jahren nichts. Man wird ohne Übertreibung behaupten können, dass die Wahrscheinlichkeit als Mitarbeiterin oder Mitarbeiter einer staatlichen oder kommunalen Verwaltung in Strasbourg oder Freiburg mit einem grenzüberschreitenden Sachverhalt konfrontiert zu werden, noch 1990 bei nahezu Null lag. Gleiches gilt für die Politikerinnen und Politiker beider Seiten, es waren diesbezüglich zwei verschiedene Welten.

Heute, 23 Jahre später, machen die Menschen von den neuen Freiheiten und Bewegungsmöglichkeiten am Oberrhein rund um die Uhr regen Gebrauch. Vielen aus der jüngeren Generation fällt es schwer, sich vorzustellen, dass man auf der Pont de l'Europe zwischen Strasbourg und Kehl nicht zu jeder Tages- und Nachtzeit ungehindert über den Rhein laufen und fahren kann; man geht einkaufen, wo es einem gefällt, man unternimmt Ausflüge in die Vogesen oder in den Schwarzwald, ohne noch konkret aufzuschauen, wenn gerade der Rhein im Bus oder im Auto überquert wird. Die Fahrt über eine Brücke geht so schnell, aber ist uns eigentlich auch darüber hinaus schon richtig bewusst, in welchen Realitäten der Oberrhein heute lebt? Haben sich unsere Staats- und Verwaltungsstrukturen darauf eingestellt, verändert, angepasst oder verharren sie in einer Art Starre, weil sie mit dieser neuen Realität nicht richtig klarkommen und vielleicht sogar Angst vor ihr haben?

IV. Es ist sicher, dass die neue Freiheit und Beweglichkeit der Menschen sehr viel Dynamik entfaltet hat. Diese dürfte im Wesentlichen im wirtschftlichen und gesellschaftlichen Leben liegen. Die Menschen suchen die günstigsten Einkaufsmöglichkeiten und die schönsten Angebote zur Freizeitgestaltung. Die Unternehmen positionieren sich, um neue Abnehmer für ihre Produkte und Dienstleistungen zu finden. Kulturelle Angebote werden auf beiden Seiten des Rheines gesucht und rege besucht. Das Internet und die modernen Kommunikationsmöglichkeiten beseitigen Sprachbarrieren und frühere finanzielle Hindernisse. Mit Hilfe des EURO und einer Kreditkarte kann man sich als Kunde und Gast auch sicher fühlen, ohne die Sprache des Nachbarn in den Mund nehmen zu müssen. Es ist beeindruckend zu sehen, wie professionnell z.B. die Werbewirtschaft heute um Kunden von der jeweils anderen Rheinseite wirbt. Die neue Bewegungsfreiheit wird auch von denjenigen genutzt, die sich nicht immer gesetzestreu verhalten. Noch vor wenigen Jahren gab es diesbezüglich viele Ängste, dass es zum Entstehen grenzüberschreitender Kriminalität kommen wird.

Die Sicherheitsorgane beider Länder haben hier nachhaltig und zügig reagiert und sind wohl nahezu als Erste gemeinsam neue Wege gegangen. Dies war auch dringend erforderlich, weil der frühere Dienstweg von Kehl nach Strasbourg über Stuttgart, Berlin und Paris ging und eine direkte Kommunikation auch technisch nicht möglich war. Beide Seiten waren durch die neue reale Lage gezwungen, ihre Denk- und Arbeitsweise zur Gewährleistung der öffentlichen Sicherheit am Oberrhein grundlegend zu ändern. Dies ist in beeindruckender Weise gelungen. Insbesondere im Daten- und Informationsaustausch, in der jeweiligen Verlagerung von Entscheidungszuständigkeiten auf die örtliche Ebene sowie in der umfassenden Aus- und Fortbildung der Mitarbeiterinnen und Mitarbeiter scheinen wesentliche Schlüssel zum Erfolg zu liegen.

Nach Einschätzung des Unterzeichners hat sich hier partiell ein regelrechter Kulturwandel entwickelt, denn noch vor 10 bis 15 Jahren waren gerade die Bereiche der Strafverfolgung, aber auch der Strafjustiz Felder, in denen eine Öffnung zu anderen Strukturen und Anerkennung anderer Verfahren kaum vorkam. Jedoch hat man erkennen müssen, dass die Bewegungsfreiheit der Menschen am Oberrhein und im gesamten Schengen-Raum eine neue und angepasste Sicherheitsarchitektur und auch Sicherheitskultur braucht. Als Aussenstehender wäre es interessant zu erfahren, ob man innerhalb der Sicherheitskräfte so weit geht, von einer neuen grenzüberschreitenden Polizeikultur zu sprechen. Allerdings sind die polizeilichen Aufgaben- und Arbeitsstrukturen so speziell, dass man mit der Übertragbarkeit dortiger Vorgehensweisen und Erfahrungen auf den nicht-polizeilichen Bereich eher vorsichtig sein sollte.

Trotzdem sollen einige weitere Aspekte nicht unerwähnt bleiben. Im Sicherheitsbereich arbeiten relativ wenig jeweils staatliche Strukturen miteinander und die jeweiligen politischen Vorgaben scheinen abgestimmt und einheitlich. Auch die Zielsetzung ist relativ eindeutig. Hinter den grossen Strukturen steckt auch eine beachtliche Organisations- und Finanzkraft, die für die nötige Infrastruktur sorgen konnte.

Schliesslich, und das sei besonders hervorzuheben, scheint der Einsatz im Bereich der spezifischen Aus- und Fortbildung auf beiden Seiten sehr nachhaltig. Dies gilt auch für den sprachlichen Bereich. Es wäre interessant zu erfahren, ob sich Tätigkeiten auf dem grenzüberschreitenden Feld heute auch bei der Beurteilung und den Entscheidungen über weitere dienstliche Verwendungen positiv auswirken.

V. Man kann sagen, dass die Menschen beiderseits des Rheines ihre neue Beweglichkeit nutzen und dabei sicher sind. Trotzdem leben sie nach wie vor nicht nur in zwei verschiedenen Staaten, sondern in vollkommen verschiedenen Staats- und Verwaltungsstrukturen. Im Gegensatz zur EU entsteht in den Grenzregionen keine auch nur ansatzweise «Kleine EU». Das Gegenteil ist der Fall. Deutschland und Frankreich entwickeln sich in ihren staatlichen und kommunalen Strukturen jeweils weiter. Die Weichen dafür werden auf deutscher Seite in Berlin und den jeweiligen Landeshauptstädten gestellt, in Frankreich in Paris. Ob hierbei die Frage der Geeignetheit neuer Regelungen und Strukturentscheidungen für die besondere Situationen grenzüberschreitender Regionen überhaupt jemals ein Nachdenken auslöst, darf eher bezweifelt werden. Das jeweilige interne politische Gewicht des jeweiligen Gebietsteiles ist auf beiden Seiten eher gering. Es wird interessant sein, ob die gegenwärtige kommunale Gebietsreform auf französischer Seite hier etwas verändern wird.

Für die Realität am Oberrhein bedeutet dies, dass die wenigen wirklich grenzüberschreitend agierenden Akteure in Politik und Verwaltung es nach wie vor mit mitunter aussergewöhnlich komplexen Situationen zu tun haben. So müssen Initiativen und Vorschläge immer mit beiden Rechtsordnungen kompatibel sein. Grenzüberschreitende Tätigkeit ist eine weitgehend freiwillige Verwaltungstätigkeit. Sie steht in der internen Bedeutung der Verwaltungstätigkeiten bei ständig steigendem Aufgabendruck weit hinter den jeweiligen gesetzlichen Pflichtaufgaben.

Die Entscheidungsfindung und die Entscheidungsabläufe müssen in eine jeweils andere Verwaltungsstruktur und Verwaltungskultur kommuniziert werden und über allem steht das Konsensprinzip. In ihrem jeweiligen System sind die Verantwortungsträger aus Politik und Verwaltung sozialisiert und gewohnt, Entscheidungen zu treffen und diese zu verantworten. Man hat aus der politischen Sozialisation seine Verbindungen und Netzwerke und spricht die gleiche Sprache. Viele dieser Voraussetzungen, die das Funktionieren des Politik- und Verwaltungsbetriebes national und lokal täglich möglich machen und bestimmen, gelten grenzüberschreitend nicht. Das sorgt noch immer für viel Unsicherheit und verhindert die Entwicklung vieler Initiativen bereits im Vorfeld.

Die Schwierigkeit der grenzüberschreitenden Arbeit besteht auch darin, dass sie alle jeweils nationalen Gegebenheiten und Voraussetzungen berücksichtigen muss. Es bedarf oft eines langen Atems. Ebenso oft kann man aber erfreulicherweise beobachten, dass grenzüberschreitend tätige Kolleginnen und Kollegen mit einer besonderen persönlichen Motivation ausgestattet sind.

Nach wie vor sind in den Verwaltungen nur sehr wenige Mitarbeiterinnen und Mitarbeiter mit grenzüberschreitenden Fragestellungen konfrontiert. Oft handelt es sich zudem um Kolleginnen und Kollegen, die mehr oder weniger zufällig in diesem Bereich landen. Die Wahrnehmung dieser Aufgabe erfordert immer neben der sprachlichen Kompetenz, sich auch möglichst schnell mit den Grundlagen vieler Themen vertraut machen zu können. Oft müssen die Mitarbeiterinnen und Mitarbeiter verwaltungsintern auch noch andere Aufgaben erfüllen, die meist vorrangig sind. Bei Einstellungsentscheidungen oder Entscheidungen über das berufliche Fortkommen spielt der grenzüberschreitende Horizont bis auf sehr wenige Ausnahmen so gut wie überhaupt keine Rolle.

Trotzdem hat sich in den vergangenen Jahren am Oberrhein faktisch ein Netzwerk von Kolleginnen und Kollegen entwickelt, die auf der Grundlage ihrer jeweils eigenen Erfahrungen in der grenzüberschreitenden Kooperation ohne gesetzliche Vorgaben und Regelungen punktuell miteinander arbeiten. Noch genauer kann man sagen, dass es sich nicht um ein einziges Netzwerk handelt, sondern jede Kollegin und jeder Kollege hat seine jeweils eigenen Ansprechpartnerinnen und Ansprechpartner auf der anderen Seite des Rheines. Niemand kann sagen, wieviel Mitarbeiterinnen und Mitarbeiter dazu gehören, weil man sich nirgendwo registriert und dazu auch keine Statistiken geführt werden. Trotzdem haben viele Kolleginnen und Kollegen mit der Zeit einen beeindruckenden Erfahrungsschatz gesammelt.

Viele Verwaltungen haben dazu auch ihren Beitrag geleistet, indem sie in der gesamten Region vier Informations- und Beratungsstellen (www.infobest.eu) mit Personal und Finanzmitteln ausstatten, deren Hauptaufgabe darin besteht, den Bürgerinnen und Bürgern bei allen denkbaren Fragen des grenzüberschreitenden Lebens konkrete Hilfestellung zu leisten. Dem Verfasser ist nicht bekannt, ob es innerhalb der politisch Verantwortlichen ebenso gut etablierte Kontakte wie zwischen den Mitabeiterinnen und Mitarbeitern der Verwaltungen gibt. Hier sind grosse Zweifel angebracht. Aus der Teilnahme an unzähligen grenzüberschreitenden Veranstaltungen hat sich der Eindruck verfestigt, dass hinter vielen positiven und gut gemeinten Äusserungen eben gerade keine persönliche Beziehung besteht. Oft fehlt es bereits an der Möglichkeit, sich über einfachen Small-Talk hinaus miteinander verständigen zu können. Dies ist nach eigenen Beobachtungen vor allem ein Problem der deutschen Seite. Auf der französischen Rheinseite gibt es in vielerlei Hinsicht enge Verbindungen zur Kultur Deutschlands, die vielen Menschen noch immer auch eine ausgezeichnete Beherrschung der deutschen Sprache ermöglicht.

VI. Staatliche und kommunale Verwaltungsstrukturen denken und handeln meist ausschliesslich in Kategorien von örtlicher und sachlicher Zuständigkeit. Das ist normal und auch gut nachvollziehbar, aber man stößt natürlich auch schnell an seine Grenzen. In der Realität der grenzüberschreitenden Arbeit ist es mitunter sehr schwierig für die Lösung eines Problemes und den Start einer Initiative die richtigen Akteure überhaupt erst einmal ausfindig zu machen, um sie dann an und um den Tisch zu bekommen. Dieses Problem stellt sich insbesondere dort, wo der jeweils staatliche und kommunale Verwaltungsbereich zusammenwirken sollen und müssen.

Gerade die grossen kommunalen Verwaltungsstrukturen wie Conseil Régional, Conseil Général, Communauté Urbaine einerseits, sowie Landkreise, Stadtkreise und Zweckverbände haben es mitunter wegen ihrer grossen Aufgabenvielfalt schwer, die jeweiligen Partnerinnen und Partner auf der anderen Seite zu identifizieren. Bei den grossen Fachverwaltungen scheint es demgegenüber seit einigen Jahren grosse Fortschritte zu geben. Renten- und Sozialversicherungsträger sowie die Steuerverwaltungen verfügen über mehr und mehr Erfahrungswissen, die Arbeitsverwaltungen unternehmen grosse Anstrengungen hin zu einem in Teilen einheitlichen Arbeitsmarkt, die Universitäten der Region bilden den interssierten Studenten gegenseitig anerkannte Studiengänge an. Hier ist der Fortschritt spürbar und sichtbar.

Auf der kommunalen Ebene glaubte man vor etwa 10 Jahren die Dinge vorwärts zu bringen, indem man seitens der beiden nationalen Ebenen den kommunalen Gebietskörperschaften diesseits und jenseits des Rheines die gesetzliche Möglichkeit eröffnete, sogenannte «Eurodistricte» zu gründen. Die Idee dahiner hatte einen mindestens doppelten Ansatz, leider hat man sich wohl auch in doppelter Hinsicht getäuscht.

Zum einen war die Analyse durchaus zutreffend, dass es eine institutionalisierte kommunale Zusammenarbeit grenzüberschreitend faktisch und auch aus rechtlichen Gründen nicht gab. Dies ist durchaus negativ, wenn man weiss, dass diesseits und jenseits des Rheines die interkommunale Zusammenarbeit einer der Schlüssel für die Lösung unzähliger Probleme ist und aus der realen Verwaltungswelt nicht mehr wegzudenken ist.

So hat man, in durchaus positiver Absicht, seitens der nationalen Gesetzgeber den kommunalen Gebietskörperschaften die Möglichkeit eröffnet, grenzüberschreitende Zweckverbände gründen zu können und ihnen, mehr oder weniger direktiv vorgegeben, dies auch zu tun. In der «Euphorie» der Regierungen im Zuge der Feierlichkeiten zum 40. Jahrestag des Elysée-Vertrages 2003 hat man dann noch die Erwartung geschürt, den grenzüberschreitenden Zweckverbänden seitens beider Staaten Rechtssetzungs- und Vollzugskompetenzen übertragen zu können, weil man meinte, sich somit auf die Seite des Fortschrittes stellen zu können. Als Ergebnis dieses Prozesses entstanden am Oberrhein vier Eurodistrikte, in jeweils unterschiedlicher Rechtsform, die der Unterzeichner als nahezu weitgehend überflüssig und der realen Wirklichkeit unangepasst bewertet. Dies ist insofern ärgerlich, weil hier sehr viel politische und vor allem auch verwaltungsbezogene Energie mehr oder weniger nutzlos gebunden, ja mitunter geradezu verschwendet wird.

Die erste Fehleinschätzung bestand darin zu glauben, dass es einen Bedarf gäbe, am Oberrhein «Sonderrechtszonen» zu bilden. Zum einen gibt es diesen Bedarf nicht und zum anderen sind weder die nationalen Gesetzgeber noch die kommunalen Rechtssetzer willens oder bestrebt, entsprechende Kompetenzen auch nur in geringem Umfang abzugeben. Die zweite Fehleinschätzung bestand darin, dass man seitens der nationalen Ebene so viel politischen Druck aufgebaut hat, dass sich Eurodistrikte gebildet haben, die schon allein auf der jeweiligen nationalen Ebene nicht zusammen passen. Die Städte Mulhouse, Colmar und Sélestat verbindet politisch und administrativ innerhalb Frankreichs wohl nahezu nichts. Alle drei finden sich in einem Eurodistrict mit zwei deutschen Landkreisen und einem Stadtkreis. Jeder, der etwas von kommunaler Zusammenarbeit versteht, weiss, dass das nicht funktionieren kann. Ebenso brauchten etwa unmittelbar aneinander grenzende Städte wie Kehl und Strasbourg wahrscheinlich keinen Eurodistrict, um sich, da wo es Sinn macht, gemeinsam den Herausforderungen der Zukunft zu stellen.

Kommunale Zusammenarbeit wächst auf beiden Seiten des Rheines immer dort, wo ihr ein reales gesellschaftliches Bedürfnis zugrunde liegt. Nur so entsteht politisch und administrativ das Bewusstsein, Dinge gemeinsam in die Hand nehmen zu müssen. So etwas entwickelt sich nur aus der jeweiligen realen Situation heraus und manifestiert sich dann in den verschiedensten Formen. Es bedarf keiner Vorgabe von oben, sondern einer Bewusstseinsbildung auf kommunaler Ebene, die offensichtlich Zeit braucht. Die zum Teil sehr mühevolle Einrichtung der Eurodistrikte hat diese notwendige Entwicklung wohl eher gebremst.

VII. Es wurde dargelegt, dass sich die kommunale Politik- und Verwaltungsebene auf beiden Seiten des Rheines mit der grenzüberschreitenden Zusammenarbeit wohl am schwersten tun. Hierfür gibt es Erklärungsversuche, die sich aus sehr verschiedenen Quellen speisen. Die kommunalen Gebietskörperschaften sind auf beiden Seiten des Rheines stark und selbstbewusst. Das ist gut so. In ihrem jeweiligen örtlichen Zuständigkeitsbereich geht nichts, oder kaum etwas, ohne ihre Einbindung, meist sogar Federführung. Dies gilt sowohl in politischer Hinsicht als auch bezüglich der Verwaltungskraft.

Umgekehrt gilt aber auch, dass kommunale Stärke und Kompetenz, oft auch das Interesse, an den jeweiligen Zuständigkeitsgrenzen enden. In ihrem jeweiligen nationalen Kontext verstehen es die kommunalen Gebietskörperschaften, ihre Interessen zu vertreten. Alle politischen Verantwortungsträger müssen die jeweiligen Spielregeln kennen und nutzen. In der grenzüberschreitenden Dimension funktionieren diese Mechanismen nicht, obwohl es hier und da dringend geboten wäre. Vielleicht ist die Zeit hierfür noch nicht reif, aber es ist sicher, dass hier ein zentraler Verantwortungsbereich für die politisch Verantwortlichen liegt, den es in den kommenden Jahren wahrzunehmen gilt. Die Verwaltungen verfügen seit langem über die Kenntnisse und Erfahrungen, um die Dinge in Angriff zu nehmen. Die politische Bewusstseinsbildung ist jedoch oft noch nicht so weit.

Dies bedeutet nicht, dass konkret vor Ort grenzüberschreitend nicht viel Positives passiert ist und auch gegenwärtig auf dem Weg ist. Viele Bürgermeister auch kleiner meist unmittelbar an den Rhein grenzender Gemeinden leisten hervorragende Arbeit, Pionierarbeit. Sie haben bewirkt, dass Brücken über den Rhein gebaut wurden, und oft versuchen sie mit Erfolg, das Unmögliche möglich zu machen. Eine Brücke ermöglicht z.B. gute Betreuung der Kinder auf beiden Seiten des Rheines; wenn es in einer Gemeinde auf der einen Seite des Rheines eine Schwimmhalle gibt, dann können die Schulen der Nachbargemeinde diese Schwimmhalle auch nutzen, statt im eigenen Land 25 Kilometer zur nächstgelegenen Schwimmhalle zu fahren. Das scheint alles nahgeliegend und einfach. Man kann alle Interessierten auch 2013 nur einladen, zu erleben, wo die konkreten Fragen und diesbezüglichen Schwierigkeiten noch immer liegen.

Als Bürger der Oberrheinregion kann man wohl optimistisch in die Zukunft blicken. Diese bietet vielfältige Chancen und Gelegenheiten, um grenzüberschreitend Dinge zum Wohle der Menschen gestalten zu können. Die Analyse, die der Gründung einer Europäischen Metropolregion am Oberrhein zugrunde liegt, zeigt die Vielfalt der Region und die daraus resultierenden Chancen in beeindruckender Form auf. Es ist faszinierend zu erleben, wie eine jahrhundertealte jeweilige nationale Randlage heute in vielerlei Hinsicht ein Standortvorteil werden kann. Kulturelle Vielfalt, verschiedene Sprachen, herrliche Städte und Landschaften bei guten wirtschaftlichen Rahmenbedingungen bieten den Rahmen und Platz für nie dagewesene Chancen zur gemeinsamen Gestaltung der Zukunft auf beiden Seiten des Rheines.

Viele Akteure des gesellschaftlichen Lebens, allen voran die Bürgerinnen und Bürger, nutzen diese Chancen bereits und werden es auch weiterhin tun. Das Entwicklungstempo ist vergleichsweise hoch und der Weg scheint unumkehrbar und auch bereits weitgehend unabhänigig von den Höhen und Tiefen der politischen Großwetterlage. Das ist gut so. Die staatlichen und kommunalen Politik- und Verwaltungsstrukturen in Deutschland und Frankreich tun sich hier und da nach wie vor oft schwer damit, diese Entwicklung anzunehmen und ihr zu folgen. Der jeweilige Blick geht noch zu oft in den Spiegel statt über den Rhein hinüber.

Teil II: / Deuxième Partie

Deutsch-Französische Kooperation auf der zwischenstaatlichen Ebene

La Coopération Inter-Étatique France-Allemagne

Les cultures admininistratives francaise et allemande et la coopération bilatérale

FABRICE LARAT

Sommaire

1. France/Allemagne: des cultures administratives aux profils différents   148
   1.1 Différences structurelles   148
   1.2 Traduction pratique   149
2. Confrontation ou synthèse? Quelle modus operandi pour la coopération administrative franco-allemande?   151
   2.1 Présentation des données   152
   2.2 Particularités des cultures administratives française et allemande   153
   2.3 Comparaison des caractéristiques du mode de fonctionnement de la coopération franco-allemande par rapport à celle des deux cultures administratives nationales   154
Conclusion   158
Littérature   159

Parmi les différentes formes que la coopération administrative prend en Europe, les relations bilatérales entre administrations nationales sous la forme de consultations, d'échanges ou autour de la conduite de projets communs occupent une place particulière, car à la différence des mécanismes multilatéraux mis en place dans le cadre de l'Union européenne, notamment pour accompagner la mise en œuvre du grand marché intérieur, la coopération bilatérale est dépourvue de caractère juridiquement contraignant et repose par conséquent sur la seule volonté politique des Etats et sur la mobilisation des acteurs concernés.[1]

A cet égard, le cas de la coopération bilatérale franco-allemande occupe une place singulière. Ce qui fait la particularité de la coopération entre ces deux pays en général, et dans le domaine administratif notamment, ce n'est pas uniquement son ancienneté, ou son caractère politique (volonté affichée de manière régulière et au plus haut niveau) mais son degré d'institutionnalisation

---

[1] Pour une présentation détaillée des différentes formes de coopération, cf. le chapitre introductif du présent ouvrage.

très élevé, unique en Europe. Cela lui confère une stabilité et une continuité hors du commun par rapport aux autres cas de coopération bilatérale, en particulier pour ce qui est de son étendue, des formes qu'elle peut prendre ainsi que pour ce qui est de la diversité des domaines d'application (Seidendorf 2014).[2] Outre les grands sommets bilatéraux et les rencontres en marge des sommets européens avec la recherche de positions communes, cette coopération se traduit par une multitude de contacts et d'échanges à tous les niveaux hiérarchiques et administratifs (administration centrale comme administration décentralisée, voire communale), sur des questions politiques, mais aussi techniques, comme la réalisation de projets concrets au niveau national comme au niveau transfrontalier.

Si les raisons expliquant l'existence de la coopération de même que ses objets et acteurs font l'objet de nombreuses études, les conditions pratiques des formes de coopération impliquant des acteurs issus des deux sphères administratives française et allemande est en revanche un domaine où il reste encore beaucoup de chose à apprendre. Ainsi, compte tenu de l'intensité des relations franco-allemandes et de son caractère souvent pionnier dans le processus d'intégration européenne, il est particulièrement intéressant d'étudier la manière dont les acteurs administratifs qui participent à cette coopération perçoivent les éventuelles particularités de «leur» culture administrative mais aussi comment ils caractérisent les différents éléments d'une telle culture quand on applique ceux-ci non pas à la manière dont fonctionne une administration nationale mais aux activités de coopération impliquant des acteurs issus des appareils politico-administratifs des deux pays.

La réalité de la coopération franco-allemande a de multiples facettes et elle peut s'appuyer sur des structures et mécanismes éprouvés. Il n'en reste pas moins qu'en tant qu'interaction entre deux systèmes distincts et souverains, disposant d'institutions spécifiques et poursuivant des intérêts qui leurs sont propres, la coopération interétatique représente toujours un défi pour les structures administratives et les agents concernés. Outre l'objet même de la coopération, comme par exemple de trouver des solutions à des problèmes communs, les acteurs administratifs doivent apprendre à travailler ensemble, ce qui ne va par forcément de soi.

Pour les administrations impliquées dans les différentes formes de coopération bilatérales les obstacles sont nombreux, au premier rang desquels on trouve la nécessité de respecter le droit interne des deux pays, de même que les règles et procédures existantes, la difficulté de transposer la volonté politique dans des actions concrètes, le manque de ressources nécessaires pour permettre les

---

[2] Ces aspects sont développés par l'auteur dans le chapitre suivant du présent ouvrage.

échanges, les barrières linguistiques et, *last but not least*, l'existence de cultures spécifiques caractérisées par des référentiels d'action et de comportement ancrés dans des traditions souvent séculaires et un cadre juridico-institutionnel essentiellement national.

Outre sa dimension bilatérale, cet apprentissage est nécessaire pour faire face aux multiples défis à dimension transnationale et européenne qui résultent de l'intégration politique et économique de l'Europe, intégration qui se fait également sentir au niveau administratif et sociétal. Dans ces circonstances, il est important de se comprendre pour collaborer plus efficacement. Il s'agit de dépasser les singularités nationales voire même les cultures administratives sectorielles et les différences résultants des systèmes respectifs de formation en cherchant les convergences fécondes. Il faut pouvoir surmonter les obstacles par le désir commun d'aboutir et avancer vers une vraie gouvernance européenne.

Définition et délimitation

S'il n'est pas facile de donner une définition claire et précise de ce qu'est une culture administrative nationale, c'est par ce que le concept de culture utilisé peut lui-même renvoyer à une définition objective mais aussi subjective, et il peut s'appliquer à différents phénomènes ainsi qu'à des échelles variées.

De manière générale, la culture administrative peut être définie comme une somme de valeurs et d'attitudes à l'égard de la manière dont doit fonctionner l'administration, caractéristiques partagées plus ou moins consciemment par l'ensemble des acteurs de l'appareil politico-administratif (Ziller 1993, 458). Concrètement, elle consiste en un ensemble de valeurs, d'attitudes, d'orientations, des modèles de comportement ainsi que les coutumes et pratiques qui rendent une organisation à tous les niveaux distincts d'une autre organisation (Szente 2008, 41). Ces principes organisateurs de référence servent de repères fondamentaux à ceux qui les partagent et structurent leur action au sein des institutions dans lesquels ils évoluent. Ces dernières sont elles mêmes influencées par les référentiels de sens propre à chaque culture et contribuent en retour à entretenir l'évidence de ces référentiels (d'Iribarne 1989, VIII).

Dans le présent chapitre, nous nous focaliserons sur la dimension nationale des cultures administratives, bien conscients que celle-ci peut aussi s'appliquer à des domaines ou secteurs d'activité, notamment dans les domaines techniques ou liés à des traditions ou particularités institutionnelles.[3] Il s'agit donc d'une

---

[3] STEFAN FISCH relève à juste titre que pour ce qui est des différents modèles de pensée et d'action caractérisant une culture administrative, il convient de rappeler que certains départements relevant pourtant de la même autorité peuvent travailler de manière sen-

part d'identifier les spécificités culturelles nationales présentes au sein des systèmes administratifs français et allemands, de même que la manière dont les acteurs qui interagissent dans le cadre de la coopération franco-allemande se positionnent par rapport à d'éventuelles différences en la matière, sachant qu'il leur faut trouver un mode de fonctionnement commun.

1. France/Allemagne: des cultures administratives aux profils différents

1.1 Différences structurelles

Le rôle des traditions dans la culture administrative semble être une évidence, mais son intensité, ses manifestations comme le contenu de ces traditions varient de fait d'un pays à l'autre. Avant d'étudier quel *modus operandi* les acteurs issus des administrations française et allemande qui participent aux actions de coopération interétatique développent afin de conduire les différentes tâches qui leurs sont confiées, il importe d'essayer de caractériser les grands traits de leurs cultures administratives respectives pour comprendre l'origine des différences ou similarités qui apparaissent lorsque ces deux cultures sont confrontées l'une à l'autre. Concernant la France et l'Allemagne, la comparaison est pertinente car nous avons à faire à deux pays de grande taille, disposant d'une longue tradition, même si l'histoire a été source d'inflexions différentes qui sont à l'origine de particularités et même de disparités.

Ainsi, si la tradition politique d'ex-grande puissance se fait encore sentir dans la fonction publique française, elle s'est plus ou moins effacée en Allemagne. La culture administrative française fut historiquement d'abord une culture d'écoles d'ingénieurs avant de devenir une culture juridique. Elle est marquée par un fort esprit de corps (Ziller 1993). La culture administrative de l'Allemagne est quant à elle caractérisée par son juridisme et un monopole encore très fort des juristes (l'un expliquant l'autre) et en même temps, à la différence de la France, par l'absence d'élitisme de la haute fonction publique.

---

siblement différente et que dans tel ministère (l'intérieur notamment), l'approche légaliste est prépondérante tandis que dans d'autre (l'environnement), la négociation est plus souvent de mise (Fisch 2008, 24). Dans son étude comparée des administrations européennes, Jacques Ziller remarque quant à lui que dans un seul pays, il va de soi qu'il n'y a pas *une* culture administrative mais *des* cultures diverses, nombreuses et parfois contradictoires: «la comparaison permet néanmoins de différentier les cultures de pays à pays, et de tenter d'isoler ce qui est propre à chacun d'entre eux» (Ziller 1993, 458).

De manière générale, parmi les quatre grandes traditions administratives occidentales, on peut rattacher la culture administrative française à la tradition napoléonienne caractérisée par un rapport marqué entre l'Etat et la société, basé sur l'interventionnisme, un gouvernement organisé autour de principes comme la hiérarchie et la centralisation, et une fonction publique de carrière segmentée en corps et qui bénéficie d'un statut élevé. A l'opposé, le modèle germanique auquel appartient l'Allemagne est corporatiste dans le sens où il reflète une conception organiciste des rapports entre l'Etat et la société, avec une organisation du gouvernement intégrée, marquée par une pratique de la coopération qui découle de son fédéralisme, de même que d'une coordination imbriquée (Painter and Peters 2010).

1.2 Traduction pratique

La traduction concrète des traditions nationales peut être observée au niveau du fonctionnent pratique des administrations comme l'organisation du travail, la répartition des tâches entre les agents, l'existence de routines et de procédures uniformisées en ce qui concerne la transmission d'information et la production de documents, la place des règles, normes et valeurs, la fixation des priorités, la manière dont sont prises les décisions et qu'elles sont communiquées, ainsi que les modes de résolution des conflits et divergences.

L'origine de ces différences est profonde est provient de ce que Jacques Pateau dans son analyse du facteur interculturel dans la coopération franco-allemande appelle les racines historiques des différences culturelles (Pateau 2009). Au niveau des relations interpersonnelles et du rapport au pouvoir, on constate ainsi que toute relation hiérarchique est, dans la culture française, fortement influencée par ce que Philippe d'Iribarne a identifié comme le poids de la logique de l'honneur, c'est-à-dire la noblesse relative du supérieur et du subordonné (d'Iribarne 1989). Dans l'administration, comme dans le reste de la société française, les structures hiérarchiques jouent un rôle important et les titres et diplômes sont plus présents dans le quotidien et influencent plus les rapports interpersonnels en créant une distance que dans l'administration allemande. De plus, les instructions d'un supérieur sont moins négociables pour un collaborateur français qu'en Allemagne (Presl 2012).

Il en va de même pour l'attitude par rapport à l'information. Il ressort des travaux d'Edward Hall que français et allemands occupent une position diamétralement opposée concernant ce sujet: les français bénéficiant de réseaux d'information (en partie informels) à haute densité, tandis que les allemands sont demandeurs d'information par ce que évoluant dans un contexte plus pauvre (Pateau 2009, 39). D'importantes différences peuvent également être constatées en ce qui concerne le goût du détail ou l'esprit de synthèse, le rapport au temps pour ce qui est de la conduite des tâches et missions (caractère monochronique en Allemagne et polychronique en France) ou au savoir (reconnaissance de l'expertise en Allemagne versus admiration des élites en France). Enfin, pour ce qui est du rapport au temps (Hofstede 2010, 302–303), la société allemande s'inscrit plus dans le temps long que la société française.

Si on effectue une projection des configurations organisationnelles identifiées par Henry Mintzberg sur une matrice reprenant les données de G. Hofstede (2010, 370) en matière de distance hiérarchique et de contrôle de l'incertitude, on constate que la France et l'Allemagne se rattache à deux modèles différents. La France caractérisée par un indice élevé de distance hiérarchique (68) ainsi que de contrôle de l'incertitude (86) relève d'une configuration organisationnelle marquée par une bureaucratie pure, la standardisation des processus comme mécanisme de coordination préféré et la technostructure comme partie essentielle de l'organisation, alors que l'Allemagne avec son indice de distance hiérarchique faible (35) et un niveau moyen de contrôle de l'incertitude (65) renvoie à un type de configuration organisationnelle marqué par une bureaucratisation professionnelle, une standardisation des qualification et place essentielle consacrée à la main d'œuvre.[4]

L'existence de différences explique que l'exposition à des modes de fonctionnement autres comme dans le cas de la coopération administrative franco-allemande peut faciliter la prise de conscience des caractéristiques de sa propre culture administrative d'origine et de ce qui en fait sa spécificité. En témoigne la typologie établie par une fonctionnaire d'échange française sur la base de son expérience personnelle.

Tableau 1 : Caractéristiques principales des cultures administratives française et allemande[5]

FRANCE	ALLEMAGNE
Système politique	
Autorité de l'Élysée	*Ressortprinzip*
Cabinets	Services

---

[4] HOFSTEDE précise au sujet de son indice de contrôle de l'incertitude que ce dernier n'est pas synonyme de contrôle du risque. En effet, le contrôle de l'incertitude ne cherche pas à réduire le risque mais à diminuer l'ambigüité (HOFSTEDE 2010, 238). JACQUES PATEAU relativise la différence importante de taux d'incertitude calculé par HOFSTEDE entre la France et l'Allemagne, faisant remarquer que nombre de phénomènes de société en Allemagne au cours des dernières décennies ne donne pas à penser que la société allemande soit moins insouciante que la société française (PATEAU 2009, 388).

[5] D'après une diplomate d'échange française. Eléments communiqués à l'auteur en décembre 2011.

FRANCE	ALLEMAGNE
Fonctionnement	
Culture de l'arbitrage	Culture du consensus
Compétition administrative	Répartition claire des compétences
Réseaux	Organigramme
Règles implicites	Règles écrites
Improvisation	Planification
Organisation	
Rapidité et flexibilité	Consolidation, procédures
Concentration de l'information	Partage de l'information
Réflexion au cas pas cas	*Gesamtkonzept*
Approche «*top down*»	Approche «*bottom up*»
Travail plutôt individuel	Travail plutôt collectif
Cultures de travail	
Rester tard	Arriver tôt
Mettre des «gants blancs»	Convivialité du thermos de café

Le caractère schématique, voire probablement réducteur d'une telle caractérisation renvoie certes à une interprétation personnelle et forcément subjective des différences constatées, lesquelles peuvent également varier en fonction du secteur d'activité et du type d'organisation ayant servi de base à l'expérience sur laquelle s'appuie la description des deux cultures administratives. Il n'en reste pas moins qu'elle fournit un point de départ utile pour comprendre les difficultés qui peuvent se poser aux acteurs administratifs français et allemands quand de telles différences se font jour pour ce qui est de leurs référentiels d'action et de comportement.

2. Confrontation ou synthèse? Quelle modus operandi pour la coopération administrative franco-allemande?

Compte tenu des particularités existantes, la question qui se pose est de savoir que se passe-t-il quand des équipes relevant de cultures différentes collaborent? Ainsi, tenter de caractériser une culture administrative nationale par rapport à d'autres nous permet d'identifier les normes et valeurs qui la compose tout en permettant de mettre en lumière la manière dont les agents porteurs de cette culture réagissent face aux défis que posent les exigences de la coopération.

Afin de répondre à cette question et en complément de l'enquête présentée au chapitre d'Ulrike BECKER-BECK et de Dieter BECK, un questionnaire reprenant sous une forme adaptée la structure de celui développé à l'aide des standards culturels de l'étude GLOBE a été élaboré pour prendre en compte de manière empirique la manière dont ces différences sont perçues par les acteurs participant à la coopération étatique franco-allemande.[6]

2.1 Présentation des données

Le questionnaire conçu pour cette enquête a été adressé à des spécialistes de la coopération administrative franco-allemande ayant pu expérimenter la réalité du fonctionnement des deux administrations, française et allemande, du fait de leur expérience de fonctionnaire d'échange ou lors de stages organisés dans l'administration du pays partenaire.[7] Il s'agit donc de personnes étant en mesure d'effectuer une comparaison fondée – même si forcément subjective – entre les systèmes administratifs français et allemand, tout en ayant l'expérience de la coopération administrative franco-allemande et pouvant donc juger des marqueurs culturels qui, d'après eux, la caractérise.

La grande majorité des personnes interrogées dispose d'une expérience de la coopération franco-allemande supérieure à une année. Les domaines d'activité couverts sont très divers puisqu'ils vont de l'environnement, à l'économie, les transports ou l'aménagement du territoire à la police ou à la justice. Leurs connaissances linguistiques de la langue du pays partenaire sont qualifiées par leur soins de très bonnes pour 76% d'entre eux, bonnes (20%) ou moyennes (4%).

Les données ainsi récoltées sont donc le résultat d'une vision croisée des deux administrations de la part de personnes qui non seulement connaissent ces

---

[6] L'enquête a été conduite au cours de l'année universitaire 2011/2012 par un groupe d'étudiants du Master 2 «Politiques européennes de l'IEP de Strasbourg (I. Babic, E. Chapuis, R. Hornung, A. Lemonon, L. Marion, L. Moreno et JP Schwab) dans le cadre d'un travail de groupe réalisé sous la direction de l'auteur.

[7] L'échantillon des destinataires comprenait l'ensemble des ex-étudiants du programme de formation professionnelle franco-allemand MEGA (Master européen de Gouvernance et de l'Administration) destiné à des agents de la fonction publique française et allemande ainsi qu'aux fonctionnaires d'échanges en poste au moment de l'enquête. Dans le cadre de leur formation, les participants français au programme MEGA doivent effectuer un stage de 2 mois dans une administration allemande, et vis-et-versa. Questionnaire administré en deux vagues: décembre 2011, novembre 2013 par voie électronique au choix, en français ou en allemand. Administration du questionnaire et traitement des données par le logiciel sphinx. Nombre de destinataires: 144. Nombre de questionnaires remplis: 46. Répartition: 27 répondants français, 19 allemands; 10 fonctionnaires d'échange et 36 anciens du MEGA.

deux réalités nationales mais également celle de la coopération interétatique et la manière dont ses participants issus de deux univers administratifs distincts arrivent à travailler ensemble.[8] L'intérêt des réponses fournies par le questionnaire réside dans le fait que chaque personne interrogée, française ou allemande, était amenée à qualifier pour un même un aspect de ce qui constitue une culture administrative, ce qui caractérise d'après lui ou elle l'administration française, l'administration allemande, ainsi que les activités de coopération administrative franco-allemande.[9]

2.2 Particularités des cultures administratives française et allemande

L'appréciation portée par les spécialistes de la coopération franco-allemande sur la manière dont fonctionne l'administration de ces deux pays confirme l'existence de différences manquantes.[10] Celles-ci s'articulent autour de quelques éléments constitutifs des cultures nationales, tels qu'ils ont pu être distingués par Geert Hofstede dans son étude sur le lien entre culture et organisations (Hofstede 2010).

Cela commence par des aspects aussi élémentaires que le rapport au temps, qu'il s'agisse du temps court ou du temps long. Dans la gestion de leurs tâches, les fonctionnaires allemands apparaissent ainsi plus orientés vers la planification qu'en France, pays où la concentration sur les problèmes actuels est plus forte (0,50 points d'écart pour la moyenne des réponses sur une échelle allant de 1 à 7) et où les réunions sont moins planifiées à l'avance que dans l'univers administratif germanique.

---

[8] Précisons qu'à cause du profil particulier de la population analysée (expérience des échanges administratifs franco-allemands) il n'y a pas forcément adéquation entre la nationalité de la personne interrogée et l'administration pour laquelle elle travaille.

[9] Exemple de question posée: «Sur une échelle de 1 à 7, indiquer si, dans l'administration française/allemande/la coopération franco-allemande, l'influence d'une personne repose essentiellement sur ses savoirs, son expertise et ses contributions (1) ou sur son autorité et sa position (7)».

[10] En ce qui concerne les deux types de personnes interrogées dans le cadre de l'enquête, on ne relève que peu de variations entre les réponses des ex-étudiants du programme de formation MEGA et les fonctionnaires d'échange en ce qui concerne leur appréciation de la manière dont fonctionne la coopération franco-allemande. Les quelques variations existantes (écart entre les deux moyennes supérieur à 0,3 points) renforcent ou diminuent les différences entre les deux cultures mais ne change pas le positionnement de la coopération franco-allemande par rapport à ces deux moyennes.

Des disparités apparaissent également pour ce qui est du rapport à la règle et au cadre normatif. Ainsi, le respect des règles existantes jouant un rôle beaucoup plus prononcé en Allemagne que chez son voisin occidental, et il n'est pas surprenant que dans cette administration les tâches soient également considérées comme plus fortement structurées qu'en France et, qu'en conséquence, les imprévus y soient plus rares.

En ce qui concerne la relation au pouvoir et plus particulièrement à la hiérarchie, il ressort de l'enquête que les individus se montrent plus sûrs d'eux dans l'administration française que dans l'administration allemande, tandis que dans l'administration française on attend plus des acteurs qu'ils appliquent les instructions au niveau politique sans les questionner. Une certaine divergence apparait pareillement au niveau des relations humaines: la loyauté au groupe est plus privilégiée au détriment des intérêts individuels dans l'administration allemande qu'en France, de même que le souci des autres, alors qu'en France les acteurs dans la sphère administrative sont perçus comme cherchant plus à dominer les autres.

Il est intéressant de constater que ces résultats corroborent en grande partie les observations faites par J. Pateau (2009, 156) au sujet des orientations comportementales dans les entreprises françaises et allemandes, ce qui souligne l'importance des facteurs culturels dans ses spécificités:

- En France, la distance hiérarchique est longue et en Allemagne courte;
- En France, les relations sont plus marquées par le dissensus alors qu'en Allemagne le consensus domine;
- En France les tâches sont traitées selon le principe de la transversalité, en Allemagne selon le principe de la segmentation;
- En France le lien à la personne prédomine et est prioritaire par rapport à la tâche, alors que c'est le contraire en Allemagne;
- Enfin, la communication fonctionne surtout de manière implicite en France et explicite en Allemagne.

2.3 Comparaison des caractéristiques du mode de fonctionnement de la coopération franco-allemande par rapport à celles des deux cultures administratives nationales

Si on se penche sur la manière dont la coopération administrative franco-allemande est perçue par ces spécialistes en ce qui concerne les grandes caractéristiques fondatrices d'une culture administrative telles que définies dans l'enquête, et que on compare les réponses pour chacun des trois exemples de culture indiqués, quatre cas de figures peuvent être distingués.

(A): En cas de différence significative entre la France et l'Allemagne sur un item, la manière dont la coopération franco-allemande est qualifiée occupe une position médiane, c'est-à-dire que la moyenne des réponses données pour caractériser le fonctionnement de la coopération est à peu près aussi éloignée de la moyenne des réponses portant sur l'administration française que sur l'administration allemande. Il y a donc une position distincte mais qui se situe entre les deux pôles opposés occupés par les deux cultures administratives nationales telles que perçues par les personnes interrogées.

(B): En cas de différence significative entre la France et l'Allemagne pour les réponses sur un item donné, la manière dont la coopération franco-allemande est qualifiée occupe une position sensiblement plus proche de la moyenne obtenue sur cette question pour caractériser la situation française que pour celle caractérisant l'administration allemande. Sur cette question, la manière dont la coopération franco-allemande fonctionne se rapproche donc plus de la pratique française;

Pour le cas de figure (C), il s'agit de la situation opposée, à savoir qu'en cas de différence significative entre la France et l'Allemagne sur un item, la manière dont la coopération franco-allemande est qualifiée occupe une position sensiblement plus proche de la moyenne obtenue sur cette question pour caractériser la situation allemande.

Le cas de figure (D) correspond quant à lui à une situation dans laquelle la manière dont le fonctionnement de la coopération franco-allemande est caractérisé occupe sur l'échelle indiquée une position excentrée (c'est-à-dire inférieure ou supérieure) par rapport aux moyennes indiquées pour qualifier l'administration française et l'administration allemande. Il s'agit donc d'une position originale qui accentue nettement les caractéristiques attribuées selon le cas à l'administration française ou allemande. Plusieurs variations sont concevables à ce sujet, selon d'une part que les moyennes qualifiant l'administration française et l'administration allemande sont très éloignées, ou non, l'une de l'autre, et d'autre part si la moyenne obtenue par la caractérisation du fonctionnement de la coopération franco-allemande sur cette question donnée s'éloigne de manière importante des deux autres.

Compte tenu des différences, souvent significatives, entre les deux cultures administratives telles qu'elles ressortent des résultats présentés ci-dessus, on peut se demander comment des personnes qui sont ancrées dans ces cultures, de part leur formation et leurs fonctions arrivent à trouver des modes de fonctionnement communs lorsqu'il s'agit de travailler ensemble. Les résultats obtenus concernant les quatre cas de figure en ce qui concerne les variations envisageables peuvent donc être très instructifs quant au rapport existant entre la raison d'être de la coopération et la rationalité qui la sous-tend et les différentes dimensions des cultures administratives française et allemande.

Ainsi, pour ce qui est des variables pour lesquelles la façon dont est caractérisée la coopération franco-allemande occupe une position médiane entre la moyenne des réponses pour la France et celle pour l'Allemagne, contrairement à ce que l'on aurait pu attendre (hypothèse d'un *modus operandi* «compromis» entre les positions françaises et allemandes), leur nombre est assez restreint. Pour ce qui est de la loyauté vis-à-vis de l'organisation même si les intérêts individuels des acteurs en pâtissent: la moyenne des réponses concernant la coopération franco-allemande (4,12) se situe à mi chemin entre la moyenne caractérisant l'administration allemande (3,91 sur une échelle allant de 1 = tout à fait à 7 = absolument pas) et la moyenne française (4,35). C'est également le cas pour ce qui est de savoir si les processus de mise en œuvre opérationnelle au sein de l'administration sont plus le fait d'hommes (1 = niveau le plus élevé) ou des femmes (7 = niveau le plus élevé): la situation dans la coopération franco-allemande (3,56) occupe une position médiane entre la moyenne pour la France (3,36) et celle de l'Allemagne (3,75). Il en va de même pour le niveau de fierté à travailler pour la coopération franco-allemande. Celui-ci (5,00) est à équidistance de celle que l'on trouve dans l'administration française (5,21) et en Allemagne (4,81).

Il est intéressant de constater que les cas où la pratique de la coopération franco-allemande se rapprochent plus des spécificités françaises que du mode de fonctionnement de l'administration allemande relèvent tous du rapport à la règle, comme si la plus grande flexibilité caractérisant la culture administrative française pouvait faciliter la collaboration. C'est ainsi que l'importance accordée aux respects des règles dans la coopération franco-allemande (moyenne de 3,75) se rapproche plus de la pratique en vigueur dans l'administration française (4,15, c'est-à-dire un attachement peu prononcé) que de la pratique allemande (3,12). C'est aussi le cas pour ce qui est du caractère détaillé (correspondant à la valeur 1 sur l'échelle d'appréciation) ou pas (valeur 7) des missions afin que les agents sachent ce que l'on attend d'eux. Cette pratique semble bien caractériser l'administration allemande (moyenne de 2,97) mais bien moins la coopération franco-allemande (4,06) dont la situation s'apparente plus au flou qui semble régner dans l'administration française (4,43). Pour ce qui est de la structuration des tâches, la situation dans la coopération franco-allemande (4,12) est aussi plus proche de la réalité française (moyenne de 4,79 sur une échelle de 1 = tout à fait le cas, à 7 = pas le cas) que de celle qui a cours dans l'administration allemande (3,03) où les imprévus sont rares du fait d'un haut niveau de structuration des tâches.

A l'inverse, les variables pour lesquelles la caractérisation de la coopération franco-allemande se rapproche plus de la situation allemande que de la France portent surtout sur les relations interpersonnelles. Là aussi, cette proximité correspond à une nécessité de la coopération qui dépend de la bonne volonté des participants. C'est le cas pour la question de savoir si l'influence d'une personne repose essentiellement sur ses savoir-faire ou plus sur son autorité: entre la moyenne allemande qui est de 3,73 et la moyenne française de 5,06, la moyenne des réponses concernant la coopération estde 4,0. C'est également la raison pour laquelle dans la coopération franco-allemande, les individus sont perçus comme étant très à l'écoute des autres et de leurs particularités culturelles (moyenne de 3,06), soit un peu plus qu'en Allemagne (3,5) et beaucoup plus qu'en France[11]. Comme en Allemagne (3,97), les personnes importantes cherchent quant à elles plus à minimiser leurs différences de statut lorsqu'elles sont amenées à coopérer avec leurs homologues d'outre Rhin (4,06) qu'en France (2,42).

Logiquement, en ce qui concerne les caractéristiques étudiées, le dernier cas de figure concerne essentiellement les aspects comportementaux favorisant l'atteinte d'objectifs communs. Dans la coopération franco-allemande, les acteurs sont perçus comme cherchant plus à faire des compromis (3,97) que dans l'administration allemande (3,76) ou dans l'administration française (3,21) où les acteurs sont perçus comme cherchant plus à imposer leur point de vue. Dans la même lignée, les individus impliqués dans la coopération franco-allemande sont perçus comme étant en moyenne (3,00) plus aimables envers les autres – même en situation de conflit – que dans l'administration allemande (3,70) ou française (4,06). Dans la même veine, les participants à la coopération franco-allemande sont réputés être encore plus soucieux des autres (3,48) que dans l'administration allemande (3,73) ou française (4,44). De manière similaire, la moyenne des acteurs qui cherchent à être encore peu dominants (3,61) est plus élevée qu'en Allemagne (3,18) et surtout qu'en France (2,65). Par ailleurs, dans la coopération franco-allemande, les acteurs sont perçus comme étant un peu moins sûrs d'eux (moyenne de 3,25 sur une échelle allant de 1 = sûrs d'eux à 7 peu sûrs) contre 2,91 dans l'administration allemande et 2,68 dans la française. Enfin, il ressort également de l'enquête que dans la coopération franco-allemande on attend des acteurs qu'ils développent des solutions de façon décentralisée (4,30), plus encore qu'en Allemagne (4,19) alors qu'en France la moyenne (3,38) penche plus du côté de l'application par les acteurs des instructions du niveau politique sans les questionner.

---

[11] Étant la valeur maximum et 7, l'opposé.

Conclusion

Plus qu'un éventuel alignement général du mode de fonctionnement de la coopération bilatérale entre les deux pays sur l'un ou l'autre des modèles, on constate donc que c'est la logique de la coopération qui oriente de manière ponctuelle les comportements des acteurs dans un sens qui soit propice au travail en commun. Ainsi la place du compromis y est plus importante que dans les cultures administratives nationales, puisque les acteurs impliqués dans la coopération cherchent visiblement moins à imposer leur point de vue.

A cet égard, l'analyse des données nous conduit à faire deux remarques importantes concernant les leçons à tirer de l'effet des cultures administratives sur la coopération bilatérale. Tout d'abord, au-delà des différences existantes entre les deux cultures administratives nationales, il est frappant de constater que pour aucune des questions posées la distance entre les deux moyennes n'est vraiment importante (écart qui serait supérieur à deux points).[12] Ceci est d'autant plus vrai que là où les moyennes divergent le plus, l'écart-type des réponses est généralement élevé, ce qui montre l'existence d'une assez large pluralité d'opinions quand il s'agit de caractériser l'administration française ou allemande et donc l'hétérogénéité des positions. D'autre part les caractéristiques qui ressortent de ce mode de fonctionnement commun sont toujours assez proches de celles d'au moins l'une des deux cultures ce qui, en théorie au moins, doit faciliter l'apparition d'une culture commune.

Enfin, si sur certains points on ne distingue pas de différences notoires entre les trois cultures, notamment par rapport aux questions relatives à l'identification des agents avec leur travail, ce qui constitue le *modus operandi* de la coopération entre administration française et allemande semble avant tout être une synthèse de pratiques qui se rapprochent plus ou moins de celles prévalant dans l'administration française et allemande en fonction de la compatibilité de ces caractéristiques avec les objectifs de la coopération. Il n'y a donc pas domination d'un modèle sur un autre, mais plutôt un mélange permettant à toutes les parties prenantes de se retrouver, au moins partiellement, dans des attitudes et pratiques en grande partie similaires à celles existant au

---

[12] Le caractère relatif de ces différences est confirmé par le regard porté par les principaux intéressés. Ainsi, si la plus part des anciens élèves allemands de l'Ecole nationale d'administration disent avoir pris conscience de l'existence de différence entre les systèmes administratifs allemand et français à l'occasion de leur scolarité et lors des stages effectués pendant leur passage à l'ENA, ces différences sont relativisées avec l'expérience comme en témoigne la remarque suivante comme quoi malgré les différences, on atteint des résultats similaires et que finalement «tous les chemins mènent à Rome» (Presl 2012, 32).

sein de leur propre administration. Cela étant, des adaptations sont nécessaires sur certains points, d'où la nécessaire acculturation des acteurs là où des différences existes.

Ces différences culturelles sont en effet facteurs d'inconnu et la dynamique de la coopération bilatérale est loin d'être aussi maitrisable que la logique administrative procédurale qui est elle basée sur la réduction maximale de l'incertitude. C'est la raison pour laquelle, la meilleure garantie pour un bon fonctionnement de la coopération bilatérale est certainement de développer la connaissance du fonctionnement de l'administration du pays partenaire afin de mieux comprendre les subtilités de sa culture et la manière dont celles-ci s'expriment dans les comportements et attitudes des différents interlocuteurs amenés à travailler ensemble.

Littérature

BECK, JOACHIM (2008) «Patterns of Administrative Culture in Cross-Border Cooperation», in Beck and Thedieck, p. 179–2013

BECK, JOACHIM; THEDIECK, FRANZ (2008) «The European Dimension of Administratiive Culture». Baden-Baden, Nomos

CESI (2012), «Promouvoir la coopération administrative transnationale en Europe. Aspects choisis de la coopération administrative».http://www.cesi.org/pdf/seminars/Brochure_Finale_COOP_16P_WEB_FR.pdf

COLE, ALISTAIR; EYMERI-DOUZANS, JEAN-MICHEL (2008) «Les cultures administratives. Socialisations, communalisations, logiques d'actions». Présentation des objectifs de la journée d'étude organisée le 21 novembre 2008 à l'IEP de Lyon

FISCH, STEFAN (2008) «Mechanisms creating a European Administrative Culture», in Beck, Joachim; Thedieck, Franz (2008) «The European Dimension of Administratiive culture». Baden-Baden, Nomos, p. 23–30

HOFSTEDE, GEERT; HOSTEDE, GERT JAN; MINKOV, MICHAEL (2010) «Cultures and organizatiions. Software of the mind. Intercultural cooperation and its importance for survival. New-York: MacGraw-Hill, Third edition [édition française: Cultures et organisations. Nos programmations mentales. Paris, Pearson, 2010]

HOUSE, ROBERT, et al (2002) «Understanding culture and implicit leadership theories», in *Journal of world business*, 3–10

IRIBARNE, PHILIPPE D' (1989) «La logique de l'honneur. Gestion des entreprises et traditions nationales». Paris, Le Seuil

PAINTER, MARIN; PETERS, GUY B (2010) «Tradition and public administration». Palgrave/Macmillan

PRESL, JOCHEN (2012) «Les élèves allemands de l'ENA et leur vision de la gestion publique – Une comparaison entre la France et l'Allemagne», Mémoire de master 2 Affaires publiques, Paris Dauphine/ENA, p. 55

SZENTE, ZOLTÁN (2008) «The effects of Europeanisation on administrative culture – From myths to reality, in Beck, Joachim; Thedieck, Franz (2008) «The european dimension of administrative culture». Baden-Baden, Nomos, p. 40–62

ZILLER, JACQUES (1993) «Administrations comparées», Paris: Montchrétien

Les multiples facettes de la coopération administrative entre la France et l'Allemagne

FABRICE LARAT

Sommaire

1. Les rouages administratifs du moteur franco-allemand	163
1.1 Les bases posées par le Traité de l'Elysée	163
1.2 Les objectifs fixés par la déclaration commune de 2003	164
1.3 Le cadre institutionnel de la coopération	166
2. La dimension administrative de la coopération franco-allemande en lien avec la coopération européenne	168
2.1 Diversité et complémentarité des différentes formes de coopération administrative	168
2.2 La coopération administrative franco-allemande: un forme d'«Embedded bilateralism»?	170
3. Conclusion: la contribution essentielle du facteur humain	179
Références bibliographiques	180

Si le processus d'intégration économique, politique, monétaire et social à l'œuvre au sein de l'Union européenne peut être considéré comme le vecteur d'un rapprochement des cultures administratives entre Etats membres (Szente 2008), voir être à l'origine de l'émergence d'une culture transnationale qui soit propre aux organes et institutions de l'Union et à par extension à tous les agents y compris nationaux en charge de la mise en œuvre et de l'application des politiques européennes[1], il existe également de multiples formes de coopération entre administrations au niveau bilatéral, c'est-à-dire entre deux pays membres de l'Union.

A la différence de la coopération administrative *stricto-sensus* telle qu'entendue dans le cadre de l'Union européenne[2], la coopération entre administra-

---

[1] Voir l'introduction.
[2] Avec l'article 197 du traité de Lisbonne sur le fonctionnement de l'UE, la coopération administrative entre les États membres devient une compétence de l'Union. A travers cette coopération, il s'agit d'assurer une mise en œuvre effective du droit européen en améliorant notamment l'efficacité des administrations des États membres. Dans le domaine fiscal, un mécanisme d'assistance mutuelle entre États membres de l'UE avait été

tions nationales est beaucoup plus large, au sens où les formes qu'elle peut prendre sont plus variées et les objectifs poursuivis plus divers. De fait, la coopération intergouvernementale, qu'elle soit bi- ou multilatérale, a toujours une dimension administrative, ne serait ce quand il s'agit de mettre en œuvre les décisions prises au niveau politique par les gouvernements concernés lorsque celles-ci sont sensées déboucher sur des projets communs avec un ou plusieurs autres Etats.

Même si la fonction instrumentale de l'administration par rapport au pouvoir politique dans le sens d'une subordination au gouvernement dont elle met en œuvre les décisions n'est pas remise en cause et si l'action administrative reste nécessairement commandée par la volonté politique dans le cadre de la coopération intergouvernementale comme elle l'est d'ailleurs dans les autres domaines d'activité, la coopération franco-allemande n'est toutefois pas seulement une priorité politique mais aussi une réalité sur le plan administrative concernant un nombre d'acteurs ayant intégré la dimension politique et les finalités de la coopération dans leur action.[3]

A cet égard, la coopération franco-allemande, de part son ancienneté, son intensité et la grande variété des domaines concernés, représente un cas d'étude privilégié pour comprendre la nature des liens et interactions ainsi établis entre deux systèmes administratifs spécifiques et bien distincts, mais

établi dès 1977 par la directive 77/799/CE du Conseil. À l'origine, cette directive complétait les dispositions d'assistance mutuelle existant dans les conventions fiscales bilatérales conclues entre États membres. Il est apparu toutefois qu'elle n'était pas adaptée aux nouveaux enjeux de la mondialisation. Elle a donc été remplacée par la directive 2011/16/UE du Conseil. Au moment de la création du marché intérieur et de la suppression des contrôles physiques aux frontières, il a fallu mettre en place un système de contrôle de la TVA pour les échanges commerciaux entre États membres: le système d'échange d'informations sur la TVA (VIES). Cf. http://ec.europa.eu/taxation_customs/ taxation/tax_cooperation/gen_overview/index_fr.htm.

La coopération administrative entre administrations des Etats membres est en effet un aspect essentiel de la réalisation du marché unique. La directive «services» adoptée par le Parlement européen et le Conseil le 12 décembre 2006 exige ainsi des États Membres qu'ils coopèrent entre eux et se prêtent mutuellement assistance pour assurer le contrôle des prestataires de services. Les autorités compétentes doivent procéder à des échanges d'informations entre elles, ainsi qu'à des vérifications, des inspections et des enquêtes, si un autre État membre en fait la demande. Ces obligations sont assez contraignantes car les administrations nationales doivent également alerter les autres États membres des situations en cas d'activités de services pouvant occasionner un préjudice grave à la santé ou la sécurité des personnes ou à l'environnement. À cette fin, la Commission, en coopération avec les États membres, a mis en place un système électronique d'échange d'informations (IMI). Cf. http://ec.europa.eu/internal_market/services/ser vices-dir/implementation/administrative_cooperation/index_fr.htm.

[3] C'est ce qui ressort de l'enquête présentée au chapitre suivant.

amenés à s'ouvrir de plus en plus l'un à l'autre dans le cadre de cette coopération.

A cet égard, on constate que les institutions sont un facteur central de l'organisation de la coopération, qu'elle soit bi- ou multilatérale, de nature intergouvernementale ou supranationale. Les institutions ont un effet structurant sur la coopération entre les États et les sociétés, car elles lient les acteurs entre eux et font naitre des intérêts communs dans certains domaines (Chaigneau, Seidendorf 2013, 16). Pour ce qui est de la France et de l'Allemagne, ce qui caractérise cette coopération, outre son intensité, c'est justement le caractère institutionnalisé des relations entre les deux gouvernements ainsi que leur fondement normatif, à savoir l'existence d'un ensemble de normes formalisées – ou non – guidant l'action, de même que la stabilité des attentes réciproques (Krotz, Schild 2012, 34). Cela étant, la coopération franco-allemande ne se limite pas aux rencontres à un haut niveau politique, puisqu'elle repose également sur une étroite coopération au niveau opérationnel (Schwarzer 2008, 7).

L'objet de ce chapitre est d'étudier les différents mécanismes et structures impliquant l'appareil administratif des deux Etats afin de mettre en lumière leur contribution à la coopération franco-allemande. Cela nous permettra de mettre en évidence le rôle des différents rouages composant cette machine très élaborée qu'est devenue la coopération franco-allemand de même que l'existence de certaines pratiques permettant de «lubrifier» ses rouages. En comparant les mécanismes mis en place dans le cadre de la coopération franco-allemande avec ceux existant au niveau européen, nous montrerons à quel point, à défaut d'être uniques, les premiers sont avancés et en quoi, dans un même temps, ils contribuent au bon fonctionnement de la gouvernance multi-niveaux au sein de l'Union européenne.

1. Les rouages administratifs du moteur franco-allemand

1.1 Les bases posées par le Traité de l'Elysée

Le traité de coopération destiné à sceller la réconciliation entre la France et la République Fédérale d'Allemagne signé le 22 janvier 1963, et passé à la postérité sous le nom de traité de l'Elysée, prévoyait plusieurs dispositions mentionnant explicitement l'implication des appareils administratifs des deux pays dans la poursuite des objectifs fixés par l'accord et placés sous la responsabilité des deux Chef d'Etat et de Gouvernement et de leurs ministres. Sous le titre 1 «Organisation», il est ainsi fait mention des mécanismes suivants:

(2) «[...] Sans préjudice des contacts normalement établis par la voie des ambassades, les hauts fonctionnaires des deux Ministères des Affaires étrangères, chargés respectivement des affaires politiques, économiques et culturelles, se rencontreront chaque mois alternativement à Paris et à Bonn pour faire le point des problèmes en cours et préparer la réunion des Ministres. D'autre part, les missions diplomatiques et les consulats des deux pays ainsi que leurs représentations permanentes auprès des organisations internationales prendront tous les contacts nécessaires sur les problèmes d'intérêt commun.»

(3) «Des rencontres régulières auront lieu entre autorités responsables des deux pays dans les domaines de la défense, de l'éducation et de la jeunesse [...]».

(4) «Dans chacun des deux pays, une commission interministérielle sera chargée de suivre les problèmes de la coopération. Elle sera présidée par un haut fonctionnaire des Affaires étrangères et comprendra des représentants de toutes les administrations intéressées. Son rôle sera de coordonner l'action des ministères intéressés et de faire périodiquement rapport à son Gouvernement sur l'état de la coopération franco-allemande. Elle aura également pour tâche de présenter toutes suggestions utiles en vue de l'exécution du programme de coopération et de son extension éventuelle à de nouveaux domaines».

Les domaines de coopération prévus par le traité concernaient, rappelons-le, les affaires étrangères, la défense, l'éducation et la jeunesse ainsi que la recherche scientifique.

1.2 Les objectifs fixés par la déclaration commune de 2003

A l'occasion du 40ème anniversaire du traité de l'Elysée, une déclaration commune du président français Jacques Chirac et du chancelier allemand Gerhard Schröder a fixé de nouveaux objectifs à la coopération, ces visées nécessitant une collaboration encore plus étroite entre les appareils administratifs des deux pays étant donné la diversité des secteurs d'activités concernés mais aussi la portée des mesures prévues.

Les procédures de concertation bilatérale ont ainsi été renforcées. Les Sommets franco-allemands sont transformés en Conseil des ministres franco-allemand préparé par les ministres des Affaires étrangères. Le Conseil des ministres assure la coordination de la coopération franco-allemande au plus haut niveau ainsi que le suivi de sa mise en œuvre dans les domaines d'action prioritaire. Un Secrétaire général pour la coopération franco-allemande est également institué dans chaque pays. Personnalité de haut niveau, il est rattaché personnellement au Chancelier et au Premier ministre et dispose d'une structure appropriée au ministère des Affaires étrangères. Assisté d'un adjoint du pays partenaire, il coordonne la préparation, la mise en œuvre, le suivi des décisions des instances politiques de concertation et le rapprochement des deux pays dans les instances européennes.

Le premier grand objectif fixé par la déclaration conduisant à une coopération encore plus intense entre les appareils administratifs concerne la volonté de mettre en place des consultations systématiques entre ministres lors de la préparation des projets de loi, et à mieux prendre en compte l'état et l'évolution de la législation du pays partenaire afin de rechercher toutes les convergences possibles. Le but affiché n'est rien moins qu'harmoniser les législations nationales dans les domaines principaux qui intéressent la vie des citoyens des deux côtés du Rhin. Le deuxième objectif porte sur le domaine de la coopération transfrontalière, où les projets sont déjà nombreux et qui entrainent une large mobilisation des appareils administratifs sur le plan local.[4]

On relève par ailleurs que les services ministériels de part et d'autre sont également appelés à collaborer sur les questions de coordination des politiques économiques et des actions entreprises, tant au niveau de l'Union européenne qu'international. Il s'agit de rechercher des positions communes sur les questions fondamentales de la politique économique et financière qui se posent à moyen et long terme, telles que celles du financement des retraites, des systèmes de santé et du marché du travail. La déclaration mentionne enfin l'intention de développer la coopération en matière de politique industrielle, commerciale, d'énergie, de technologies et de transports afin de renforcer, dans le cadre européen, la compétitivité des deux économies.[5]

Tirant les conséquences des implications de cette politique en termes de compétences nécessaires à sa réalisation, le texte de la déclaration consacre un paragraphe entier aux mesures destinées à améliorer les conditions du travail

---

[4] «Nous appelons aussi de nos vœux le renforcement de la coopération entre collectivités territoriales afin de favoriser l'émergence de nouveaux liens, notamment entre régions françaises et Länder allemands, ainsi que le développement d'une coopération et d'une intercommunalité transfrontalières.»

[5] Le groupe de travail mis en place au moment de la crise de l'Euro en août 2012 et qui a réuni le directeur du trésor au Ministère des Finances, Ramon Fernandez, et le secrétaire d'Etat aux finances Jörg Asmussen est un bon exemple des formes concrètes prises par cette coopération.

en commun, notamment pour ce qui est de la formation et de la mobilité des fonctionnaires.[6]

En cherchant à promouvoir la coordination des politiques nationales et à réaliser des actions concrètes aux bénéfices des administrés des deux Etats, les dirigeants français et allemands rendent nécessaire la mise en place d'échanges continus et approfondis entre leurs deux appareils administratifs. Ainsi, entre 2002 et 2006, les Conseils des ministres ont donné l'élan nécessaire à l'intensification de la coopération au niveau administratif. Depuis des feuilles de route continuent à donner aux administrations ministérielles des objectifs concrets et un cadre de coopération précis (Schwarzer 2008).

1.3 Le cadre institutionnel de la coopération

Suite aux initiatives politiques prises au plus haut niveau et dans le but de créer un cadre permettant de donner un caractère stable et durable à la coopération franco-allemande, plusieurs structures et mécanismes ont été mis en place au fil des années. Tous prévoient la participation de représentants des appareils administratifs des deux pays concernés par les domaines et formes de coopération visés. Concrètement, cela veut dire qu'en amont comme en aval des rencontres, un certain nombre de fonctionnaires français et allemands sont amenés à préparer les réunions, participent à la collecte et aux échanges d'informations sur les sujets de discussion, préparent les décisions et veillent à leur mise en œuvre. Pour faciliter la communication et la concertation au sein des appareils administratifs nationaux comme entre les deux systèmes, un réseau de points de contacts ou personnes relais pour les questions franco-allemandes a été mis en place au sein de chaque ministère. Il complète les trois structures sectorielles qui ont été successivement mises en place.

Un Conseil économique et financier franco-allemand a été établi par le protocole additionnel au Traité de l'Elysée du 22 janvier 1988. Son but est de renforcer et rendre plus étroite la coopération entre les deux pays, d'harmoniser

---

[6] «Afin d'améliorer la connaissance réciproque des pratiques administratives et l'efficacité de notre travail en commun au sein des administrations publiques de nos deux pays, nous demandons à nos ministres de généraliser l'affectation de fonctionnaires auprès du pays partenaire, au niveau national comme au niveau local, de rendre systématiques les contacts entre responsables des mêmes dossiers dans les deux États, d'accroître les échanges d'information, d'améliorer la connaissance de la langue du partenaire et de mettre en place des formations conjointes, particulièrement pour l'encadrement. Nous les invitons également à intégrer dans leur équipe, au sein de leur cabinet, un ressortissant du pays partenaire. Nous invitons également les collectivités territoriales à mettre en place de tels échanges». Déclaration commune franco-allemande du 22 janvier 2003.

autant que possible leurs politiques économiques, de rapprocher leurs positions sur les questions internationales et européennes d'ordre économique et financier. Par exemple, chaque année avant leur adoption par les Gouvernements et le vote par les Parlements, le conseil économique et financier franco-allemand a pour mission d'examiner les grandes lignes des budgets nationaux. Ses membres étudient également de manière périodique la situation économique et les politiques économiques de chacun des deux pays, en vue d'une coordination aussi étroite que possible, y compris pour ce qui est des positions relatives aux négociations économiques internationales.

Le Conseil franco-allemand de défense et de sécurité résulte lui aussi d'un protocole additionnel au Traité de l'Elysée. Il institue un secrétariat du Conseil franco-allemand de Défense et de Sécurité chargé d'assurer la coordination des ministères des Affaires étrangères et de la Défense. L'institution d'un organe commun de consultation et de décision au plus haut niveau a pour but d'intensifier les relations franco-allemandes dans le domaine de la politique de défense et de sécurité.

Le Conseil franco-allemand de l'environnement a quant à lui été créé suite à un échange de notes, en 1989, entre les ministres des Affaires étrangères de la République française et de la République fédérale d'Allemagne. Il a pour tâche d'harmoniser les politiques de l'environnement des deux pays; de discuter bilatéralement des problèmes relatifs à l'environnement; de coordonner, dans le cadre des Communautés Européennes et au niveau international, les positions sur des questions de politique de l'environnement; de lancer des initiatives communes en ce qui concerne les questions internationales d'environnement.

S'il est important de préciser que le caractère formaliste des mécanismes précités ne présente en aucune façon une garantie d'effectivité de la coopération en termes d'impact[7], leur institutionnalisation (procédures bien définies, ordres du jour fixés à l'avance, périodicité régulière des rencontres, interlocuteurs et responsabilités respectives bien identifiés) facilite considérablement les échanges et leur inscription dans la durée, de même que la capitalisation des expériences et la création de réseaux stabilisés. Cela est particulièrement important lorsque les appareils administratifs sont appelés à jouer un rôle central comme porteurs et relais de la volonté politique, étant donné que les règles, routines et procédures standardisées occupent traditionnellement une place importante dans le fonctionnement de l'administration publique, quelle soit allemande ou française.

---

[7] Les rencontres rodées, certes pas toujours très productives ont en tout cas l'avantage d'entretenir l'esprit de coopération au plus haut niveau politique comme aux différents niveaux des appareils administratifs (BAASNER 2013a, 77).

Du fait de la traduction de la volonté politique de coopération dans des formes institutionnalisées de coordination et d'échange ainsi que leur ancrage dans des accords intergouvernementaux au plus haut niveau, tout comme l'implication d'un grand nombre d'acteurs administratifs dans les structures et procédures mises en place au fils des décennies, ces différents mécanismes ont développé des effets pédagogiques tout à fait positifs. C'est ce qui pousse Frank Baasner à constater que les rencontres régulières auxquelles se sont engagés les deux Etats et leurs dirigeants exercent une force structurante (on pourrait même dire contraignante), surtout après les changements de gouvernement, dans le sens où ces rencontres ont un effet disciplinaire et les hauts fonctionnaires, forts de l'expérience qu'ils ont pu accumuler au fil des années apportent souvent une contribution décisive à ce rapprochement et à une meilleure compréhension du partenaire (Baasner 2013a, 75–76).

2. La dimension administrative de la coopération franco-allemande en lien avec la coopération européenne

2.1 Diversité et complémentarité des différentes formes de coopération administrative

L'endurance et l'adaptabilité des relations bilatérales entre la France et l'Allemagne constituent une des caractéristiques les plus remarquables du système politique européen des cinquante dernières années (Krotz and Schild, 2013). C'est l'existence de différents facteurs combinés les uns avec les autres qui, comme le remarque ces deux auteurs, nourrit la résilience de cette relation et contribue à son adaptabilité au fil du temps et des épreuves, de même que son élargissement à des domaines d'activité de plus en plus larges et variés. Parmi ces facteurs, on trouve un tissu extraordinairement dense de relations bilatérales et de normes, lesquelles mettent de l'huile dans les rouages de la coopération intergouvernementale.[8]

D'un point de vue théorique, on peut distinguer différents modes de coopération envisageables en fonction de son objet, des buts poursuivis, du cadre dans laquelle elle s'inscrit ainsi que des effets attendus. La diversité des formes prises par la coopération ne doit pas cacher leur caractère complémentaire, tant le résultat de chacune d'entre elles contribue à renforcer les effets des autres. Ainsi une bonne connaissance du système administratif du pays parte-

---

[8] Pour une première analyse http://blog.oup.com/2013/02/elysee-treaty-france-germany-europe/#sthash.HzMiEYrL.dpuf.

naire, des positions qu'il défend, la possibilité d'identifier sans trop de difficultés d'éventuels interlocuteurs tout comme l'existence de liens de confiance entre personnes clef, facilitent non seulement la communication, le développement de projets et la recherche de positions communes mais sont plus largement encore indispensables pour faire face aux difficultés voire aux crises qui ne peuvent manquer de survenir dans la relation. Or, si on compare la liste des formes potentielles de coopération présentées dans le tableau 1 avec les structures, initiatives et mécanismes mis en place entre la France et l'Allemagne, on constate que la coopération administrative entre ces deux pays est très complète.

Table 1: Différents modes de coopération administrative envisageables d'un point de vue théorique

Objet	But	Cadre	Effets attendus
Découverte de l'administration du pays partenaire	Bonne compréhension de la structure et du fonctionnement de l'administration partenaire	Mobilité des agents Programmes nationaux ou conjoints de formation	Plus grande familiarité avec les institutions du pays partenaire et confiance entre les participants Réduction des coûts de transaction, pour ce qui est de la communication et de la recherche d'informations Meilleure utilisation des opportunités existantes
Echange d'expériences et de bonnes pratiques	Découverte de nouvelles méthodes et formes d'organisation Parangonnage	Séminaires en commun Visites d'étude	Innovation sur le plan des pratiques administratives et dans la gestion des politiques publiques via l'appropriation et l'adaptation d'outils découverts dans le cadre de la coopération
Echange d'informations et d'arguments concernant des sujets d'intérêt commun	Meilleure compréhension des positions adoptées par le partenaire sur ces sujets	Contacts officiels fréquents Relations inter-individuelles	Facilite l'adoption d'une attitude constructive vis-à-vis de la position du partenaire sur les sujets d'intérêt commun Facilite la prise d'initiatives communes et de trouver des solutions pour les problèmes existants

2.2 La coopération administrative franco-allemande: une forme d'«Embedded bilateralism»?

Pour décrire les caractéristiques des relations bilatérales entre la France et l'Allemagne dans le contexte du processus d'intégration européenne, le politologue Alexander Kortz utilise le concept de «embedded bilateralism» c'est-à-dire d'un bilatéralisme qui serait profondément enchâssé dans un cadre institutionnel intergouvernemental, mais en même temps étroitement lié au fonctionnement de l'Union dans son ensemble. Il s'agit d'un concept qui permet de bien prendre en compte le jeu des interrelations entre le niveau bilatéral des relations franco-allemandes et le niveau européen. Ainsi, la coopération bilatérale franco-allemande serait un élément stabilisateur et «ordonnansant» (*Ordnungsstiftend*) du système politique multilatéral de l'Union européenne (Kortz 2012, 34).

Bien que sans pareil pour ce qui est de leur densité et intensité, les mécanismes de coopération impliquant les appareils administratifs des deux pays ne peuvent être dissociés des formes de coopération impliquant l'Union européenne et les autres Etats membres. Ainsi que le rappellent les dirigeants français et allemands depuis le traité de l'Elysée, la raison d'être de leur coopération est de contribuer à la construction d'une Europe unie.[9] Au sein des structures européennes, le partenariat franco-allemand occupe une place centrale et joue souvent un rôle moteur à cause du bon fonctionnement de ses instruments bilatéraux de coopération et du caractère novateur des formes de collaboration mises en place.

Les mécanismes de coopération administrative entre la France et l'Allemagne ont donc également une dimension européenne. Souvent, ils représentent un élément central de mécanismes multilatéraux plus larges, comme le montrent les exemples présentés dans le tableau ci-dessous.

---

[9] «La coopération entre nos deux pays, à l'origine même de la construction européenne, traduit l'importance du rôle moteur du couple franco-allemand. Alors que l'Europe fait face à une crise qui frappe durement les Européens, nous sommes déterminés à développer encore la coopération franco-allemande et à la mettre au service de l'approfondissement de l'Union économique et monétaire afin que l'Europe surmonte les difficultés et nous permette de sortir de la crise plus forts». Déclaration de Berlin à l'occasion du cinquantième anniversaire du traité de l'Elysée.

Table 2: Exemples de coopération administrative en Europe

Raison d'être de la coopération	Coopération bilatérale	Coopération multilatérale
Suivi des politiques de coordination	*Commission interministérielle pour la coopération franco-allemande;* *Arbeitstab Frankreich (AA) et Mission Allemagne (MAE)* *Point de contact franco-allemand dans chaque ministère*	Réseau EUPAN
Echange d'informations et amélioration de la connaissance réciproque sur le fonctionnement des administrations	*Echanges au niveau ministériel et au niveau des collectivités territoriales*	Réseaux EUPAN et DISPA
Production d'expertise sur des sujets d'intérêt commun	Think Tanks, fondations: *Deutsch französisches Institut Ludwigsburg, Euro-Institut Kehl, CIERA*	EIPA + réseau EUPAN
Formation	Formation diplômante généraliste à destination de praticiens: *MEGA* Activités conjointes de formation: *ENA/DUV Speyer; IGPDE/BMF; Intérieur/BMI*	Formations aux questions européennes et au management public: *EIPA* Echanges de bonnes pratiques en matière de formation de fonctionnaires: *DISPA*
Favoriser la mobilité des fonctionnaires et agents publics	*Programme d'échange de fonctionnaires*	Mobilité verticale (Etats membres/ Union européenne): Experts nationaux détachés Mobilité horizontale (entre Etats membres): Programme Belevue

Loin de faire concurrence ou de dupliquer les structures de coopération multilatérales existant au niveau européen, les mécanismes franco-allemands renforcent en fait leur utilité en permettant à deux des Etats membres les plus importants de l'Union d'avoir une coopération plus poussée dans des domaines aussi essentiels que la coordination, les échanges, la mobilité ou la formation des personnels appelés à participer à la coopération.

Les instances de coordination et d'échange

Pour ce qui est des échanges d'informations et de l'amélioration de la connaissance réciproque sur le fonctionnement des administrations, de même que pour la coordination de la coopération en matière administrative, nous avons vu ci-dessus que la France et l'Allemagne disposaient de structures ad-hoc dans de nombreux domaines: Commission interministérielle pour la coopération franco-allemande, «Arbeitstab Frankreich» et «Mission Allemagne» au sein des deux ministères des affaires étrangères, points de contact franco-allemand dans chaque ministère. A cela s'ajoutent les échanges d'information au niveau ministériel ou des collectivités territoriales.

Au niveau européen, trois structures ont progressivement vu le jour afin de remplir des fonctions similaires sur le plan multilatéral. Ce fut tout d'abord le cas avec l'Institut européen d'administration publique (en anglais EIPA) créé en 1981 à l'issue du premier Conseil européen afin d'aider les fonctionnaires à comprendre les mécanismes décisionnels de la Communauté européenne et à participer efficacement aux processus d'élaboration des politiques communautaires. Installé à Maastricht aux Pays-Bas, c'est depuis lors un centre de formation et de recherche sur l'administration publique et la politique européenne financé par Etats-membres de l'Union européenne et par la Commission. Ses activités portent sur la formation de fonctionnaires des institutions de l'Union ainsi que de fonctionnaires nationaux à la demande des Etats membres. EIPA réalise également des études sur des aspects importants de l'intégration européenne et du management public.[10] Cette structure de coopération combine donc une dimension verticale (formations et recherche concernant les relations entre l'administration des Etats membres et les institutions de l'Union) et une dimension horizontale (formations communes de fonctionnaires nationaux sur les questions de gestion publique).

L'échange d'informations entre les administrations publiques des différents Etats membres de l'Union est quant à lui organisé au sein du réseau EUPAN (*European public administration network*) qui comporte trois niveaux d'organisation: niveau politique (entre les ministres et le Commissaire responsable de la fonction publique), niveau de la gestion (entre les directeurs généraux ou les responsables de l'administration) et niveau technique (dans le cadre de groupes de travail thématiques «Ressources humaines», «Services publics novateurs», «Administration en ligne» ainsi que des réunions d'experts autour de «Mieux réglementer»).[11] Le réseau permet aux fonctionnaires de l'ensemble

---

[10] Cf. la présentation des activités sur le site http://www.eipa.nl/.
[11] La coopération informelle au sein de la CEE puis de l'Union européenne dans le domaine de l'administration publique a débuté dans la deuxième moitié des années soixante-dix en liaison avec le Conseil. Une structure a été mise en place sous le nom de comité des

des États membres de l'UE de coopérer et d'échanger leurs connaissances dans le domaine de l'administration publique.[12]

L'activité organisée dans le cadre d'EUPAN est complétée par celle du réseau des directeurs des instituts et écoles d'administration publique (DISPA). En mai 1995, lors d'une réunion EUPAN organisée dans le cadre de la présidence française, il a été décidé d'inviter les directeurs des instituts et des écoles d'administration publique à se réunir plus tard dans l'année. Le réseau DISPA entretient des liens informels avec EUPAN, sans toutefois faire partie de ses structures formelles. Outre les directeurs des écoles de l'Union, ceux de pays voisins sont invités sur une base ad hoc. EIPA, la Commission européenne et, depuis sa création en 2005, l'École européenne d'administration qui dépend de l'Union européenne, participent également au réseau.[13]

La volonté de coopération des membres du réseau est guidée par le constat que les savoir-faire exigés des cadres supérieurs de la fonction publique pour faire face au changement continu du secteur public seront essentiels dans l'avenir à la croissance économique et à la cohésion sociale mais qu'un effort seulement national ne peut suffire à faire face aux problèmes soulignés.[14] Outre l'échange d'information sur les évolutions de leur fonction publique respective et la conduite d'une réflexion commune sur les enjeux actuels et à venir, les réunions biannuelles du réseau sont l'occasion de découvrir ce qui se fait dans les administrations et les écoles de formation des pays partenaires, ce qui, par la même occasion, favorise l'échange de bonnes pratiques et l'ouverture sur l'extérieur.

L'importance de la formation

Même en faisant abstraction de la nécessité de faire converger des intérêts nationaux souvent divergents, la coopération entre système administratifs

---

directeurs généraux des administrations publiques des pays membres. La Commission européenne faisant également partie du réseau. En février 1988, une conférence informelle réuni à Maastricht les ministres des Etats membres en charge de l'administration publique se sont mis d'accord «on the desirability to exchange information and experiences among themselves and between their top-level civil servants responsible for management and personnel policy in their administrations, and called upon these top-level managers to arrange informal meetings in order to prepare the next informal conference at ministerial level». Cf. EUPAN Handbook, p. 41 http://eupan.eu/files/site/EUPAN_Handbook_Polish_update.pdf.

[12] Pour plus d'information cf. http://www.eupan.eu/.
[13] Depuis 1997, chaque État membre exerçant la présidence tournante de l'UE organise une réunion DISPA.
[14] Cf. le «Manifeste de Strasbourg» adopté en 2008.

différents ne va pas de soi, du fait de leurs traditions politiques, juridiques et culturelles respectives. Pour parvenir à des fins communes ou en tout cas acceptables par les différentes parties prenantes, il faut en effet pouvoir disposer de personnel capable de co-opérer au sens premier du terme, c'est-à-dire de travailler ensemble et d'interagir avec le ou les partenaires dans un esprit de collaboration. Cela commence par une maitrise suffisante de la langue du partenaire, ou au moins d'une langue commune (en règle générale l'anglais) mais nécessite aussi une connaissance minimale des institutions, normes, règles et comportements types qui conditionnent son mode de d'action. C'est ce qui donne une importance particulière aux programmes de formation et de mobilité de fonctionnaires puisque ces mesures permettent une meilleure connaissance et compréhension de la structure et du fonctionnement de l'administration partenaire.

Pour ce qui est de la coopération bilatérale, du fait de la place centrale qu'elle occupe dans la formation des cadres supérieures et dirigeants de l'hexagone, l'Ecole nationale d'administration apporte une contribution non négligeable à la formation à la coopération administrative franco-allemande. Depuis 2009, une journée d'étude commune aux élèves de l'ENA et aux référendaires de l'Université allemande des sciences administratives de Spire est organisée chaque année. Dans le cadre d'atelier de simulation et grâce à des jeux de rôle autour de sujets importants pour la coopération bilatérale et européenne, français et allemands apprennent à trouver ensemble des solutions. Par ailleurs, depuis le milieu des années soixante-dix, dans le cadre du cycle international pour élèves étrangers, l'ENA accueille chaque année plusieurs élèves allemands qui suivent une grande partie de la scolarité de leurs camarades français et ont ainsi la possibilité de se familiariser avec la structure et le fonctionnement de l'administration française. A l'heure actuelle, outre les enseignements dispensés à l'ENA, les élèves allemands suivent un stage en responsabilité de 5 mois dans une préfecture ou une collectivité locale et un stage de 4 mois dans une ambassade française.[15] Pendant ce temps-là, certains de leurs camarades français effectuent leur stage au Ministère allemand des affaires étrangères, à la chancellerie du land de Bavière ou à la représentation permanente allemande auprès de l'Union.[16] Le fait de suivre ensemble une formation permet d'acquérir des référentiels communs mais aussi de se consti-

---

[15] Il convient de signaler qu'en 2007, la première personne ne disposant pas de la nationalité française à avoir réussi la réussite au concours d'accès à l'ENA était allemande.

[16] En parallèle, un élève allemand est envoyé en stage à la représentation permanente française. Pour une vue d'ensemble de la place des relations franco-allemande à l'ENA, cf. Thénard 2014. Voir aussi les témoignages d'anciens élèves français et allemands reproduits dans le numéro spécial que le mensuel l'ENA hors les murs à consacré aux relations franco-allemande, hors-série, Juillet 2013.

tuer un réseau de contacts avec d'anciens camarades (dont certains sont appelés à occuper des postes importants à l'avenir) et qui seront autant de sources d'information et de relais dans leur future carrière professionnelle.[17]

Pour ce qui est de la formation continue, un séminaire franco-allemand piloté par l'Institut de la gestion publique et du développement économique (IGPDE) du ministère français des finances et le ministère fédéral allemand des finances a été créé le 15 novembre 1999 par une déclaration commune des ministres des finances des deux pays, lors d'un Conseil économique et financier à Hattersheim. Il a pour objectifs de permettre à des jeunes cadres des deux ministères de mieux comprendre le partenaire, son administration et ses méthodes de travail. La formation vise l'acquisition de compétences interculturelles utiles pour l'exercice de la relation franco-allemande (négociations bilatérales et européennes, tenue de réunions).

Dans le même genre, un programme franco-allemand de formation continue des fonctionnaires a été crée en 2005 dans le prolongement du 40ème anniversaire du Traité de l'Élysée, et à la demande du Chancelier allemand et du Président de la République française. Etalés sur une période de 24 mois, le MEGA vise à former de manière ciblée des cadres de la fonction publique et du secteur privé aux réalités de la coopération franco-allemande dans une perspective européenne. Le programme est porté par l'Ecole nationale d'administration côté français et par l'académie fédérale d'administration publique (BAKöV) côté allemand avec la participation des universités Paris 1, Potsdam, Humboldt et l'Université allemande des sciences administratives de Spire.[18]

La montée en puissance de la mobilité

En 1968, déjà, un observateur attentif notait que du fait de l'accroissement de la coopération internationale et de l'intégration européenne, les responsables des politiques économiques et sociales nationales et ceux qui préparent leurs dossiers et décisions doivent de plus en plus insérer leurs actions et leurs propositions dans un contexte international. Cela nécessitait d'après lui de déve-

---

[17] Un des principaux apports du passage à l'ENA mis en avant par ses anciens élèves allemands concerne les connaissances acquises, dans le cadre de la scolarité et des exercices pratiques, en ce qui concerne l'administration et la politique française. Ces connaissances forment, comme un puzzle, une image très détaillée favorisant la compréhension du système politique français, et donnent une vue élargie sur la construction et le fonctionnement de l'administration publique au niveau étatique mais aussi de l'administration territoriale en France (Presl 2012). Pour le témoignage détaillé d'une ancienne élève alllemande, cf. la contribution de Christine Beneke p. 175–212.

[18] Depuis 2005, le MEGA a accueilli six promotions (114 diplômés) en plus de celle en cours (25 participants).

lopper les échanges et visites de fonctionnaires de conception et de responsabilité entres Etats européens et notamment entre la France et l'Allemagne. Et l'auteur d'appeler à l'adoption de mesures pour favoriser cette mobilité (Salon 1968, 62). Depuis, cette forme de coopération destinée à pouvoir disposer d'acteurs capables de porter au mieux les interactions entre systèmes administratifs s'est répandue à travers la mise en place de mécanismes bi- ou multilatéraux.

Pour ce qui est de la coopération bilatérale, l'échange de hauts fonctionnaires s'est développé de manière progressive entre la France et l'Allemagne.[19] Sur la base d'un accord conclu en 1986 entre les deux ministères des Affaires étrangères[20], ces échanges se sont généralisés et élargis à d'autres ministères, comme les ministères de l'intérieur à partir de 2001, puis à d'autres encore dans le prolongement de la déclaration commune de 2003 à l'occasion du quarantième anniversaire du Traite de l'Elysée, même si leur développement a pu être irrégulier du fait de la difficulté à trouver des candidats appropriés ou à cause d'une connaissance insuffisante de la langue du partenaire.[21] Trois formules d'échange existent: les séjours d'information de courte durée, les affectations de longue durée et les fonctionnaires de liaison. Les affectations de longue durée permettent à un fonctionnaire de participer, pendant une période d'un ou de deux ans, au travail opérationnel de l'administration d'accueil, dans son domaine de spécialité, en étant pleinement intégré dans un service. Les fonctionnaires de liaison sont chargés quant à eux de faciliter la coopération directe entre leur administration d'accueil et leur administration d'origine.[22] La valeur

---

[19] La première évocation des échanges de fonctionnaires date du sommet franco-allemand de 1978.

[20] En 1987–1988, un premier diplomate allemand passa une année au Quai d'Orsay tandis qu'un de ses homologue français partait en échange à Bonn (Baasner 2013b, 140).

[21] En 2003, 19 fonctionnaires d'échanges allemands étaient partis en France et 16 français en Allemagne. En 2004, les échanges ont impliqué 27 allemands et 18 français, et l'année suivante 14 fonctionnaires allemands se sont rendus en France et 18 français en Allemagne. En 2005, sept ministères ont participé à ces échanges (économie et finances, intérieur, justice, défense, affaires étrangères, équipement, agriculture) pour l'une ou l'autre des trois formules voire les trois. Trente-deux fonctionnaires d'échange (dix-huit Français, et quatorze Allemands, dont deux séjours de courte durée) et huit fonctionnaires de liaison (quatre de part et d'autre) travaillent dans l'administration du pays partenaire (Assemblée nationale 2006). Début 2014, il y avait 9 fonctionnaires d'échange allemands en France (Intérieur, Justice, Finances, Agriculture, Affaire étrangère et Premier ministre, Matignon,) auxquels il fallait ajouter de nombreux échanges dans le cadre de la Défense, ainsi que 8 fonctionnaires français en Allemagne (justice, finances, transport, culture, affaires étrangères) et dans le domaine de la Défense (Groth 2014).

[22] Cf. le témoignage de MM Behmenburg et Taltavul dans cet ouvrage p. 203–222.

ajoutée d'une telle expérience pour la coopération apparaît très clairement à la lecture de la liste des missions assignées aux fonctionnaires d'échange:

- un rôle de facilitateur pour intensifier et améliorer la coopération entre les deux ministères combiné à celui d'observateur de la situation politique intérieure du pays d'accueil;
- un rôle d'informateur permettant de recueillir et de transmettre des informations en phase amont des processus législatifs dans tous les domaines de la politique intérieure;
- un rôle d'accompagnateur, notamment pour ce qui est prise en charge et soutien aux délégations et visites du pays partenaire, tant dans le pays d'accueil que dans le pays d'origine;
- un rôle de collaborateur en concourant à l'élaboration d'accords bilatéraux,
- participation à des conférences, à la conduite de réunions ou à des formations.[23]

Outre l'acquisition au niveau individuel de compétences et de connaissance indispensables à la coopération, ces échanges participent à ce que Frank Baasner nomme l'interconnexion successive et systématique des ministères concernés (Baasner 2013b, 139).

Il est intéressant de relever qu'un tel mécanisme existe également sur le plan multilatéral. Initié en 2004 par la Présidence fédérale d'Allemagne, et placé sous le haut patronage du chef de l'État de chacun des pays participants, le programme Bellevue est un programme multilatéral d'échange de fonctionnaires qui concerne neuf pays européens (Allemagne, Espagne, France depuis 2011, Hongrie, Italie, Irlande, Pologne, Portugal et Slovénie).[24] Ces échanges permettent aux fonctionnaires d'enrichir leur domaine d'expertise spécifique d'une approche internationale, en plus de développer leurs compétences linguistiques et d'approfondir leur connaissance du fonctionnement des autres administrations au sein de l'Union Européenne.[25] Les participants au programme sont envoyés pour une durée de 12 mois dans l'administration du pays participant de leur choix. C'est ainsi que dans le cadre du cycle 2013–2014, les ministères des finances et de la justice français ont accueilli deux fonctionnai-

---

[23] Liste citée in Guilpin 2010. Précisons que la pratique des échanges de fonctionnaires s'est entre temps étendue à d'autres pays partenaires, tant en France qu'en Allemagne.
[24] Le programme est géré et en partie financé par la Fondation Robert Bosch de Stuttgart. http://www.bosch-stiftung.de/content/language2/html/975.asp.
[25] Les avantages du programme, tels que présentés par la Fondation Bosch, portent notamment sur la possibilité de mieux comprendre le mode de fonctionnement du pays hôte et de découvrir des approches différentes pour régler les problèmes communs.

res (une italienne et une portugaise), tandis que deux lauréates françaises issues du ministère de l'écologie sont partie pour la Pologne et l'Italie.

Enfin, la mobilité multilatérale existe également dans sa dimension verticale entre les Etats membres de l'Union qui mettent à disposition de ses institutions (Commission, Secrétariat général du Conseil européen, Parlement européen, Cour européenne de justice) des fonctionnaires des administrations nationales, régionales ou locales. Le rôle que jouent ces experts nationaux détachés (END) est double: apporter à la Commission ou aux autres institutions qui les accueillent leur expérience des questions dont ils sont familiers et faire bénéficier leur administration d'origine des connaissances sur les questions européennes acquises lors de leur détachement. Tout en travaillant pour l'Union européenne, ils ne bénéficient pas du même statut que les fonctionnaires européens.[26]

Dans l'idéal, le fonctionnaire d'échange, lors de son séjour dans le pays partenaire à la possibilité de s'immerger complètement dans la réalité de son administration et plus largement encore de sa culture. Il peut gagner la confiance de ses nouveaux collègues, nouer des contacts durables et mieux comprendre le processus décisionnel (Baasner 2013b, 140). En tant que fonctionnaire, serviteur de l'Etat, il est tenu au devoir de loyauté, ce qui peut le mettre parfois en situation délicate, notamment quant il doit traiter des sujets problématiques en ce qui concerne les relations entre les deux pays. Toutefois, il a la possibilité de s'identifier à l'objectif qui sous-tend le mécanisme dans lequel il s'inscrit et qui fait de la coopération franco-allemande une valeur en soit, puisque qu'il s'agit à la fois d'une priorité politique régulièrement réaffirmée et faisant l'objet d'un large consensus dans l'opinion publique des deux pays, ainsi qu'un objectif à haute portée symbolique.[27]

---

[26] Comme il en ressort d'entretiens conduits dans le cadre du projet de recherche PEAP avec l'aide d'un groupe d'Etudiants de l'institut d'Etudes Politique de Strasbourg auprès de fonctionnaires français détachés, les END se positionnent généralement dans un entre-deux fait d'arrangements: tout en promettant par exemple loyauté à la Commission (ne pas divulguer des informations confidentielles et veiller aux intérêts de la Commission), ils voient parfois leur rôle comme celui de la défense des intérêts nationaux. Ces injonctions peuvent paraître contradictoires au premier abord, mais il semble que les END arrivent tout à fait à gérer deux rôles, l'un ou l'autre primant selon les situations dans lesquelles ils se trouvent. S'il leur arrive par exemple, grâce à une dérogation, de pouvoir parler au nom de la Commission, ils savent à ce moment faire passer en arrière-plan leur appartenance nationale (IEP Strasbourg 2012).

[27] 75% des Allemands estiment que cette amitié est importante pour leur pays, contre 68% des Français. Les deux pays sont d'ailleurs unanimes sur l'importance de cette amitié pour «la paix et la stabilité» sur le continent européen. 77% des Allemands et 75% des Français jugent ce critère important. Enquête croisée, de l'institut YouGo 21 et 22 janvier 2013.

3. Conclusion: la contribution essentielle du facteur humain

Dans le cadre du développement croissant de mécanismes institutionnalisés de coopération, des circuits de communication et d'information entre les administrations françaises et allemandes se sont mis en place pour élaborer des stratégies communes et bénéficier des savoirs et savoirs-faires du pays partenaire (Guilpin 2010). Mais ces canaux d'échanges, tout comme les réunions régulières et les projets communs ne pourraient fonctionner de manière effective ni s'inscrire dans la durée sans l'apport essentiel que constitue les opérations de formation et d'échange de fonctionnaires qui permettent de disposer de personnels capables de porter et d'incarner la coopération car familiers avec les deux systèmes amenés à coopérer. Le facteur humain est donc crucial, car c'est lui qui donne vie aux institutions et structures mises en place.

A travers les personnes ayant participé aux différents programmes d'échange et de formation, la coopération franco-allemande produit donc les passeurs, traducteurs et intermédiaires dont elle a besoin pour jeter et maintenir des passerelles entre les deux systèmes. L'intérêt de ces mécanismes institutionnalisés de coopération entre appareils administratifs apparaît également en ce qui concerne le bon fonctionnement de l'Union européenne. Ainsi que le relève une journaliste au sujet du sommet européen d'octobre 2012 et du désaccord initial entre le président français et la chancelière allemande au sujet du projet de supervision des banques européennes, si une solution a été trouvée, c'est que les équipes des deux représentations permanentes à Bruxelles et des deux ministères des finances épluchaient le dossier depuis l'annonce du projet, fin juin, et plus encore depuis la présentation des propositions du commissaire (Meunier 2013).

En conclusion, on peut remarquer que comme la confiance et la connaissance réciproque entre Etats membres et leurs citoyens est le ciment qui permet à l'Union et à ses politiques communes d'exister, les interactions organisées entre administrations peuvent être comparées au fluide qui permet à la coopération politique franco-allemande de fonctionner sans trop de heurts. Or, si le moteur franco-allemand avance grâce à l'existence d'un ensemble de rouages et de courroies de transmission de plus en plus élaboré, la question est de savoir comment les deux systèmes d'engrenage en présence, notamment du fait des cultures administratives qui les caractérisent, arrivent à s'imbriquer sans trop de difficultés malgré leurs différences. C'est pourquoi l'étude de leurs spécificités, tout comme de leurs points communs est importante pour comprendre ce qui concrètement rend la coopération possible.

Références bibliographiques

BAASNER, FRANK (2013a), «L'architecture actuelle de la coopération franco-allemande», in S. Seidendorf (dir) Le modèle franco-allemand: les clefs d'une paix perpétuelle? Analyse des mécanismes de coopération. Villeneuve d'Ascq, Presses universitaires du Septentrion, 2013, 73–88

BAASNER, FRANK (2013b), «L'échange de fonctionnaires», in S. Seidendorf (dir) Le modèle franco-allemand: les clefs d'une paix perpétuelle? Analyse des mécanismes de coopération. Villeneuve d'Ascq, Presses universitaires du Septentrion, 2013, 137–146

SZENTE, ZOLTÁN (2008), «The effects of Europeanisation on administrative culture – From myths to reality, in Beck, Joachim; Thedieck, Franz (2008) «The european dimension of administrative culture». Baden-Baden, Nomos, p. 40–62

CERF, PHILIPPE (2012), «Structures de coopération franco-allemande au niveau de l'Etat – la coopération administrative et l'échange de fronctionnaires», in H. Siedentopf et B. Speer Deutschland und Frankreich in der europäischen Integration: ‹Motor› oder ‹Blokierer›?, Berlin: Dunker Humblot, 71–79

CHAIGNEAU, CLÉMENTINE; SEIDENDORF, STEFAN (2003), «Le modèle franco-allemand est-il transposable?» in S. Seidendorf (dir) Le modèle franco-allemand: les clefs d'une paix perpétuelle? Analyse des mécanismes de coopération. Villeneuve d'Ascq, Presses universitaires du Septentrion, 2013, 11–20

ASSEMBLÉE NATIONALE (2006), «Réponse du ministère de la fonction publique à la question n°43514 du député Léonce Deprez (UMP, Pas de Calais) concernant l'état actuel du projet tendant à généraliser l'affectation de fonctionnaires auprès du pays partenaire»

GROTH, SÉBASTIAN (2014), «Témoignage», in Cahier pour une histoire de l'ENA. «France-Allemagne» quelle haute formation politique pour demain? Actes du colloque du 22 janvier 2014. Paris, La Documentation française

GUILPIN, EVE (2010), «Gestion stratégique des échanges de fonctionnaires entre l'Allemagne et la France. Le cas du ministère fédéral des finances et du ministère fédéral de l'intérieur». Mémoire réalisé dans le cadre du master européen de gouvernance et d'administration. 44 p.

INSTITUT D'ETUDES POLITIQUES DE STRASBOURG (2012), «L'européanisation des cultures administratives», Rapport de travail de groupe Master 2 Politiques Européennes promotion 2011/2012, rédigé par I. BABIC, E. CHAPUIS, R. HORNUNG, A. LEMONON, L. MARION, L. MORENO, JP SCHWAB et soutenu le 24 février 2012 à Strasbourg, 89 p.

KROTZ, ULRICH; SCHILD, JOACHIM (2013), «Embedded Bilateralism: Deutsch-französische Beziehungen in der europäischen Politik», in: Frankreich-Jahrbuch 2012, Wiesbaden: VS Verlag für Sozialwissenschaften 2013, pp. 33–48

MEUNIER, MARIANNE (2013), «Les chevilles ouvrières du «compromis franco-allemand» – Portraits de Peter Tempel et Philippe Étienne» La Croix, le 22 janvier

PRESL, JOCHEN (2012), «Les élèves allemands de l'ENA et leur vision de la gestion publique – Une comparaison entre la France et l'Allemagne», Mémoire de master 2 Affaires publiques, Paris Dauphine/ENA, 55 p.

SALON, ALBERT (1968), «Les échanges de fonctionnaires entre la France et l'Allemagne», in Promotions n°85, 2ème trimestre, p. 61–68

SCHWARZER, DANIELA (2008), «France-Allemagne: Si loin – si proche?», Paris, Fondation Robert Schumann

Praktikerberichte / Témoignages

Un fonctionnaire d'échange, conseiller au ministère fédéral de l'intérieur

Bertrand Cadiot

Vingt ans après la réunification, Berlin n'était plus le chantier que nous avions connu et les grands réaménagements étaient terminés: la Potsdamerplatz avait été remodelée par le Sony center, le Reichstag avait retrouvé son dôme et sa pelouse, la gare centrale fonctionnait, la Pariserplatz accueillait une ambassade de France reconstruite par Portzamparc. Les travaux se poursuivaient sur l'ile des musées et on finissait de démanteler le palais de la république. On commençait à construire la nouvelle ligne de métro sous Unter den Linden. Le Kurfürstendamm luttait désespérément contre sa marginalisation, due au développement de la Friedrichsstrasse. Kreuzberg n'était plus collée au mur et reprenait petit à petit sa place au cœur de Berlin. Le ministère fédéral de l'intérieur, énorme fer à cheval, dominait la Spree et le Tiergarten; comme à Paris, on pouvait joindre à pied la présidence de la République, mais c'était au milieu des bois, et non des embouteillages.

Je n'étais pas le premier: il y avait déjà eu un fonctionnaire d'échange français au ministère fédéral allemand de l'intérieur, pendant la présidence allemande de l'Union Européenne, en 2006, puis un fonctionnaire allemand au ministère français de l'intérieur, pendant la présidence française, en 2008. L'expérience avait été concluante et il avait été décidé de la poursuivre, mais pour une période plus longue et sans enjeu européen identifié. C'est ainsi que je me suis retrouvé sur les bords de la Spree, un matin d'octobre 2009, pour deux ans qui sont devenus trois. Ma mission tenait en quelques mots: travailler au renforcement de la coopération entre les deux pays dans le champ de la politique intérieure.

Le champ intérieur ne se définit pas facilement et toute définition apparaîtra comme contestable. Au sens strict, il s'agirait de tout ce qui concerne la politique intérieure: comment le pays est il administré, comment sont assurés sa sécurité et sa cohésion? Par convention il fut décidé que le champ intérieur recouvrait les compétences additionnées des deux ministères de l'intérieur qui, certes se recoupent sur l'essentiel, mais connaissent cependant des différences marquantes.

Je fus reçu très amicalement au sein de la direction de la stratégie et des questions internationales et je me vis attribuer un grand bureau, signe de l'importance de la relation franco allemande. Très logiquement, j'étais rattaché à la sous-direction des questions internationales, celle qui, sans être un cabinet au sens français du terme, s'occupait des entretiens du ministre avec ses partenaires étrangers et modelait la position allemande sur les dossiers bruxellois. Cette situation me donnait des possibilités d'observation privilégiées: Il n'y avait, a priori, pas de limite à la coopération franco-allemande et je pouvais m'adresser à tous, mon statut me permettant de solliciter les directeurs comme les simples rédacteurs. Loin de l'agitation parisienne, le ministère semblait un havre de paix, un lieu feutré, où je n'ai entendu qu'une seule fois en trois ans quelqu'un élever la voix. Les horaires sont de 41h par semaine et ils sont respectés, là encore loin de nos 35 heures théoriques et nos 50h réelles. A 19h, le ministère est presque vide, à l'heure où, à Paris, ceux qui se partagent le pouvoir commencent à se réunir. La simplicité des relations, certes un peu distante, (on ne fait pas la bise à Berlin), m'est apparue comme une façon normale d'être. Régulièrement, j'ai vu le ministre lui-même déjeuner à la cantine avec ses collaborateurs, les directeurs de centrale prendre le café avec leur secrétaire et les chauffeurs commenter la vie politique avec leur patron.

Bien plus, si l'organisation pyramidale du ministère, en directions, sous direction et bureaux est quasiment identique dans son principe à l'organisation française, on remarque assez vite que le fonctionnement habituel est un fonctionnement qu'on appellerait maintenant «bottom-up», contrairement au fonctionnement français qui descend du haut vers le bas, on dirait «top-down».

Dans le quotidien, cela signifie que chaque agent a ses missions et ses compétences qui sont, a priori, reconnues: il est supposé être le meilleur connaisseur du sujet qu'il traite et il est considéré comme de bonne administration que son point de vue, remonte, niveau hiérarchique après niveau hiérarchique, pratiquement sans modification, jusqu'au ministre qui avalisera généralement la thèse proposée. Cela arrive aussi en France, mais habituellement, si, en Allemagne, la hiérarchie attend de ses agents qu'ils l'éclairent, en France, on s'attend plutôt à ce que les agents servent à la hiérarchie une proposition préformatée.

Cette différence d'attitude et de comportement s'explique peut-être en partie par le fait que le ministère allemand de l'intérieur est une petite structure, quasi familiale où les docteurs en droit sont aussi nombreux que les énarques dans le corps préfectoral. Dans la cafeteria et les cinq ou six restaurants de la Kirchstrasse, on croise les mêmes visages et on finit sinon par connaître tout le monde, au moins par connaître beaucoup de monde. Souvent, les collègues sont intéressés par la France et on manque rarement de sujets de conversation.

De fait, le ministère est une petite structure: 2.000 agents en centrale, 30'000 si l'on y ajoute la police fédérale, à comparer à l'énorme machine qu'est le ministère français de l'intérieur avec ses sites parisiens, ses 100 préfectures, ses 300 sous préfectures et ses 250'000 gendarmes et policiers. Cette différence entre les deux pays est connue de tous, comme son origine: l 'Allemagne étant un Etat fédéral, le ministère fédéral n'est qu'un des dix sept ministères de l'intérieur, un ministère tourné vers la législation, la conception et les relations internationales, mais pratiquement déchargé de toutes les missions opérationnelles qui sont, elles de la responsabilité des Länder. Ce sont les Länder qui sont en charge de la gouvernance du pays au quotidien, comme de la sécurité.

Ainsi, si l'on compare les deux structures, on constate que le ministère français de l'intérieur n'a pas seulement, notamment en ce qui concerne la sécurité, les compétences exercées en Allemagne par le ministère fédéral allemand de l'intérieur, mais aussi, à travers les préfectures, celles qui sont exercées par les ministres ou les autorités de l'intérieur des 16 Länder de la république fédérale. De l'autre côté, du fait du nombre moins élevé, au niveau national, en Allemagne de ministères, (15 contre 40 environ en France), le ministère fédéral allemand de l'intérieur exerce de nombreuses compétences qui, en France, sont exercées par d'autres ministères: fonction publique, modernisation de l'administration, sport.

La différence administrative la plus marquante, chacun le sait, est le caractère fédéral de l'Allemagne, avec ses dix sept ministres de l'intérieur, régulièrement réunis dans une conférence des ministres de l'intérieur, avec une présidence tournante où le ministre fédéral participe aux débats comme simple invité. Le ministère fédéral n'a guère de compétence sur le terrain et de fait, l'administration du territoire lui échappe. Des événements aussi médiatisés que les manifestations contre la construction de la nouvelle gare de Stuttgart ont été traités par le ministre-président du Bade-Wurtemberg et non à Berlin. Si cette quasi-absence d'administration directe restreint le champ de compétence du ministère fédéral allemand, comparé à celui du ministère français, la fonction de cohérence, de garantie et de prévision prend alors une importance beaucoup plus grande. C'est pour cela que, pendant longtemps, la culture et l'environnement, (le sport l'étant encore) ont été rattachés au ministère de l'intérieur, c'est pour cela qu'encore maintenant, la fonction publique et la modernisation de l'administration lui sont rattachées.

Cette situation confère aussi au ministère fédéral une fonction de réflexion et d'analyse que l'on ne retrouve finalement à Paris que par le truchement de l'inspection générale de l'administration. Il faut bien l'admettre, les structures étatiques des deux pays sont antinomiques, elles expriment de manière visible une histoire, des conceptions, des cultures administratives fondamentalement opposées, même si les évolutions de ces trente dernières années permettent un rapprochement homéopathique.

Chacun le sait, l'existence des Länder, c'est-à-dire d'Etats fédérés, est la différence essentielle entre le système français et le système allemand de gouvernance. Dans le débat sur les avantages respectifs des deux systèmes, on oublie souvent que chacun de ces systèmes plonge profondément dans l'Histoire, c'est-à-dire dans la culture. On ne peut faire l'impasse sur cette lourde réalité lorsque l'on propose des réformes. Dans ce domaine, aucun des deux pays ne peut être le «modèle» de l'autre.

Issus de la même matrice carolingienne, les faux jumeaux français et allemand ont, au fil des siècles, mis en place des références et des structures étatiques opposées: l'identité de la France, pour reprendre le titre d'un ouvrage fondamental de Fernand Braudel, est fondée d'abord sur son territoire. Délimitée, comme la Gaule pré-romaine, par l'Atlantique, les Pyrénées, la Méditerranée, les Alpes et le Rhin, elle n'a renoncé à la totalité de sa rive gauche, qu'en échange d'une forme géométrique parfaite: l'hexagone.

La population étant, dans sa structure même, un métissage de Celtes, de Romains et de Germains, sans que quiconque puisse en faire le départ dans sa propre généalogie, c'est la logique territoriale, celle du *jus soli* qui s'est imposée, et qui reste, malgré les avatars de l'Histoire, le fondement du pays: est Français ou a vocation à le devenir, celui qui est né, a grandi, a vécu, sur le sol de France, et peu importe son origine ou plutôt ses origines généralement multiples. La tâche de l'Etat, sa tâche principale, aura donc été l'unification du territoire, l'unification sous une même identité des Franciens et des Occitans, des Alsaciens et des Corses, des Basques et des Bretons, et plus tard, de tous ceux qui venus des quatre coins d'Europe, d'Afrique et du monde, auront eu vocation à s'intégrer, puis à s'assimiler. La centralisation en est le corollaire: la France est une et indivisible. Son principe territorial est l'égalité. Les droits et devoirs de chacun sont les mêmes partout et c'est l'Etat central qui en est le garant. Il n'y a qu'un seul parlement, un seul corpus législatif, un seul gouvernement, un seul journal officiel, un seul ministère de l'intérieur, machine ancienne et puissante qui organise tout le territoire avec son corps de préfets et ses 250 000 fonctionnaires dans les administrations centrales, les préfectures et sous préfectures, les commissariats et les casernes de gendarmerie.

L'histoire de l'Allemagne est inverse. C'est celle d'une population se vivant ethniquement homogène, issue de nombreuses tribus, en particulier de quatre: les Bavarois, les Saxons, les Alamans, rebaptisés Souabes et les Francs rebaptisés Rhénans mais dont le territoire a été mouvant au cours de l'Histoire.

De manière un peu lapidaire, on pourrait dire que si les Français se trouvent là où est la France, l'Allemagne se trouve là où sont les Allemands. Ainsi, le rapport population /territoire est il inverse et c'est la logique du *jus sanguinis* qui domine. On est Allemand par la filiation. Pour peu qu'ils aient pu exciper de traditions culturelles ou linguistiques germaniques conservées pendant des siècles, des centaines de milliers voire plusieurs millions de Russes, de Polonais ou de Roumains se sont vus reconnaître la nationalité allemande au cours des vingt dernières années, au titre d'une sorte de «droit au retour». On notera que cette possibilité a même été accordée à des familles dont les ancêtres venaient de régions actuellement autrichiennes, preuve s'il en est besoin que la question territoriale est quasi absente de la réflexion sur «qui est Allemand?».

En fait, même si ce schéma général reste valable, l'Histoire a apporté quelques correctifs à ce tableau trop simple. Au XIII siècle, l'expansion vers l'Est, le «Drang nach Osten» des peuples germaniques, menés par les chevaliers teutoniques a eu un double effet: celui de fondre, dans les territoires conquis, c'est à dire à l'Est de l'Elbe, en une seule identité allemande, des familles qui, auparavant étaient saxonnes ou bavaroises, d'autre part d'assimiler les populations slaves existant sur place, Wendes ou Sorabes, dont il reste encore quelques représentants en Mecklembourg et en Brandebourg. Ce point n'est pas secondaire car, non seulement il écorne le principe d'identité entre Germains et Allemands, mais en plus, quelques siècles plus tard, il donnera la Prusse, c'est à dire la tentative historique de l'Allemagne, de dépasser l'ethnicité et l'émiettement du pays, en quelque sorte, de créer un Etat territorial à la française.

Ainsi, alors que la construction de l'Etat français est une histoire relativement linéaire depuis les capétiens, même s'il y a eu d'importantes ruptures, la construction de l'Etat allemand est une suite d'allers et retours entre deux et même trois tendances: la tendance impériale, mentionnée pour mémoire, qui a fait croire pendant longtemps aux Allemands qu'ils étaient les vrais successeurs de l'empire romain, tendance que l'Autriche a fini par incarner avant de s'effondrer au traité de Versailles, la tendance autonomiste qui a conduit au XVIII° siècle, à l'émiettement puisqu'il y a eu jusqu'à 300 Etats allemands et dont l'Allemagne de l'Ouest d'avant 1989 était l'héritière et la tendance unitaire prussienne, incarnée après la seconde guerre mondiale par la DDR.

Si on laisse de côté la tendance impériale, on peut constater, après les vicissitudes de l'Histoire, que la structure de l'Allemagne actuelle est l'aboutissement d'un compromis continuellement discuté entre la tendance autonomiste modernisée et la tendance unitaire non avouée.

La tendance unitaire est honteuse. Deux fois elle a triomphé, deux fois elle a été reversée dans l'oubli, l'effacement ou le déni: les Francs ont unifié le pays au IX° siècle, les Prussiens au XIX°. Dans d'autres régions du monde, ils auraient donné leur nom au pays tout entier. Là ils sont effacés. Pire, la Prusse est souvent ressentie comme ayant ouvert la voie au nazisme, Etat unitaire par excellence. Cette tendance unitaire existe néanmoins au niveau fédéral, dont les organismes sont seuls habilités à traiter des questions de frontières, et dont l'importance s'accroît chaque jour, dans un environnement dessiné par la construction européenne.

La tendance autonomiste, ce sont bien sûr les Länder, dont la réalité est parfois profondément inscrite dans l'Histoire: Etats libres de Saxe, de Bavière ou de Thuringe, villes hanséatiques de Brême et de Hambourg, mais aussi parfois dans une Histoire revisitée, notamment par les zones d'occupation alliées d'après la seconde guerre mondiale, qui ont dessiné les contours des Länder de Rhénanie du Nord Westphalie, de Hesse ou de Basse Saxe, sans compter Berlin, capitale traditionnelle de la Prusse et du Brandebourg, devenue Ville-Etat par la grâce de la réunification. En fabriquant les Länder, on a redonné vie à d'anciens Etats; on en a créé d'autres à partir du patchwork traditionnel. Ce qui est frappant, c'est que ces Länder sont des entités solides et viables, comparables par leur taille à des Etats européens moyens: la Rhénanie du Nord Westphalie est plus peuplée que les Pays-Bas, la Bavière que la Suisse, l'Autriche ou la Belgique, le Bade-Wurtemberg que le Danemark, la Sarre que le Luxembourg. Tels qu'ils sont, ils semblent là de toute éternité. Chacun a ses lois, son parlement et son gouvernement, chacun a son ministère de l'Intérieur. Pour le fonctionnaire français installé en Allemagne, il s'agit là du premier et plus important défi d'acculturation.

On comprend, dans ces conditions, que la politique intérieure n'ait pas fait partie des champs de coopération franco-allemande ouverts par le traité de l'Elysée, signé, le 22 janvier 1963, par le général de Gaulle et le chancelier Konrad Adenauer, traité qui se limitait à la jeunesse, l'éducation, la culture et la défense. Ce traité ouvrait cependant une obligation institutionnelle, celle des sommets de chefs d'Etat et de gouvernement bi-annuels qui garantissaient un dialogue permanent entre les deux pays et permettaient que d'autres domaines puissent donner lieu à coopération.

Or, le ministère de l'intérieur est au cœur de l'Etat, en ce qu'il est l'instrument principal de la mise en œuvre des décisions du pouvoir exécutif, qu'il s'agisse de gouvernance territoriale ou de sécurité. Son champ de compétence ne se prête pas spontanément à la coopération internationale, dans la mesure où, à la différence des politiques sectorielles, la politique intérieure est, par définition, celle qui traduit le mieux, l'espace propre d'un pays, celle qui exprime le mieux son génie, celle qui a pour objet la cohésion nationale.

C'est très progressivement que le champ intérieur s'est imposé comme un thème essentiel de la coopération, en particulier à partir de 2003, date à laquelle les «sommets» ont été remplacés par des «conseils des ministres» où tous les sujets sont désormais abordés. Le champ intérieur et, par voie de conséquence, les ministères de l'intérieur, dont la place était marginale, a pris de plus en plus d'importance pour devenir assez rapidement au centre de la problématique franco allemande, les questions de gouvernance, d'engagement citoyen, de coopération administrative, d'immigration et de sécurité, devenant des priorités réaffirmées à chaque conseil.

En 2003, à l'occasion du 40° anniversaire du traité de l'Elysée, les sommets de chefs d'Etat et de gouvernement ont été remplacés par des «conseils de ministres franco-allemands» impliquant désormais tous les ministres et singulièrement les ministres de l'intérieur. De 2003 à 2013, quinze conseils des ministres franco allemands, certains sous forme plénière, d'autres sous forme restreinte, se sont tenus alternativement en France et en Allemagne, la matinée étant en général consacrée aux entretiens bilatéraux des ministres concernés, le déjeuner et l'après midi à une réunion plénière et à une conférence de presse. L'examen des résultats de ces conseils des ministres montre une extension des domaines concernés, une capitalisation des champs de coopération ouverts, une amélioration des méthodes de travail.

Ainsi, ce n'est que petit à petit, presque subrepticement, que le champ intérieur est devenu objet de préoccupation commune et que les deux ministères, chacun avec sa structure et dans les limites de ses compétences institutionnelles, ont souhaité travailler de concert d'une manière de plus en plus active.

En dix ans, tous les domaines ont été abordés, à l'aune de la politique européenne ou de la politique transfrontalière, et plus de cinquante thèmes de coopération que l'on peut répartir en quatre grands chapitres ont été traités. Il convient d'en faire le tableau succinct, en reprenant, autant que faire se peut, le libellé des thèmes abordés au cours de ces quinze conseils des ministres

Dans le champ de la gouvernance administrative et territoriale ont été abordés au cours de ces conseils de ministres franco allemands, la coopération institutionnelle (consultation des partenaires pour les projets de loi, participation de ministres au conseil des ministres de l'autre pays, présentation de législations communes devant les parlements), la coopération administrative (affectation de fonctionnaires dans les cabinets ministériels de l'autre pays, nomination dans chaque ministère d'un point de contact de haut niveau, échange de fonctionnaires, coopération des instituts de formation, reconnaissance des diplômes et validation des acquis de l'expérience (VAE), séminaires de hauts fonctionnaires, mise en place du master européen de gouvernance et d'administration (MEGA)), la gouvernance territoriale (développement des jumelages, renforcement de la coopération entre régions et Länder, création d'un eurodistrict Strasbourg-Ortenau, soutien à la métropole du Rhin supérieur).

En outre, les sujets liés à la modernisation de l'Etat, si intimement liés aux libertés publiques, tels que les données et instruments informatiques et techniques (système d'information Schengen, Passenger name record (PNR européen), biométrie, scanners corporels, carte d'identité électronique, protection des données), donnent lieu à des groupes de travail très actifs.

Dans le champ de la sécurité, outre les débats sur les thèmes les plus brulants (lutte contre le terrorisme avec mise en oeuvre d'équipes communes d'enquête, lutte contre le trafic de stupéfiants, lutte contre le blanchiment d'argent sale, lutte contre la pédophilie ou la cybercriminalité), les deux pays ont développé une intense coopération policière européenne et transfrontalière (renforcement des capacités d'EUROPOL, coopération transfrontalière avec droit d'interpellation, patrouilles policières franco allemandes, centre franco allemand de coopération policière et douanière de Kehl, patrouille fluviale sur le Rhin, patrouilles mixtes ferroviaires, commissariats européens, c'est-à-dire présence de policiers de l'autre pays en soutien à leurs collègues pendant les périodes de congé).

La coopération en matière de secours et de sécurité civile donne lieu chaque année à une commission mixte (exercices communs, coopération transfrontalière entre services de secours, coopération internationale pour la protection contre les catastrophes comme en Haïti, renforcement de la gestion civilo-militaire de crise).

La coopération en matière de sécurité routière s'est également développée (objectif de réduction de la mortalité de 50% de 2003 à 2010, paiement des amendes reçues dans un autre Etat membre),

Dans le champ de l'immigration, outre un travail commun quotidien des administrations, une commission annuelle réunit les responsables des deux ministères au plus haut niveau sur la politique migratoire (lutte contre l'immigration illégale, coopération sur les courants d'immigration (est européen, Afrique), accords de réadmission, concertation dans le contrôle des frontières, police européenne des frontières (FRONTEX), visas biométriques, opérations communes de retour, droit d'asile européen, pacte européen sur l'immigration et l'asile, complémentarité entre les réseaux diplomatiques et coopération entre ambassades et consulats notamment sur le thème des migrations) ainsi que sur l'intégration (création d'un forum de bonnes pratiques pour l'intégration et l'égalité des chances, contrat d'accueil et d'intégration français et parcours d'intégration allemand, charte de la diversité, organisation d'un rallye franco-allemand en faveur des jeunes issus de l'immigration, promotion de l'égalité des chances pour les jeunes femmes issues de l'immigration).

Des contacts moins suivis ont existé aussi dans le champ de la cohésion sociale et de l'égalité des chances (lutte contre le racisme et l'antisémitisme, lutte contre les discriminations, échanges d'expériences sur la politique de la ville et les programmes «soziale Stadt», dialogue avec l'Islam, facilitation de l'accès à la fonction publique).

Ce catalogue très fourni de thèmes qui embrassent l'ensemble des missions des deux ministères souligne le caractère très spécifique de la relation franco-allemande et justifie, d'une part l'existence d'un fonctionnaire d'échange, d'autre part que ses missions et sa position soient d'une nature particulière.

Si, du côté allemand, une fiche de poste standardisée est publiée dès lors qu'un échange est envisagé, mettant en avant le rôle de facilitateur, d'observateur, d'accompagnateur et d'informateur du fonctionnaire choisi, du côté français, c'est une mission de caractère général que le secrétaire général du ministère lui confie dans une lettre de mission.

De manière plus concrète, les différentes fonctions exercées par le fonctionnaire d'échange peuvent être résumées de la manière suivante:

Il est fonctionnaire de liaison, en ce qu'il doit être capable, dans chaque domaine, d'identifier les autorités compétentes des deux pays et les mettre en relation.

Il s'adresse à tous les niveaux de la hiérarchie, ayant accès directement au secrétaire général comme au cabinet, ainsi qu'aux directeurs et jusqu'aux agents référents. Il s'agit là d'une fonction essentielle, car elle permet une grande souplesse et une grande rapidité, là où les modes hiérarchiques traditionnels impliquent souvent de suivre des voies préétablies.

Il assure une veille stratégique sur les sujets à enjeu durable: par exemple, problèmes de société, exclusions, discriminations, ghettoïsation, effets de la mondialisation sur le consensus social, place de l'Islam, politique de la ville. Cette veille stratégique peut se traduire par la participation à l'organisation de séminaires.

Il favorise les échanges sur les réflexions ou les avancées de l'un ou l'autre pays sur tel ou tel domaine (par exemple la protection des données, ou la numérisation des titres d'identité, sujets qui demandent encore de nombreuses réflexions communes, y compris au niveau européen). Dans le même domaine, on pourrait aussi parler des échanges de bonnes pratiques.

Il suit les dossiers en cours (préparation des conseils des ministres franco-allemands par exemple), dans une fonction de synthèse et d'information des autorités ministérielles.

Il tente d'expliquer le point de vue de chaque ministère à l'autre et peut être amené à intervenir ponctuellement sur certains dossiers.

Il doit être capable d'initier ou de favoriser des projets innovants, par exemple, la réflexion déjà engagée pour permettre aux autorités d'un pays de remettre les titres sécurisés de l'autre pays (cartes d'identité allemande remise aux citoyens allemands expatriés par la mairie de leur domicile en France), ou encore le projet d'internet franco-allemand dans le champ de compétence «intérieur».

Il doit être enfin capable de donner une information régulière sur les questions importantes de chaque pays (par exemple. Des notes sur les programmes politiques ou les résultats des élections).

Au total, il s'agit bien d'une mission de «conseiller».

Les missions du fonctionnaire d'échange sont donc nombreuses et variées. Il doit nouer des contacts à tous les niveaux et doit être capable d'intervenir dans les dossiers. Il importe de souligner que son travail ne doit jamais se substituer à celui des autres, puisque son but est justement de développer les relations entre les deux ministères et donc d'impliquer de plus en plus de fonctionnaires. Le fonctionnaire d'échange ne prend la place de personne, il doit, au contraire, apporter une «plus value».

La relation franco-allemande n'est pas l'affaire d'une personne, mais celle des ministères dans leur ensemble. Si, dans beaucoup de directions, les partenaires sont identifiés, avec un travail commun suivi, comprenant réunions annuelles et feuille de route, ces partenariats ne suffisent pas à faire une politique globale. Il importe que les entités responsables de la coopération internationale, DCI et secrétariat général pour la France, direction de la stratégie pour l'Allemagne aient cette capacité de synthèse. L'existence et la reconnaissance de ces équipes conditionnent très largement la capacité du fonctionnaire d'échange à intervenir. L'intégration du fonctionnaire se fait ainsi, indépendamment de ses qualités professionnelles propres, à deux niveaux différents: elle dépend d'une part de la reconnaissance dont il bénéficie au sein des structures de départ et d'accueil , d'autre part, de la reconnaissance et de la légitimité dont ces structures elles mêmes, bénéficient au sein des ministères, légitimité qui dépend d'une part de leur ancienneté et de leur expérience («avoir fait ses preuves»), d'autre part de leur proximité avec le ministre.

De fait, comme fonctionnaire d'échange, j'ai appartenu à ces deux équipes, de manière formelle en Allemagne, de manière partielle du côté francais puisque, chargé de mission auprès du secrétaire général, je travaillais aussi, de manière régulière avec la DAIE.

Une telle intégration demande de l'information, et du temps, surtout au moment de la création du poste. Il s'agit là d'un processus itératif par lequel, par exemple, l'intervention sur un thème n'est possible que si le fonctionnaire connait le dossier, son importance ou sa sensibilité. Son intervention ne sera reconnue que si elle apporte une plus value et ce n'est que si la plus value du fonctionnaire a été reconnue qu'il pourra avoir accès à de nouveaux dossiers. On voit qu'une période de deux ans pour mener cette action à bien est un minimum. Pour la continuité de l'action, il serait nécessaire que le fonctionnaire ne soit pas considéré comme un fonctionnaire d'un pays affecté dans l'autre pays, mais bien un fonctionnaire franco-allemand dont la continuité des missions doit être assurée quels que soient son lieu d'affectation et sa nationalité.

Au total, la nomination d'un haut fonctionnaire franco-allemand se justifie par la fréquence des relations entre les deux pays, l'abondance des thèmes d'intérêt commun, la nécessité d'introduire dans cette richesse, une vision stratégique, une continuité et une capacité de réaction rapide. Telle est la mission du haut fonctionnaire.

Eine deutsche Juristin an der französischen Ecole Nationale d'Administration (ENA)

Erfahrungsbericht zu Gemeinsamkeiten und Unterschieden in der Verwaltungskultur in Deutschland und Frankreich

CHRISTINE BENEKE

Inhaltsverzeichnis

1. Das Selbstverständnis der Verwaltung zwischen *service public* und Serviceorientiertheit ... 198
2. Vergleichbare Herausforderungen bei der Personalführung in Deutschland und Frankreich ... 201
   - a) Motivation «bewahren» ... 201
   - b) Sog. «Hygienefaktoren» nicht unterschätzen ... 202
   - c) Organisationskultur mitgestalten ... 202
   - d) Auf informationelle Transparenz achten ... 203
   - e) Personalführung in atypischen Situationen ... 204
     - i. Der erste Eindruck ... 204
     - ii. Fachliche Kompetenz ... 204
     - iii. Das Kommunikationsverhalten ... 205
     - iv. Werte vorleben ... 205
     - v. «Zu seinen Leuten stehen» ... 205
   - f) Führungsstile und Tendenzen in Deutschland und Frankreich ... 206
     - i. Der Umgang mit Hierarchien ... 206
     - ii. Persönlicher oder distanzierter Führungsstil ... 207
     - iii. Die Rolle des sogenannten «charismatischen» Führungsstils ... 208
3. Die Rolle des Rechts im Verwaltungsalltag ... 209
4. «Le couple franco-allemand» in Brüssel? ... 210
5. Der Blick über den Tellerrand ... 212

Bibliographie ... 213

Diese Darstellung ist einem Diskussionsbeitrag zur Deutsch-Französischen Sommerschule der DHV und der ENA in Speyer zum 50. Jahrestag des Elysée-Vertrages entlehnt und spiegelt die persönlichen, notwendigerweise subjektiven Eindrücke der Verfasserin wider. Die Erfahrungen rühren im Hinblick auf die französische Perspektive vor allem von ihrer Ausbildung an der ENA in Strasbourg (Promotion Jean-Jacques Rousseau, Cycle International 2009–2011) her, im Rahmen derer sie zwei längerfristige Praktika in verantwortlicher Position in der Ständigen Vertretung Frankreichs bei der EU (Assistentin des Referenten für Binnenmarktsangelegenheiten) und in der Stadtverwaltung von Orléans (Assistentin des Bürgermeisters sowie zugleich des Generaldirektors der Stadtverwaltung) absolviert hat. Einen Blick auf die deutsche Verwaltungspraxis haben die Stationen des Referendariats in der rheinland-pfälzischen Landesverwaltung sowie der persönliche Austausch mit Beamten und Verwaltungsangestellten der Kommunalverwaltung beigetragen. Hier seien ohne Anspruch auf ein vollständiges Bild einzelne Aspekte der jeweiligen Verwaltungskultur schlaglichtartig herausgegriffen. Dadurch soll die Frage aufgeworfen werden, welche Herausforderungen sich der deutsch-französischen Zusammenarbeit auf europäischer Ebene stellen.

Aus Sicht der Verfasserin ist es dabei nicht möglich, trennscharf Eigenarten des jeweiligen Landes so zu einem Bild zu fügen, dass man «eine» spezifisch deutsche einer einheitlichen französischen Verwaltungskultur gegenüberstellen könnte. Sicherlich wird die jeweils in einer Verwaltungsstruktur vorherrschende Kultur durch die persönliche kulturelle Vorprägung des Personals und die äußeren Umstände der Landeskultur im Sinne einer gewissen Mentalität beeinflusst. Allerdings sind hier mitunter die Unterschiede zwischen einzelnen Institutionen eines Landes wohl größer als jene, die im deutsch-französischen Vergleich feststellbar sind.

> *Nous sommes tous de lopins et d'une contexture si informe et diverse, que chaque pièce, chaque moment fait son jeu. Et se trouve autant de différence de nous à nous-mêmes,*
> *que de nous à autrui.*
> (Michel de Montaigne, *Essais 2.1*, p.22)

1. Das Selbstverständnis der Verwaltung zwischen *service public* und Serviceorientiertheit

Begonnen werden soll diese Darstellung mit einem vergleichenden Blick aus persönlicher Sicht auf das jeweilige Selbstverständnis der deutschen und französischen Verwaltungsinstitutionen.

Dass der öffentliche Dienst kein «Job wie jeder andere» ist, erscheint zunächst als banale Feststellung. Wie die vielfältigen Besonderheiten gegenüber der Privatwirtschaft jedoch in die Selbstdarstellung der Verwaltung übersetzt werden, ist in Deutschland und in Frankreich unähnlich. Die diesbezügliche Selbstdarstellung ist in beiden Ländern gerade auch nach innen, an die Beamten und

Angestellten in der Verwaltung, gerichtet. Es handelt sich nämlich um eine Frage der Motivation und Identifikation der Mitarbeiter und um ein bewusstes oder latentes Leitbild für das Handeln und die praktische Umsetzung politischer Entscheidungen. Der Wunsch der Mitarbeiter danach, sich zu einem gewissen Grad mit der Organisationsstruktur, in der sie arbeiten, zu identifizieren, hängt eng mit ihrer persönlichen Motivation zusammen und bestimmt nicht zuletzt den Grad der Zufriedenheit, den sie aus ihrer Arbeit gewinnen. Auf diese Weise kann auch das Bedürfnis nach Selbstentfaltung am Arbeitsplatz mit den Anforderungen des Berufsbildes in Einklang gebracht werden. Die Verfasserin hat in diesem Zusammenhang anfänglich die Fähigkeit von Angehörigen der Verwaltung zum Abstrahieren ihrer konkreten Aufgaben von ihrer politischen Einstellung unterschätzt. Politische Richtungsentscheidungen mag man persönlich befürworten oder ablehnen, allerdings wird die Motivation der Mitarbeiter von ihrer politischen Einstellung in der Realität offensichtlich kaum beeinflusst, jedenfalls unter gewissen Voraussetzungen: wenn die politische Zielsetzung nachvollziehbar kommuniziert und in sinnvolle Aufgabenschritte unterteilt wird. Dies scheint sowohl in Deutschland als auch in Frankreich in der Regel zu funktionieren.

In Frankreich greift hier ein besonders anschauliches und wirksames, ständig zitiertes Leitbild, das Narrativ vom «(sens du) service public». Dahinter steckt nicht die ins Beliebige reichende Legitimation jedweder Vorgaben an die Mitarbeiter. Vielmehr transportiert der Gedanke des *service public* im französischen Verständnis die Idee, dass man bestrebt sein soll, mit jeder Einzelentscheidung sinnvoll an der Realisierung dessen mitzuarbeiten, was in einem komplexen und legitimen Prozess als Gemeinwohl erkannt wurde. Auch das Vermitteln von Stolz auf erbrachte Leistungen für ein nicht näher individualisiertes Gemeinwesen gehört zu diesem Leitbild. Es nimmt die Fähigkeit der Mitarbeiter zur politischen Abstraktionsfähigkeit auf und bestärkt sie. Das Leitbild spricht die Mitarbeiter zugleich auf identifikationsstiftender Ebene an, im Sinne einer Mission, einer Vision oder einer Orientierung (vgl. auch Krause 2011, S. 5).

Auch in Deutschland existiert das Ideal des «Dienstes am Bürger», allerdings oft unter Betonung der Ähnlichkeit zu privatwirtschaftlichen Kundenfreundlichkeit, was seit einigen Jahren unter dem Schlagwort der «Serviceorientierung» gefasst wird. Dies soll hier keineswegs als Nachteil dargestellt werden, sondern spiegelt ein modernes und dynamisches Verständnis von Verwaltung wider. Die besondere motivierende und integrative Bedeutung scheint aber eine Stärke des französischen *service public*-Gedankens zu sein. Gegenüber dem wörtlichen französischen Pendant «*service public*» hat der Begriff «öffentlicher Dienst» eine weniger idealisierte Bedeutung, im Sinne der Bezeichnung eines Berufszweiges. Dass der öffentliche Dienst also gerade kein Job wie jeder andere ist, wird in Deutschland jedenfalls nicht immer ins Bewusstsein gerückt.

Andererseits darf der französische *service public*-Gedanke nicht völlig unkritisch gesehen werden: In Frankreich hat der Begriff im Mund mancher einen schalen Beigeschmack von Paternalismus, im Sinne einer an den Bürger gerichteten, überindividuellen Rechtfertigung von Verwaltungshandeln, das dem Bürger nicht immer entgegenkommt, sondern ihn auch leiten will. So wurde in der deutsch-französischen Diskussion zu diesem Themenkomplex deutlich, dass es im Französischen den passivischen Begriff des «*administré*» – des «Verwalteten» gibt, den man in Deutschland allenfalls mit «Bürger» (was im Französischen dem Begriff «*citoyen*» entspricht) übersetzen kann. Letzterer Begriff hat eine völlig andere Konnotation, verweist auf das autonome, staatsbürgerlich aktive Individuum und hat einen dem Begriff «*administré*» fehlenden Bezug zu subjektiven Bürgerrechten. Wenn sich der Gedanke des *service public* nun mehr auf den *administré* als auf den *citoyen* bezieht und die paternalistischen Verfolgung nicht näher bezeichneter gesellschaftlicher Ziele gegenüber dem Einzelnen beinhaltet, so ist in der Tat eine vorsichtige Bewertung angebracht.

Durch die in der deutschen Verwaltung in den letzten Jahrzehnten verstärkt aufgekommene Service-Einstellung hingegen wird unterstellt, dass der Bürger letzlich weiß, was für ihn individuell das Beste ist, und dass er nicht bevormundet werden muss, sondern dass seine konkreten Bedürfnisse in der jeweiligen Situation durch die Verwaltung bestmöglich beantwortet werden müssen. Hier ist es der einzelne Bürger in seiner individuell-konkreten Situation, der im Zentrum des begrifflich gefassten Konzepts steht, nicht abstrakte Kollektivinteressen. Der Begriff des «Gemeinwohls» wird entsprechend im deutschen Verwaltungsalltag aus Sicht der Verfasserin seltener bemüht, zumal er politisch aufgeladen sein kann und auf ein über die konkrete Situation und den einzelnen Bürger hinausweisendes Ziel ausgeht. Dies mag nicht zuletzt auch daran liegen, dass Deutschland in seiner Geschichte mit Kollektivismus jeglicher politischer Couleur besonders stark nachwirkende Erfahrungen gemacht hat, ob im Nationalsozialismus oder zu Zeiten der DDR. Das stark subjektiv-rechtlich geprägte deutsche Verwaltungsverständnis mag ein besonders tiefsitzendes Misstrauen gegenüber Tendenzen ausdrücken, die Gemeinschaft anstelle des Einzelnen in den Fokus zu nehmen.

2. Vergleichbare Herausforderungen bei der Personalführung in Deutschland und Frankreich

Abgesehen von solchen Herangehensweisen auf der Meta-Ebene und strukturellen Unterschieden beider Länder scheinen Verwaltungsinstitutionen in Deutschland und in Frankreich doch im Alltag mit sehr ähnlichen Herausforderungen konfrontiert zu sein, was ihre inneren Abläufe anbetrifft. Im Hinblick auf die Personalführung konnte die Verfasserin daher ganz ähnliche Problemstellungen und Ziele, aber auch einzelne Unterschiede ausmachen.

a) Motivation «bewahren»

Führungspersonen in beiden Ländern können dazu neigen, sich für die Leistung der Mitarbeiter so weit verantwortlich zu fühlen, dass das eigene Verhalten und die ausgebrachte Anerkennung als Quelle der Motivation der Mitarbeiter angesehen werden. Viele Studien weisen allerdings darauf hin, dass eine intrinsische Motivation der Mitarbeiter dabei vernachlässigt wird (vgl. Stührenberg 2003, S. 117ff). Auch wenn nicht in jedem Fall davon ausgegangen werden kann, dass ein Mitarbeiter per se motiviert ist, so kann es doch kontraproduktiv sein, im Diskurs unbewusst davon auszugehen, dass er dies nicht von sich aus ist. Dies kann zu einem Leistungsmisstrauen führen und die Gefahr der Überbewertung von extrinsischen Motivationen mit sich bringen. Damit soll gerade nicht vorgeschlagen werden, Leistung solle nicht belohnt werden. Mitarbeiter, die von sich aus sehr motiviert sind, fühlen sich allerdings durch Motivationsversuche mit leistungsbezogenen Vorteilen dann geradezu beleidigt, wenn diese diskursiv so dargestellt werden, als würden sie sonst keine ebenso gute Leistung erbringen wollen. Mit der Reaktion: «Mein Chef glaubt gar nicht, dass mir die Sache selbst am Herzen liegt.» ist das Umschlagen von Motivation in Demotivation eingeleitet. Motivation sollte also mehr «bewahrt» denn «geschaffen» werden und motivatorischer Aktionismus kann kontraproduktiv sein. Denn als entscheidendes Motivationskriterium wird in Personalumfragen immer wieder der Inhalt der Aufgaben selbst genannt, soweit sie Befriedigung verschaffen können und sinnvoll erscheinen (vgl. Opaschowski 1997, S. 207). Ein beeindruckendes Beispiel ist jenes von Mitarbeitern der Stadtreinigung in Orléans, die im persönlichen Gespräch ihre Arbeit durchaus als nicht immer angenehm darstellen, aber bemerkenswert große persönliche Zufriedenheit empfinden, wenn nach getaner Arbeit schlicht «alles wieder sauber» ist und sie Verantwortung für die Sauberkeit des öffentlichen Raumes ihrer Stadt übernommen haben, für die sich sonst niemand persönlich zuständig fühlt.

b) Sog. «Hygienefaktoren» nicht unterschätzen

Dieser vorsichtige Blick auf extrinsische Motivation passt auch in folgendes Bild: Theorien der Personalführung tendieren in Deutschland und Frankreich dazu, in erster Linie Motivatoren in den Blick zu nehmen, also Faktoren wie Anerkennung, Entfaltungsmöglichkeiten, Beförderung, Leistungszulagen etc., die Zufriedenheit der Mitarbeiter auslösen. Das «Zwei-Faktoren-Modell» von Herzberg (vgl. Herzberg et al. 1967, S. 58–79) zeigt allerdings, dass es nicht pessimistisch, sondern realistisch ist, mindestens zugleich sogenannte «Hygienefaktoren» zu beachten. Dies sind Voraussetzungen, welche – entsprechend der griechischen Wortherkunft – die «Gesundheit» einer Organisationsstruktur bestimmen und deren Nichterfüllung zu Unzufriedenheit der Mitarbeiter führt. Dies sind etwa Fragen der effizienten Arbeitsorganisation, der Arbeitsbedingungen und der Gerechtigkeit von Zuteilungsentscheidungen. Oft ist es sogar so, dass derartige Hygienefaktoren deutlich und unmittelbar zu beeinflussen sind und dass die Beseitigung von verspürten praktischen Hindernissen in der effizienten Arbeitsleistung zugleich als unausgesprochene Anerkennung empfunden wird. Beispiele hierfür wären das Gewährleisten einer beschleunigten und effizienten Beschaffung von Arbeitsmaterialien, das Angebot ergonomischer Verbesserungen am Arbeitsplatz oder das Regeln unklarer Arbeitsabläufe.

c) Organisationskultur mitgestalten

In jeder Organisationsstruktur kann eine besondere «Kultur» vorgefunden werden, so dass es auch als Aspekt der Personalführung verstanden werden sollte, diese Kultur zu analysieren, zu respektieren, mitzutragen, zu verbessern und sogar zu einem konkreten Selbstverständnis auszubauen (vgl. Tennstedt, 2007, S. 46 ff.; Wunderer 2007, S. 193 ff.). Mehr noch, die einer Behörde oder Verwaltungseinheit innewohnende Organisationskultur ist nicht zuletzt stark von der/den leitenden Führungspersönlichkeit(en) abhängig. Das Durchsetzen von gewissen Vereinheitlichungen im Sinne eines Corporate Designs, das Ermutigen oder Aufrechterhalten gewisser Rituale und «Social events» (Teamstammtische, Neujahrsempfang, sogar Pflege des «Geburtstagskalenders»), das Steuern des Phänomens persönlicher «Rund-Emails», das Fördern des «Grundsatzes der offenen Türen», die Offenheit beim Informationsaustausch und ähnliche Aspekte der Organisationskultur mögen keine unmittelbar spürbaren Resultate zeitigen, sollten aber gerade deswegen nicht vernachlässigt werden. Aufgabe von Personalführung ist es hier auch, womöglich unerwünschte Symbolik (z.B.: Vorhandensein von «Chefetagen», eines «Praktikantentisches» in der entfernten Ecke der Cafeteria, faktischer Vorrang führender

Mitarbeiter beim Bedienen der Kaffeemaschine...) zu erkennen und wenn nötig zu verändern.

d) Auf informationelle Transparenz achten

So vielgestaltig sich Arbeitsabläufe und Organisationskulturen darstellen können, so facettenreich sind auch die Anforderungen an eine gelungene Personalführung. Eine allgemeine Beobachtung in Deutschland wie in Frankreich ist jedoch, dass Mitarbeiter tendenziell den Wunsch haben, über Vorgänge in der Behörde oder der Kommune informiert zu sein, auch ohne dass dies unmittelbar konkrete Auswirkungen auf ihre Tätigkeit hat. Dies kann generell, durch regelmäßige Newsletter, aber auch punktuell, durch eine schriftliche oder mündliche Information aus gegebenem Anlass, erfolgen. Gerade wenn größere strukturelle Veränderungen anstehen, kann eine frühzeitige und regelmäßige Information im weiteren Vorfeld unzutreffende Gerüchte vermeiden helfen, Sorgen können gesammelt und einbezogen werden und eine nicht zuletzt emotionale «Gewöhnung» an neue Ideen kann eintreten. Dies allerdings nur, wenn die Information ausreichend vor der Veränderung erfolgt und nicht bereits unmittelbar ihrer Durchführung dient.

Auch parallel zur Durchführung einer organisatorischen Veränderung ist informationelle Transparenz entscheidend: Zum einen auf horizontaler Ebene zwischen den Mitarbeitern, im Sinne eines Austausches über auftretende Probleme und sogenannte *«Best Practices»*, aber auch vertikal im Organigramm. Wichtig erscheint hier, dass das Benennen von auftretenden Problemen allerseits als einzig möglicher Schritt zu ihrer Lösung und zum Lernen für die Zukunft angesehen wird und nicht, als etwaige «Schuldzuweisung» oder als «Schuldeingeständnis», vermieden wird. Auch hilft es, wenn letztlich alle Beteiligten ein fortlaufendes Bild von Fortschritt und Entwicklung der Veränderung haben, um individuell beobachtete Phänomene in einen Gesamtkontext einordnen zu können. Hier können möglicherweise vorbereitende Coachings oder – jedenfalls bei größeren Projekten – flankierende unabhängige Evaluationen helfen. Denn baut sich in einem vielstufigen Organigramm aufgrund der Stationen und der Selektion, die eine Basisinformation durchläuft, ein zu starkes Informationsgefälle auf, kann ein ganzes Projekt destabilisiert werden: Die Führungsebenen sind im Unklaren darüber, wie sich die Stimmung unter den Mitarbeitern darstellt, die Mitarbeiter haben das Gefühl, ihr Feedback werde nicht berücksichtigt und die intermediären Ebenen scheitern im schlimmsten Fall daran, zwischen beiden Seiten noch eine Brücke zu schlagen.

Die Frage, wie weit solche Transparenzmaßnahmen sinnvollerweise gehen sollen, ist allerdings äußerst schwierig und hängt sicherlich nicht zuletzt wieder von der jeweiligen Organisationskultur ab. Die Verfasserin hat jedenfalls nicht den Eindruck gewonnen, das Transparenzbedürfnis der Mitarbeiter in deutschen und französischen Verwaltungsinstitutionen unterscheide sich grundlegend. Sie hat vielmehr insoweit in Deutschland wie in Frankreich sehr ähnliche Konflikte und Herausforderungen vorgefunden: Das Ziel einer lernenden Verwaltung mit der verbesserten Fähigkeit zur objektiven, kollektiven Selbstbeobachtung ist in beiden Ländern gesetzt.

e) Personalführung in atypischen Situationen

Auch außerhalb typischer Situationen, wie der Mitarbeiter-Jahresgespräche, findet selbstverständlich Personalführung statt, auf beinahe unmerkliche, insgesamt aber noch nachhaltigere Weise. Die nachfolgenden Beobachtungen scheinen im deutschen wie im französischen Verwaltungsalltag zu gelten.

i. Der erste Eindruck

Personalführung beginnt für die hierzu berufenen Personen mit dem ersten Kontakt zu der Organisationseinheit, der sie zugeordnet ist. Die Erfahrung zeigt, wie hartnäckig sich bewusst oder unbewusst verursachte erste Eindrücke bei den Mitarbeitern festsetzen. Erzählungen wie «Es fing schon damit an, dass X den Flur zum Büro des Behördenleiters zielgerichtet entlanglief, ohne die Mitarbeiter zu grüßen, denen er begegnete.» sind gerade deshalb so fatal, weil die betroffenen Mitarbeiter im Gegensatz zu ihrem neuen Vorgesetzten oft schon wissen, dass gerade sie mit dem Neuankömmling zusammenarbeiten werden.

ii. Fachliche Kompetenz

Wer gefragt wird, was er von einem Vorgesetzten erwartet, wird wohl zuerst die fachliche Kompetenz nennen, jedenfalls wenn der Vorgesetzte in die konkrete Sachbearbeitung einbezogen ist und seine Tätigkeit nicht überwiegend politische und/oder gesamtorganisatorische Bezüge aufweist. Die ausgefeiltesten Techniken der Personalführung sind in diesen Fällen wenig hilfreich, wenn sie nicht auf fundierter fachlicher Kompetenz fußen. Das Beharren auf falschen Entscheidungen beschädigt letztlich die persönliche Integrität. Als Berufseinsteiger gehört in diesem Zusammenhang auch die behutsame Integration theoretischer Kenntnisse in die Praxis und der Mut dazu, fehlende Detailkenntnisse einzugestehen und sich, wenn nötig, Hilfe zu suchen.

iii. Das Kommunikationsverhalten

Auch sollte die praktische Bedeutung rhetorisch-kommunikativer Techniken bei allen sinnvollen Erkenntnissen nicht überbewertet werden. Trotz solcher Kenntnisse sollte man auf einen natürlichen und situativ angemessenen Diskurs achten. Gerade erfahrene Mitarbeiter schätzen es nicht, wenn Vorgesetzte versuchen, mit rhetorischen Mitteln Ergebnisse zu suggerieren, den Mitarbeiter nachgerade zu manipulieren und den Anschein von Konsensorientierung aufrechtzuerhalten, wo kein Handlungsspielraum erkennbar ist. In solchen Fällen sind im Regelfall Ehrlichkeit und Klarheit auch beim Überbringen unangenehmer Botschaften angemessener – wobei man sich dabei jedoch nicht mit den Zielen desolidarisieren darf, die man sich zu setzen anschickt. Weiterhin sollte gerade bei der Kommunikation diffiziler Entscheidungen und Anweisungen der persönliche Kontakt nicht durch eine Mitteilung in Textform (E-Mail o.Ä.) ersetzt werden. So mag eine Textmitteilung als effizient und unzweideutig erscheinen, doch geht so jede Möglichkeit der informellen Reaktionsforschung verloren und unter den Mitarbeitern kann der Eindruck entstehen, man verstecke sich hinter der unpersönlichen schriftlichen Mitteilung.

iv. Werte vorleben

Im Austausch mit Verwaltungsmitarbeitern in Deutschland wie in Frankreich wird immer wieder als entscheidend benannt, dass Führungskräfte die Werte, die sie von den Mitarbeitern erwarten, vorleben und ihre Entscheidungen konsequent verfolgen (vgl. Richter 1999, S. 288 ff.). Gerade Konstanz und Lesbarkeit sind hier entscheidende Faktoren. So verursacht es Misstrauen, konkrete Zusagen jeglicher Tragweite nicht einzuhalten, zugestandene Vertraulichkeit nicht dauerhaft zu respektieren oder Arbeitsanweisungen im Einzelfall wieder in Frage zu stellen.

v. «Zu seinen Leuten stehen»

Gerade im Hinblick auf die Verantwortungsübernahme nach außen hin beanspruchen Mitarbeiter in Deutschland ebenso wie in Frankreich im Rahmen eines besonnenen Führungsstils einen Vertrauensvorschuss dahingehend, dass sich ein Vorgesetzter zunächst einmal schützend vor das Personal stellt. Zum Schwur kommt es gerade auch gegenüber Beschwerden von Bürgern und Nachfragen von Behördenleitern. Das *öffentliche* Zuweisen von Verantwortung an Einzelne sollte insofern im Grundsatz vermieden werden, es sei denn, es liegt ein vorsätzlicher oder schwerer Verstoß vor. Insbesondere mit Blick auf die Gültigkeit allgemeiner Arbeitsanweisungen wird zudem berechtigterweise erwartet, dass den Mitarbeitern bei der Befolgung dieser Anweisungen verantwortungsmäßig der Rücken freigehalten wird. Ein als «Einknicken» wahrgenommenes Abweichen des Vorgesetzten von eigenen Anordnungen (Beispiel: Abhilfeentscheidung bei Beschwerden im Einzelfall, unter Verweisung auf die Verantwortung eines Mitarbeiters, der wiederum auf allgemeine Anordnung des Vorgesetzten handelte) kann zu einem Vertrauensverlust führen. Erscheint im jeweiligen Einzelfall also ein Abweichen von der Grundsatzanweisung nötig, muss man sich dieser Auswirkungen auf die Mitarbeiterwahrnehmung bewusst sein und die Entscheidung entsprechend kommunizieren.

f) Führungsstile und Tendenzen in Deutschland und Frankreich

Sind also bei der Personalführung im öffentlichen Dienst ganz ähnliche Konfliktpotentiale in Deutschland und in Frankreich festzustellen, so soll doch abschließend auf einige Punkte eingegangen werden, in denen sich die Mentalitäten tendenziell unterscheiden bzw. auch nur vermeintlich unterscheiden. Es sei an dieser Stelle nochmals betont, dass es sich hierbei nicht um verallgemeinerbare Angaben, sondern um einen subjektiven Eindruck handelt.

i. Der Umgang mit Hierarchien

Kenner der deutschen und der französischen Verwaltung diskutieren oft darüber, ob der Umgang mit Hierarchien sich in den beiden Ländern nicht unterschiedlich gestaltet. So gibt es die Tendenz, schematisierend anzunehmen, dass in der französischen Verwaltung allgemein sehr stark von oben nach unten («*top-down*») Anweisungen gegeben und Ideen umgesetzt werden. Dem gegenüber würde die deutsche Verwaltung stärker nach dem sogenannten «*bottom-up*»-Prinzip funktionieren, in dessen Rahmen Handlungsvorschläge von den unteren Ebenen nach «oben» weitergegeben werden, selektiert und dort gegebenenfalls abgesegnet werden.

Aus Sicht der Verfasserin ist eine solche Darstellung zu verallgemeinernd. Die Wirkweise von Hierarchien wird nicht von der jeweiligen Nationalität geprägt, sondern durch die Verwaltungsinstitution selbst ihrer Art nach, in ihrem Kontext und ganz entscheidend auch durch die jeweiligen Führungskräfte. So erscheint es nur natürlich, dass in einer Ministerialverwaltung stärkere Tendenzen des «*top-down*» herrschen können als in einer Kommunalverwaltung. Denn Behörden können in ihrer Tätigkeit unterschiedlich «gepolt» sein: auf das Umsetzen politischer Entscheidungen, das man auf denklogischer Ebene vielleicht als deduktive Tätigkeit beschreiben könnte, oder das Suchen von Antworten für ganz konkrete Einzelprobleme, welches logisch eher induktive Aspekte aufweist.

Oft treffen sich beide Ansätze unter ein und demselben Dach, wie das in deutschen und französischen *Kommunal*verwaltungen regelmäßig der Fall ist: Die politischen Mandatsträger wollen mithilfe der Verwaltung ihre politischen Ziele realisieren, beispielsweise nachhaltige Entwicklung im Städtebau und Sozialwesen sichern, und bedienen sich dazu tendenziell einer *«top-down»*-Dynamik. Zugleich und letztlich gegengerichtet holt die Verwaltung im Rahmen ihres alltäglichen Funktionierens die demokratisch legitimierte Letztentscheidung der Mandatsträger zwischen Handlungsalternativen ein (*«bottom-up»*), beispielsweise im Hinblick auf Verhandlungen mit Energieversorgern oder die Regelung organisatorischer Probleme der Abfallentsorgung. Diese gegenläufigen Ansätze führen notwendigerweise auch zu Spannungen und Konflikten, deren Kristallisationspunkte Organisations- und Budgetfragen sind. Durch deren konstruktive Auflösung funktioniert das Gemeinwesen letztlich, in Deutschland wie in Frankreich. Die Wahrheit liegt dann irgendwo zwischen *«bottom-up»* und *«top-down»*.

Eine Ausnahme von diesem einheitlichen Bild wird im Hinblick auf die französische Territorialverwaltung zu machen sein. Denn trotz aller Bemühungen um eine Dezentralisierung bleibt das System von Präfekturen in Frankreich seiner Art und Organisation nach doch ohne Entsprechung im föderalistisch organisierten Deutschland. So wird von Paris aus sehr stark in die Präfekturen (*«top-down»*) hinunterregiert. Denn die französischen Präfekten sind Vertreter der Zentralregierung, die gerade die Aufgabe haben, die getroffenen Entscheidungen unmittelbar und gleichmäßig in ihrem Zuständigkeitsbereich umzusetzen. Natürlich sollen sie auch einen Informationsrücklauf gewährleisten, aber für eine *bottom-up*-Mentalität scheint kaum Raum zu bleiben. In Deutschland dagegen ist die unmittelbare Staatsverwaltung vergleichsweise zurückgenommen, so dass derartige Phänomene nicht zu beobachten sind.

ii. **Persönlicher oder distanzierter Führungsstil**

Im Hinblick auf die Frage, ob ein angemessener Führungsstil eher einen persönlichen Einschlag haben oder auf objektive Distanz bedacht sein sollte, dürften tendenzielle Unterschiede zwischen der deutschen und der französischen Wahrnehmung bestehen. So hat die Verfasserin in der französischen Verwaltung (Kommunalverwaltung) auf der Angestelltenebene sehr häufig den Wunsch vernommen, dass die Führungsebene die Mitarbeiter stärker als Person wahrnehmen und persönlich ansprechen sollte, auch im Hinblick auf die privaten Lebensumstände, Sorgen und Nöte oder besondere Talente und Hobbys. Ein aktives Interesse an den persönlichen Seiten der Mitarbeiter scheint mitunter gewünscht zu sein. Deutsche Verwaltungsangestellte scheinen dem gegenüber eher skeptisch zu sein: Auf persönliche Umstände soll Rücksicht genommen werden, was organisatorische Erfordernisse angeht (Kinderbetreuung, Work-Life-Balance, Erkrankungen), eine freundliche, kollegiale Atmosphäre auf der Arbeitsstelle wird begrüßt und psychischer Stress auf der Arbeitsstelle soll vermieden werden, im Übrigen aber habe «Persönliches» nach Auffassung vieler in der Mitarbeiterführung nichts zu suchen. Von Vorgesetzten gezeigtes Interesse wird manchmal sogar als beunruhigend oder gekünstelt empfunden. Die sphärische Trennung zwischen Beruflichem und Privatem scheint in Deutschland nach den Erfahrungen der Verfasserin also ausgeprägter zu sein als in Frankreich.

iii. Die Rolle des sogenannten «charismatischen» Führungsstils

Von deutschen Führungspersonen in der Verwaltung wird ihr «Arsenal» an Führungsstilen gerne mit Schlagworten wie «autoritär», «kooperativ» und *laissez-faire* eingeordnet, je nachdem, wie die Balance zwischen gewährten Freiheiten und strengen Vorgaben ausfällt. Ein Mittelweg zwischen den Extremen wird situativ gewählt, je nachdem, wie viel Vertrauen die Führungsperson in ihre Mitarbeiter hat, und wie groß Entscheidungsspielräume und Risiken sind. (Übrigens wird nicht aufgrund der französischen Begrifflichkeit in *laissez-faire* eine Assoziation zwischen einem besonders laxen Führungsstil und der französischen Kultur insinuiert!) Entscheidende Variable ist also das Mehr oder Weniger an Strenge der objektiven Vorgaben. Ob der individuelle Stil dabei eher distanziert-neutral oder persönlich ausfällt, wird eher als Frage individueller Disposition denn als veränderliche Variable dargestellt, auch angesichts der oben dargestellten Zurückhaltung gegenüber einem allzu persönlichen Näheverhältnis zu den Mitarbeitern: Die Führungspersönlichkeit wählt nicht aktiv ein nahes oder distanziertes Verhältnis zu den Mitarbeitern, sondern ist eben an sich ein mehr oder weniger umgänglicher Mensch.

In Frankreich hat die Verfasserin bei ihren verschiedenen Vorgesetzten zwar keine graduellen Wahlentscheidungen zwischen aufgesetzter, persönlicher Freundlichkeit und bewusster, distanzierter Zurückhaltung beobachtet. Allerdings scheinen diese Führungspersönlichkeiten, gleich ob gewählte Volksvertreter oder hohe Beamte, im Hinblick auf ihren Umgang mit Mitarbeitern stets einen «charismatischen» oder auch einen «transformationalen» Führungsstil zu entwickeln. So scheint es in Frankreich viel verbreiteter als in Deutschland zu sein, bei der Personalführung stark und gezielt als individueller Typ aufzutreten, sich selbst und den eigenen Charakter nicht zurückzunehmen, sondern diesen gerade auszuleben, ihn gleichsam als «Markenimage» zu pflegen und somit aus dem eigenen «Charisma» eine dynamische Mitarbeiterführung zu entwickeln. Diese fußt dann neben der fachlichen Erfahrung und der hierarchischen Überordnung auch auf Bewunderung, Vertrauen, Inspiration oder sogar dem Reiz der Herausforderung oder des Konflikts. Außerdem werden die Mitarbeiter, und zwar nicht nur die in der Ausbildung befindlichen, durch individuelle Förderung (engl.: «*Enabling*») und Angebote an ihre Persönlichkeitsentwicklung motiviert. Letzteres kann man auch als «transformationalen» Führungsstil im engeren Sinne bezeichnen (vgl. Avolio/Bass 2004, passim). Der (oder die) Vorgesetzte ist damit oft zugleich persönlicher Mentor, Vorbild, ja vielleicht sogar Vaterfigur im psychologischen Sinne. An der ENA erinnern theoretische Kurse zu Bereichen wie Veränderungsmanagement («*l'induction du changement*») für die künftigen Führungskräfte bereits an eine solche Geisteshaltung und es werden Hinweise zu kollektivpsychologischen Phänomenen gegeben, zu deren Lösung ein transformationaler Führungsstil empfohlen wird.

In Deutschland scheint eine solche Vorgehensweise eher in der Privatwirtschaft beheimatet zu sein. Und selbst in diesem Umfeld, etwa in deutschen mittelständischen Unternehmen, werden Anleitungen zu einem charismatischen Führungsstil doch wieder objektiviert, in «Kompetenzen» und «Führungsprinzipen» aufgespalten und von einem persönlichen Charisma abstrahiert. Anschaulich hierzu die Studie von DOLLES/PELZ, Führung und Innovation bei mittelständischen Weltmarktführern, Zusammenfassung verfügbar unter www.management-innovation.com, passim, sowie die weiteren Studien des Instituts für Management-Innovation; dort wird sogar von einer «deutschen Version» der transformationalen Führung gesprochen. Es kommt also aus deutscher Sicht mehr auf das situative Verhalten an als auf das charakterliche, charismatische «Sein». In der deutschen Verwaltung jedenfalls werden Tendenzen zu einem Zuviel an Führungspersönlichkeit und einem zu persönlichen Führungsstil im öffentlichen Dienst sehr skeptisch gesehen. Bewusst sein ganz persönliches «Markenimage» zu pflegen, etwa als «Kumpeltyp», notorischer Pedant oder sogar Choleriker, erscheint fast undenkbar. In Deutschland scheint man nicht so sehr ein «Original» (frz. ebenso: «*un original*») sein zu wollen. Oft wird die Rolle des Vorgesetzten und die des Mentors in Deutschland auch bewusst auf verschiedene Personen aufgeteilt, um mögliche psychologische Konflikte zu entschärfen: Anfänger in der Ministerialverwaltung erhalten z.B. einen Mentor zum Erfahrungsaustausch, der ganz bewusst nicht zugleich ihr Vorgesetzter ist.

3. Die Rolle des Rechts im Verwaltungsalltag

Arten der Verwaltungskultur werden von manchen Autoren danach unterschieden, wie Steuerung von Verwaltungshandeln faktisch in erster Linie erfolgt. So wird das deutsche Modell oft als Regelungskultur charakterisiert, in welcher Verwaltungsabläufe intern wie in ihrer Außenwirkung in erster Linie durch rechtliche Durchdringung bestimmt sind. Dem gegenüber wird eine Kontaktkultur beschrieben, also die Kultur der Steuerung durch unmittelbare persönliche Interaktion im Einzelfall, sowie eine Verhandlungskultur, also die Erarbeitung langfristiger Steuerung in erster Linie durch Verhandlung (vgl. Krause 2011, S. 5).

In der deutschen wie der französischen Verwaltung überschneiden sich Regelung, Interaktionskontakt und Verhandlung als Steuerungsmittel und greifen ineinander. Allerdings mit unterschiedlichen Schwerpunkten: So erscheint es als zutreffend, dass Verwaltungshandeln in Deutschland besonders stark von der Rechtslage ausgeht und Vorrang und Vorbehalt des Gesetzes im Sinne des Rechtsstaatsprinzips im Verwaltungsalltag streng gehandhabt werden. Das Gesetz wird hier ganz alltäglich nicht nur als Grenze, sondern auch als Vorbedingung des Verwaltungshandelns verstanden. Erst das Gesetz schafft einen Raum, der durch Verhandlung und Interaktion ausgefüllt wird. Fragen nach Zuständigkeit und Ermächtigungsgrundlage bestimmen den Alltag.

In Frankreich hingegen dürfte das Antworten auf praktische Bedürfnisse durch eine bestmöglich konzipierte und ausgehandelte Reaktion als gedanklicher Ausgangspunkt gesehen werden. Eine unbestreitbar materiell richtige Entscheidung scheint nach der Erfahrung der Verfasserin eine legitimationsstiftende Funktion zu haben und im Einzelfall vielleicht sogar einmal darüber hinweghelfen zu können, dass die jeweils handelnde Person nicht im Detail zuständig oder zeichnungsberechtigt war. Schließlich kann die Verwaltungsinstitution im Ergebnis hinter der richtigen Entscheidung stehen. Überlegt man sich in einer französischen Verwaltung also typischerweise zunächst, was die praktisch bestmögliche Reaktion auf eine gegebene Situation wäre, so wird das gefundene Zwischenergebnis in einem zweiten Schritt vor der endgültigen Entscheidung rechtlich geprüft, was den deutschen Juristen eher an eine Geisteshaltung der *Compliance* erinnert: Die Verwaltung entwickelt einen nicht immer rechtlich vorgeprägten Handlungswillen und prüft sodann, ob und wie die Rechtslage diese Handlungsweise auch erlaubt.

Das Ergebnis mag in den meisten Fällen das gleiche sein, qualitative Unterschiede ergeben sich allerdings bei der Interaktionsfähigkeit von Verwaltungsträgern auf europäischer Ebene, wie sogleich noch zu zeigen sein wird.

4. «Le couple franco-allemand» in Brüssel?

Zum Ende dieser Darstellung hin stellt sich die Frage, ob die dargestellten Unterschiede in Verwaltungskultur und Mentalität die deutsch-französische Zusammenarbeit erschweren können. Die Verfasserin konnte dieser Frage während ihres Praktikums in der Ständigen Vertretung Frankreichs bei der EU in Brüssel nachgehen, wo sie deutsches Diplomatenhandeln und Verhandlungstaktik aus französischer Sicht beobachten durfte. Auch für Fragen der Verwaltungskultur im engeren Sinne dürfte dieser Einblick aufschlussreich sein. Denn gerade in Brüssel sind diplomatische oder allgemein exekutive Verwaltungsvorgänge und prä-legislative Verhandlungen besonders eng verzahnt. Jede Ständige Vertretung ist im Grunde eine Botschaft, eine originär nationale Verwaltungsinstitution, dabei zugleich aber auch eine diplomatische und politische Schnittstelle zu den Instanzen der EU und den anderen Vertretungen, die jeweils wieder anderen administrativen Gesetzmäßigkeiten folgen. Deutschland und Frankreich sind demografische Schwergewichte der EU, und doch «nur» zwei Länder unter 28. Sie sind einer einzigartigen freundschaftlichen Tradition verpflichtet und verfolgen zugleich handfeste, oft ganz unterschiedliche Interessen. Schließlich handelt es sich um territorial wie wirtschaftlich gänzlich unterschiedlich strukturierte Staaten. Ausführungen hierzu würden den Rahmen der vorliegenden Darstellung allerdings sprengen.

Im Zusammenhang mit dem – seit dem Vertrag von Lissabon alltäglichen – taktischen Kampf um Mehrheiten und Sperrminoritäten im Rat, welcher das immer wieder neue Bilden von zwischenstaatlichen Allianzen erfordert, wird die Fähigkeit zur deutsch-französischen Verwaltungszusammenarbeit zumindest auf die Probe gestellt. Es geht dabei nicht darum, national vorgegebene Instruktionen in Frage zu stellen, sondern in einem komplexen Entscheidungsprozess mit vielen Akteuren die Position der anderen zu verstehen und so die beste Verhandlungsstrategie zu finden, um die eigenen Interessen zu vertreten und konstruktiv zum Verhandlungsfortschritt beizutragen. Im französischen Diplomatenjargon wird das «proaktives Verhalten» (frz.: «*proactif*») genannt. Der Weg zum gegenseitigen Verständnis gestaltet sich offensichtlich jedoch zwischen «guten alten Freunden» wie Deutschland und Frankreich nicht immer einfach.

Das fängt bereits mit Banalitäten wie den gegeneinander verschobenen Arbeitszeiten an. In der französischen Ständigen Vertretung liegt unabhängig von den sehr viel weitreichenderen Arbeitszeiten die Kernzeit der strategischen Entscheidungsfindung am Abend, zwischen ca. 18 und 22 Uhr, wenn die Termine des Tagesgeschäfts abebben und der Kontakt mit dem SGAE (*Secrétariat général des affaires européennes*) in Paris besonders intensiv ist. Diese Zeit geht mit ständigen Telefonanrufen bei den «*homologues*», den Kollegen in den anderen Vertretungen einher. Um diese Zeit kann man italienische und spanische, nicht aber deutsche Kollegen telefonisch erreichen. Der Gedanke, bei der deutschen Vertretung schlicht früher anzurufen, passt nicht zum französischen Arbeitsrhythmus. Die deutschen Kollegen hingegen scheinen seltener zum

Hörer zu greifen, und wenn, dann... vormittags. Hinter der späten Aktivitätsphase bei den französischen Kollegen vermuten die Deutschen eine chaotische Zeiteinteilung, während die Franzosen witzeln, den Deutschen gehe nichts darüber, früh schlafen zu gehen.

Aber auch manche der bereits dargestellten Unterschiede haben ihre Bedeutung. Das Verhalten deutscher Diplomaten in Brüssel scheint sehr stark an Gesetzeslegitimität und ihren ex ante feststehenden Instruktionen orientiert, was zu einem relativ statischen Verhandlungsverhalten führt. Die französische Herangehensweise möchte Spielräume der Verhandlung bestmöglich ausreizen, selbstverständlich in Einklang mit dem Recht. Manchmal werden Entscheidungen ganz von verhandlungsstrategischen Erwägungen getragen, so bei dem Aushandeln von Transaktionen im Sinne von «Hilfst Du mir hier, helfe ich Dir dort». Beide Herangehensweisen bieten Vor- und Nachteile: Das französische, dynamisch-verhandlungsorientierte Selbstverständnis der Findung von Handlungsoptionen bietet mehr Freiraum für ein kreatives Brainstorming und ist auch im Rahmen europäischer Beratungen in Brüssel und Strasbourg mitunter überlegen, weil es bei der Vorsondierung von Entscheidungen oft mehr Pragmatik, Beweglichkeit und Verhandlungsgeschick ermöglicht. Das deutsche, kategorische, einer Übersetzung in andere Sprachen in dieser Tragweite nicht zugängliche *«Nein»* hingegen hat in diesem Zusammenhang in der Brüsseler Diplomatie schon legendären Ruf. Andererseits tritt im Selbstverständnis der deutschen Verwaltung seltener die Gefahr zutage, dass sich die Verhandlungen unbewusst vom rechtlichen Rahmen entfernen und eine Richtung nehmen, die mit diesem nicht mehr ohne weiteres vereinbart werden kann.

5. Der Blick über den Tellerrand

Erfreulicherweise scheinen bereits Tendenzen im Gange zu sein, sich jeweils von der anderen Denkweise positive Aspekte abzuschauen: in Deutschland, im Rahmen der Gesetzeslage gerade auf internationaler Ebene proaktiver und verhandlungsorientierter aufzutreten; demgegenüber in Frankreich, rechtliche Überlegungen zu einem frühen Zeitpunkt bei der Entscheidungsfindung einfließen zu lassen und nicht zuletzt als Legitimation zu verwenden. Dieses vergleichende Feilen an der Verwaltungskultur stellt eine sehr spannende und eindrucksvolle Entwicklung dar. Und selbst wenn ein Land nicht die Eigenarten des anderen übernehmen will und kann, so führt die vertiefte Kenntnis doch zu mehr Vertrauen, Vorhersehbarkeit und zur verständnisvollen Einordnung von Verhaltensmustern.

Das gegenseitige Messen aneinander ist allerdings nie unproblematisch, gerade wenn Gemeinplätze ins Spiel kommen: Wird Deutschland im Hinblick auf industrielle und technische Entwicklung, Frankreich im Hinblick auf demografische Entwicklung und Sendungsbewusstsein in der Außenpolitik gebetsmühlenartig jeweils im anderen Land als Vorbild benannt, ist dies eine zu holzschnittartige, zu stark politisierende Darstellung um irgend nützlich zu sein. Sie schürt schlimmstenfalls sogar Verärgerung und Misstrauen in der Bevölkerung. So hat die Verfasserin es in Frankreich mehrfach erlebt, dass ein französischer Freund oder Kollege im persönlichen Gespräch in etwa folgende Bemerkung machte: «Ich bin erstaunt, dass wir uns persönlich so gut verstehen. Ich sehe Deutschland sehr kritisch, so, wie es sich heute auf europäischer Ebene verhält. Die glauben immer, alles besser zu können und deswegen das Sagen zu haben. Das grenzt an Chauvinismus.» Es scheint längst nicht mehr eine Generationen zurückliegende Feindschaft, sondern die schwierige politische und wirtschaftliche Gegenwart zu sein, die das deutsch-französische Verhältnis belasten kann.

Gerade auch deshalb ist ein fortgeführter intensiver Austausch zwischen Deutschland und Frankreich im Hinblick auf das Verständnis der jeweils anderen (Verwaltungs-)Kultur eines der wichtigsten und vielversprechendsten Projekte. Die EU als beispiellos starker Integrationsmechanismus hat vor einer wie auch immer gearteten Vereinheitlichung der Funktionsweise der nationalen Verwaltungen haltgemacht, so dass dieses Gebiet, als eine der letzten deutsch-französischen *terrae incognitae*, gegenseitige Neugier und Entdeckungsdrang beflügelt.

Bibliographie

AVOLIO, B. J./BASS, B. M. (2004): Multifactor Leadership Questionnaire, Manual. Third Edition, Lincoln

DOLLES/PELZ: Führung und Innovation bei mittelständischen Weltmarktführern, Zusammenfassung verfügbar unter www.management-innovation.com

HERZBERG, FR./MAUSNER, B./BLOCH SNYDERMANN, B. (1967): The motivation to work, New York

KRAUSE, U. (2011): Personalführung im öffentlichen Dienst – worauf kommt es an?, Magdeburg

OPASCHOWSKI, H.W. (1997): Einführung in die Freizeitwissenschaft, Wiesbaden

RICHTER, M. (1999): Personalführung, Stuttgart

STÜHRENBERG, L. (2003): Professionelle betriebliche Kommunikation: Erfolgsfaktoren der Personalführung, Wiesbaden

TENNSTEDT, T. (2007): Mitarbeiterführung und Kulturbezug: Konzept, Empirie und Gestaltungsempfehlungen am Beispiel Chinas und Deutschlands, Mehring

WUNDERER, R. (2007): Führung und Zusammenarbeit – eine unternehmerische Führungslehre, Köln

Deutsch-französische Polizeizusammenarbeit – Ein Bericht aus der Praxis

Ben Behmenburg / Jean-Luc Taltavull

Inhaltsverzeichnis

1. Einleitung   215
2. Organisation der Polizeibehörden   216
3. Wo Organisationskulturen aufeinander treffen: das Gemeinsame Zentrum
   der deutsch-französischen Polizei- und Zollzusammenarbeit in Kehl   218
4. Reichweite, Prioritäten und Befugnisse bei der polizeilichen
   Aufgabenerfüllung   219
5. Strategien in der einzelfallbezogenen Zusammenarbeit mit dem Nachbarn 221
6. Schlussfolgerungen   221

1. Einleitung

Die deutsch-französische Polizeizusammenarbeit ist seit vielen Jahren etabliert und hat sich bestens bewährt. Zugleich ist sie in einem zusammenwachsenden Europa ohne Grenzkontrollen[1] zur Gewährleistung der öffentlichen Sicherheit unerlässlich. Dabei unterliegt die Polizeizusammenarbeit auf beiden Seiten des Rheins operativen Zwängen. Besonders im Bereich der Strafverfolgung ist die Aufgabe, auch wenn sich Unterschiede im rechtlichen Rahmen feststellen lassen, dieselbe: Es gilt, Straftaten aufzuklären, nach den Tätern zu fahnden und sie der Justiz zu übergeben. Das moderne strafrechtliche Ermittlungsverfahren beruht dabei auf Standards, die in Deutschland und Frankreich sehr ähnlich sind. Daher haben auch die Beamten, die diese Verfahren durchführen, ähnliche Kulturen in Polizei und Verwaltung entwickelt und sind zugleich selbst durch diese geprägt.

---

[1] Nach Artikel 67 Abs. 2 Satz 1 des Vertrags über die Arbeitsweise der Europäischen Union (AEUV; Amtsblatt der Europäischen Union vom 26.10.2012, C 326/47) stellt die Europäische Union sicher, dass Personen an ihren Binnengrenzen nicht kontrolliert werden. Die stationären Grenzkontrollen an der deutsch-französischen Grenze sind bereits am 26. März 1995 auf der Grundlage des Schengener Abkommens weggefallen.

Daneben bestehen jedoch auch durchaus erhebliche Unterschiede zwischen den organisatorischen und rechtlichen Strukturen, in denen die Polizeibehörden ihre Aufgaben wahrnehmen. Diese Unterschiede führen auch zu kulturellen Verschiedenheiten, die in der alltäglichen und ansonsten gut etablierten deutsch-französischen Polizeizusammenarbeit Quelle von Schwierigkeiten, im Einzelfall sogar bis hin zu gegenseitigem Unverständnis sein können. Anhand praktischer Erfahrungen der Verfasser sollen diese Unterschiede im Folgenden aufgezeigt werden. Zugleich wird dargelegt, wie diese Besonderheiten in der Zusammenarbeit bewältigt werden, und welche Perspektive sich insoweit bei einer Fortentwicklung der Zusammenarbeit ergibt.

2. Organisation der Polizeibehörden

Die angesprochenen strukturellen Unterschiede in der Organisation der Polizeibehörden beruhen wesentlich auf den verschiedenen Formen der Staatsorganisation Deutschlands und Frankreichs sowie auf historischen Erfahrungen. So ist Frankreich im Grundsatz zentralstaatlich organisiert, während der deutsche Föderalismus besonders im Bereich der Polizei stark ausgeprägt ist. Nach der historischen Katastrophe des Nationalsozialismus ist in Deutschland zudem, anders als in Frankreich, die Polizei organisatorisch getrennt von den Nachrichtendiensten aufgebaut.

Auch das System der französischen Sicherheitsbehörden ist zentral und stark konzentriert strukturiert. Dabei sind mit der Police Nationale (140'000 Beamte) und der militärisch organisierten Gendarmerie (99'000 Soldaten) zwei Behörden mit polizeilichen Aufgaben auf dem gesamten Staatsgebiet vor Ort. Beide unterstehen dem französischen Innenminister und sind im Ministerium jeweils als Generaldirektionen organisiert (Direction Générale de la Police Nationale, DGPN, und Direction Générale de la Gendarmerie Nationale, DGGN). Die polizeilichen Aufgaben sind zwischen ihnen verteilt; der Zoll spielt insofern nur eine marginale Rolle. Der Inlandsnachrichtendienst (Direction Centrale du Renseignement Intérieur, DCRI) ist ein Teil der DGPN.

Zugleich spielen in den französischen Départements die Präfekten[2] eine wichtige Rolle im Bereich der öffentlichen Sicherheit. Sie verfügen insofern über das Weisungsrecht gegenüber den gesamten Kräften der Police Nationale und Gendarmerie. Dies lässt sich am Beispiel des Transports von Spezialbehältern mit hochradioaktiven Materialien aus der Wiederaufarbeitung («Castoren») von Valogne bis an die deutsche Grenze illustrieren. Hier koordiniert der Prä-

---

[2] Allein in Paris und Marseille sind eigens Polizeipräfekten eingesetzt.

fekt der Verteidigungszone Ost sämtliche erforderlichen Sicherheitsmaßnahmen.

Dem steht in Deutschland eine föderale und damit stark dezentrale Organisation der Polizeibehörden gegenüber. Im Grundsatz obliegt die Erfüllung polizeilicher Aufgaben den Ländern; eine Zuständigkeit des Bundes besteht nur, soweit ihm diese gesetzlich besonders zugewiesen ist. Solche Aufgabenzuweisungen an den Bund bestehen beispielsweise für die Grenzpolizei (Bundespolizei), aber auch im Hinblick auf Zentralstellen- und Koordinierungsaufgaben, die dem Bundeskriminalamt (BKA) obliegen. Dieses ist insbesondere für den Dienstverkehr mit dem Ausland zur Verhütung und Verfolgung von Straftaten zuständig. Auch insoweit verfügt es aber über keinerlei Weisungsrecht gegenüber den Ländern, etwa den Landeskriminalämtern. Nur soweit sich der Dienstverkehr auf Kriminalität von regionaler Bedeutung im Grenzgebiet bezieht oder soweit Gefahr im Verzug ist, können die Polizeibehörden der Länder selbst unmittelbar mit ihren ausländischen Partnern zusammenarbeiten, müssen aber das BKA darüber unverzüglich unterrichten. Diese weitreichende Aufgabenfragmentierung zwischen Bund und Ländern wird durch umfassende Koordinierungsmechanismen und durch von Bund und Ländern gemeinsam definierte Standards, etwa beim Informationsaustausch, kompensiert. Dies wäre allerdings nicht möglich ohne die stetige, gemeinsame Suche aller beteiligten Stellen nach einem Konsens über diese Koordinierungsmechanismen und Standards, die die Kultur der Polizeizusammenarbeit innerhalb Deutschlands prägen. Ohne dies wäre die polizeiliche Aufgabenerfüllung geradezu gelähmt. Diese Konsensbildung vollzieht sich insbesondere in den Gremien der Ständigen Konferenz der Innenminister und -senatoren der Länder (Innenministerkonferenz, IMK), an der der Bundesminister des Innern als Gast ebenfalls ständig teilnimmt.

Dass diese komplexe Struktur auf deutscher Seite auf gelegentliches Unverständnis in Frankreich trifft, kann nicht überraschen. Die scheinbare Inkompatibilität der Strukturen wird augenfällig, wenn ein Präfekt auf französischer Seite in Polizeiangelegenheiten Gesprächsbedarf mit einem deutschen Amtskollegen hat: Ein (einziger) solcher Amtskollege ist auf deutscher Seite vielfach nicht vorhanden. Stattdessen stehen in Deutschland die betroffenen Polizeibehörden (Bundeskriminalamt, Bundespolizei, Landespolizeien) und mitunter auch die Bundeszollverwaltung regelmäßig vor der Herausforderung, zunächst intern eine gemeinsame Haltung abzustimmen und diese anschließend einvernehmlich gegenüber dem französischen Kooperationspartner zu vertreten. Insbesondere in Lagen, in denen eine rasche, gemeinsame Reaktion erforderlich ist, können sich hierbei durchaus Schwierigkeiten ergeben.

Gerade im Vorfeld grenzüberschreitender, gemeinsamer polizeilicher Einsatzlagen sind die französischen Polizeikräfte daher häufig mit der in den deutschen Polizeistrukturen besonders stark ausgeprägten Kultur einer umfassenden und detailreichen Planung und Vorbereitung konfrontiert. Diese Planungs- und Vorbereitungskultur will eventuelle Lageveränderungen schon im Vorfeld bestmöglich antizipieren und so die Voraussetzungen für eine erfolgreiche Bewältigung schaffen, auch um dann zeitaufwändige Koordinierungen entbehrlich zu machen. Gleichwohl ist selbstverständlich, dass so nicht jede unvorhergesehene Situation ausgeschlossen werden kann.

3. Wo Organisationskulturen aufeinander treffen: das Gemeinsame Zentrum der deutsch-französischen Polizei- und Zollzusammenarbeit in Kehl

Vor diesem Hintergrund hat das Gemeinsame Zentrum der deutsch-französischen Polizei- und Zollzusammenarbeit in Kehl besondere Bedeutung. Hier arbeiten alle in der gemeinsamen Grenzregion zuständigen Polizei- und Zollbehörden in einer gemeinsamen Dienststelle zusammen.[3] Auf deutscher Seite sind dies die Bundespolizei, die Landespolizei Baden-Württemberg sowie die Bundeszollverwaltung, während von französischer Seite die Police Nationale, die Gendarmerie sowie Douanes & Droits Indirects vertreten sind. Unbeschadet der oben dargelegten Zuständigkeitsverteilung steht im Gemeinsamen Zentrum in Kehl sowohl auf französischer als auch auf deutscher Seite je ein Koordinator dem gesamten Kontingent seines Heimatstaates im Zentrum vor.

Auf deutscher Seite stellt die Landespolizei Baden-Württemberg den Koordinator, auf französischer Seite obliegt dies der Police Nationale. Im Sinne eines Dienstleistungszentrums unterstützt das Zentrum beim grenzüberschreitenden polizeilichen Informationsaustausch[4], bei der Vorbereitung grenzüberschreitender Maßnahmen, aber auch bei der Vermittlung zuständiger Ansprechpartner auf der jeweils anderen Seite der Grenze sowie bei der Überwindung sprachlicher Barrieren. Mit diesem breiten Unterstützungsangebot, das an

---

[3] Ein weiteres, in seiner Struktur vergleichbares Gemeinsames Zentrum besteht in Luxemburg-Stadt, in dem für die dortige gemeinsame Grenzregion Polizei- und Zollbehörden aus Belgien, Deutschland, Frankreich und Luxemburg zusammenarbeiten. Zusammen mit dem Gemeinsamen Zentrum in Kehl wird so die gesamte deutsch-französische Grenze abgedeckt.

[4] Mit Rücksicht auf die dargelegten Kompetenzen des BKA ist dieser allerdings auf die Bekämpfung von Kriminalität mit nur grenzregionaler Bedeutung sowie auf Eilfälle beschränkt.

allen Tagen der Woche rund um die Uhr zur Verfügung steht, wirkt es als Katalysator in der Zusammenarbeit und zeigt beispielhaft das gemeinsame Bestreben in den Polizei- und Zollbehörden, allen strukturellen und organisatorischen Verschiedenheiten zum Trotz die öffentliche Sicherheit und Ordnung auf beiden Seiten des Rheins zu gewährleisten.

4. Reichweite, Prioritäten und Befugnisse bei der polizeilichen Aufgabenerfüllung

Wesentliche Aufgabe der Polizei in Deutschland ist die Abwehr von Gefahren für die öffentliche Sicherheit und Ordnung. Diese Aufgabe, zu der besonders die Verhütung von Straftaten gehört, steht gleichrangig neben der Mitwirkung der Polizei an der Strafverfolgung. Bei der Strafverfolgung wird die Polizei nur als Hilfsorgan der Staatsanwaltschaft tätig und ist daher an deren Auftrag und Weisungen gebunden, während sie bei der Gefahrenabwehr originär zuständig ist.

Dagegen haben in Frankreich die präventiven polizeilichen Aufgaben im Sinne einer «police administrative», sofern sie überhaupt fortbestehen, an Bedeutung verloren. Der Ansatz der polizeilichen Tätigkeit ist hier im Wesentlichen repressiv, d.h. durch die Strafverfolgung geprägt. Die verbleibenden präventiven Aufgaben, die besonders bei der Bekämpfung des Terrorismus bedeutsam sind, obliegen in Frankreich zumeist dem Inlandsnachrichtendienst.

Augenfällig wird dieser strukturelle Unterschied am Beispiel der Befugnis deutscher Polizeibehörden, unter bestimmten, engen Voraussetzungen bestimmte Personen zur vorbeugenden Bekämpfung von Straftaten mit erheblicher Bedeutung zu observieren. Das Vorliegen einer solchen Straftat ist dabei nicht Voraussetzung einer präventiven Observation; es geht vielmehr gerade darum, eine Straftat zu verhindern. Eine solche Observationsbefugnis besteht vor dem dargelegten, strukturellen Hintergrund für französische Polizeikräfte außer in Fällen von Terrorismus oder der Bildung einer kriminellen Vereinigung dagegen nicht.

Dieser Unterschied wurde im Jahr 2011 im Anschluss an eine Entscheidung des Bundesverfassungsgerichts zur nachträglichen Sicherungsverwahrung relevant. Mit dieser Entscheidung trug das Gericht einer Verurteilung der Bundesrepublik Deutschland durch den Europäischen Gerichtshof für Menschenrechte Rechnung. In Folge dieser Rechtsprechung wurden Personen, die zuvor in Deutschland wegen schwerer Straftaten gegen die sexuelle Selbstbestimmung verurteilt worden waren, aus der Sicherungsverwahrung entlassen. Zwar hatten sie ihre Freiheitsstrafen verbüßt, doch bestand die konkrete Gefahr erneuter, vergleichbarer Straftaten. Daher wurden diese Personen nach der Entlassung aus der Sicherungsverwahrung in Deutschland einer polizeilichen Observation unterworfen. Da diese Observationsmaßnahmen allein der Gefahrenabwehr dienten, bestand jedoch keine Rechtsgrundlage für eine Fortsetzung der Observation für den Fall, dass die Personen die Grenze nach Frankreich passieren. Daher galt es hier, effektive Alternativmaßnahmen zu entwickeln, um eine Gefährdung der öffentlichen Sicherheit nach einem möglichen Grenzübertritt der fraglichen Personen bestmöglich zu vermeiden.

In dieser Konstellation war auch der weitere Aspekt zu berücksichtigen, dass in der grenzüberschreitenden polizeilichen Zusammenarbeit polizeiliche Eingriffsbefugnisse (z.B Festnahme- und Festhalterechte) nur in seltenen Ausnahmefällen vorgesehen sind. Insbesondere in Frankreich bestehen hier verfassungsrechtliche Grenzen. Vor diesem Hintergrund gestattet das Mondorfer Abkommen über die Zusammenarbeit der deutschen und französischen Polizei- und Zollbehörden in den Grenzgebieten nur Eingriffsmaßnahmen französischer Polizeikräfte in Deutschland, nicht aber umgekehrt deutscher Beamter in Frankreich.[5]

Würden grenzüberschreitende Befugnisse in dem dargelegten Sinne geschaffen bzw. erweitert, so hätte dies zweifellos erhebliche integrative Wirkung über die bereits bestehende, gute Zusammenarbeit hinaus. Denn bei einer Schaffung bzw. Erweiterung der Befugnisse müssten auch detaillierte Vereinbarungen über deren Voraussetzungen und praktische Ausübung getroffen werden. Im genannten Beispiel könnte dies letztlich eine Stärkung der präventiven Kompetenzen der französischen Polizeibehörden bewirken. Auch die Entwicklung von Gemeinsamkeiten in den Kulturen der Polizeiarbeit auf beiden Seiten des Rheins würde so weiter forciert.

---

[5] Nach Artikel 10 Abs. 2 des Abkommens zwischen der Regierung der Bundesrepublik Deutschland und der Regierung der Französischen Republik über die Zusammenarbeit der Polizei- und Zollbehörden in den Grenzgebieten (Mondorfer Abkommen) vom 9. Oktober 1997 (BGBl. 1998 Teil II S. 2479 ff.) können Vollzugsbeamte der französischen Polizeidienste in der Bundesrepublik Deutschland im Einvernehmen mit den zuständigen französischen Stellen mit Aufgaben des polizeilichen Vollzugsdienstes nach Maßgabe der hierfür geltenden Vorschriften beider Vertragsparteien betraut werden. Eine vergleichbare Möglichkeit für deutsche Vollzugsbeamte sieht das Abkommen nicht vor.

5. Strategien in der einzelfallbezogenen Zusammenarbeit mit dem Nachbarn

In der – nicht repräsentativen – Beobachtung der Verfasser bei der Zusammenarbeit deutscher und französischer Polizeikräfte in Einzelfällen zeigt sich auf deutscher Seite die Tendenz, über die Bindung an Recht und Gesetz hinaus auch die bestehenden und formal empfohlenen Wege der Zusammenarbeit sorgfältig und bisweilen penibel einzuhalten. Das gilt beispielsweise für den Übermittlungsweg bei Ersuchen um internationale polizeiliche Zusammenarbeit. Die Hilfsmittel, die hierfür, etwa im Bereich der IT, zur Verfügung stehen, sind auf deutscher Seite innerhalb der Verwaltungsabläufe bestens etabliert, gestatten eine benutzerfreundliche Anwendung und werden daher von den Bearbeitern angenommen. Die konsequente Nachverfolgung von ausgehenden Ersuchen an und eingehenden Ersuchen von ausländischen Stellen durch das zuständige Bundeskriminalamt (BKA) verstärkt diesen Effekt.

Die Hilfsmittel, die auf französischer Seite für Zusammenarbeitsersuchen zur Verfügung stehen, sind dem gegenüber weniger effizient. Hinzu kommen gewisse Schwierigkeiten bei der Anwendung auf Seiten der Nutzer, die sich bei einer Untersuchung durch die DGPN in den Jahren 2009 und 2010 deutlich gezeigt haben. Das führt dazu, dass französische Polizeibeamte und Gendarmen auf dem Weg der Zusammenarbeit vielfach persönliche Kontakte nutzen, die sie bei früheren Begegnungen aufgebaut haben. Auch übermitteln französische Beamte vor allem eilige und besonders bedeutsame Ersuchen um Zusammenarbeit mitunter vorsorglich zugleich über unterschiedliche (Dienst-)Wege. Diese treffen später in Deutschland vielfach wieder bei derselben zuständigen Stelle zusammen.

6. Schlussfolgerungen

Die Polizeibehörden in Deutschland und Frankreich verbindet die gemeinsame Aufgabe, öffentliche Sicherheit und Ordnung aufrechtzuerhalten und bei Bedarf wiederherzustellen. Diese große Gemeinsamkeit prägt auch die Kulturen der Polizeiarbeit auf beiden Seiten der Grenze. Gleichwohl bestehen nicht unerhebliche strukturelle Unterschiede, mit denen jeweils auch kulturelle Besonderheiten einhergehen. Um diese erfolgreich zu bewältigen, haben sich Mechanismen etabliert und bewährt. Diese Mechanismen haben einerseits die Regierungen und Parlamente in den Hauptstädten geschaffen. Nur beispielhaft sei hierbei auf das Mondorfer Abkommen verwiesen. Wichtige Impulse zur

Zusammenarbeit und ihrer Fortentwicklung gehen andererseits aber auch von der Basis in den Grenzregionen aus. Gerade Letzteres zeigt, dass mit dem fachlichen Erfordernis zur Zusammenarbeit auch eine große Bereitschaft der Akteure hierzu einhergeht. Diese Kultur der Zusammenarbeit ist beiden Seiten des Rheins gemeinsam.

Teil III: / Troisième Partie
Interdisziplinäre Interpretationen
Interprétations pluridisciplinaires

Un point de vue sociologique sur les cultures administratives transnationales (CATs)[1]

Cédric Duchêne-Lacroix

Sommaire

1. Introduction   225
2. Ce qui fait les cultures administratives transnationales   228
   a. Des manières de faire, compétences et représentations   228
   b. Pensées et actions stratégiques   230
   c. Support d'identification et de reconnaissance   232
3. Les contextes et les acteurs   234
4. Les ressorts de l'action   236
   a. L'analyse de la production culturelle   236
   b. Les usages des cultures administratives transnationales   240
5. L'analyse pragmatique et systémique   243
6. Notes conclusives appliquées à la coopération dans le Rhin supérieur   244
Bibliographie   247

1. Introduction

Appréhender un fait culturel comme les cultures administratives transnationalescomporte des difficultés dont la première tient au flou de la notion même de culture. Avant toute analyse, il convient donc de la définir. Une définition les plus connues, celle de l'Unesco, pose que *«Dans son sens le plus large, la culture peut aujourd'hui être considérée comme l'ensemble des traits distinctifs, spirituels et matériels, intellectuels et affectifs, qui caractérisent une société ou un groupe social. Elle englobe, outre les arts et les lettres, les modes de vie, les droits fondamentaux de l'être humain, les systèmes de valeurs, les traditions et les croyances»* (UNESCO, 1982). Cette définition a le grand mérite de

---

[1] Ce chapitre a été soumis en automne 2012 sur la base d'une version présentée lors du colloque «Transnationale Verwaltungskulturen / Les cultures administratives transnationales» du Pôle Européen d'administration publique, organisé les 12/13 décembre 2011à l'Euro-Institut de Kehl.

définir la cartographie de la culture d'un collectif dans sa différence avec un autre collectif. Il faut ajouter à cet état les dynamiques et les motilités – c'est à dire les potentialités de changement – qui animent cette culture, la fait vivre, la change, l'hybride. Sur ce point l'Unesco propose au paragraphe suivant: *«que la culture donne à l'homme la capacité de réflexion sur lui-même. C'est elle qui fait de nous des êtres spécifiquement humains, rationnels, critiques et éthiquement engagés. C'est par elle que nous discernons des valeurs et effectuons des choix. C'est par elle que l'homme s'exprime, prend conscience de lui-même, se reconnaît comme un projet inachevé, remet en question ses propres réalisations, recherche inlassablement de nouvelles significations et crée des œuvres qui le transcendent.»* On peut à titre personnel être d'accord avec cette position. Les ressources culturelles seront toujours meilleures que l'ignorance. Mais cette position est plus politique que sociologique. En effet, les pratiques culturelles d'un collectif peuvent être loin d'être émancipatoires pour tout ou partie de ce collectif ou de collectifs en interaction. De plus, le caractère relatif, à la fois dans l'espace et dans le temps, du contenu, des formes, voire du «logiciel» (Hall, 1976) culturel d'un collectif, s'il est bien connu des «culturologues», comme Fred Dervin (2011) est souvent inaperçu par les populations, voire contesté par les nationalistes ou les régionalistes: la France resteraient éternellement une «grande nation», et les Allemandstravailleurs, etc. On peut, il est vrai, toujours trouver des tendances de fond, des valeurs ou des normes communes entre cultures. C'est que, comme le langage parlé dont il est un élément, la culture ne se transforme pas complètement du jour au lendemain, car elle est le support de la communication entre les personnes et aussi de leur ipséité (la persistance et le changement de l'identité, du moi dans le temps) et mêmeté (l'identité commune avec un autre, un collectif, etc.). Si on voulait qu'il y ait un hardware à ce software culturel, ce serait donc à la fois l'incorporation et par la même l'identification à un environnement primaire déterminé et un besoin d'exister socialement, d'être reconnu par un collectif et de s'y reconnaître. Et si plus encore qu'une culture différente des autres, c'est la connaissance et l'usage de plusieurs registres culturels qui permettaient la «capacité de réflexion sur lui-même» et créaient des ponts culturels entre les rives des régions frontalières et plus largement des pays d'un même continent européen?

Les cultures administratives n'échappent pas à ce constat. Certes ces ensembles de pratiques et de manières de voir sont globalement partagés par la plupart des collectifs des pays développés et produit de la modernisation bureaucratique (Weber, 1980). Mais les cultures administratives sont plurielles et largement conditionnées par les containers nationaux. Les cultures administratives, qu'elles soient pratiques ou identitaires, ne peuvent être séparées d'une part de leur domaine d'action principale sectorielle territorialisée et d'autre part de ceux qui les produisent et reproduisent, eux-mêmes inscrits dans des milieux culturels souvent mononationaux. Dans ce contexte, les cultures administratives transnationales (CATs) seraient plutôt l'exception que la règle. Pourtant les pays européens, dont 40% de leur territoire est en région frontalière (Beck, 2008), et qui doivent de plus en plus travailler avec le niveau supranational et en relation les uns avec les autres ont un besoin crucial de compétences et d'actions transnationales pérennes. Il est donc nécessaire de mieux connaître les formes des cultures administratives transnationales, leurs contextes et leurs ressorts qu'une approche sociologique peut éclairer. C'est l'objet de cet article qui se structure selon les trois approches suivantes.

À partir de fonds culturels nationaux, les CATs peuvent premièrement prendre des formes différentes. Il faut distinguer les éléments qui construisent le caractère transnational: l'identité commune, les mémoires collectives communes; les techniques communes, des relations sociales communes, des contacts. L'étendue de la culture dans son contenu pratique irait des «manières de faire avec» aux «manières de se distinguer» en passant par des techniques stratégiques et produirait des objets, des positionnements tant géographiques que sociaux des acteurs individuels ou collectifs. Ce caractère transnational est pluriel: il va du transfrontalier bilatéral régional à l'intercontinental, multilatéral suprananational. Nous nous intéresserons ici surtout à la région du Rhin supérieur.

Deuxièmement, les CATs se créent et s'activent, se routinisent ou s'imposent dans un contexte particulier. Il s'agit du développement d'une culture propre à un ensemble de corps de métiers, effectuant des tâches particulières dans des institutions particulières et dans des régions particulières. Il s'agit ensuite d'une production culturelle particulière mais aussi diffuse et polymorphe: contacts frontaliers ou nationaux entre institutions ou entre individus d'institutions, manières de faire ou encore relations interculturelles hybrides «transnationales» à l'intérieur même d'une institution (entre employés d'université par exemple).

Troisièmement, pour bien interpréter les CATs, bien en comprendre les ressorts et leur donner du sens, «Il n'y a rien de plus pratique qu'une bonne théorie» (Kurt Lewin). Plutôt que de choisir une seule approche théorique, l'article se propose de mobiliser certains des plus grands courants pour éclairer la production, les usages et le système des cultures administratives transnationales.

2. Ce qui fait les cultures administratives transnationales

En s'inspirant de Max Weber, on peut opérer une distinction entre deux pôles de fabrication d'une CAT: un premier pôle utilitariste, rationnel dans son but qui produirait des savoir-faire administratifs correspondant au but de l'administration en question et un second pôle rationnel dans son rapport identitaire et social qui produirait des manières de faire en lien avec des biographies personnels, des rapports sociaux intérieurs à l'administration, à une classe sociale ou encore à une culture régionale. Ces rationalités utilitaristes et éthiques/identitaires se déclinent selon les cinq dimensions (individuelle, structurelle, sectorielle/institutionnelle, systémique et territoriale) de la culture administrative transnationale proposée par Joachim Beck (2011). Les CATs sont des faits et des savoir-faire, des répertoires stratégiques et des sentiments d'appartenance.

a. Des manières de faire, compétences et représentations

Ce qui frappe d'abord, ce ne sont pas les différences mais les points communs «modernes» entre les cultures administratives des pays développés. Premièrement, sur la base de missions équivalentes, il se développe une culture technique commune se propageant de façon transnationale au fur et à mesure des avancées techniques sans que pourtant il n'y ait de contacts directs entre administrations au-delà des frontières. Ainsi l'informatique a conquis depuis 30 ans petit à petit toutes les administrations et chaque bureau. La rationalisation bureaucratique *transnationale* a connu une étape supplémentaire avec l'introduction de différents modèles de nouveau management public (Christensen and Lægreid, 2008; Horber-Papazian et al., 2012; Neisser and Hammerschmid, 1998; Pollitt and Bouckaert, 2004).

Face à ces évolutions «modernes», on peut trouver, deuxièmement, un fond culturel, pouvant intégrer un dialecte commun, à un même ensemble régional de part et d'autre d'une frontière. C'est un argument parfois affiché pour qualifier ce qui relit les populations de la région du Rhin supérieur. Passant au moins une frontière nationale, on peut aussi qualifier ce fond culturel de transnational.

Troisièmement, il y a aussi des logiques clairement supranationales qui poussent les acteurs institutionnels administratifs à adopter des éléments culturels hors du cadre national. L'administration de l'Union européenne – comme celle du Conseil de l'Europe – inventent une culture administrative hybride transnationale (Cini, 1996; Mény and Bellier, 1995). Les administrations nationales, régionales européennes doivent par exemple s'ajuster à des attentes, adopter des rhétoriques, des manières d'exécuter des programmes, des fonds européens (notamment Interreg), des directives européennes. La pratique des Experts nationaux détachés (END) diffusent aussi cette culture européenne à l'intérieur des services nationaux (Babic et al., 2012; Goetz and Meyer-Sahling, 2008; Knill, 2001). Ici aussi les acteurs administratifs harmonisent leurs pratiques à différents niveaux sans pour autant qu'il y ait nécessairement de rapport transnational avec d'autres administrations équivalentes. On constate la même diffusion «top-down» de pratiques harmonisées d'une institution fédérale vers les institutions locales par l'intermédiaire des instruments de politique publique en Suisse (Horber-Papazian et al., 2012). Cette diffusion est plus ou moins forte selon les domaines politiques.

Inversement, il peut y avoir une diversité culturelle nationale latente, comme ressource ou friction potentielle, d'une part à l'intérieur des administrations par le profil culturel différent des employés et d'autre part avec l'extérieur par l'identification de l'organisation comme transnational (par ex. une administration européenne à Strasbourg) ou la coopération entre institutions de cultures nationales différentes. Ceci se retrouve par exemple dans l'organisation des services, des réunions, des emplois du temps, du contenu et de la préparation des réunions, des prises de décision, etc.

Enfin, les cultures administratives transnationales peuvent être des compétences interculturelles propres aux agents. Dans un espace européen de plus de 23 langues officielles, la maitrise de langues étrangères fait partie de ces compétences. On attendrait par exemple dans la région du Rhin supérieur que la langue du voisin soit parlée par la majorité de la population, mais ce n'est pas le cas[2]. Parmi les acteurs de la coopération transfrontalière, il n'y aurait que 42% des acteurs côté allemand[3] maitrisant le français (50% des acteurs en Suisse pourtant langue nationale officielle) et 71% des acteurs en France maîtrisant l'allemand (Becker-Beck and Beck, 2012). L'anglais ne peut cependant pas être une alternative – toujours périlleuse car source de surcroit de malentendus dans l'interculturel – faute d'anglophone côté français. On pourrait penser mieux pour des acteurs du transfrontalier depuis plus de 5 ans pour les deux tiers (idem). Surtout qu'il ne s'agit ici que de la langue. Plus avant, faire

---

[2] Un sondage commandé par la Fondation Entente Franco-Allemande en partenariat avec le Deutsch-Französisches Institut, réalisé par TNS-Sofres début décembre 2005 auprès de 904 personnes et publié début février 2006 mettait en évidence que si les Suprarhénans partagent les mêmes valeurs et les mêmes attentes pour l'avenir, en revanche seulement 26% d'entre eux maitrisaient la langue du voisin.

[3] Les acteurs de la coopération transfrontalière côté allemand sont en majorité de nationalité allemande mais pas seulement de nationalité allemande. Idem pour les acteurs des deux autres pays du Rhin supérieur.

preuve de compétences culturelles, c'est non seulement connaître mais aussi et surtout savoir jongler avec les us et coutumes, les logiques, les intérêts, les systèmes juridiques et les nombreuses institutions, supranationales, nationales ou régionales et les contacts personnels (Comte and Levrat, 2006; Defrance et al., 2010; Saez et al., 1997) voire savoir interpréter les demi-mots et les non-dits[4], c'est à dire en somme avoir acquis et cultivé une sensibilité interculturelle (Dussap-Köhler, 2011). Ces différences nationales de manières de faire sont peu connues ou négligées même parfois en situation interculturelle ce qui provoque des faux-pas que de nombreux ouvrages pratiques relèvent (Moog, 2000, 1991) et que les acteurs interrogés constatent (Becker-Beck and Beck, 2012). Les personnes ayant une culture transnationale doivent aussi pour eux-mêmes gérer au sein de leur habitus les dispositions culturelles nationales concurrentes voire contradictoires (Lahire, 2006). Moins thématisé, il faut aussi composer avec les déficits relatifs de compétence interculturelle de collègues ou du public des politiques publiques (p.ex. pour renseigner les affiliés transfrontaliers à une caisse de prestation sociale de leurs droits et devoirs dans l'un et l'autre pays ou pour mener un projet transnational dans un service).

La culture administrative transnationale intègre mais ne se résume pas seulement à une technoculture commune, une convergence supranationale en raison de rapports de dépendance interinstitutionnelle européenne ou des compétences interculturelles individuelles. Elle est aussi pensée stratégique.

b. Pensées et actions stratégiques

Les cultures administratives transnationales, c'est aussi une variété de pensées et d'actions stratégiques au-delà des frontières culturelles. Cette stratégie transnationale peut être simplement instrumentale («jouer le transnational» pour soi ou pour un collectif) mais elle peut aussi être une position politique de fond pour la coopération au-delà des frontières (promotion et engagement transnational à plus long terme) et une culture de la coopération (réflexe coopératif, échange de bonnes pratiques). Sur ce point, il est surprenant que l'expérience d'échanges de bonnes pratiques ne soit pas largement partagée par les acteurs interrogés dans l'enquête sur la culture de la coopération transfrontalière. L'implication de ces acteurs semble jouer un rôle pour la mise en œuvre de cette stratégie d'échange (Becker-Beck and Beck, 2012).

---

[4] Les «règles non écrites» font plus ou moins parties de ces non-dits. Les acteurs interrogés par l'enquête sont en grande majorité d'accord avec l'assertion qu'elles doivent respectées pour le bon fonctionnement de la coopération (Becker-Beck and Beck, 2012).

La stratégie transnationale, c'est aussi l'anticipation et l'intégration des réactions culturelles, des différences de temporalité (planification ou non, calendrier d'activité et rythmes de la société) et de procédures entre les administrations nationales pour mettre en œuvre des démarches transnationales. L'application de cette stratégie nécessaire complexifie les processus de travail et allonge les temps de prise de décision, ce que constate les acteurs interrogés dans l'enquête sur la culture de la coopération transfrontalière (Becker-Beck and Beck, 2012).

La culture administrative transnationale peut être aussi un souci de l'équité dans le partenariat international. Une pratique habituelle est celle d'alterner les lieux de réunions de coopération transfrontalière entre les lieux des partenaires (Becker-Beck and Beck, 2012).

Les cultures administratives transnationales peuvent être un recours face aux autres acteurs d'une même action politique. Elles sont alors, par exemple, une ouverture du champ d'action des institutions frontalières par rapport à des freins locaux ou des acteurs politiques administratifs nationaux (Hamman, 2003). Ce travail est souvent informel, intégrant, dépassant ou contournant des structures nationales établies, sortant des cadres de la gestion administrative habituelle tout en prolongeant la gouvernance des élus. Il s'ensuit une redéfinition même des territoires légitimes et pertinents de l'action en fonction de la définition même des frontières géographiques et politiques des problèmes identifiés (p.ex., les flux transfrontaliers, la gestion d'aménagements transnationaux, etc.). Mais ce jeu peut se refermer lorsque les acteurs administratifs du transnational n'ont pas prise sur les décisions de leur hiérarchie ou d'autres organes non sensibilisés aux enjeux transnationaux (Becker-Beck and Beck, 2012).

La pensée et l'action stratégiques transnationales travaillent paradoxalement aussi les manières de faire avec la culture administrative non transnationale. C'est que le travail transnational n'est pas la norme dans les institutions pour la plupart construites sur une légitimité nationale. Travailler de façon interculturelle renverse l'ordre établi: celui d'une culture largement nationale de l'administration (en France surtout), comme celle des agents administratifs. Face à ces freins normatifs, le niveau européen est un recours utile qui peut apporter légitimité et financement pour le local transfrontalier. Mais il convient par ailleurs de ménager les complexes et les aigreurs que la situation de coexistence entre une culture transnationale et une culture mononationale peut créer chez les agents de culture mononationale.

c. Support d'identification et de reconnaissance

La culture est à la fois produit et producteur d'identification collective institutionnelle, sectorielle ou sociétale. Les manières de faire mais aussi les discours (le droit, les rapports d'activité, les prises de paroles) (re)produisent intentionnellement ou non les collectifs proprement dits dans leur mêmeté, «corporate identity», et dans leur différence y compris à l'intérieur d'un collectif (les personnels d'une administration ne se pensent pas tous comme des «administratifs» ou disposant et dépositaire «d'une culture administrative» tout en pouvant avoir une culture transnationale ou de coopération transfrontalière). Le caractère transnational du personnel et des pratiques internes et externes est mis en avant dans certaines multinationales comme Novartis ou certains centres de recherche et de formations comme l'université de Bâle, les institutions supranationales comme la DGIV de la Commission européenne. Il est encouragé dans un cadre coopératif par des structures administratives transfrontalières comme Eucor pour les Universités du Rhin Supérieur. C'est même les expériences et l'acquisition de compétences interculturelles spécifiques qui selon les élèves d'une promotion de cursus transfrontalier du Rhin supérieur constituent l'essentiel d'une identité tranfrontalière et fort peu un attachement à un territoire (Duchêne-Lacroix, 2014). L'ancrage dans un ou des lieux investis facilite le passage du culturel à l'identitaire et vis-et-versa les rendent plus pérennes (lieu de travail, lieu de mémoire collective, haut lieu symbolique d'un territoire plus vaste l'hôtel du département, le Conseil de l'Europe au sein de Strasbourg capitale de l'Europe, etc).

Comme le signale la définition de l'Unesco, la culture c'est aussi un ensemble de valeurs et de normes partagées. Une culture administrative transnationale est ambivalente. D'une part, elle est liée directement ou indirectement à des valeurs et normes, voire des loyautés nationales (cas des agents travaillant dans une institution nationale avec une institution d'un autre pays). D'autre part, elle les dépasse, les met en équivalence, les hybride dans la pratique ce qui peut aller à l'encontre des normes nationales dominantes. C'est pourquoi des dispositions culturelles transnationales peuvent être mises en sommeil par certains agents afin de s'ajuster à la culture administrative dominante dans le lieu de travail.

Un point de vue sociologique sur les cultures administratives transnationales (CATs)

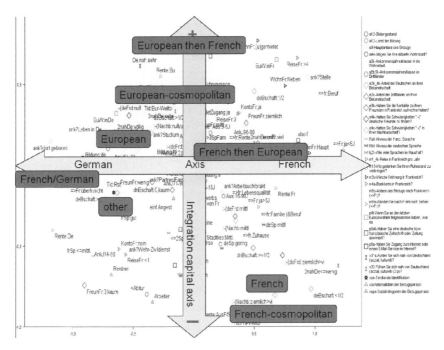

Figure 1.   Rapport entre l'auto-définition identitaire des Français résidant à Berlin et leur position dans l'espace social (axe vertical: niveaux de capitaux; axe horizontal: aire culturel des espèces de capitaux). (N=991); Enquête parcours, Cédric Duchêne-Lacroix

L'identification transnationale est fortement liée à la composition de la culture des individus, en particulier d'un ensemble de ressources d'action (Handlungsvermögen)[5] qu'on peut, pour aller vite, appeler «capital d'intégration» et qui rassemblent les compétences endogènes et les ressources exogènes culturelles, sociales, économiques et spatiales des individus mais aussi des expériences transnationales accumulées. Dans une étude sur l'espace social des Français habitant à Berlin nous avions montré que les combinaisons d'appartenance identitaire nationales et européennes correspondent à des ressources d'action différentes et des niveaux de ressources différents ((Duchêne-Lacroix and Koukoutsaki-Monnier, 2015; Duchêne-Lacroix, 2007a, 2007b)Figure 1). Les personnes ayant déclaré une appartenance européenne ont un niveau de ressources d'action bien supérieur au reste de la population interrogée. Ceci voudrait dire que même dans le cas d'une situation transnationale de fait, avec des actions

---

[5]   Formant avec les structures un agencement d'action ou agency (Giddens, 1990).

233

administratives transnationales, il n'y a pas nécessairement de sentiment d'appartenance transnationale des acteurs. On aurait une culture administrative transnationale bureaucratique, en quelque sorte sans âme.

Enfin, au-delà et en deçà du sentiment d'appartenance à composante transnationale, la culture administrative peut avoir des niveaux d'échelle transnationaux très différents: il va du transfrontalier bilatéral régional à l'intercontinental, multilatéral, suprananational. La famille des cultures administratives transnationales comprend les cultures administratives européennes (Beck and Thedieck, 2008) et transfrontalières. Nous limitons notre perspective à la région du Rhin supérieur aujourd'hui mais en abordant les niveaux transfrontaliers et européens de front.

3. Les contextes et les acteurs

Les cultures administratives transnationales sont produites en des lieux particuliers et par des agents particuliers. Il serait vain ici de lister tous les lieux et acteurs institutionnels qui travaillent dans le domaine. Si on se limite aux acteurs transfrontaliers de la région du Rhin supérieur, on trouverait plus de 800 acteurs selon l'institut franco-allemand de Ludwigsburg (Vogel, 2006) sur deux Länder allemands, une région et deux départements français et cinq cantons suisses. L'enquête récente exposée dans cet ouvrage sur la «Culture de la coopération transfrontalière dans le Rhin supérieur» a été envoyée à 500 acteurs dont 26% ont répondu (Becker-Beck and Beck, 2012).

Les personnels concernés par une culture administrative transnationale sont plus nombreux sur certains territoires, dans certains domaines et dans des institutions fournies: en région transfrontalière (celles du Rhin Supérieur et de la Grande Région sont souvent citées comme modèle), dans les organismes institutionnels ayant soit des publics multinationaux (l'expérience de ces publics demande et tend à produire des compétence spécifiques), soit des attributions internationales produisant de fréquents contacts avec des homologues de services situés dans un ou d'autres pays. On peut donner les exemples du service européen d'un Conseil Régional; l'administration de prestations sociales pour assurés transnationaux ou transfrontaliers; les patrouilles dites mixtes de douaniers; les institutions supranationales dont Interpol ou la bicentenaire Commission Centrale pour la navigation du Rhin; la gestion de projets transnationaux spécifiques comme l'IBA-Basel2020).

On observe un empilement de niveaux d'échelle politico-géographique et un chevauchement des domaines d'activité des institutions et personnels concernés pas le transfrontalier ou le transnational allant de la commune à l'organisation supranationale en passant par les métropoles et la coopération intergouvernementale bilatérale. Pour résoudre un problème particulier Il peut se passer du temps avant de trouver le bon interlocuteur qui peut avoir entretemps été muté. De cet empilement, on tire cependant d'un point de vue systémique un binôme solidaire en raison d'intérêts politiques convergents: ce sont les institutions européennes et les institutions régionales. Même si ces institutions ne sont pas à l'origine de regroupements transfrontaliers, elles ont encouragé leur développement notamment par la politique de voisinage européenne (Wassenberg, 2010).

La culture administrative transnationale peut aussi être interprétée comme un pont entre deux aires culturelles administratives nationales. Le contexte de cette culture est celui de la distance non seulement géographique mais surtout culturelle, intentionnelle, organisationnelle, technique, politique, etc. Selon les cas la distance à surmonter est plus ou moins grande (Dawes et al., 2012).

Pour autant qu'elle puisse se rencontrer dans bien des institutions, la culture administrative transnationale n'est pas majoritaire. Nombreux sont les acteurs qui n'ont pas la culture transnationale, voire même s'y opposent passivement ou activement. En Alsace par exemple, l'identité frontalière se construit tout autant avec que contre l'étranger et l'ailleurs. L'identité alsacienne est encore celle du «village immobile» pacifié intérieurement, préservé de l'agression extérieure (Raphaël, 1996). Contrairement à l'idée dominante des bienfaits de l'effacement des frontières, le besoin de frontière est toujours présent pour certaines populations tout près de celle-ci (Traband, 2011). De plus, l'identification des suprarhinois à une région transfrontalière vient loin derrière une identification à la nation voire à l'Europe (Sandtner and Sandtner, 2002). Certains agents administratifs seront des passeurs actifs ou passifs d'une culture transnationale et d'autres des douaniers à la frontière contrôlant et refusant ou acceptant le transnational sur la base de ce qu'il désigne, mais aussi des «régimes spatialisés», légitimités locales d'action opposées au caractère transnational d'une pratique. Enfin, les règles, des circulaires, des réunions, des bâtiments d'institution produisent et reproduisent de la culture administrative avant tout nationale faisant corps avec l'action des personnes et objectivant des actions, tout sauf naturelles, dans un tout comme par exemple «l'État» (Callon and Latour, 2006).

4. Les ressorts de l'action

Comment interpréter cet ensemble intriqué de productions d'une culture administrative transnationale, de contexte et d'acteurs? Plutôt que de choisir une approche sociologique particulière, il serait utile au contraire de montrer la valeur heuristique et interprétative de différents paradigmes sociologiques dominants. Résumons les approches par une figure des mots clefs mobilisés:

Objet	Les CATs se situent entre …		et …
Production culturelle	Un assemblage multiculturel d'ethnoscapes	⇔	Une culture transnationale propre
Production culturelle	Un habitus cohérent des agents	⇔	Une pluralité de dispositions concurrentes et une polygamie du vernaculaire
Production culturelle	La reproduction structurelle, la routine, le moindre effort	⇔	L'innovation et l'engagement
Usage du culturel	L'action se faisant, sans calcul d'intérêt	⇔	Des capitaux culturels et symboliques mais aussi économiques, sociaux et spatialisés
Usage du culturel	Une fin culturelle en soi	⇔	Une instrumentalisation
Système culturel	L'action d'individus ou d'un collectif qui orientent les individus	⇔	L'action d'un réseau d'actants dont font partie aussi des choses

Figure 2.   Les dimensions des cultures administratives transnationales (CATs) selon trois objets d'analyse (production culturelle, usage ou intentionnalité du culturel et système culturel).

Nous allons voir que toutes ces approches, organisées dans le schéma les unes par rapport aux autres comme des pôles, sont «vraies». Elles soulignent les ambivalences de la culture administrative transnationale se faisant.

a.   L'analyse de la production culturelle

Les cultures sont des actes, des manières de faire mais aussi des manières de voir. Ces manières de voir sont aussi notre façon d'être au monde; La «culture des frontières en Alsace» de F. Raphaël l'illustre[6]. Pour reprendre les travaux d'Appadurai, nous nous mouvons toujours déjà dans l'«ethnoscape» d'un collectif (1996). C'est à dire que la même chose sera vue différemment par nous, collectif, et par ceux qui ont une autre culture. Nous nous produisons une image différente (*Gestalt*) de ce qui se passe. La culture administrative transnationale est un va et vient entre ces représentations et manières de faire de différentes rives culturelles (*Übersetzung* zwischen den Flussufern), entre les manières de faire et de voir. Elle est aussi construction d'une culture hybride, c'est à dire du travail de pont entre cultures au travail de couture transculturelle (du «bridging» au «bonding») lorsqu'elle n'est pas empêchée ou freinée par le contexte politique, social et culturel. Il fut un temps de l'administration militaire de Berlin où les membres des forces du secteur français étaient dissuadés d'entretenir des liens soutenus avec la population allemande locale (Guth, 1991). De même, si le personnel diplomatique est amené à changer de poste régulièrement, c'est pour éviter une trop grande proximité avec la société et les dirigeants locaux alors qu'ils doivent représenter le pays à l'étranger (Duchêne-Lacroix, 2007a, 2006).

C'est un travail pour ceux qui font les voyages tant géographiques que culturelles entre les aires culturelles. Vu de ceux qui restent sur une rive, cela paraît une aisance, une liberté mais aussi une trahison («wer übersetzt verrätet»); qui traduit ou qui transporte sur l'autre rive – pour reprendre à juste titre la métaphore – trahit. Ici l'expression d'Ulrich Beck, la «polygamie de lieux»[7] prend tout son sens (U. Beck, 1997). Il y a parfois plus de difficultés à coopérer avec ces propres collègues sur un projet international qu'avec les partenaires internationaux. Ce qui est moralement perçu comme «polygamie de lieux», culturellement hors de portée et non essentiel au quotidien n'est pas suivi. Si l'agent n'a pas une motivation particulière à le faire, il suivra sans le savoir, et comme Ballé ou bien avant lui Avenarius l'avait observé, la loi «rationnelle» du moindre effort mental (Avenarius, 2010; Ballé, 2001), c'est à dire qu'il activera des routines (Reckwitz, 2003) par commodité. On remarquera que le phénomène d'hybridation culturelle, du syncrétisme (Bastide, 1954) est une réponse bricolée qui satisfait aussi à la loi du moindre effort en réduisant les différences culturelles concurrentes et crée des routines. Ce n'est donc pas la routine en soi qui est un frein aux relations transnationales, c'est le défaut d'intégration de nouvelles formes ou de nouvelles actions dans la routine.

---

[6] C'est un constat phénoménologique. Ce fut aussi un aspect problématique du *«Dasein»* heideggérien (par opposition à la production culturelle de la *vita activa d'Hannah Arendt* (1971)).

[7] «Ortspolygamie» qu'on pourrait traduire de façon plus savante par «polygamie du vernaculaire».

Les agents, selon Pierre Bourdieu sur la base de propres travaux ethnographiques dans la campagne berbère, sont structurés par une matrice mentale, l'habitus (Bourdieu, 2000, 1979, 1972). Le siège de l'intériorisation, voire de l'incorporation de la culture environnante se trouve ici. L'habitus est caractérisé par une certaine inertie de ses fondements et une stabilité de ces schèmes de pensée et d'action qui correspondent à certains milieux. Ainsi pour reprendre l'exemple des combinaisons identitaires des Français de Berlin, l'habitus et les capitaux (culturels, économiques, sociaux et de *spatialité*) accumulés produisent un positionnement non seulement social mais aussi identitaire national et transnational. La figure 1 montre le résultat d'un calcul statistique produisant un espace social dont la dimension verticale est constituée, de bas en haut, par l'accumulation de capitaux, et de gauche à droite de la «couleur culturelle» allemande et française de ces capitaux. Ainsi par exemple les «Européens puis Français» seront relativement les plus «pourvus en capitaux» et les «Français» les moins pourvus. Les «Franco-allemands» seront plus intégrés à l'aire culturelle allemande et les «Français puis Européens» davantage présents dans l'aire culturel française. Toutes ces personnes habitent à Berlin, produisent une forme de transnationalité et pourtant ne se positionnent pas de la même manière dans cet entre-deux. Ramenons *mutatis mutandis* cet exemple à la culture administrative (transnationale) et on comprend que la question transnationale – pouvant pourtant être une question commune à une même institution – ne sera pas interprétée de la même manière par l'ensemble des agents selon leur position dans l'espace social. Pour le dire rapidement, les agents les moins dotés n'ont pas le choix. En revanche, pour des agents dotés en capitaux culturels, le jeu consistera davantage à choisir et gérer ces différentes dispositions culturelles pour s'ajuster à toutes les situations (Lahire, 2006). Il n'est alors pas sûr que l'habitus soit, dans ces situations d'agents dotés, si unitaire que Pierre Bourdieu ne le proposait à tous le moins dans ses premiers écrits.

Le principal caractère de l'époque que nous vivons est l'explosion des références, des normes en concurrence simultanément. Les sociétés actuelles permettent tant moralement que techniquement le passage d'alternatives s'excluant (ou ceci ou cela) à des alternatives s'additionnant (ceci et cela) à charge aux agents de se trouver, de s'y retrouver. Prenons un exemple réel cumulant volontairement les facettes identitaires sociales et culturelles: Une trentenaire allemande, diplômée de l'université de Bâle, vivant dans une métropole universitaire comme Fribourg avec des ascendants kurdes, une socialisation germano-turque, une vie «à l'occidentale», votant, faisant le ramadan avec modération, parlant l'allemand standard, le dialecte, le français, l'anglais et le turc et ayant des enfants en crèche et à l'école, travaille comme cadre moyen dans une administration ayant développé une culture propre (corporate identity). Elle – au pluriel en raison de ces différentes attributions – se trouve à *l'intersection* d'un ensemble d'attentes sociales, de schèmes culturels différents et contradictoires avec lesquelles elle compose. Toutes ces facettes peuvent être activées et inhibées dans l'action d'une journée. La culture transnationale est vécue par cette personne au quotidien pour tous les rôles sociaux qu'elle assume et indépendamment d'un agenda administratif proprement transnational. Prenons maintenant tout un service administratif avec sa diversité d'agents, le caractère transnational de la culture du service coexiste avec d'autres traits culturels régionaux, générationnels, genrés (davantage de femmes dans les administrations) mais davantage d'hommes aux étages de direction, de niveaux de socialisation. La diversité transnationale personnelle ou groupale coexiste avec d'autres dimensions de la diversité sociale.

A cette diversité doit répondre une politique culturelle intra-institutionnelle définissant clairement ce qui fait partie de la culture administrative de l'institution y compris de son orientation transnationale. Sur ce point, l'expérience des administrations européennes est très utile. Sur la base d'un objet bien délimité, la DGIV à la concurrence a réussi à produire une identité propre et une légitimité qui produit en retour une adhésion des agents d'origines et de cultures différentes, pour partie envoyée par leur administration nationale d'origine, à un ensemble de savoir-faire et de valeurs propres (Cini, 1996). Il y a, pour reprendre l'expression de Michel de Certeau, création d'un «lieu de pouvoir et de savoir», un «propre» collectif (Certeau et al., 1990) ici à un niveau administratif et culturel transnational.

Pour autant qu'il y ait de la diversité culturelle au sein même des administrations en deçà du niveau administratif européen, la structuration en champs d'action administrative produit des effets de container aux règles formelles et informelles propres que les cultures nationales ou (supra)régionales dominantes structurent légitimement. Vu de chaque pays, le transnational ou le transfrontalier est à la marge; il est marginal, si on veut jouer sur les mots. La dynamique de reproduction sociale sera – aussi comme réaffirmation de la domination du pouvoir légitime – largement nationale et régionale avant d'être «trans». Prenons l'exemple du Rhin supérieur (Figure 3). On peut interpréter ses trois cercles nationaux et le cercle transfrontalier suprarhénan comme des échanges utiles entre administrations mais aussi comme des rouages administratifs tournant ensemble ou dans un cas moins positif s'usant en se frottant.

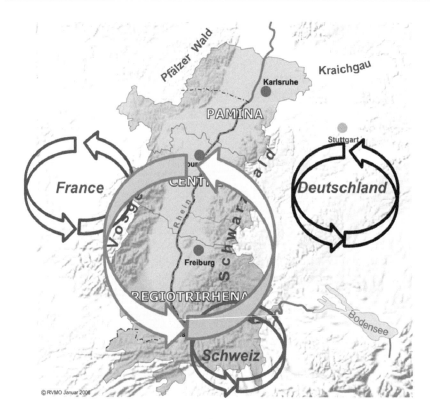

Figure 3. Circulation et reproduction culturelles au sein de champs d'action correspondant aux containers nationaux, institutionnels et dans certains cas à un espace d'action transnational s'y superposant.

b. Les usages des cultures administratives transnationales

La culture administrative transnationale, c'est un ensemble de pratiques habituelles et de savoirs, savoir-faire, savoir-être, qui peut être activée selon des ressorts et formes d'engagement fort variables[8] (Becker, 1960; Boltanski and Chiapello, 1999; Boltanski, 1990; Sousa, 2012). Nous résumons ces ressorts et

---

[8] Notons que les ressorts psychologiques de l'engagement peuvent connaître trois états: le désir, le besoin et l'obligation (Meyer and Allen, 1991). Nous nous limitons ici à une approche sociologique.

formes selon neuf types idéaux pouvant se cumuler et être regroupés sous trois dimensions (Figure 4).

1. La première dimension est celle de la profondeur structurelle de l'engagement. Le niveau de base de la coopération est motivé par une culture de bon voisinage: «le niveau de plus faible intensité territoriale correspond à la paradiplomatie transfrontalière. Il s'agit de contacts réguliers entre zones contiguës, souvent conditionnés par la proximité et la similarité des problèmes à affronter» (Harguindéguy, 2007). A l'inverse, la culture administrative transnationale peut être insérée dans un canevas de coopération transfrontalière institutionnalisée ce qui rend la coopération incontournable pour les parties prenantes. Cette institutionnalisation fonctionnelle peut être pensée dans le cadre de projets limités dans le temps (par exemple Interreg) qui peut se pérenniser ou être directement planifiée sur le long terme (p.ex. gestion d'un service urbain frontalier). Entre les deux pôles se situent des cas de coopération intermédiaire.

2. La deuxième dimension est celle de la position personnelle des personnes engagées dans le transnational. La culture administrative transnationale peut se produire au «premier degré», dans l'action, dans la routine, sans calcul, comme Monsieur Jourdain fait de la prose sans le savoir. Dans un service de différentes nationalités ou/et en relation quotidienne avec d'autres services étrangers, il est par exemple normal de s'exprimer en plusieurs langues et de jongler avec les attentes culturelles nationales. Deuxièmement, la culture administrative transnationale peut être imposée dans les faits par la hiérarchie. De fait, l'engagement est contraint (c'est la raison la plus répandue d'engagement selon le rapport Becker-Beck&Beck (2012), choise par deux tiers des répondantss). Troisièmement, l'agent engagé s'investit personnellement dans l'action, il se sent concerné directement ou indirectement (Brunet, 2008; Maurel, 2009).

3. L'engagement peut se caractériser selon sa finalité. Le gain escompté peut être personnel, corporatiste ou légué pour un bien commun supérieur. Il peut être transnational ou non. Plus précisément, l'investissement dans le transnational peut être une manière instrumentalisée de satisfaire des intérêts particuliers autres que transnationaux. La coopération transnationale peut, par exemple, être un moyen d'acquérir une aura, un capital symbolique local, sectoriel, institutionnel. A l'inverse, la culture administrative transnationale peut s'activer dans l'inhibition d'un calcul d'intérêt personnel, pour le bien collectif large et au delà des divergences de chacune des parties prenantes. Ce sont par exemple certaines individualités qui s'engagent fortement dans la construction d'un espace du Rhin supérieur comme rapprochement entre les peuples au delà des frontières. Ces personnes donnent souvent beaucoup de leur énergie

et de leur temps pour faire bouger les systèmes institutionnels moins engagés (41% des acteurs interrogés donnent pour raison principale que cela leur tient à cœur (Becker-Beck and Beck, 2012)). Entre ces deux extrêmes (personnel non transnational/bien commun transnational), il y a une palette de finalités d'engagement. La culture administrative transnationale peut être mobilisée par des acteurs à des fins corporatistes transnationales. Le jeu des acteurs transfrontaliers européens (administrations, associations, chercheurs) apportent sur ce point un éclairage saisissant de la construction conjointe du transfrontalier et de l'Europe politique. Les associations de défense des travailleurs transfrontaliers ont une culture administrative transnationale poussée. Pour peser, elles doivent connaître les administrations et législations régionales, nationales et européennes. Elles peuvent faire jouer un niveau pour agir sur un autre niveau. Pour défendre leurs intérêts ou résoudre des contentieux, elles peuvent par exemple utiliser la législation européenne, donc supranationale, pour peser sur le niveau national et produire des effets à l'échelle locale (Hamman, 2003). Ces types idéaux d'engagements peuvent se retrouver représentés dans un même projet transnational. Les actions de défense de frontaliers comme les projets *Interreg* fédèrent par exemple des acteurs aux intérêts divers correspondant à ces sept familles.

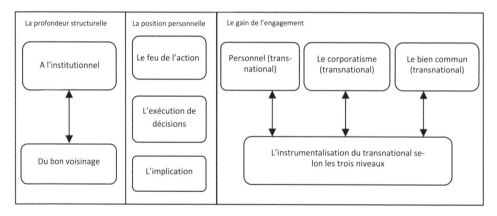

Figure 4.   Les formes d'engagement de la culture administrative de coopération transnationale

Non seulement on note plusieurs formes d'engagement mais aussi plusieurs formes de justification de l'action transnationale. Les arguments peuvent être regroupés en mondes de justifications reconnues: L'action transnationale peut être justifiée par le fait que les parties prenantes font partie d'un plus grand ensemble politique, comme l'Union Européenne (monde domestique), elle permet une mutualisation des coûts et un plus grand gain (monde marchand) et une meilleure efficacité à moindre risques (monde industriel) pour une meilleure visibilité (monde de la renommée) pour le bien collectif (monde civique) (Boltanski and Thévenot, 1991). Enfin, l'action transnationale peut être justifiée par le fait que chaque partie reste autonome et que l'action est basée sur des coopérations ponctuelles et planifiées dans le temps (Boltanski and Chiapello, 1999).

Comme l'action transnationale dépasse par définition les territoires, les justifications listées plus hauts peuvent être contredites pour des intérêts infraterritoriaux (apparemment) plus importants. Le jeu politique infraterritorial peut se faire au dépend d'enjeux de politique transnationale: Dernièrement, pour des questions de coût, le ministère de l'éducation de Baden-Württemberg remettait en cause l'apprentissage du français dans les premières classes. Un informateur me disait que la nouvelle équipe au pouvoir ne connaissait pas précisément les données du problème et cherchait à diminuer des postes budgétaires. Selon cet informateur, des cadres administratifs en place ne coopéraient pas avec la nouvelle équipe et ne donneraient pas les informations nécessaires sur les enjeux. La même rétention d'information peut se produire quand une personne innove (dans le transfrontalier ou ailleurs) et a du succès. Depuis le colloque, le gouvernement de Sarre a pris lui des décisions inverse concernant les compétences des élèves dans la langue du voisin français. Ce n'est pas le transfrontalier qui est en cause mais les jeux de pouvoir ou les jalousies que l'innovation ou l'engagement d'individus peut susciter.

5. L'analyse pragmatique et systémique

Pour comprendre les cultures administratives transnationales, on peut s'intéresser aux nécessaires figures de proue qui ont fait avancer le transnational et ont directement ou indirectement influencé l'émergence de ces cultures. On peut montrer les difficultés administratives, culturelles, économiques auxquelles ces initiateurs ont été confrontés pour y arriver. On peut s'intéresser à l'action rationnelle de l'ensemble des acteurs (J. J. Beck, 1997). Dans une approche plus culturellement déterministe, on peut aussi s'intéresser à la production culturelle sociale dépassant les acteurs et les orientant à travers leur incorporation. Faute de place, cet article fait ici la promotion d'une troisième approche encore méconnue. La panoplie des outils de compréhension des dynamiques sociales s'est en effet depuis quelques années enrichie d'une approche réseau originale: la théorie de l'acteur réseau (Akrich et al., 2006; Schad and Duchêne-Lacroix, 2013). Un ensemble d'actants forme un réseau-acteur qui produit quelque chose. Une culture administrative transnationale est le produit non seulement de certaines individualités, d'un ensemble d'agents administratifs, d'institutions (Région Alsace, Land de Bade-Wurtemberg, Euro-institut, Mission Opérationnelle Transfrontalière, etc.) mais aussi des choses qui les matérialisent, les structurent. Ces choses ne sont pas aussi passives qu'on pourrait le penser: une loi par exemple est contraignante et oriente l'action des individus. On peut lister un certain nombre d'objets produits et produisant du transfrontalier ou du transnational: les ponts (la nouvelle passerelle entre Huningue et Weil-am-Rhein a changé complètement la manière de voir la proximité entre ces deux villes frontières et les coopérations entre ces deux villes), la carte et le drapeau (comme objet symbolique matérialisant une communauté territoriale abstraite), une carte transnationale donnant droit à des avantages commerciaux et des services (la carte étudiante internationale, le Museumpass du Rhin supérieur), les frontières nationales et leur porosité, les bâtiments (celui de l'Euro-institut, etc. créant des centralités physiques, des nœuds de réseau), les programmes d'action (comme l'Offensive scientifique du Rhin supérieur, orientant contre des fonds la coopération scientifique, les sujets et les manières de construire et de produire de la recherche) ou encore le développement d'une statistique supranationale (non seulement il crée une substance quantitative à la production culture et identitaire transnationale mais en plus les indicateurs devant être harmonisés obligent à un travail commun des offices locaux sur les définitions et les méthodes empiriques)[9], etc. On le voit, ces choses ne sont pas seulement des produits, elles changent les manières de voir et de faire. Justement parce qu'elles paraissent inertes, objectives, ces choses produisent du transnational dans les faits et les têtes plus surement encore qu'un discours.

6. Notes conclusives appliquées à la coopération dans le Rhin supérieur

Les cultures administratives transnationales rassemblent des réalités très diverses: elles sont convergence supranationale de pratiques découlant de mêmes réalités techniques, d'innovations managériales équivalentes (p.ex. NMP), de relations identiques avec une institution supranationale; elles sont relations interculturelles avec un autre service ou entre les membres d'un même service. À la fois pratique et savoir, savoir-faire et savoir-être, elles sont produites de l'action, mais aussi productrices de réalités transnationales. En rapport avec un environnement proche multiculturel, les cultures administra-

---

[9] (Groupe d'Experts SIGRS au Conseil Général du Haut-Rhin, 2012).

tives transnationales sont normativement bonnes et meilleures que les cultures administratives mononationales car il s'agit d'une amélioration qualitative des compétences des services qui trouve une utilité locale directe.

Les cultures administratives transnationales sont largement diffusées et pourtant diffuses. L'article l'a cité, lors d'une enquête plus de 800 acteurs transfrontaliers du Rhin Supérieur avaient été contactés. Pour autant, on peut avoir l'impression que ce mouvement est porté par des individualités engagées prises dans des systèmes qui le sont moins. Beaucoup d'acteurs du transfrontalier souhaiteraient une synergie des forces (Becker-Beck and Beck, 2012). Comme l'indicateur sur le niveau de langue dans le Rhin supérieur le suggère, la majorité de la population n'aurait pas de compétences interculturelles suffisantes et correpondantes[10]. Pour comprendre ce paradoxe, nous avons entre autre soulevé la question de l'engagement des acteurs et le contenu de ce que sont les cultures administratives transnationales. Sorti du cadre des organismes supranationaux ou des acteurs spécialisés, l'intérêt des agents de l'administration peut être limité. Il s'agit de remise en cause d'habitudes mononationales, souvent légitimées parce qu'elles sont pratiquées par le reste de leur environnement et s'ajustent aux missions nationales ou infranationales de leurs institutions. Le transnational de la culture administrative est vécu comme une contrainte et une inconnue. Les personnes mettent en place des routines pour simplifier leur existence. Le problème est donc aussi structurel.

Il faudrait, premièrement, pouvoir former à l'interculturel, certes au niveau des formations professionnelles et universitaires et notamment les futurs enseignants qui devront eux aussi davantage enseigner l'interculturel dès le plus jeune âge. C'est la production d'une seconde nature chez ces personnes qui auront intégré les avantages de l'interculturalité. Les exemples de socialisation secondaire internationale dans certaines structures de formation (collège de Bruges, formation internationale multisite, etc.) ne manquent pas mais celles-ci sont réservées à un petit nombre. La formation à des postes moins élevés et l'embauche de profils atypiques présentant ces caractéristiques est aussi à promouvoir. Rappelons que seulement 29% des acteurs du transfrontalier interrogés dans l'enquête y ont été préparés dans le cadre de leurs études (Becker-Beck and Beck, 2012). Dans le Rhin supérieur, l'investissement interculturel dans le franco-allemand dès le plus jeune âge devrait être actualisé. Or, l'Alsace manque de classes bilingues et de personnels pouvant enseigner en allemand et le Bade-Wurtemberg d'agents pouvant enseigner en français.

---

[10] Et ce en dépit d'un fond culturel commun revendiqué. Une stratégie de promotion de l'interculturel suprarhénan serait celle de valoriser et de transférer des compétences interculturelles des habitants se rapportant à d'autres pays.

Deuxièmement, pour faire travailler et se rencontrer les personnels au-delà des experts du transnational et ainsi les amener à routiniser les situations interculturelles, il faut pouvoir les engager. Les projets transfrontaliers permettent ces échanges sur la base d'un objectif commun dans le temps (Boltanski and Chiapello, 1999). Malgré les lourdeurs bureaucratiques le cheval de Troie des programmes européens peut faire entrer dans les institutions non seulement des normes communes européennes mais des contacts transfrontaliers (Interreg) et transnationaux (FP7). Dans certains domaines ayant un cadre international commun, des bonnes pratiques des uns peuvent être adoptées par les autres (l'environnement avec l'agenda 21; la quasi coproduction politique avec la méthode des territoires de coresponsabilités proposée par le Conseil de l'Europe et suivie par de nombreuses collectivités en Europe). Les agents s'approprient le transnational par des coopérations concrètes définies et limitées le transnational et acquièrent les savoirs, savoir-faire et savoir-être correspondant.

Troisièmement, il y a beaucoup d'actants (Callon and Latour, 2006) du transfrontalier. Mais il manque une cartographie de l'acteur réseaux les réunissant. Aussi l'initiative de l'Euro-institut pour organiser avec la haute école allemande pour l'admnistration (DHV) et le bureau de psychologie appliquée (BAP) une grande enquête sur la culture administrative transnationale dans le Rhin supérieur est à saluer. Elle permet de produire un ensemble d'indicateurs nouveaux se rapportant aux personnes du réseau mais aussi au maillage du réseau lui-même. L'enquête rend plus visible ceux-ci et celui-là mais aussi les programmes et «choses» (Latour) qui agissent et produisent de la culture transnationale. Parmi les objets, prenons l'exemple réussi du Museumpass. C'est un objet visible, symbole d'une région qui s'insère dans une chaine transnationale de personnes (visiteurs, acteurs des politiques culturelles, conservateurs, administration des lieux culturels, etc.), de choses et projets (actes politiques, projet et fabrication des cartes, rencontres entre services culturels concernés, expositions, œuvres, artistes, etc.) qui produit une attractivité de la région suprarhénane unifiée symboliquement et une visibilité synoptique de ces lieux muséographiques.

Enfin, un autre acteur réseau dans le domaine de la formation universitaire pourrait faire école. C'est le projet de formation transfrontalière *«Regio Chemica»*. Il a ceci de particulier qu'il cumule tous les points cités précédemment en conclusion et dans le développement de cet article. C'est un projet porté à l'origine par des pionniers multiculturels à l'aise dans les aires culturelles française, allemande et suisse à l'université de Mulhouse et motivés par un idéal transculturel régional. Il a fédéré un ensemble d'acteurs universitaires de Mulhouse et de Fribourg autour d'un projet précis et limité dans le temps. C'est un projet ayant reçu le financement européen *«Interreg»* et donc répondant à des attentes standardisées à cette échelle. Comme tout projet qui innove structurellement, c'est un projet qui a forcé les habitudes de beaucoup d'agents partenaires. Si on ne s'arrête qu'à la baisse apparente de l'attrait de la langue allemande en France de française en Allemagne dans les établissements secondaires, ce projet pouvait paraître utopique: former des techniciens et cadres chimistes connaissant en plus la langue et la culture du plus grand pays voisin. Ce fut cependant dès le début une formation à Numerus Clausus très demandée par de futurs étudiants motivés. Cette formation est depuis reconnue et citée régulièrement en exemple par les décideurs politiques ou universitaires. Elle permet donc aussi de fédérer les énergies des personnes aux engagements ou stratégies diverses (formation de qualité, promotion de l'interculturel, reconnaissance personnelle, etc.). Ce succès a permis d'élargir et d'approfondir le concept pour l'établissement d'un centre de compétences transfrontalières «Novatris» qui a reçu le label «investissements d'avenir IDEFI». Comme pour tout acteur-réseau, les modifications de la composition des actants modifient la production de celui-ci. Il va être très intéressant d'observer les prochaines évolutions de ces offres universitaires transnationales et transculturelles structurellement innovantes.

Bibliographie

A<small>KRICH</small>, M., C<small>ALLON</small>, M., L<small>ATOUR</small>, B., 2006. Sociologie de la Traduction: Textes Fondateurs. Presses des MINES

A<small>PPADURAI</small>, A., 1996. 2 Disjuncture and Difference in the Global Cultural Economy, in: Modernity at Large: Cultural Dimensions of Globalization. University of Minnesota Press, Mineapolis, pp. 27–47

A<small>RENDT</small>, H., 1971. Vita activa oder vom tätigen Leben. München

A<small>VENARIUS</small>, R., 2010. Philosophie ALS Denken Der Welt Gemass Dem Prinzip Des Kleinsten Kraftmasses(1903). Kessinger Publishing

B<small>ABIC</small>, I., C<small>HAPUIS</small>, É., Hornung, R., Lemonon, A., Marion, L., Moreno, L., Schwab, J.-P., Larat, F., 2012. L'européanisation des cultures administratives. IEP, Strasbourg

B<small>ALLÉ</small>, M., 2001. Les modèles mentaux: Sociologie cognitive de l'entreprise. Editions L'Harmattan, Paris

B<small>ASTIDE</small>, R., 1954. Le Principe de coupure et le comportement afro-brésilien. Presented at the Anais do XXXI Congresso internacional de Americanistas, Sâo Paulo

B<small>ECK</small>, J., 1997. Netzwerke in der transnationalen Regionalpolitik: Rahmenbedingungen, Funktionsweise, Folgen. Nomos-Verl.-Ges., Baden-Baden

B<small>ECK</small>, J., 2008. Lessons from an Institute for cross-border cooperation on the Franco-German Border. The Journal of Cross Border Studies in Ireland 3, 38–48

BECK, J., 2011. Konzeptpapier «Transnationale Verwaltungskultur: Formen, Einflussfaktoren und Funktionalitäten auf lokaler nationaler und europäischer Ebene»

BECK, J., THEDIECK, F. (Eds.), 2008. The European Dimension of Administrative Culture. Nomos

BECK, U., 1997. Ortspolygamie, in: Was Ist Globalisierung?: Irrtümer Des Globalismus – Antworten Auf Globalisierung. Suhrkamp, Frankfurt/Main, pp. 127–135

BECKER, H.S., 1960. Notes on the Concept of Commitment. American Journal of Sociology 66, 32–40

BECKER-BECK, U., BECK, D., 2012. Kultur der grenzüberschreitenden Zusammenarbeit am Oberrhein / Culture de la coopération transfrontalière dans le Rhin supérieur. Ergebnisse einer Befragung von 132 Akteuren der grenzüberschreitenden Zusammenarbeit im November 2011/Résultats d'un sondage auprès de 132 acteurs de la coopération transfrontalière, novembre 2011. Büro für Angewandte Psychologie, Deutsche Hochschule für Verwaltungswissenschaften, Saarbrücken, Speyer

BOLTANSKI, L., 1990. L'Amour et la justice comme compétences: Trois essais de sociologie de l'action. Editions Métailié

BOLTANSKI, L., CHIAPELLO, E., 1999. Le nouvel esprit du capitalisme, NRF Essais. Gallimard, Paris

BOLTANSKI, L., THÉVENOT, L., 1991. De la justification: les économies de la grandeur. Gallimard

BOURDIEU, P., 1972. Esquisse d'une théorie de la pratique: précédé de Trois études d'ethnologie kabyle, 2000th ed. Seuil

BOURDIEU, P., 1979. La distinction. Éditions de Minuit, Paris

BOURDIEU, P., 2000. Propos sur le champ politique. Presses Universitaires Lyon

BRUNET, P., 2008. De l'usage raisonné de la notion de «concernement»: mobilisations locales à propos de l'industrie nucléaire/ A reasoned use of the notion of «concernment»: mobilizations about the nuclear industry. Natures Sciences Sociétés 16, 9. doi:10.1051/nss/2008062

CALLON, M., LATOUR, B., 2006. Le grand Leviathan s'apprivoise t-il?, in: Akrich, M., Callon, M., Latour, B. (Eds.), Sociologie de la Traduction: Textes Fondateurs. Presses des MINES

CERTEAU, M. DE, GIARD, L., MAYOL, P., 1990. L'invention du quotidien, tome 1: Arts de faire, Nouv. éd. ed. Gallimard

CHRISTENSEN, T., LÆGREID, P., 2008. Le NMP et au-delà: structure, culture et démographie. Revue Internationale des Sciences Administratives 74, 7. doi:10.3917/1 risa.741.0007

CINI, M.,996. La Commission européenne: lieu d'émergence de cultures administratives. L'exemple de la DG IV et de la DG XI. rfsp 46, 457–473. doi:10.3406/rfsp.1996.395066

COMTE, H., LEVRAT, N., 2006. Aux coutures de l'Europe: défis et enjeux juridiques de la coopération transfrontalière. Editions L'Harmattan

DAWES, S.S., GHARAWI, M.A., BURKE, G.B., 2012. Transnational public sector knowledge networks: Knowledge and information sharing in a multi-dimensional context. Government Information Quarterly 29, Supplement 1, S112–S120. doi:10.1016/j.giq.2011.08.002

DEFRANCE, C., KIßENER, M., NORDBLOM, P., 2010. Wege der Verständigung zwischen Deutschen und Franzosen nach 1945: Zivilgesellschaftliche Annäherungen. BoD – Books on Demand

DERVIN, F., 2011. Impostures interculturelles. Editions L'Harmattan, Paris

DUCHÊNE-LACROIX, C., 2006. Von französischen zu plurikulturellen Archipelen: Lebensformen von Franzosen in Berlin, in: Kreutzer, F., Roth, S. (Eds.), Transnationale Karrieren: Biografien, Lebensführung und Mobilität. VS Verlag für Sozialwissenschaften, Wiesbaden, pp. 240–258

DUCHÊNE-LACROIX, C., 2007a. Archipels transnationaux et agencements identitaires: Présences françaises à Berlin/Transnationale Archipele und Identitätszusammenstellung – Französische Präsenzen in Berlin. ANRT, Lille

DUCHÊNE-LACROIX, C., 2007b. La place de l'Europe dans l'identité socioterritoriale des Français de Berlin. Revue des Sciences Sociales 68–77

DUCHÊNE-LACROIX, C., 2014. Eléments de justification d'une identité transfrontalière par des étudiants avancés de cursus transfrontalier, in: Koukoutsaki-Monnier, A. (Ed.), Identités (trans)frontalières au sein et autour de l'espace du Rhin supérieur, édition Novatris. Presses Universitaires de Nancy, Nancy, pp. 157–174

DUCHÊNE-LACROIX, C., KOUKOUTSAKI-MONNIER, A., 2015. Mapping a social space of French citizens in Berlin on the basis of self-identification. Journal Identities. Global Studies in Culture and Power (in Press)

DUSSAP-KÖHLER, A., 2011. Les sensibilités interculturelles dans les régions transfrontalières, in: Beck, J., Wassenberg, B. (Eds.), Vivre Et Penser La Cooperation Transfrontaliereles Regions Frontalieres Sensibles: Contributions Du Cycle De Recherche Sur La Cooperation Transfrontaliere De L'universite De Strasbourg Et De L'euro-institut Kehl. Franz Steiner Verlag Wiesbaden GmbH

GIDDENS, A., 1990. The Consequences of Modernity. Cambridge

GOETZ, K.H., MEYER-SAHLING, J.-H., 2008. The Europeanisation of national political systems: Parliaments and executives. Living Rev. Euro. Gov. 3

Groupe d'Experts SIGRS au Conseil Général du Haut-Rhin, 2012. Système d'information géographique du Rhin supérieur (SIGRS – GISOR) [WWW Document]. URL http://sigrs-gisor.org/index_FR.html (accessed 11.6.12)

GUTH, S., 1991. Les forces françaises en Allemagne: La citadelle utopique. Editions L'Harmattan

HALL, E.T., 1976. Beyond culture. Anchor Press

HAMMAN, P., 2003. La coopération intercommunale transfrontalière: vers une nouvelle gouvernance locale? pomap 21, 131–161. doi:10.3406/pomap.2003.2784

HARGUINDÉGUY, J.-B., 2007. La frontière en Europe: un territoire?: Coopération transfrontalière franco-espagnole. Editions L'Harmattan

HORBER-PAPAZIAN, K., BERGMAN, M.M., DUCHÊNE-LACROIX, C., MORARIU, M., 2012. La place des Indicateurs dans le pilotage de la politique publique. IDHEAP, Lausanne

KNILL, C., 2001. The Europeanisation of National Administrations: Patterns of Institutional Change and Persistence. Cambridge University Press

LAHIRE, B., 2006. L'homme pluriel: les ressorts de l'action. Hachette Littératures

MAUREL, P., 2009. Représentations spatiales pour le concernement et l'engagement des acteurs dans la planification locale: l'expérience du territoire de Thau. Revue Ingénieries-EAAT 53–64

MÉNY, Y., BELLIER, I. (Eds.), 1995. Une Culture de la Commission européenne?: de la rencontre des cultures et du multilinguisme des fonctionnaires, in: Politiques publiques en Europe: actes du colloque de l'Association Française de Science Politique, 23-24 Mars1994. Editions L'Harmattan, Paris

MEYER, J.P., ALLEN, N.J., 1991. A three-component conceptualization of organizational commitment. Human Resource Management Review 1, 61–89. doi:10.1016/1053-4822(91)90011-Z

MOOG, A., 1991. Nachbar Frankreich: Verstehen und zusammenarbeiten. Frankfurter Allgemeine Zeitung

MOOG, A., 2000. Pour un sans-faute en Allemagne. Chambre Franco-Allemande de Commerce et d'Industrie

NEISSER, H., HAMMERSCHMID, G. (Eds.), 1998. «Die» innovative Verwaltung: Perspektiven des New Public Management in Österreich. Signum-Verl., Seedorf

POLLITT, C., BOUCKAERT, G., 2004. Public management reform. Oxford University Press

RAPHAËL, F., 1996. Anthropologie de la frontière. Culture de la frontière, culture-frontière, in: Hirschhorn, M., Berthelot, J.-M. (Eds.), Mobilités et ancrages: vers un nouveau mode de spatialisation? Editions L'Harmattan, Paris, pp. 79–92

RECKWITZ, A., 2003. Grundelemente einer Theorie sozialer Praktiken. Eine sozialtheoretische Perspektive. ZFS 32, 282–301

SAEZ, G., LERESCHE, J.-P., BASSAND, M., 1997. Gouvernance métropolitaine et transfrontalière: action publique territoriale. Editions L'Harmattan

SANDTNER, S.E., SANDTNER, M., 2002. Une identité régionale transfrontalière? La Regio TriRhena dans la prise de conscience de la population. Revue Géographique de l'Est 42, mis en ligne le 03 janvier 2011, consulté le 13 octobre 2012

SCHAD, H., DUCHÊNE-LACROIX, C., 2013. Multilokales Wohnen als hybride Praxis – Implikationen der «mobilities studies» und der Akteur-Netzwerk-Theorie, in: Scheiner, J., Blotevogel, H.-H., Frank, S., Holz-Rau, C., Schuster, N. (Eds.), Mobilitäten und Immobilitäten. Klartext, Essen, pp. 359–374

SOUSA, L.D., 2012. Understanding European Cross-border Cooperation: A Framework for Analysis. Journal of European Integration 1–19. doi:10.1080/07036337.2012.711827

TRABAND, G., 2011. Le désir de frontière dans un espace transfontalier Alsace-Franche-Comté, in: Beck, J., Wassenberg, B. (Eds.), Vivre Et Penser La Cooperation Transfrontaliereles Regions Frontalieres Sensibles: Contributions Du Cycle De Recherche Sur La Cooperation Transfrontaliere De L'universite De Strasbourg Et De L'euro-institut Kehl. Franz Steiner Verlag Wiesbaden GmbH

UNESCO, 1982. Déclaration de Mexico sur les politiques culturelles

VOGEL, W., 2006. Zukunft Oberrhein im erweiterten Europa: eine Erhebung zu Erfahrungswerten und Zukunftsaussichten der grenzüberschreitenden Zusammenarbeit. Deutsch-Französisches Institut, Ludwigsburg

WASSENBERG, B., 2010. Le voisinage de proximité: les eurorégions «géopolitiques»aux frontières externes de l'UE (1993-2009). Matériaux pour l'histoire de notre temps N° 97–98, 45–49

WEBER, M., 1980. Wirtschaft und Gesellschaft: Grundriß der Verstehenden Soziologie. Mohr Siebeck

Von der Europäisierung des Verwaltungsrechts zur Europäisierung der Verwaltungskultur?

KARL-PETER SOMMERMANN

Inhaltsverzeichnis

1. Die Europäische Union als Rechtsgemeinschaft: *Integration through law*   253
2. Die Europäisierung des nationalen Verwaltungsrechts   255
3. Europäisierung der nationalen Verwaltungskulturen?   261
4. Europäische Verwaltungskultur und nationale Identität   264
Bibliographie   264

1. Die Europäische Union als Rechtsgemeinschaft: *Integration through law*

Hätte man vor 50 Jahren gefragt, anhand welcher Beispiele man die Macht und Wirkungskraft des Rechts besonders deutlich zeigen könne, so hätte gewiss das nationale Recht im Mittelpunkt der Betrachtung gestanden. Je nach Perspektive hätte man auf das Öffentliche Recht verwiesen, das Grundlage und – jedenfalls in rechtsstaatlichen Systemen – auch Grenze des Handelns der Staatsorgane ist und seine besondere Ausprägung im Strafrecht erfährt, oder man hätte die Bedeutung des Zivilrechts als ordnender Rahmen für die gesellschaftliche Interaktion in den Blick genommen. Das Völkerrecht wäre gewiss nur wenigen in den Sinn gekommen; zu sehr wurde und wird es noch mit Durchsetzungsschwäche assoziiert. Fragt man heute nach Beispielen, in denen die Macht des Rechts augenfällig wird, könnte man immerhin auf effektive Regime des Völkerrechts verweisen, wie etwa das System der Europäischen Menschenrechtskonvention. Vor allem aber muss aus heutiger Sicht die nicht mehr in klassischen völkerrechtlichen Kategorien zu erfassende Europäische Union als einzigartiges Beispiel für die wirklichkeitsverändernde Macht des Rechts gelten. Daran ändert auch die derzeitige Krise der Europäischen Union nichts, die man bezeichnenderweise durch Rechtsinstrumente zu beherrschen sucht ohne dass damit freilich deren Tauglichkeit erwiesen wäre.

Das Besondere ist nicht, dass die ursprünglichen europäischen Gemeinschaften und später die Europäische Union durch völkerrechtliche Verträge, d.h. durch Vertragsrecht, geschaffen wurden; dies haben sie mit klassischen völkerrechtlichen Organisationen gemein. Das Besondere ist, dass den Integrationsverträgen gleichsam als genetisches Programm die Fortentwicklung der Gemeinschaft durch Recht immanent ist und dieses Recht tief in die Rechtsräume der Mitgliedstaaten hineinwirkt, die nationalen Gesetzgeber durch Richtlinien dirigiert und das Verhalten der nationalen Verwaltungsbehörden durch Verordnungen unmittelbar steuert. In diesem Sinne haben bereits in den 80er Jahren *Joseph Weiler* und *Mauro Cappelletti* im Rahmen ihrer Forschung am Europäischen Hochschulinstitut Florenz den Begriff der «integration through law» geprägt, der auf die dynamische Weiterentwicklung der Gemeinschaft sowohl durch die Rechtssetzung der Gemeinschaftsorgane als auch durch die Rechtsprechung des Europäischen Gerichtshofs bezogen war (vgl. Weiler 1982, S. 267–306; Cappelletti/Secombe/Weiler 1986; wegen einer Bewertung des «integration through law»-Ansatzes siehe Vauchez 2008).

Waren die Handlungsmöglichkeiten der Organe der Europäischen Gemeinschaft für Kohle und Stahl, durch deren Gründungsvertrag zur dauerhaften Sicherung des Friedens in Europa die traditionellen Schlüsselindustrien der Kriegswirtschaft unter eine gemeinsame europäische Aufsicht gestellt wurden, noch eng begrenzt (*traité loi*), so wurde mit dem Vertrag über die Europäische Wirtschaftsgemeinschaft von 1957 ein weiter Rahmen für die dynamische Fortentwicklung der Integration auf der Grundlage von Sekundärrecht geschaffen (*traité cadre*). Dieser, freilich weiterhin dem Prinzip der begrenzten Einzelermächtigung verpflichtete Rahmen wurde durch die späteren Verträge stetig erweitert bis hin zur Flexibilisierung des Rahmens selbst, wie sie sich in dem im Lissaboner Vertrag (Vertrag von Lissabon vom 13.12.2007, ABl. Nr. C 83/13 v. 30.3.2010; BGBl. 2008 II, 1038; Ber. 2010 II, S. 151) vorgesehenen vereinfachten Vertragsänderungsverfahren (Art. 48 Abs. 6 EUV) sowie den in ihm enthaltenen sogenannten Brückenklauseln (vgl. nur die allgemeine Brückenklausel in Art. 48 Abs. 7 EUV) manifestiert.

Die besondere Rolle des Rechts für die europäische Integration bringt gleichfalls der von *Walter Hallstein*, dem ersten Kommissionspräsidenten, geprägte (vgl. Hallstein 1962) und seit 1986 auch vom Europäischen Gerichtshof verwendete Begriff der «Rechtsgemeinschaft» zum Ausdruck. Dabei weist dieser Begriff zwei Konnotationen auf: Erstens steht er für eine durch Recht geschaffene und sich durch eigene Rechtsetzung weiterentwickelnde Gemeinschaft. Zweitens verbindet der Begriff der «Rechtsgemeinschaft» die Union mit dem Konzept des «Rechtsstaates»; dies wird spätestens an der vom EuGH gebrauchten englischen Fassung des Begriffs deutlich: «community based on the rule of law» und neuerdings «union based on the rule of law» (vgl. die Urteile des

EuGH vom 25.7.2002, Rs. C-50/00 P – Unión de Pequeños Agricultores –, Slg. 2002, I-6677, 6734, Rdnr. 38, und vom 19.12.2013, Rs. C-274/12P-Telefónica SA –, Rdnr. 56). Bekanntlich wird seit geraumer Zeit der Begriff «rule of law» in europäischen Dokumenten mit «Rechtsstaat» übersetzt. In der Tat sind im geschriebenen Primärrecht der Europäischen Union bzw. in der auf allgemeine Rechtsgrundsätze gestützten Rechtsprechung des Europäischen Gerichtshofs die tragenden rechtsstaatlichen Prinzipien wie Legalitätsprinzip, Bestimmtheitsgrundsatz, Rechtssicherheit und Vertrauensschutz, Willkürverbot und Verhältnismäßigkeit anerkannt (vgl. Sommermann 2007, S. 82 f. m.w.N.). Das gesamte sekundäre Gemeinschaftsrecht, d.h. insbesondere alle Verordnungen und Richtlinien, müssen diesen Prinzipien genügen. Die Unionsorgane haben sie bei allen Handlungen zu befolgen.

Nicht nur die Unionsorgane, sondern auch die Mitgliedstaaten haben im Anwendungsbereich des Europäischen Unionsrechts sowohl das Primärrecht mit seinen rechtsstaatlichen Grundsätzen und den Grundrechten als auch das auf der Grundlage des Primärrechts ergangene Sekundärrecht zu beachten. Ob dies geschieht, überwacht die Europäische Kommission, die – wenn sie bei der Implementierung des Unionsrechts Unzulänglichkeiten erkennt und diese auch nach Hinweis nicht abgestellt werden – Vertragsverletzungsklage vor dem Europäischen Gerichtshof erheben kann (vgl. Art. 258 des Vertrages über die Arbeitsweise der Europäischen Union). Bei einer wachsenden Zahl von Mitgliedstaaten wird es für die Europäische Kommission freilich zunehmend schwieriger, ihre Kontrollfunktion wirksam wahrzunehmen. Die auf Angaben der Mitgliedstaaten gestützten regelmäßigen Berichte der Kommission über die Umsetzung des Gemeinschaftsrechts in bestimmten Politikfeldern (vgl. etwa den Bericht der Kommission an den Rat und das Europäische Parlament über die Umsetzung des Gemeinschaftsrechts im Bereich der Abfallwirtschaft für den Zeitraum von 2001–2003 v. 19.7.2006, KOM/2006/0406 endg.) können eine effektive Kontrolle nicht ersetzen. Sie spiegeln nur bedingt die Realität auf nationaler Ebene wider.

2. Die Europäisierung des nationalen Verwaltungsrechts

Eine strukturelle Schwäche der Implementierung des Unionsrechts liegt in der unterschiedlichen Arbeitsweise der nationalen Verwaltungen. Eine Speyerer Implementationsstudie (vgl. Siedentopf/Ziller 1988) hat bereits in den 80er Jahren die naheliegende Vermutung bestätigt, dass die Mitgliedstaaten das Unionsrecht nach ihren nationalen Gepflogenheiten umsetzen (vgl. Siedentopf/Hauschild 1988, S. 58.), ihm also in der Regel keine die gleichmäßige Effektivität in der EU gewährleistende Sonderbehandlung zuteil werden lassen. Dazu fehlt es häufig bereits an einer Kenntnis maßgeblicher «Benchmarks». Um zu großen Unterschieden entgegenzuwirken, hat der europäische Gemeinschafts- bzw. Unionsgesetzgeber bereits früh begonnen, durch sekundärrechtliche Vorgaben auf die Gestaltung der Verwaltungsverfahren und der Verwaltungsorganisation in den Mitgliedstaaten einzuwirken.

In der Rückschau lassen sich – wenngleich nicht trennscharf – drei Phasen der Europäisierung des nationalen Verwaltungsrechts durch unionsrechtliche Vorgaben unterscheiden (vgl. Sommermann 2008, S. 182 ff.). Unter Europäisierung des Verwaltungsrechts soll dabei das Phänomen verstanden werden, dass das nationale Verwaltungsrecht aufgrund der sich ausdehnenden Gemeinschaftsrechtsordnung einem Prozess der Neuinterpretation, Inhaltsänderung und Substituierung selbst bestimmter Rechtsetzung durch gemeinschaftsdeterminierte Regelungen unterworfen ist, kurz: Europäisierung des Verwaltungsrechts ist der Eintritt von Rechtsänderungen und Rechtswandel unter dem Einfluss des Europarechts (vgl. Sommermann 1996, S. 891; weiter differenzierend Siegel 2012, S. 25 ff.).

Die erste Phase lässt sich als «Europäisierung des materiellen Verwaltungsrechts» bezeichnen. In dieser ersten Phase ging es vornehmlich um die Verwirklichung eines Gemeinsamen Marktes durch Effektuierung der Zollunion und der Grundfreiheiten, wozu beispielsweise im Bereich der Warenverkehrsfreiheit gemeinsame technische Normen festgelegt und im Bereich der Arbeitnehmerfreizügigkeit Rechte der Arbeitnehmer konkretisiert wurden. Bereits diese Phase offenbarte teilweise erhebliche Anpassungsschwierigkeiten in den Mitgliedstaaten bis hin zu der Frage, wie bestimmte gemeinschaftsrechtliche Vorgaben vor dem Hintergrund rechtsdogmatischer Traditionen in das nationale Recht integriert werden können. In Deutschland erwies sich beispielsweise die Umsetzung technischer Regelwerke in Form von Verwaltungsvorschriften mit «normkonkretisierender Funktion» (vgl. «Wyhl-Urteil», BVerwGE 72, 300, 320 f.), was innerstaatlich zu einem gesicherten dogmatischen Bestand gehörte, als nicht mit der gemeinschaftsrechtlichen Forderung einer bestimmten klaren und transparenten Umsetzung des Gemeinschaftsrechts vereinbar (vgl. EuGH, Urteile vom 30.5.1991, Rs. C-361/88 u. C-59/89 (TA Luft), Slg. 1991, S. I-2567, 2603 ff. bzw. I-2607, 2633 ff.).

Die **zweite Phase** ist durch eine Europäisierung des Verwaltungsverfahrensrechts gekennzeichnet. Aus der Erkenntnis heraus, dass die Festlegung materiell-rechtlicher Standards nicht automatisch zu ihrer gleich effektiven Anwendung und Implementierung führt, verstärkte der Gemeinschaftsgesetzgeber seit den Achtzigerjahren die Intensität der Einwirkungen auf das Verwaltungsverfahren. Zwar hatte es früh auch punktuelle Verfahrensvorgaben etwa bei

Produktzulassungen gegeben[1]; nunmehr werden jedoch relativ umfassende Regelungen für größere Felder des Verwaltungshandelns getroffen. Beispiele für entsprechende Rechtsakte bilden die Richtlinie über die Umweltverträglichkeitsprüfung bei bestimmten öffentlichen und privaten Projekten (vgl. Richtlinie 85/337/EWG über die Umweltverträglichkeitsprüfung bei bestimmten öffentlichen und privaten Projekten, ABl. 1985 Nr. L 175 v. 5.7.1985, S. 40; vgl. Richtlinie 2011/92/EU, ABl. 2012 Nr. L 26, S. 1), die Richtlinien zur Regelung bzw. Koordinierung der Verfahren zur Vergabe öffentlicher Aufträge (vgl. nur die Richtlinie 89/665/EWG des Rates vom 21.12.1989 zur Koordinierung der Rechts- und Verwaltungsvorschriften für die Anwendung der Nachprüfungsverfahren im Rahmen der Vergabe öffentlicher Liefer- und Bauaufträge, ABl. 1989 Nr. L 395 vom 30.12.1989, S. 33.) und die Verordnung zur Festlegung des Zollkodex der Gemeinschaften aus dem 1992 (vgl. Verordnung (EWG) Nr. 2913/92 des Rates vom 12. Oktober 1992 zur Festlegung des Zollkodex der Gemeinschaften, ABl. 1992 Nr. L 302 vom 19.10.1992, S. 1, zuletzt geändert durch Verordnung Nr. 952/2013 vom 9.10.2013, ABl. 2013 Nr. L 269, S. 1), der auch Regelungen zur Rücknahme und zum Widerruf von Verwaltungsakten enthält. In den weiteren Bereich des Verwaltungsverfahrensrechts ist auch die Umweltinformationsrichtlinie aus dem Jahr 1990 zu rechnen, auf die ich noch zurückkommen werde.

In der **dritten Phase** kommt die Europäisierung des Verwaltungsorganisationsrechts hinzu. Dieses ist verstärkt seit den 90er Jahren Gegenstand der Sekundärrechtsetzung. Der Europäische Gerichtshof hatte in seinem «Schaffleischurteil» aus dem Jahr 1990 (vgl. EuGH, Urteil vom 12.6.1990, Rs. C-8/88 (Deutschland/Kommission), Slg. 1990, S. I-2321, Rdnr. 13.) – Prämienzahlung nur unter bestimmten, auch organisatorisch abzusichernden Voraussetzungen – zum Ausdruck gebracht, dass die Mitgliedstaaten verpflichtet sind, die zur ordnungsgemäßen Durchführung des Gemeinschaftsrechts notwendige Verwaltungsorganisation bereitzustellen. Der Sekundärgesetzgeber der Europäischen Union hat vor allem im Zusammenhang mit der Ausgestaltung des Regulierungsrechts, sei es im Bereich Telekommunikation, sei es im Bereich Energie, Vorgaben getroffen, die letztlich nur im Rahmen unabhängiger Regulierungsbehörden zu implementieren sind (vgl. Arndt 2006, Britz 2006).

Das letztgenannte Beispiel deutet bereits darauf hin, dass die Verfahrens- und Organisationsvorgaben ihre Wirkung nicht immer nur auf direktem Wege entfalten, sondern teilweise auch indirekt eine Europäisierung bewirken. Diese zu

---

[1] Vgl. nur die Richtlinie 65/65/EWG des Rates vom 26.1.1965 zur Angleichung der Rechts- und Verwaltungsvorschriften über Arzneispezialitäten, ABl. Nr. L 22 v. 9.2.1965, S. 369. Art. 7 dieser Richtlinie trifft Aussagen zur Verfahrensdauer, Art. 11 zu Aussetzung und Widerruf und Art. 12 zur Begründung der behördlichen Entscheidungen.

den dargestellten direkten Formen der Europäisierung hinzutretenden Phänomene einer Transformation der nationalen Rechtsordnungen ist von besonderem Interesse, da sie nicht immer gleich als durch das Unionsrecht induzierte Veränderungen zu erkennen sind.

Vier Fallgruppen der indirekten Europäisierung erscheinen mir dabei von Bedeutung: erstens die funktionale Anpassung, zweitens sogenannte Spill-over-Effekte, drittens wettbewerbsbedingte Anpassungen und viertens Transnationalisierungsphänomene (vgl. bereits Sommermann 2008, S. 193 ff.; in diesem Beitrag ist auch die hier vorgenommene Kategorisierung der Einwirkungsformen entwickelt).

Bei der **funktionalen Anpassung** induzieren Aufgaben- und Verfahrensnormen in Verbindung mit dem Kooperationsprinzip, das einen reibungslosen Austausch zwischen der Gemeinschaftsebene und der nationalen Ebene fordert, eine Anpassung der nationalen Strukturen des Verwaltungsverfahrens- und des Verwaltungsorganisationsrechts. Dabei kann man wiederum die beiden Aspekte einer aufgabenbezogenen Anpassung einerseits und der Schaffung organisatorischer Anschlussfähigkeit andererseits unterscheiden.

Von *aufgabenbezogener Anpassung* kann man sprechen, wenn bestimmte Sach- und Verfahrensregeln effektiv und effizient nur in veränderten Organisations- und Entscheidungsstrukturen erledigt werden können. So war in Deutschland die Herausbildung einer integrierten Finanzdienstleistungsaufsicht (vgl. Pitschas 2007) und die Schaffung neuer Regulierungsstrukturen etwa im Bereich Telekommunikation und Energie neben der Umsetzung punktueller Vorgaben des Gemeinschaftsrechts auch dem Ziel einer aufgabenadäquaten Neugestaltung der Verwaltungsorganisation geschuldet (vgl. Siegel 2012, S. 54 ff.).

Zugleich berührt die Schaffung neuer Regulierungsbehörden den Gesichtspunkt der *organisatorischen Anschlussfähigkeit*. Bei dem Gesichtspunkt der organisatorischen Anschlussfähigkeit geht es um die Erleichterung der Kommunikation zwischen der nationalen und der unionalen Ebene sowie zwischen den nationalen Behörden untereinander durch «europäisierte Strukturen». Homologe Behördenstrukturen und Zuständigkeiten können die Kommunikation sowie die Entscheidungs- und Handlungskoordination erheblich erleichtern. Ein Beispiel bilden die Agenturen für Lebensmittelsicherheit, die infolge grenzüberschreitender Probleme der Lebensmittelsicherheit, insbesondere im Kontext mit der BSE-Krise, errichtet wurden. Der im Jahr 2002 geschaffenen Europäischen Behörde für Lebensmittelsicherheit (vgl. Verordnung (EG) Nr. 178/2002 des Europäischen Parlaments und des Rates vom 28. Januar 2002 zur Festlegung der allgemeinen Grundsätze und Anforderungen des Lebensmittelrechts, zur Errichtung der Europäischen Behörde für Lebensmittelsicherheit und zur

Festlegung von Verfahren zur Lebensmittelsicherheit, ABl. Nr. L 31 vom 1.2.2002, S. 1.) stehen entsprechende nationale Agenturen gegenüber, die die vertikale und horizontale Interoperabilität in der Europäischen Union sichern. So wurde beispielsweise in Spanien im Jahr 2001 die *Agencia Española de Seguridad Alimentaria y Nutrición* gegründet, in Deutschland im Jahr 2002 das *Bundesamt für Verbraucherschutz und Lebensmittelsicherheit* und in Italien etwas später die *Autorità nazionale per la sicurezza alimentare*, bald in *Agenzia nazionale per la sicurezza alimentare* umbenannt.

Die die zweite Fallgruppe indirekter Europäisierung bildenden **Spill-over-Effekte** sind dadurch gekennzeichnet, dass die vom europäischen Unionsrecht für bestimmte Aufgabenbereiche vorgesehenen inhaltlichen Maßstäbe, Verfahren oder Organisationsstrukturen auf benachbarte Bereiche übertragen werden oder sogar Grundstrukturen des nationalen Verwaltungsrechts dem europarechtlich geprägten Referenzgebiet angepasst werden. Spill-over-Effekte werden durch die allgemein zu beobachtende Tendenz begünstigt, in verwandten Bereichen auf Dauer nicht zwei unterschiedliche Rechtsregimes aufrecht zu erhalten, sondern möglichst zu einer Harmonisierung zu gelangen. Ein deutliches Beispiel im Verwaltungsrecht der europäischen Staaten bildet der Ausbau des Rechts auf Informationszugang in nahezu allen Mitgliedstaaten, der wesentlich durch die Erfahrungen mit dem europarechtlich «erzwungenen» freien Zugang zu Umweltinformationen sowie durch das Vorbild der Regelungen zur Informationsfreiheit auf der Ebene der Gemeinschaftsorgane befördert wurde (vgl. Sommermann 2010, S.13 ff.). Bekannt sind auch die Beispiele aus dem Verwaltungsrechtsschutz. So hat etwa das Urteil des EuGH im Falle Factortame (vgl. Urteil v. 19.6.1990, Rs. C 213/89, Slg. 1990, S. I-2433) im Vereinigten Königreich zu einer allgemeinen Anerkennung der Befugnis der Gerichte geführt, Anordnungen gegenüber der Regierung und damit gegenüber der Krone zu erlassen (seit der Entscheidung des House of Lords in der Sache *M v Home Office* (1993) 3 WLR 433/(1994) 1 AC 377).

Die dritte Fallgruppe betrifft die **wettbewerbsbedingten Anpassungen**: Die gemeinsamen rechtlichen und wirtschaftlichen Rahmenbedingungen in der Europäischen Union machen auch die Leistungsfähigkeit und Problemlösungskapazität der nationalen Verwaltungssysteme transparenter. Verwaltungsorganisationen und Verwaltungsverfahren werden damit als Standortfaktoren im wirtschaftlichen Wettbewerb sichtbar (vgl. Mehde 2006, S. 54 ff.; siehe bereits Ballbé/Padrós 1997). Für die Beschleunigungsgesetzgebung in Deutschland in den 90er Jahren des vorigen Jahrhunderts und die in deren Vorfeld entwickelten Reformkonzepte führte man daher auch eine kürzere Verfahrensdauer in anderen EU-Mitgliedstaaten ins Feld (vgl. paradigmatisch der Bericht der sog. Schlichter-Kommission: Bundesministerium für Wirtschaft 1994). In jüngerer Zeit betont die Europäische Union die Notwendigkeit, durch Vereinfachung der

Verwaltungsverfahren die Wettbewerbsfähigkeit im Verhältnis zu Drittstaaten zu stärken. Auch in den Erwägungsgründen der Dienstleistungsrichtlinie wird dieser Ansatz deutlich ausgesprochen (vgl. Richtlinie 2006/123/EG des Europäischen Parlaments und des Rates über Dienstleistungen im Binnenmarkt, ABl. Nr. L 376, S. 36, insbesondere Erwägungsgründe 2 u.4).

Als vierte und letzte Fallgruppe seien schließlich die **Transnationalisierungsphänomene** erwähnt: Bei ihnen handelt es sich um Erscheinungsformen wechselseitiger Anpassung der nationalen Verwaltungsrechtssysteme aufgrund von Transkulturationsprozessen. Transkulturation meint dabei die wechselseitige Rezeption verwaltungsrechtlicher und verwaltungskultureller Standards, wobei die jeweilige rezipierende Ordnung naturgemäß die Elemente, an denen sie sich orientiert, nicht einfach gleichförmig übernimmt (Akkulturation), sondern aufgrund ihrer eigenen verwaltungskulturellen Voraussetzungen verarbeitet (Transkulturation). Die wechselseitige Rezeption und Vermittlung bilden dabei einen stetigen Austauschprozess. Die Transkulturation bezieht sich nicht nur auf Institutionen und Verfahren, wie beispielsweise die Einführung von Audits nach angelsächsischem Muster[2] oder die Schaffung von Ombudsman-Einrichtungen nach skandinavischem Vorbild[3], sondern auch auf das Verständnis von Rechtsstrukturen. So stellt beispielsweise die seit einigen Jahren geführte Diskussion über die Rolle und die Ausgestaltung von Public Private Partnerships ein sich in transnationaler Diskussion entwickelndes Rechtsgebiet dar. Sowohl die grenzüberschreitende Verwaltungskooperation als auch der sich intensivierende Austausch der Verwaltungspraktiker und Verwaltungsrechtswissenschaftler fördern diese Prozesse. Ein wichtiges Erkenntnismittel bei der Ermittlung gemeineuropäischer Standards sind nicht zuletzt die von Vertretern der nationalen Verwaltungen erarbeiteten Empfehlungen des Ministerkomitees des Europarates zu Kernfragen des allgemeinen Verwaltungsrechts und des Verwaltungsprozessrechts (vgl. dazu Stelkens 2004, S. 133 ff.).

---

[2] Teilweise induziert durch europäisches Gemeinschaftsrecht, vgl. die Verordnung (EWG) Nr. 1836/93 des Rates vom 29.6.1993 über die freiwillige Beteiligung gewerblicher Unternehmen an einem Gemeinschaftssystem für das Umweltmanagement und die Umweltbetriebsprüfung, ABl. Nr. L 168, S. 1; aktueller Stand: Verordnung (EG) Nr. 1221/2009 des Europäischen Parlaments und des Rates vom 25.11.2009 über die freiwillige Teilnahme von Organisationen an einem Gemeinschaftssystem für Umweltmanagement und Umweltbetriebsprüfung und zur Aufhebung der Verordnung (EG) Nr. 761/2001, sowie der Beschlüsse der Kommission 2001/681/EG und 2006/193/EG, ABl. 2009 Nr. L 343, S. 1.

[3] Die Rezeption setzte früh ein und hat sehr unterschiedliche nationale Varianten hervorgebracht, vgl. SOMMERMANN 1985, S. 267, 269 f. m.w.N.

3. Europäisierung der nationalen Verwaltungskulturen?

Wie soeben skizziert hat die Europäische Gemeinschaft und später Europäische Union das Ziel der Verwirklichung eines Gemeinsamen Marktes bzw. Binnenmarktes durch eine Vielzahl von Rechtsakten verfolgt, die in den Mitgliedstaaten in einer wachsenden Zahl von Politikfeldern gemeinsame materiell-rechtliche, und bald auch prozedurale Standards und organisationale Strukturähnlichkeiten geschaffen haben. Trotz diesen funktionellen Angleichungen, die sich in entsprechenden nationalen Rechtsnormen niederschlagen, bleiben bei der Implementierung des Unionsrechts erhebliche Unterschiede. Diese beruhen zum einen auf der fortbestehenden Einordnung der gemeinschaftsrechtlich determinierten Regelungen in die jeweiligen Strukturen des nationalen Verwaltungsrechts und in die nationale Verwaltungsorganisation, zum anderen auf den Unterschieden der Verwaltungskulturen der Mitgliedstaaten. Es gibt nach wie vor stark kontextabhängige institutionelle Identitäten und unterschiedliche korporative und individuelle Werthaltungen.

Es ist daher naheliegend, dass sich die Unionsorgane nicht nur mit dem rechtlichen Überbau der nationalen Verwaltungen befassen, sondern zunehmend auch mit den die Rechts- und Verwaltungswirklichkeit tragenden Substrukturen, namentlich mit den verwaltungskulturellen Grundlagen. Zur «Verwaltungskultur» rechnet man im engeren Sinne die «Orientierungsmuster» – Meinungen, Einstellungen und Werthaltungen –, die das Verhalten der in der Öffentlichen Verwaltung tätigen Personen bestimmen (vgl. Jann 1983, S. 28 ff.), in einem weiteren Sinne auch die formalen und informalen Kommunikations-, Verfahrens- und Organisationsformen, die die Verwaltung eines Landes sowohl im Binnenbereich als auch in ihrer Wechselbeziehung mit den Bürgern prägen.

Bei einer Betrachtung der Verwaltungskulturen der EU-Mitgliedstaaten sind zunächst Veränderungen in den Blick zu nehmen, die gleichsam als Nebeneffekt von Sekundärrechtsakten eingetreten sind und davon zeugen, dass die Veränderung der rechtlichen Oberflächenstrukturen durchaus Tiefenwirkungen entfalten können. Als Beispiel mögen die seit den 90er Jahren besonders dynamischen Entwicklungen im Bereich der Verbesserung der Transparenz sowie, als eines ihrer Kernelemente, des Informationszugangs dienen. Staaten, die bereits früher den Informationszugang unabhängig von individueller Betroffenheit eröffnet hatten, wie insbesondere die skandinavischen Staaten oder auch – seit den 70er Jahren – beispielsweise Frankreich[4], haben die Zugangs-

---

[4] Bereits das Gesetz Nr. 78–753 vom 17.7.1978 (J.O. v. 18.7.1978) in der Fassung des Gesetzes Nr. 79–5877 vom 11.7.1979 (J.O. v. 12.7.1979) regelte ausführlich die «liberté d'accès aux documents administratifs».

rechte erweitert[5]. Andere Staaten, zu denen neben dem Vereinigten Königreich[6] auch Deutschland gehört[7], haben sich vom Prinzip der «culture of secrecy and confidentiality» bzw. der begrenzten Aktenöffentlichkeit im Zuge der allgemeinen Öffnungswelle abgewandt und einen allgemeinen Anspruch auf Informationszugang eingeräumt. Der Rechtfertigungsdruck der Regierungen bzw. der Parlamente in den Staaten, die noch kein Informationsfreiheitsgesetz besitzen, ist erheblich. In den Reformdebatten treten neben rechtsstaatliche und managerialistische Überlegungen zunehmend demokratisch-funktionale Erwägungen, wie etwa das Beispiel Spaniens zeigt[8]. Insbesondere legt Transparenz des Staatshandelns die Verantwortlichkeiten offen.

Zu einer Veränderung der nationalen Verwaltungskulturen trägt indirekt auch die Zunahme europäischer Verwaltungszusammenarbeit bei. Fachspezifische Verfahrensregelungen zur Zusammenarbeit sowohl im vertikalen Verhältnis zwischen Europäischer Union und Mitgliedstaaten als auch im horizontalen Verhältnis Letzterer untereinander finden sich in einer Reihe von Richtlinien, etwa im Produktzulassungsrecht[9], andere Regelungen beispielsweise im europäischen Unions- und Völkerrecht der polizeilichen Zusammenarbeit[10]. Mit einem weiten Anwendungsbereich regelt die europäische Dienstleistungsrichtlinie im Einzelnen Kooperationspflichten der Mitgliedstaaten, die in ihrer Strukturbildung und Detailliertheit bislang beispiellos sind. Ihrer Effektuierung dient das bei der Kommission angesiedelte Binnenmarkt-Informationssystem, das freilich eine Reihe praktischer, insbesondere sprachenbezogener Fragen nicht ohne weiteres lösen kann. Die meisten Staaten haben den unionsrechtlichen prozeduralen Vorgaben zur europäischen Zusammenarbeit in den allgemeinen Umsetzungsregelungen zur Dienstleistungsrichtlinie Rechnung getragen. In Deutschland wurde das geschärfte europäische Verwaltungskooperationsrecht

---

[5] Vgl. für Frankreich insbesondere die Loi n°2000-321 du 12 avril 2000 relative aux droits des citoyens dans leurs relations avec les administrations (J.O. v. 13.4.2000), insbesondere Titel I: «Dispositions relatives à l'accès aux règles de droit et à la transparence».

[6] Vgl. den Freedom of Information Act 2000 (2000 chapter 36).

[7] Vgl. auf Bundesebene das Gesetz zur Regelung des Zugangs zu Informationen des Bundes (Informationsfreiheitsgesetz – IFG) vom 5.9.2005 (BGBl. I, S. 2722) sowie die entsprechenden Landesgesetze.

[8] Vgl. die Präambel des Gesetzes 19/2013 vom 9.12.2013 (Ley de transparencia, acceso a la información publica y buen gobierno), B.O.E. num. 295 v. 10.12.2013. Vgl. auch § 1 des Hamburgischen Transparenzgesetzes vom 19.6.2012, HmbGVBl. 2012, S. 271.

[9] Siehe beispielsweise die Verordnung (EG) Nr. 258/97 über neuartige Lebensmittel und neuartige Lebensmittelzutaten, ABl. 1997 Nr. L 43, S. 1.

[10] Vgl. z.B. die im Beschluss des Rates vom 6.4.2009 zur Errichtung des Europäischen Polizeiamts (Europol), ABl. Nr. L 121, S. 37, geregelte Zusammenarbeit.

in das Allgemeine Verwaltungsverfahrensgesetz (VwVfG)[11] integriert (vgl. §§ 8a–8e des Gesetzes). Wenngleich das europäische Kooperationsverwaltungsrecht erst in Ansätzen Eingang in die Kodifikationen des allgemeinen Verwaltungsverfahrens gefunden hat, lässt sich doch unschwer voraussagen, dass es sich hier um einen Bereich im Moment zwar noch verhaltener, aber potentiell hoher Entwicklungsdynamik handelt, der die nationalen Verwaltungskulturen nicht unberührt lassen wird.

Mittlerweile, und dies ist hier von besonderem Interesse, wird die Veränderung der nationalen Verwaltungskulturen nicht nur als erwünschter Nebeneffekt begrüßt, sondern ergreifen die Unionsorgane auch Maßnahmen, die, ohne dass dies expliziert würde, eine Transformation der nationalen Verwaltungskulturen herbeiführen sollen. Deutlich zielen das in Art. 41 der Europäischen Grundrechtecharta verankerte Recht auf gute Verwaltung[12] und seine rechtlichen und metarechtlichen Ausformungen auf eine Annäherung der verschiedenen Verwaltungskulturen in bestimmten Kernbereichen. Zwar gelten das in Art. 41 der Grundrechtecharta niedergelegte Grundrecht auf gute Verwaltung und der zu seiner Konkretisierung vom Europäischen Bürgerbeauftragten entwickelte Europäische Kodex für gute Verwaltungspraxis[13] zunächst nur für die Unionsorgane; die in ihnen entfalteten Standards sind indes Teil einer gesamteuropäischen Debatte, die auch im Europarat geführt wird und dort beispielsweise in der an die Mitgliedstaaten gerichteten Empfehlung des Ministerkomitees zur guten Verwaltung aus dem Jahre 2007[14] Gestalt gewonnen hat.

Sowohl im Kodex als auch in der Empfehlung stehen rechtsstaatliche und bürgerfreundliche Verfahrensweisen im Vordergrund, im Kodex werden zusätzlich persönliche Verhaltensstandards niedergelegt. Die in den USA bereits vor längerer Zeit geführte Debatte über die Ethik des öffentlichen Dienstes (vgl. Sommermann 1998, S. 292 ff.; Behnke, 2004) hat alle europäischen Staaten erfasst. Auffällig ist, dass *Ethic Codes* oder *Codes of Conduct*, die teilweise als außerrechtliche Verhaltensdirektiven Gegenstand der Personalführung sind, zunehmend mit dem Recht verknüpft werden, wie es in Frankreich schon länger hinsichtlich der professionellen Deontologie der Fall war (vgl. Decoopman 1989). Ein jüngeres Beispiel bildet das spanische Basisstatut über den öffentli-

---

[11] Verwaltungsverfahrensgesetz (des Bundes) vom 25.6.1976 (BGBl. 1976 I, S. 1253), zuletzt geändert durch Gesetz vom 25.7.2013 (BGBl. 2013 I, S. 2749).
[12] Auf nationaler Ebene ausdrücklich zuerst in Art. 21 der finnischen Verfassung verankert.
[13] Vgl. zu diesem am 6.9.2001 vom Europäischen Parlament angenommenen Kodex und weiteren Kodizes JOSÉ MARTÍNEZ SORIA, Die Kodizes für gute Verwaltungspraxis – ein Beitrag zur Kodifikation des Verwaltungsverfahrensrechts der EG, in: EuR Bd. 36 (2001), S. 682 ff.
[14] Recommendation CM/Rec(2007)7 of the Committee of Ministers to member states on good administration (im Vorspann Hinweis auf die früheren Empfehlungen zu Standards des Verwaltungshandelns).

chen Dienst aus dem Jahre 2007, das in einem eigenen Kapitel einen detaillierten Verhaltenskodex (*Código de conducta*) normiert[15]. Die dort niedergelegten Pflichten gehen weit über die im deutschen Beamtenrecht niedergelegten Grundpflichten der Beamten hinaus. Bemerkenswert ist auch der britische Constitutional Reform and Governance Act 2010[16], der den Erlass eines Verhaltenskodex für den öffentlichen Dienst vorschreibt. Insgesamt lässt sich feststellen, dass die aktuelle Ethikdiskussion, die rechtliche und außerrechtliche Verhaltensstandards verknüpft, zu deutlichen Veränderungen bei der Gestaltung von Verwaltungsverfahren und einer Annäherung der Verwaltungskulturen beitragen wird.

4. Europäische Verwaltungskultur und nationale Identität

Das Ziel der Herausbildung einer europäischen Verwaltungskultur erscheint unter dem Gesichtspunkt der Förderung einer möglichst vergleichbar effektiven Implementierung des europäischen Unionsrechts uneingeschränkt wünschenswert. Zu fragen ist allerdings, ob diese auch durch außerrechtliche Maßnahmen der Europäischen Union verstärkte Tendenz unter dem Gesichtspunkt der Wahrung der kulturellen Vielfalt in Europa (Art. 3 Abs. 3 Unterabs. 4 des EU-Vertrages) und der Achtung der nationalen Identität der Mitgliedstaaten unbedenklich ist. Nach Art. 4 Abs. 2 des EU-Vertrages kommt die nationale Identität insbesondere in den grundlegenden politischen und verfassungsmäßigen Strukturen zum Ausdruck, wobei aber äußerst fraglich ist, ob darunter auch informale Strukturen verstanden werden können.

Das Beharren auf kultureller Vielfalt auch hinsichtlich der staatlichen Institutionen und auf nationaler Identität findet in jedem Falle dort seine Grenze, wo es dazu dient, vertragliche Verpflichtungen zu relativieren. Soweit die Förderung einer Transformation der nationalen Verwaltungen und Verwaltungskulturen dazu dient, die Rechtsstaatlichkeit, die ausweislich Art. 2 des EU-Vertrages zu den Wertgrundlagen der Europäischen Union gehört, und die wirksame Implementierung des Unionsrechts zu sichern oder herzustellen, ist gegen entsprechende Maßnahmen nichts einzuwenden. Weitgehend unabhängig vom Europarecht finden wie erwähnt durch den Ideenaustausch von Wissenschaft und Praxis ohnehin teilweise erheblich weitergehende Transformationen der Verwaltungssysteme statt. Man denke nur an die Diffusion wirkmächtiger Moder-

---

[15] Siehe Art. 52 ff. des Gesetzes 7/2007 (Ley 7/2007, de 12 de abril, del Estatuto Básico del Empleado Público), B.O.E. núm. 89 v. 13.4.2007.
[16] 2010 Chapter 25.

nisierungskonzepte wie die des – mittlerweile nicht mehr ganz neuen – New Public Management. Bislang haben aber alle Transkulturationsprozesse gewisse historisch gewachsene nationale Pfadabhängigkeiten nicht aufzulösen vermocht.

Die auf die Herausbildung gemeinsamer europäischer Verwaltungsstrukturen und einer europäischen Verwaltungskultur gerichteten Maßnahmen der Europäischen Union sind dennoch kritisch zu begleiten. Noch sind die Wertkonzeptionen der Union nicht mit denen aller Mitgliedstaaten identisch und sollten auch, solange es nicht um die Kerngehalte des Unionsrechts geht, nicht erzwungen werden. In Deutschland hat in jüngerer Zeit vor allem das Urteil des EuGH vom 19. März 2010 zur Datenschutzaufsicht im nichtstaatlichen Sektor[17] zu grundsätzlichen Debatten geführt. Die strenge Auslegung, die der EuGH dem in Art. 28 Abs. 1 Unterabs. 2 der Datenschutzrichtlinie von 1995[18] aufgestellten Erfordernis der «völligen Unabhängigkeit» der Kontrollstellen gegeben hat, ist nur schwer mit dem deutschen Verständnis von demokratischer Legitimation in Einklang zu bringen (vgl. Bull 2010; Couzinet 2011 mit einer kritischen Bewertung des deutschen Konzeptes demokratischer Legitimation). Nach traditionellem deutschem Demokratieverständnis ist zur Wahrung der parlamentarischen Verantwortlichkeit allen Exekutivhandelns ein durch Kontrollmöglichkeiten vermittelter Ableitungszusammenhang erforderlich, soweit nicht das Grundgesetz (die deutsche Verfassung) ausnahmsweise (wie im Falle der Bundesbank und des Bundesrechnungshofs) Ausnahmen vorsieht.

Die Entwicklung einer europäischen Verwaltungskultur wird sich freilich in erster Linie jenseits der großen Konzepte vollziehen. Sie wird eher an den konkreten Wertorientierungen des öffentlichen Dienstes, den Verhaltensweisen seiner Mitglieder und der Verfahrensgestaltung ansetzen. Es geht in erster Linie um Maßnahmen, die zu einer größeren Objektivität, Transparenz, Effektivität und Effizienz des Verwaltungshandelns sowie zur Sicherung der Rechte der Bürger und der damit verbundenen rechtsstaatlichen Garantien beitragen. Derartige Maßnahmen dürften in allen Mitgliedstaaten der Europäischen Union willkommen sein.

---

[17] Urteil des EuGH v. 9.3.2010, Rs. C-518/07, Rn. 17 ff.
[18] Richtlinie 95/46/EG des Europäischen Parlaments und des Rates vom 24.10.1995 zum Schutz natürlicher Personen bei der Verarbeitung personenbezogener Daten und zum freien Datenverkehr, ABl. Nr. L 281 v. 23.11.1995, S. 31.

Bibiographie

Felix Arndt, Vollzugssteuerung im Regulierungsverbund, in: Die Verwaltung Bd. 39 (2006), S. 100–118

Manuel Ballbé/Carlos Padrós, Estado competitivo y armonización europea: los modelos norteamericano y europeo de integración, Barcelona 1997

Nathalie Behnke, Ethik in Politik und Verwaltung. Entstehung und Funktionen ethischer Normen in Deutschland und den USA, Baden-Baden 2004

Gabriele Britz, Vom europäischen Verwaltungsverbund zum Regulierungsverbund? Europäische Verwaltungsentwicklung am Beispiel der Netzzugangsregulierung bei Telekommunikation, Energie und Bahn, in: EuR Bd. 41 (2006), S. 46–77

Hans Peter Bull, Die «völlig unabhängige» Aufsichtsbehörde – Zum Urteil des EuGH vom 9. 3. 2010 in Sachen Datenschutzaufsicht, in: EuZW 2010, S. 488 ff.

Bundesministerium für Wirtschaft (Hrsg.), Investitionsförderung durch flexible Genehmigungsverfahren. Bericht der Unabhängigen Expertenkommission zur Vereinfachung und Beschleunigung von Planungs- und Genehmigungsverfahren, Bonn 1994

M. Cappelletti/M. Secombe/J.H.H. Weiler (Hrsg.), Integration Through Law – Europe and the American Federal Experience, vol. 1, Den Haag 1986

Daniel Couzinet, Die Legitimation unabhängiger Behörden an der Schnittstelle von unionalem und nationalem Verfassungsrecht – Zur Zulässigkeit der unionsrechtlichen Verpflichtung der Mitgliedstaaten zur Errichtung unabhängiger Behörden, in: A. G. Debus/F. Kruse/A. Peters/H. Schröder/O. Seifert/C. Sicko/I. Stirn (eds.), Verwaltungsrechtsraum Europa, Baden-Baden: Nomos, 2011, p. 213 ff.

Nicole Decoopman, Droit et déontologie: contribution à l'étude des modes de régulation, in: Centre universitaire de recherches administratives et politiques de Picardie, Les usages sociaux du droit, Paris 1989, S. 88 ff.

Walter Hallstein, Die EWG – Eine Rechtsgemeinschaft, 1962, wiederveröffentlicht in: W. Hallstein, Europäische Reden (hrsg. von T. Oppermann u. J. Kohler), Stuttgart 1979, S. 343 ff.

Werner Jann, Staatliche Programme und «Verwaltungskultur». Bekämpfung des Drogenmissbrauchs und der Jugendarbeitslosigkeit in Schweden, Großbritannien und der Bundesrepublik Deutschland im Vergleich, Opladen 1983

José Martínez Soria, Die Kodizes für gute Verwaltungspraxis – ein Beitrag zur Kodifikation des Verwaltungsverfahrensrechts der EG, in: EuR Bd. 36 (2001), S. 682 ff.

Veith Mehde, Wettbewerb der Staaten, Baden-Baden 2006

Rainer Pitschas, Regulierung der europäischen Kapitalmärkte durch die Gemeinschaft und ihre Mitgliedstaaten, in: R. Pitschas/A. Uhle (Hrsg.), Wege gelebter Verfassung in Recht und Politik. Festschrift für Rupert Scholz zum 70. Geburtstag, Berlin 2007, S. 856–887

HEINRICH SIEDENTOPF/JACQUES ZILLER (Hrsg.), Making European Policies Work – The Implementation of Community Legislation in the Member States/L'Europe des Administrations?, Bd. 1: Comparative Syntheses/Synthèses comparatives, Bd. 2: National Reports/Rapports nationaux, Bruxelles 1988

HEINRICH SIEDENTOPF/CHRISTOPH HAUSCHILD, The Implementation of Community Legislation by the Member States: A Comparative Analysis, in: Siedentopf/Ziller, Making European Policies Work a.a.O., Bd. 1, S. 58 ff.

THORSTEN SIEGEL, Europäisierung des Öffentlichen Recht, Tübingen 2012

KARL-PETER SOMMERMANN, Der Defensor del Pueblo: ein spanischer Ombudsman, in: AöR Bd. 110 (1985), S. 267 ff.

KARL-PETER SOMMERMANN, Europäisches Verwaltungsrecht oder Europäisierung des Verwaltungsrechts?, in: DVBl. 1996, S. 889 ff.

KARL-PETER SOMMERMANN, Brauchen wir eine Ethik des öffentlichen Dienstes?, in: Verwaltungsarchiv Bd. 89 (1998), S. 290 ff.

KARL-PETER SOMMERMANN, Entwicklungsperspektiven des Rechtsstaates: Europäisierung und Internationalisierung eines staatsrechtlichen Leitbegriffs, in: S. Magiera/K.-P. Sommermann (Hrsg.), Freiheit, Rechtsstaat und Sozialstaat in Europa, Berlin 2007, S. 75 ff.

KARL-PETER SOMMERMANN, Veränderungen des nationalen Verwaltungsrechts unter europäischem Einfluss – Analyse aus deutscher Sicht, in: J. Schwarze (Hrsg.), Bestand und Perspektiven des Europäischen Verwaltungsrechts. Rechtsvergleichende Analysen, Baden-Baden 2008, S. 181 ff.

KARL-PETER SOMMERMANN, La exigencia de una Administración transparente en la perspectiva de los principios de democracia y del Estado de Derecho, in: R. García Macho (ed.), Derecho administrativo de la información y administración transparente, Madrid 2010, S. 7 ff.

ULRICH STELKENS, Europäische Rechtsakte als «Fundgruben» für allgemeine Grundsätze des deutschen Verwaltungsverfahrensrechts, in: ZEuS 2004, S. 129 ff.

JOSEPH H.H. WEILER, The Community System: The Dual Character of Supranationalism, in: Yearbook of European Law Bd. 1 (1982), S. 267–306

ANTOINE VAUCHEZ, 'Integration-through-Law'. Contribution to a Socio-history of EU political Commonsense (EUI Working Papers RSCAS 2008/10), San Domenico de Fiesole 2008

Transnationale Verwaltungskulturen

JÜRGEN KEGELMANN

Inhaltsverzeichnis

1. Ziel des Artikels und Aufbau	269
2. Definitionen Kultur und Verwaltungskultur	270
3. (Verwaltungs-)Kulturmuster	272
4. Kritik der klassischen Verwaltungskulturdiskussion	273
a. «binäre Logik» – polare Kulturmuster	273
b. Ebenenstringenz – Kulturhomogenität auf der vertikalen und horizontalen Ebene	274
5. Konsequenz für die Kulturdiskussion und die transnationale Verwaltungskulturforschung	275
Literaturverzeichnis	274

1. Ziel des Artikels und Aufbau

Das Thema Organisations- und Verwaltungskultur ist ein wichtiges Thema der Organisationsforschung. Entsprechend groß ist die Anzahl der Veröffentlichungen und Untersuchungen. Im Rahmen einer sich immer mehr verzahnenden Welt- und Europäischen Gesellschaft kommt deshalb die Frage nach einer, die nationalen Grenzen überschreitenden Verwaltungskultur eine wichtige Rolle zu. Wichtige Fragen sind: Wie verhalten sich, gerade in der internationalen Zusammenarbeit, die nationalen Verwaltungs- und Berufskulturen zueinander? Stehen sie in einem Spannungsverhältnis zueinander und konkurrieren um die jeweilige Dominanz? Oder durchmischen sie sich und es kommt zu «hybriden» Kulturmustern, die sich jeweils ergänzen. Beziehungsweise in welchen Politikfeldern, Kontexten und Strukturen kommt es zu konfliktären Kultur-, in welchen zu komplementären Kulturmustern? Oder kann man sogar von einer neuen «transnationalen» Kultur reden, die die jeweiligen Einzelkulturen überschreitet? Diesen Fragestellungen geht der folgende Artikel nach. Er will, mehr theoretisch denn empirisch, konzeptionelle Ideen entwickeln, wie der Frage von transnationalen Verwaltungskulturen weiter nachgegangen werden kann.

In einem ersten Schritt wird der Begriff der «Kultur», in einem zweiten Schritt der der «Verwaltungskultur» definiert. Auch werden die «klassischen» Kulturmuster, anhand derer die Verwaltungskulturen im nationalen und internationalen Vergleich unterschieden werden, dargestellt.

Anschließend werden auf der Grundlage der Vorbemerkungen einige Thesen zu «transnationalen Kulturen» aufgestellt. Wie diese Thesen empirisch überprüft werden könnten, darum geht es im letzten Teil des Aufsatzes.

2. Definitionen Kultur und Verwaltungskultur

Ulrich begreift unter der Organisationskultur die Gesamtheit der in der Organisation bewusst oder unbewusst kultivierten, symbolisch und sprachlich tradierten Wissensvorräte und Hintergrundüberzeugungen, Denkmuster und Weltinterpretationen, Wertvorstellungen und Verhaltensnormen. Zum Ausdruck kommt diese Ordnung im Sprechen, Denken und Handeln der Organisationsmitglieder (vgl. Ulrich 1984, S. 312).

Bereits diese Definition macht deutlich, dass es einen sichtbaren Vordergrund und einen unsichtbaren Hintergrund gibt. Edgar Schein greift diese Unterscheidung auf, indem er eine analytische Trennung der Manifestationsebenen von Kultur nach dem Grad der Sichtbarkeit, der Bewusstheit und der Zugänglichkeit vornimmt.

Die erste Ebene ist sichtbar und besteht aus **Artefakten und Schöpfungen**. Sie umfassen «symbolische Elemente» wie Geschichten, Rituale, Kleidung sowie «formale Elemente» wie Strukturen, Instrumente, Methoden und Verfahren (vgl. Nagel 2000, S. 24). Sie lässt sich leicht beobachten, aber nur schwer entschlüsseln (vgl. Schein 1995, S. 29) und stellt die «Verkörperung» der organisationalen Tiefenschichten dar.

Die Kulturoberfläche wird ergänzt durch die **Ebene der Werte und Normen**. Hierbei handelt es sich um Annahmen, die sich in der Organisation bewährt haben und als gültige Überzeugungen kollektive Akzeptanz besitzen. Sie stellen Leitlinien des Verhaltens dar und kommen explizit in organisationalen Leitsätzen oder implizit im Verhalten Einzelner zum Ausdruck (vgl. Nagel 2000, S. 25).

Der Kulturkern besteht aus **Basisannahmen, «basic assumptions»**, den nicht direkt zugänglichen Vorannahmen, die nur schwer erschlossen und sichtbar gemacht werden können (vgl. Schein 1995, S. 30). Bei diesen Grundprämissen geht es um die «Welt- und Menschenbilder», d.h. um Fragen nach der

- «Natur des Menschen und des menschlichen Handelns» (gutwillig, entwicklungsfähig, eigennützig, kontrollbedürftig; aktiv vs. passiv usw.),
- Grundlage sozialer Beziehungen (Kooperation – Wettbewerb; Vertrauen – Misstrauen)
- Wahrnehmung und Gestaltbarkeit der Umwelt (bedrohlich, herausfordernd, bezwingbar, übermächtig)

Die kulturellen Ebenen sind miteinander verbunden und verflochten. Aus den Basisannahmen (Ebene 3) entwickeln sich Werte und Normen (Ebene 2), die wiederum das Handeln und Wahrnehmen in Organisationen steuern. Das heißt, dass das «weiche», nur schwer erschließbare Traditionsgut auch die «harten», sozialtechnologischen Managementmethoden prägt und durchdringt.

Insgesamt vertritt Schein damit die Auffassung, dass die Organisationskultur sowohl Oberflächenphänomene umfasst, die gestaltet werden können (Variablenansatz), wie auch Tiefenmuster, die nur sehr begrenzt zugänglich und gestaltbar sind, aber das Handeln in der Organisation nachhaltig beeinflussen.

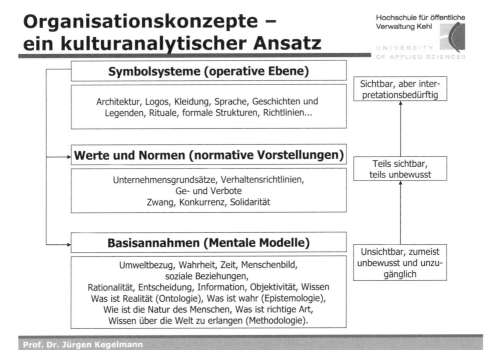

Eng verbunden mit der Debatte um die Organisationskultur ist die Debatte um die Verwaltungskultur. So unterscheidet Jann drei Ebenen der Verwaltungskultur. Unter Verwaltungskultur I versteht er die in der Gesellschaft vorhandenen Werte, Einstellungen und Meinungen gegenüber der öffentlichen Verwaltung. Mit der Verwaltungskultur II werden die in der Verwaltung vorhandenen Orientierungsmuster erfasst. Das konkrete Verhalten und die institutionellen Auswirkungen werden im Rahmen der Verwaltungskultur III beschrieben (vgl. Jann 1983, S. 22ff). Interessant im Rahmen dieser Ebenendiskussion ist die Unterscheidung Janns zwischen «Fremd- und Eigenwahrnehmung». Während die VK I die Werte der Bevölkerung gegenüber der Verwaltung umfassen, geht es bei der VK II um die Werte und Orientierungsmuster innerhalb der Verwaltung. Diese manifestieren sich in Strukturen, Prozessen und Muster politisch-administrativen Handelns (VK III).

3. (Verwaltungs-)Kulturmuster

Zur Darstellung dieser Werte muss auf die Einstellungsforschung generell, bzw. die Verwaltungs- und politische Kulturforschung speziell zurückgegriffen werden[1]. Die vergleichende (Verwaltungs-)Kulturforschung entwickelt auf der Grundlage der verwaltungskulturellen Vorstellungen und Begriffe Dimensionen und Indikatoren zur Darstellung der kulturellen Muster.

Wegweisend im internationalen Vergleich ist bis heute die Studie von Hofstede (vgl. Hofstede 1984), der vier grundlegende Dimensionen entwickelte, nach denen sich die Wertesysteme der untersuchten Länder unterscheiden:
- o   Akzeptanz von Machtgefälle, gemessen durch den «Power-Distance Index»,
- o   Vermeidung von Ungewissheit, gemessen durch den «Uncertainty Avoidence Index»,
- o   Individualismus, gemessen durch den «Individualism Index»,
- o   Maskulinität, gemessen durch den «Masculinity Index».

In Anlehnung an Hofstede kommt Jann in seiner international vergleichenden Studie zur Drogenpolitik und Jugendkriminalität zu dem Ergebnis, dass in Schweden eine «kooperative Kontaktkultur», in England eine «flexible Ver-

---

[1] So stellt beispielsweise KLAGES einen umfassenden Wertewandel fest, der zu einer Neugestaltung der organisationalen Strukturen führen muss. Der bezeichnende Titel seines Buches aus dem Jahr 2002 lautet «Der blockierte Mensch», in der die These vertreten wird, dass die strukturellen Blockaden der Verwaltung leistungsmindernd wirken.

handlungskultur» und in Deutschland eine «formalisierte Regelungskultur» vorherrschen (vgl. Jann 1984).

Individualismus	Machtgefälle	Maskulinität	Vermeidung von Unsicherheit
UK 89 ↑	DK 18 ↓	UK 66 ↑	DK 23 ↓
DK 74	SE 31	DE 66	SE 29
SE 71	FI 33	FI 26	UK 35
DE 67	UK 35	DK 16	FI 59
FI 63	DE 35	SE 5	DE 65

(Vgl. Hofstede 1984: 77, 122, 158, 190)

Deutlich wird: In den Kulturstudien wird anhand von verschiedenen polaren Kulturdimensionen die jeweilige Kultur «gemessen» und dann anhand eines skalierten Systems auf einer Achse eingetragen. Auf der Grundlage dieser Skalierung werden dann Gemeinsamkeiten und Unterschiede festgestellt.

4. Kritik der klassischen Verwaltungskulturdiskussion

Die Kernkritik ist, dass die empirische Verwaltungskulturforschung der eigentlichen Komplexität des Themas nicht gerecht wird.

a. «Binäre Logik» – polare Kulturmuster

Die Mehrzahl organisations- und verwaltungskultureller Untersuchungen baut eine Untersuchungsarchitektur, die zweiwertige Unterscheidungsmerkmale entwickelt, um dann eine eindeutige Zuordnung auf einer polaren Achse zu erreichen. So wird der Individualität die Orientierung am Kollektiv gegenübergestellt, der Suche nach Sicherheit und Gewissheit korrespondiert die Ambiguitäts- und Unsicherheitstoleranz, dem Maskulinen wird das Feminine und der Machtorientierung die «Gleichheit» gegenübergestellt.

Die Einordnung schafft dann eine Klarheit und Vergleichbarkeit, die es ermöglicht, Verwaltungskulturen im Sinne von «gleich» und «unterschiedlich» zu bewerten.

b. Ebenenstringenz – Kulturhomogenität auf der vertikalen und horizontalen Ebene

Vertikale Ebene:

Darüber hinaus wird davon ausgegangen, dass die entsprechend festgestellten Muster sich durch alle Ebenen homogen hindurchziehen. Das heißt die «sichtbare» Verwaltungskultur in Form von Äußerlichkeiten und Verhalten korrespondiert mit entsprechenden normativen Werten und mentalen Basisparadigmen. Es wird also von einer homogenen Organisationskultur ausgegangen, die auf allen Ebenen gleich ist. Sicherheitsorientiertes Verhalten deutet auf Sicherheit als normativen Wert hin und manifestiert sich in einem Menschenbild, das davon ausgeht, dass dem Menschen «mit Vorsicht» begegnet werden muss.

Horizontale Ebene:

Auch wird davon ausgegangen, dass sich das Kulturmuster in allen Bereichen zeigt. Das heißt, die Person oder Organisation, die «maskulin» ist, ist immer «maskulin», das Individuum oder die Organisation ist immer «individuell» oder «kollektivorientiert». In der Realität ist es aber so, dass in bestimmten Bereichen und Lebens-/Organisationsumständen die «Maskulinität» im Vordergrund steht, während in anderen Bereichen sehr «feminin» agiert wird. Oder auch stark individualisierte Organisationen haben Kollektivriten. Das heißt auch «horizontal» gibt es in jeder Organisation Kulturanteile, die spezifisch einmal stärker, einmal schwächer dominant sind.

Hinter diesen Beobachtungen stehen Thesen, die folgendermaßen auf den Punkt gebracht werden können:

1. In jeder Organisation sind alle Kulturmuster vorhanden, die sich je nach Situation, Struktur und Kontext je unterschiedlich manifestieren. Auch wenn dominante Kulturmuster (zwecks Vereinfachung) beobachtet werden können, ist bei differenzierter Betrachtungsweise auch das gegenteilige/komplementäre Kulturmuster beobachtbar. Eine «einfache» Skalierung anhand einer polaren Achse ist deshalb zu vereinfachend.
2. Es kann durchaus sein, dass auf der operativen Ebene ein anderes Muster dominiert, als auf der normativen Ebene. Aus der Psychologie ist bekannt, dass ein äußerliches Verhalten oft auf einen gegenteiligen normativen Wert schließen lässt. Deshalb wird zwischen äußerlich sichtbaren Reaktionen und inneren Gefühlen und Werten genau differenziert. Starke, z.B. «maskuline» Reaktionen können auf das Gegenteil (z.B. eine innere Schwäche und Unsicherheit) hinweisen. Äußerlich sehr oft «sicher» erscheinende Personen sind innerlich verunsichert. Das heißt, die Ebenenstringenz ist intraindividuell oft nicht gegeben. Warum sollte es dann in Organisationen anders sein?

3. Kulturelle Muster sind abhängig von vielen Faktoren. Das Politikfeld, die berufliche Sozialisation, die äußeren Umstände (der Kontext), all dies kann variieren, weshalb in Organisationen die verschiedensten Kulturmuster, oft sehr gegensätzlicher Art, festgestellt werden können. Auch eine Organisation ist eine «multiple Persönlichkeit» mit vielen kulturellen Mustern.

5. Konsequenz für die Kulturdiskussion und die transnationale Verwaltungskulturforschung

Die Konsequenzen, die sich aus diesen Anfragen ergeben, lassen sich wie folgt charakterisieren:

1) Plädoyer für einen «Mehrebenenansatz»
Um transnationale Verwaltungskulturen zu vergleichen, sollte ein Vergleich auf verschiedenen Kulturebenen erfolgen. So sollten sowohl die operative als auch die normative Ebene erfasst und verglichen werden. Denn was auf der operativen als gleich/unterschiedlich festgestellt werden, kann sich auf einer tieferen Ebene als unterschiedlich/gleich erweisen.

2) Plädoyer für ein Zulassen «paradoxer» Kulturmuster
Ein solchermaßen verstandener Verwaltungskulturansatz muss deshalb auch die «binäre Logik» aufgeben und «hybride» und «paradoxe» Kulturmuster zulassen. Es bedeutet auch, widersprüchliche Kulturmuster nicht zwanghaft zu begradigen, sondern auch das «sowohl als auch» als mögliches Muster akzeptieren.

3) Plädoyer für «relationale» Kulturmuster
Im Ergebnis bedeutet dies, dass alle Verwaltungskulturen «relational» sind (nicht relativistisch). Das heißt, jedes Muster ist abhängig von einer Vielzahl kontextueller Faktoren. Die Kontextfaktoren können hierbei systematisiert werden, in

– strukturelle und institutionelle Faktoren,
– politikfeld- und aufgabenbezogene Faktoren
– akteursbezogene Faktoren und
– umweltbezogene Faktoren

Da bei jeder transnationalen Zusammenarbeit unterschiedliche
– Strukturen und institutionelle Arrangements
– Inhalte und Ziele
– Menschen mit ihrer je eigenen beruflichen Sozialisation und
– Umweltbezogene Rahmenbedingungen

aufeinandertreffen, wird sich die Verwaltungskultur aus diesen sich aufeinander beziehenden (relationalen) Faktoren herauskristallisieren.

Dabei können sich verschiedene kulturelle Neufärbungen ergeben, die sich auf der Achse konträr, komplementär, homogen, hybrid bewegen. Oder aber im Sinne der zugelassenen «Paradoxien» sowohl konträr als auch homogen sein können.

Dass ein solchermaßen verstandener Kulturansatz erheblicher empirischer Anstrengungen bedarf, ist offensichtlich. Aber es lohnt sich, soll der Kulturansatz nicht wieder dem «Pudding entsprechen, der an die Wand genagelt werden soll» (vgl. Kaase 1983)[2].

Literaturverzeichnis

FISCH, S. (2000), Verwaltungskulturen – geronnene Geschichte?, in: Die Verwaltung, – Zeitschrift für Verwaltungsrecht Verwaltungswissenschaft, Jg. 33, Nr. 3, S. 303–323

HAJNAL, G. (2004), Administrative culture and New Public Management reforms: A multiple-case study, University of Economics and Management, Budapest

HOFSTEDE, G. (1984), Culture's Consequences – International Differences in Work Related Values, 2. Aufl., Newbury Park, London

JANN, W. (1983), Staatliche Programme und 'Verwaltungskultur'. Bekämpfung des Drogenmissbrauchs und der Jugendarbeitslosigkeit in Schweden, Großbritannien und der Bundesrepublik Deutschland im Vergleich, Opladen

KAASE, M./KLINGMANN, H.D. (Hrsg.) (1983), Wahlen und politisches System. Analysen aus Anlaß der Bundestagswahl, Opladen

KAASE, M. (1983), Sinn oder Unsinns des Konzepts «Politische Kultur» für die vergleichende Politikforschung, oder auch: der Versuch, einen Pudding an die Wand zu nageln, in: Kaase, M./Klingmann, H.D. (Hrsg.), S. 144–172

KLAGES, H. (2003), Der blockierte Mensch. Zukunftsaufgaben gesellschaftlicher und organisatorischer Gestaltung, Frankfurt/New York

NAGEL, E. (2000), Verwaltung anders denken, Baden-Baden

SCHEIN, E.H. (1995), Unternehmenskultur – ein Handbuch für Führungskräfte, Frankfurt

ULRICH, H. (1984), Management, Bern

---

[2] Im Rahmen der politischen Kulturdiskussion hat MAX KAASE unter dem Titel «Sinn oder Unsinn des Konzepts ‹Politische Kultur› für die vergleichende Politikforschung, oder auch: Der Versuch, einen Pudding an die Wand zu nageln» eine kritische Sicht vertreten.

WAARDEN, F. V. (1993), Verwaltungskultur. Wie lassen sich unterschiedliche Verwaltungsstile und Verwaltungskulturen erklären?, in: Wehling, H.-G. (Hrsg.), Länderprofile: Politische Kulturen im In- und Ausland, Stuttgart, S. 193–226

Transnationale Verwaltungskultur in der grenzüberschreitenden Zusammenarbeit?

Eine politik-/verwaltungswissenschaftliche Betrachtung

JOACHIM BECK

Inhaltsverzeichnis

1. Einordnung   279
2. Transnationale Verwaltungskultur im grenzüberschreitenden Kontext?   282
    2.1 Das grenzüberschreitende Strukturmuster   283
    2.2 Die Relativität der grenzüberschreitenden Faktizität   285
3. Perspektiven   292
    3.1 Perspektiven für die politik- und verwaltungswissenschaftliche Forschung   292
    3.2 Perspektiven für die Praxis   299
Literatur   302

1. Einordnung

Grenzen (vgl. Speer 2010; Blatter 2000; Rausch 1999; Beck 1997) sind heute in Europa ein komplexes multidimensionales Phänomen. Blickt man auf die Realitäten der Lebens- und Arbeitswelten sowie des Freizeitverhaltens der Grenzbewohner (vgl. Wille 2012; Beck/Thevenet/Wetzel 2009), die horizontalen Verflechtungen von Wirtschaft und Forschung (vgl. Jakob/Friesecke/Beck/Bonnafous 2011), die Kooperationen zwischen Politik und Verwaltungen (vgl. Beck 1997; Wassenberg 2007; Kohlisch 2008; BVBS 2011; Frey 2005), so lässt sich feststellen, dass das Grenzphänomen und damit auch der Gegenstand der grenzüberschreitenden Zusammenarbeit sich nicht mehr nur auf eine einfache räumliche Trennfunktion reduzieren lässt (vgl. Casteigts 2010). Grenzüberschreitende Gebiete und die in ihnen stattfindenden Kooperationen sind Subsysteme (vgl. Frey 2003), die sich aus der horizontalen Vernetzung (und punktuellen Integration) von funktionalen Teilsystemen der jeweils beteiligten nationalen Referenz-Systeme konstituieren. Neben der räumlichen umfasst die Grenze damit auch politische, ökonomische, rechtliche, administrative, sprachliche und kulturelle Dimensionen, welche den analytischen Fokus der Ausgangsbedingungen, Strukturierungen, Verfahrensmuster und materiellen Lösungsbeiträge des Subsystems «Grenzüberschreitende Zusammenarbeit» erweitern (vgl. Beck 2010). Eine wichtige Rolle für das praktische Funktionieren dieses Subsystems spielt in diesem Zusammenhang der verwaltungskulturelle Faktor (vgl. Beck, 2008a; Beck 2008b).

Das Konzept der Verwaltungskultur geht letztendlich zurück auf die politikwissenschaftliche Kulturforschung, wie sie durch die frühen Arbeiten von Almond/Verba aus den 60er Jahren zur Civic-Culture (vgl. Almond/Verba 1963) begründet wurde. Es hat seit den 80er Jahren insbesondere in der politikwissenschaftlichen Verwaltungsforschung als spezifische Differenzierung der Teildisziplinen «Vergleichende Regierungslehre» und der «Policy-Forschung» zunehmend an Bedeutung gewonnen. Ausgangspunkt war zum einen die Beobachtung, dass die politisch-administrativen Systeme unterschiedlicher Länder durch spezifische Funktionsmechanismen charakterisiert sind, welche wiederum durch das Einwirken unterschiedlicher nationaler Kulturen erklärt werden können. Diese Basisbefunde wurden durch vergleichende Implementationsforschungen Europäischer Programme und Rechtssetzungen sowie durch entsprechende Querschnittsanalysen sektoraler Politikfelder in unterschiedlichen Mitgliedstaaten bestätigt. Eine der ersten umfassenden empirischen Studien in diesem Zusammenhang hat Werner Jann vorgelegt (vgl. Jann 1983). Er hat drei Dimensionen von Verwaltungskultur herausgearbeitet: Als Verwaltungskultur I bezeichnet er die Summe von gesellschaftlichen Wertvorstellungen, die in einem bestimmten Land gegenüber der eigenen Verwaltung bestehen. Ergänzt wird dies um ein Verständnis von Verwaltungskultur, das sich auf die innerhalb einer Verwaltung selbst bestehenden Wertvorstellungen bezieht (Verwaltungskultur II). Die Kombination beider Dimensionen lässt sich dann für die Analyse und Erklärung länderspezifischer verwaltungskultureller Handlungsmuster heranziehen (= Verwaltungskultur III). Demnach kann Verwaltungskultur verstanden werden als die Summe der Werte, Einstellungen und Verhaltensweisen, die in und gegenüber einer Verwaltung bestehen. Zur konzeptionellen Fassung wird bisweilen auch die Dichotomie von systemischer «Hardware» (= Strukturebene) und verwaltungskultureller «Software» (= Interaktions-/Werteebene) der öffentlichen Verwaltung bemüht. In dieser Tradition definiert Thedieck Verwaltungskultur wie folgt: «Im Gegensatz zu der (rechtlichen und organisatorischen) Struktur erfasst Verwaltungskultur die Werte, Normen, Orientierungen und Handlungsmuster der öffentlichen Verwaltung» (vgl. Thedieck 2007, S. 9).

Ein anderer, stärker systemisch geprägter Zugang zum Phänomen der Verwaltungskultur lässt sich über die Organisationswissenschaften finden. In Anlehnung an die frühen Arbeiten von Parsons/Linton hat Rudolf Fisch (vgl. Fisch

2002) eine breitere Definition von Organisationskultur vorgelegt, die insbesondere für die Zwecke der grenzüberschreitenden Zusammenarbeit, die als ein kooperatives Subsystem nationaler Institutionen verstanden werden kann (vgl. Beck 2007), geeignet ist. Von einer eigenen Organisations- bzw. im übertragenen Sinne *Kooperations*kultur kann demnach immer dann gesprochen werden, wenn die Mitglieder einer Organisation/eines Kooperationssystems über identische Handlungsmotive und Selbstverständnisse verfügen, auf gemeinsame und anerkannte Symbolsysteme rekurrieren, identische Normen- und deckungsgleiche Wertesysteme besitzen, und wenn diese spezifische Handlungs- bzw. Reaktionsmuster für Standardsituationen entwickelt haben.

Der Speyerer Verwaltungshistoriker Stefan Fisch wiederum hat das sehr einprägsame und schöne Bild von Verwaltungskulturen als «geronnener Geschichte» geprägt (vgl. Fisch 2000), während Dieter Schimanke in Anlehnung an jüngere Arbeiten von Werner Jann (vgl. Jann 2002) jüngst folgende vier Dimensionen herausgearbeitet und damit eine Grundlage für die insbesondere auch interdisziplinär-vergleichende Verwaltungskulturforschung gelegt hat (vgl. Schimanke 2008, S. 14):

a) Opinions, attitudes, values concerning public administration (administrative culture in the narrow sense and part of the political culture),

b) Typical models of roles and orientations of the members of public administration,

c) Specific typical behavior in public administration (e.g. in a national public administration with a difference to other national public administrations), and

d) Administrative culture in the broadest sense would cover patterns of behavior, organizational forms and principles stable over time in a defined unit (e.g. a nation); this definition is close to the classical understanding of the anthropological definition of culture.

Gemeinsam ist diesen Definitionen zum einen ein Objektverständnis, das sich zwischen der Makroebene eines Staates und der Mikroebene des Individuums als länderspezifischem «Kulturträger» verorten und das sich mithin als (verwaltungs-)organisationale Meso-Ebene interpretieren lässt (Beck 2007). Zum anderen wird der Tatsache Rechnung getragen, dass Verwaltungskultur immer beides ist, nämlich sowohl als unabhängige Variable zur Erklärung unterschiedlicher politisch-administrativer Muster, Outputs und Outcomes öffentlicher Politiken herangezogen werden kann, aber andererseits eben selbst wiederum ein kontingentes Phänomen darstellt, das – im Sinne einer abhängigen Variable –, wenngleich in einer entsprechenden zeitlichen Dimension durchaus durch externe Faktoren beeinflussbar und tatsächlich auch beeinflusst ist (vgl. Beck

2007). Verwaltungskultur kann insofern nicht losgelöst von den kulturellen Basisausprägungen einzelner Länder oder globaler Kulturkreise[1] betrachtet werden – sie ist umgekehrt aber auch nicht der alles erklärende Faktor – so wie dies in der jüngeren Vergangenheit etwa bei der Umsetzung des Neuen Steuerungsmodells zu beobachten war, als mancher Protagonist der neuen «Bewegung» beklagte, der moderne Ansatz sei an den Beharrungskräften einer «überkommenen» bürokratischen Verwaltungskultur gescheitert. Vielmehr lässt sich in den meisten Fällen realistischerweise ein Verständnis von Verwaltungskultur als intervenierende Variable begründen, das die Bedeutung des Konzepts nicht zu schmälern, aber im Sinne eines Kontingenzmodells weiter zu differenzieren sucht (vgl. Beck 2008).

Grenzüberschreitende Zusammenarbeit und die sie charakterisierende Transnationalität der Interaktion zwischen Akteuren, die aus unterschiedlichen verwaltungskulturellen Kontexten kommen, bietet damit einen für die verwaltungswissenschaftliche Forschung in Europa interessanten Gegenstand. Hier steht nicht die komparative Analyse unterschiedlicher verwaltungskultureller Muster der beteiligten Partner im Vordergrund (wobei diese natürlich als unabhängige Variablen sehr stark auf den Kooperationszusammenhang einwirken), sondern die Frage, durch welche *spezifischen* Muster die grenzüberschreitende Kooperation im Sinne einer abhängigen Variable *selbst* charakterisiert ist, und ob sich daraus evtl. auf die Emergenz eines eigenen *verwaltungs*kulturellen Musters schließen lässt. Untersuchungsleitend wäre dabei ein konzeptionelles Verständnis von grenzüberschreitender Kooperationskultur als *transnationaler Verwaltungskultur*, welches sich auf die jeweils spezifischen Handlungsmuster der grenzüberschreitenden Zusammenarbeit *zwischen* Verwaltungen aus unterschiedlichen Staaten bezieht und welches sich von vergleichbaren Mustern im Kontext der jeweiligen «Heimatverwaltung» unterscheiden lässt.

2. Transnationale Verwaltungskultur im grenzüberschreitenden Kontext?

Ergänzt man die Interpretation der Umfrageergebnisse vom Oberrhein (siehe den Beitrag von Beck in diesem Band) um den Befund einer Querschnittsanalyse zu den Handlungs-Systemen der grenzüberschreitenden Kooperationsräume Oberrhein, Großregion, *Euregio* Maas-Rhein und Bodensee, welche der Verfas-

---

[1] Siehe KÖNIG, 2008 der zwischen angelsächsischer civic-culture und kontinentaleuropäischer legalistischer Verwaltungskultur unterscheidet.

ser im Rahmen des sog. MORO-Vorhabens durchgeführt hat (vgl. Beck/Pradier 2011), so wird deutlich, dass die Suche nach dem verwaltungskulturellen Faktor in grenzüberschreitenden Kooperationssystemen einerseits durchaus eine sinnvolle verwaltungswissenschaftliche Fragestellung darstellen kann, deren konzeptionelle Ergiebigkeit aber andererseits aufgrund der vergleichsweise geringen Ausprägung der grenzüberschreitenden Faktizität doch auch stark zu relativieren ist.

2.1 Das grenzüberschreitende Strukturmuster

So zeigt die Analyse in allen vier Untersuchungsräumen eine sehr starke Dominanz der öffentlichen Akteure. Dies ist ein Charakteristikum, das stellvertretend für die grenzüberschreitende Zusammenarbeit insgesamt gelten kann (vgl. Lang 2010, S. 169–189) und u.a. dadurch erklärbar ist, dass sich die grenzüberschreitende Kooperation als sogenannte «kleine Außenpolitik» immer an der Schnittstelle und Kompetenzgrenze verschiedener Staaten bewegt und diese staatliche Ebene daher – in Abhängigkeit der institutionellen Differenzierungen in der jeweiligen Staatsorganisation – *per se* immer beteiligt ist: sei es als direkter Akteur oder eben indirekt über die allgemeine oder die spezifische Aufsichtsfunktion bzw. über die Finanzierungsfunktion aus in der Regel ministeriellen Handlungsprogrammen. Zum anderen lässt sich historisch nachvollziehen, dass die Initiatoren und Promotoren der Kooperation auch in grenzüberschreitenden Verflechtungsräumen primär öffentliche Akteure waren und sind, seien es Regional- oder Lokalpolitiker oder Akteure der dekonzentrierten Staatsverwaltung bzw. der regionalen und lokalen Gebietskörperschaften.

Je weniger sich einerseits sozioökonomische Verflechtungen auch in grenzüberschreitender Hinsicht an administrativen Grenzen orientieren und je bedeutender das kooperative Zusammenwirken von Akteuren unterschiedlicher Sektoren für die territoriale Entwicklung wird, desto stärker stellt sich auch im grenzüberschreitenden Kontext die Frage, inwiefern horizontale Differenzierungen in der Akteursstruktur, wie sie in vielen nationalen Räumen zu beobachten sind, auch für grenzüberschreitende Verflechtungsräume von erfolgskritischer Bedeutung sind (vgl. Ludwig/Mandel/Schwieger/Terizakis 2009). Wie die zielgerichtete Mobilisierung und Integration der Handlungspotenziale und -beiträge öffentlicher, gesellschaftlicher und privater Akteure im grenzüberschreitenden Kontext sichergestellt und gegebenenfalls sogar gesteuert werden kann, stellt – auf der Grundlage der Befunde aus der Vergleichsanalyse – eine zentrale Frage der zukunftsgerichteten *Governance* in grenzüberschreitenden Verflechtungsräumen dar (vgl. Kohlisch 2008).

Hinsichtlich des *Organisationsgrads* fällt in der Vergleichsanalyse auf, dass die Institutionalisierung der grenzüberschreitenden Regionen auf unterschiedlichen Rechtsformen basiert: Während am Bodensee, am Oberrhein und in der Großregion jenseits der jeweiligen Staatsverträge auf der gesamträumlichen Ebene keine einheitliche Rechtsstruktur besteht und die geschaffenen Einrichtungen hier überwiegend auf multilateralen Vereinbarungen zwischen den Partnern beruhen, verfügt die *Euregio* Maas-Rhein über eine Rahmenstruktur, eine Stiftung nach niederländischem Recht. Die für die grenzüberschreitende Zusammenarbeit eigens geschaffenen Rechtsinstrumente (Grenzüberschreitender örtlicher Zweckverband (GÖZ) nach dem Karlsruher Abkommen; EVTZ nach EU-Recht finden auf der großräumigen Ebene noch keine Anwendung, sondern werden, wenn überhaupt, im teilräumigen Kontext (Eurodistrikte, Einzelprojekte) angewandt.

Des Weiteren fällt auf, dass sowohl in der *Euregio* Maas-Rhein wie auch in der Großregion und am Oberrhein ein im Vergleich zum Bodensee deutlich höherer Formalisierungs- und Institutionalisierungsgrad existiert. Während am Bodensee bewusst auf eine Politik der «Stärke loser Kopplung» innerhalb dezentraler (sektoraler) Netzwerke gesetzt wird (vgl. Scherer/Schnell 2002, S. 502 ff.), dominiert in den anderen drei Regionen eher ein Muster klassischer Institutionenbildung mit einer bewussten Regelung von Geschäftsprozessen und Entscheidungsabläufen. Entsprechend wird von den Akteuren vor Ort in diesen drei Räumen der Formalisierungsgrad als relativ hoch eingeschätzt, während man am Bodensee bewusst die Notwendigkeit informaler Kooperationsbeziehungen sieht und diese auch gezielt befördert.

Neben der Organisationsstruktur gibt es auch hinsichtlich der finanziellen Ausstattung erhebliche Unterschiede zwischen den vier Untersuchungsräumen. In allen Regionen spielt das *Interreg*-Programm für die Realisierung strategischer Projekte eine wichtige Rolle, allerdings gibt es hinsichtlich der Frage, wie stark dieses auch das materielle Gesamtspektrum der Kooperation determiniert, einige interessante Unterschiede. Da in der *Euregio* Maas-Rhein beinahe keine Eigenmittel für Projekte bestehen, dominieren *Interreg* und sein Handlungsmodell der praktischen Kooperation sowie auch die hierauf ausgerichteten Diskurse und Entscheidungsmuster sehr stark. Auch in der Großregion lässt sich ein starker Einfluss von *Interreg* beobachten, da keines der vielfältigen grenzüberschreitenden Gremien über ein nennenswertes grenzüberschreitendes Aktionsbudget verfügt, und daher in der Regel der Problemdruck in den verschiedenen Bereichen an sich nicht ausreicht, um ohne zusätzliche finanzielle Anreize dauerhafte grenzüberschreitende Kooperationen zu entwickeln. Im Gegensatz hierzu definiert sich der Bodensee nicht über das *Interreg*-Programm, sondern will eine eigene Plattform der grenzüberschreitenden Zusammenarbeit darstellen, die sich des *Interreg*-Programms für die Realisierung von dort entwickelten Projektideen bedient. Ein ähnliches, eher instrumentelles Verständnis findet sich diesbezüglich auch am Oberrhein. Hier haben die institutionellen Partner der Kooperation teilweise sogar eigene grenzüberschreitende Budgets geschaffen, mit denen kleinere Projekte autonom und sehr flexibel finanziert werden können (die Finanzierung erfolgt hier über fest definierte Schlüssel oder jährliche, auf Bevölkerungszahlen beruhende Beiträge): Eurodistrikte, Oberrheinrat, Oberrheinkonferenz und Dreiländer-Kongresse definieren sich nicht primär über das *Interreg*-Programm, sondern stellen jeweils eigene Plattformen der grenzüberschreitenden Politikentwicklung und deren Realisierung dar. Wie am Bodensee werden hier viele Projekte auch außerhalb von *Interreg* initiiert.

Ein für die weitere Reflexion der zukünftigen Ausgestaltung grenzüberschreitender Verflechtungsräume wichtiges Merkmal der untersuchten Kooperationsräume besteht darin, dass die Administration und politische Gestaltung der grenzüberschreitenden Angelegenheiten in der Regel durch einen sehr starken Rückbezug auf den politisch-administrativen Kontext der beteiligten Partner erfolgt, wobei die grenzüberschreitende Zusammenarbeit dort primär als eine beim politischen Leitungsbereich angesiedelte Querschnittsaufgabe wahrgenommen wird: diese genießt zwar in der Regel eine hohe politische und strategische Aufmerksamkeit, hat aber in organisatorischer Hinsicht latent das Problem einer mangelnden funktionellen Verankerung in der fachlich-sektorellen Linie (Fachabteilungen, Fachverwaltungen etc.). Auch in den Fällen, in denen eigene grenzüberschreitende Strukturen und Einrichtungen geschaffen wurden, sind diese hinsichtlich der Effektivität ihrer Arbeit sehr stark auf die Funktionalität der dahinter liegenden inter-institutionellen Netzwerke ihrer Partner angewiesen. Hieraus ergeben sich regelmäßig Herausforderungen im Schnittstellenmanagement und der inter-institutionellen Koordination. Sie unterstreichen das Spannungsfeld zwischen dem steigenden Bedarf noch einer expansiven grenzüberschreitenden Aufgabenpolitik auf der Ebene der Verflechtungsräume und den systemischen Grenzen einer entsprechenden integrativen, kompetenzbasierten Institutionenbildung.

2.2 Die Relativität der grenzüberschreitenden Faktizität

Auf der Basis dieses Befunds stellt sich in einem zweiten Schritt die Frage, inwiefern die grenzüberschreitende Kooperationskultur, die sich in der Praxis überwiegend aus einem Zusammenwirken öffentlicher Verwaltungen konstituiert, jenseits ihrer relativ plausiblen organisationssystemischen Dimension tatsächlich auch als transnationale *Verwaltungskultur* im oben definierten Sinne interpretiert werden kann.

Hier wird die Bewertung eher zurückhaltend sein. Zum einen stellt sich das System der grenzüberschreitenden Zusammenarbeit eher als ein grenzüberschreitendes *Verhandlungs-* denn ein transnationales *Verwaltungs*system dar: Sowohl die Quantität des grenzüberschreitenden Politikprofils an sich als auch der grenzüberschreitende Organisationsgrad sind – im Vergleich zum jeweiligen funktionalen und institutionellen Kontext der beteiligten Partnerregionen – doch eher gering ausgeprägt. Einige einfache Zahlen aus der trinationalen Region Oberrhein mögen dies verdeutlichen: 90'000 Grenzgänger am Oberrhein erscheinen absolut gesehen zwar sehr viel, sie repräsentieren aber gerade einmal 3% der Erwerbsbevölkerung insgesamt, d.h. 97% aller Erwerbspersonen am Oberrhein mögen zwar zwischen Arbeits- und Wohnort pendeln – sie tun es aber eben gerade nicht grenzüberschreitend. Auch wenn vor Ort die über 30'000 Kraftfahrzeuge, die täglich zwischen Kehl und Strasbourg die Europabrücke passieren, als bedeutsam erscheinen, so ist dies doch sehr relativ, wenn man sich vergegenwärtigt, dass pro Tag nach Strasbourg aus dem elsässischen Umland ein Vielfaches an Personen ein- und ins restliche Elsass auspendelt. Auch zwischen Freiburg und Karlsruhe sowie Mulhouse und Strasbourg pendeln mehr Menschen als zwischen Offenburg und Strasbourg, Freiburg und Mulhouse oder Lörrach und Basel.

Das folgende Schaubild verdeutlicht, wie stark Pendlerströme am Oberrhein, mit Ausnahme der Achse Basel-Mulhouse, noch immer auf die nationalen Teilräume ausgerichtet sind:

Abbildung. 1
Commuting flows in the Upper Rhine
(ESPON Metroborder 2012, S. 42)

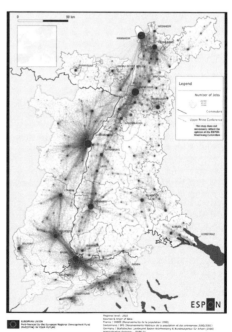

Es gibt am Oberrhein zwar über 300 KMU-Netzwerke, aber nur 12 sind grenzüberschreitend aktiv. Schätzungen besagen, dass von den 200'000 Unternehmen des Oberrheins nicht mehr als 5% in unmittelbare grenzüberschreitende Kooperationsbeziehungen einbezogen sind. Von den rund 175'000 Studierenden, die am Oberrhein immatrikuliert sind, dürften max. 1'500 im Rahmen von EUCOR grenzüberschreitend zwischen verschiedenen Universitäten und Hochschulen mobil sein. Es gibt zwar immerhin 38 grenzüberschreitende Studiengänge am Oberrhein – aber eben auch ein Vielfaches an Studien- und sonstigen Ausbildungsgängen, die gerade nicht grenzüberschreitend angelegt und/oder zumindest explizit grenzüberschreitend geöffnet sind.

Diese wenigen Zahlen zeigen zwar im Umkehrschluss, welche enormen Potenziale für die grenzüberschreitende Zusammenarbeit bestehen, sie verdeutlichen aber auch, dass die Faktizität des Grenzüberschreitenden in vielen Bereichen noch sehr gering und vor allem im Vergleich zu den nationalen Kontexten eben eher noch immer die Ausnahme denn die Regel ist.

Ein noch deutlicheres Bild zeichnet sich, wenn man versucht, das grenzüberschreitende Organisationsprofil zu quantifizieren. Auf Basis der verfügbaren Statistiken und unter Zugrundelegung der durchschnittlichen Anteile des öffentlichen Dienstes an der Gesamtbeschäftigung in Frankreich (21,9%), Deutschland (9,6%) und der Schweiz (9,7%) ist davon auszugehen, dass in der trinationalen Region Oberrhein für einen Raum mit einer Fläche von 22'000 qm und mit 6 Mio. Einwohnern auf den verschiedenen institutionellen Ebenen der dekonzentrierten Staats- und der territorialen Selbstverwaltung rund 200'000 öffentliche Bedienstete beschäftigt sind. Hiervon sind schätzungsweise max. 1'000, d.h. 0,5%, in der grenzüberschreitenden Zusammenarbeit engagiert.[2] Von dieser ohnehin sehr kleinen Gruppe dürften wiederum kaum mehr als 100 FTE (= 0,05%) als hauptberufliche Akteure in grenzüberschreitenden Einrichtungen und -projekten oder den entsprechenden Stabsstellen und Fachbereichen öffentlicher Verwaltungen tätig sein. Das Euro-Institut bildet jedes Jahr zwar fast 4'000 öffentliche Bedienstete in Fragen der grenzüberschreitenden Zusammenarbeit fort – es erreicht damit aber gerade 2% seiner potenziellen Zielgruppe.

Zum anderen ist zu beachten, dass ein öffentlicher Rechtsrahmen für die grenzüberschreitende Zusammenarbeit in materieller Hinsicht nicht existiert. Zwar lassen sich in einzelnen Rechtsgebieten kodifizierte grenzüberschreitende

---

[2] Die Zahl wurde berechnet aus den 700 Akteuren, die in den div. Arbeitsgruppen und Expertenausschüssen der ORK tätig sind, 170 Akteuren, die in grenzüberschreitenden Einrichtungen und bei den institutionellen Partnern der Kooperation mit grenzüberschreitenden Fragen beschäftigt sind sowie 130 sonstiger Akteure auf kommunaler Ebene und in grenzüberschreitenden Projekten/Projektgruppen.

Verwaltungsaufgaben ableiten (z.B. sieht § BROG vor, den Nachbarn bei relevanten Auswirkungen zu konsultieren, und auch im Umweltbereich sehen die einschlägigen EU-weiten Vorschriften entsprechende Verfahren vor), es gibt aber kein transnationales allgemeines oder spezielles (Verwaltungs-)Recht, d.h., es fehlt eine wesentliche Voraussetzung öffentlicher Verwaltung: das rechtliche Aufgabenprogramm. Hinzu kommt, dass auch die zwischenstaatlichen und supranationalen Abkommen, welche Instrumente und Formen grenzüberschreitender Zusammenarbeit kodifiziert haben, letztlich kein transnationales Recht darstellen, da die Details des Funktionierens z.B. eines Grenzüberschreitenden Örtlichen Zweckverbands nach dem KAÜ, eines EVTZ[3] oder auch des im Rahmen des 3. Zusatzabkommens zur Madrider Konvention durch den Europarat neu geschaffenen Instruments der Euroregional Cooperation Groupings (ECG) materiell von den Rechtsordnungen des jeweiligen Sitzlandes bestimmt werden. Von der im Rahmen der Föderalismusreform in Art. 24 Abs. 1a GG neu kodifizierten Möglichkeit einer Übertragung von Hoheitsrechten auf grenznachbarschaftliche Einrichtungen in solchen Bereichen, in denen die Bundesländer für die Ausführung der staatlichen Aufgaben zuständig sind, haben diese bislang noch keinen Gebrauch gemacht – wobei sich gerade hier im Bereich etwa der Gefahrenabwehr grenzüberschreitende Kooperationen geradezu aufdrängen würden.

Es können damit aus dem Gesamtspektrum der klassischen Verwaltungsfunktionen der Ordnungsverwaltung, der wirtschaftenden Verwaltung, der Organisationsverwaltung, der politischen Verwaltung und der Dienstleistungsverwaltung (vgl. Hesse/Ellwein, 2012, S. 465f.) in grenzüberschreitender Hinsicht eigentlich nur Dienstleistungsverwaltung und koordinierende Verwaltung praktiziert werden. Wenn aber jegliches grenzüberschreitende Subordinationsgefüge von vornherein auszuscheiden ist, sind damit weite Teile klassischer Verwaltungstätigkeit von der grenzüberschreitenden Perspektive ausgenommen – auch die planende und damit letztlich auch prospektiv gestaltende Verwaltung, will sie mehr produzieren als symbolische Planungsdokumente ohne Implementationskompetenz. Ein Planungsgebot, wie es beispielsweise im grenzüberschreitenden Kontext des Verbands Region Stuttgart auf der supra-lokalen Ebene etabliert wurde, wäre grenzüberschreitend de facto ebenso wenig denkbar wie die supra-kommunale (und aus der Sicht der betroffenen Landkreise grenzüberschreitende) «Hochzonung» der Aufgabenkompetenz im Bereich der Sozialpolitik, wie es bei der Schaffung der Region Hannover geschehen ist: Zum einen fehlen die entsprechenden rechtlichen Grundlagen bei *allen* nationalen Partnern, zum anderen lässt sich bis dato kein politischer Wille der handelnden Akteure erkennen, eine solche transnationale Strukturbildung

---

[3] EVTZ-VO.

anzugehen. Auch wird ein Neubau der Verwaltung (Frido Wagener) anhand der Kriterien der Effektivität und Effizienz öffentlicher Aufgabenerfüllung, d.h. die Anpassung administrativer Maßstäbe an neue sozioökonomische oder funktionale Herausforderungen in grenzüberschreitender Sicht (sog. 360°-Perspektive) derzeit kaum möglich sein, obwohl es immer wieder (mehr oder weniger erfolgreiche) Versuche gegeben hat und gibt, die grenzüberschreitenden Beziehungen z.b. im Stadt-Umland-Verhältnis auf der Basis nationaler und internationaler Bespiele administrativ neu zu gestalten[4].

Die diversen grenzüberschreitenden Einrichtungen selbst wiederum können bei allem Wohlwollen allenfalls eher als symbolische denn konstitutive Elemente eines grenzüberschreitenden *Regierungs*systems betrachtet werden: Weder Oberrheinrat noch Eurodistrikt-Räte oder gar Projektbeiträte wird man als transnationale gewählte Parlamente verstehen können, eine grenzüberschreitende Judikative fehlt völlig und auch Oberrheinkonferenz, Eurodistrikt-Geschäftsstellen, INFOBESTen, Städtenetze sowie die diversen grenzüberschreitenden Arbeitsgruppen wird man in diesem Sinne nicht als Exekutive interpretieren können. Was demgegenüber als charakteristisches Strukturmerkmal aus verwaltungswissenschaftlicher Sicht von analytischem Interesse erscheint, ist die faktische Dominanz der Projektorganisation als grenzüberschreitendes Organisationsmuster. Damit erschließt sich allerdings ein Verständnis von grenzüberschreitender Verwaltung, das unter organisationswissenschaftlichen Gesichtspunkten als sekundär zu betrachten ist: Wenn die sekundärorganisatorischen Muster für den grenzüberschreitenden Verwaltungskontext eine prägende Wirkung entfalten, so dürfte dies ein weiterer Indikator dafür sein, dass es eine grenzüberschreitende Verwaltung im klassischen Selbstverständnis einer Primärorganisation – und damit letztlich auch die Voraussetzung für die Emergenz einer transnationalen Verwaltungskultur – im eigentlichen Sinne nicht gibt. Der verwaltungswissenschaftlichen Betrachtung würde – unter Anwendung der in Teil 1 dargelegten Kriterien und Definitionen – damit schlichtweg das Untersuchungsobjekt fehlen, und es würde die Frage zu stellen sein, inwiefern ohne die Existenz einer «Hardware» die Suche nach der entsprechenden «Software» überhaupt Sinn macht.

Andererseits sollte sich der analytische Blickwinkel, will er den grenzüberschreitenden Realitäten aus politik- und verwaltungswissenschaftlicher Sicht gerecht werden, nicht durch die Suche nach der normativen Denkfigur einer grenzüberschreitenden Verwaltungskultur einengen. Interkulturelle und inter-

---

[4] In der Vergangenheit waren dies z.B. im Bereich Strasbourg-Ortenau in den 1970er Jahren der Versuch, einen Distrikt nach dem Modell von Washington D.C. zu bilden, im Jahr 2004 die Initiative der Schaffung eines Eurodistrikts Strasbourg/Ortenau und jüngst die Vermittlung des Status einer Eurometropole an Strasbourg.

institutionelle Projektstrukturen stehen im grenzüberschreitenden Kontext durchaus für eine spezifische Form der grenzüberschreitenden Verwaltungs- und Kooperationskultur, und sie unterscheiden sich in ihrer Funktionalität von Projektstrukturen und -«kulturen» des nationalen Kontexts. Wenn im Rahmen der nationalen Heimatverwaltungen die Projektorganisation noch immer eher die Ausnahme denn die Regel ist, so kann im grenzüberschreitenden Rahmen das umgekehrte Muster gelten. Und wenn zudem aus der Dominanz von Führungskarrieren in der Öffentlichen Verwaltung auf spezifische verwaltungskulturelle Muster der nationalen Öffentlichen Verwaltung geschlossen werden kann (vgl. Hopp/Göbel 2008, S.392), so gilt dies in umgekehrter Richtung für den grenzüberschreitenden Kontext: Die Faktizität der Projektorganisation kann als Indikator für ein verwaltungskulturelles Muster in der grenzüberschreitenden Organisationsstruktur interpretiert werden und die korrespondierenden grenzüberschreitenden Projektkarrieren als entsprechendes Muster ihrer Personalstruktur. Ergänzt wird dieses Muster in der Sicht der aufbauorganisatorischen Verortung der grenzüberschreitenden Zusammenarbeit durch eine Dominanz der Stabsstellen-Struktur: Aufgrund des Querschnittscharakters einerseits und der spezifischen inter-institutionellen Koordinationsbedarfe andererseits sind die grenzüberschreitenden Zuständigkeiten auf der Ebene der beteiligten Partnerverwaltungen in der Regel nicht in der Linienorganisation, sondern nahe am Leitungsbereich angesiedelt. Hier stellen diese zudem innerhalb der Stabsstellen neben europäischen bzw. internationalen und/oder territorialen bzw. funktionalen Prospektivaufgaben wiederum nur eine Teilaufgabe unter anderen dar. Entsprechend voraussetzungsvoll sind dabei die Vermittlungsfunktionen zwischen Stäben und den fachlichen Linien: Die funktionelle Verankerung der grenzüberschreitenden Angelegenheiten im Alltagsgeschäft der Fachbereiche muss immer wieder neu im politischen «Top-down-Verfahren» und dann aus den Stäben selbst heraus erfolgen. Das klassische Spannungsfeld zwischen Stab und Linie (vgl. König 2008, S. 342ff; Hopp/Göbel 2008, S. 188) ist in den grenzüberschreitenden Angelegenheiten dabei insofern besonders stark ausgeprägt – und damit aus dem Blickwinkel der transnationalen Verwaltungskultur von besonderer Relevanz – als neben den üblichen Zuständigkeitskonflikten, die im Zweifel durch eine engagierte politische Führung noch beherrschbar sind, auf der motivationalen und kompetentiellen Ebene der Fachbereiche weitere «Veto-Potenziale» bestehen: ohne den Nachweis, dass ein grenzüberschreitendes Engagement auch aus dem Blickwinkel der fachlichen Aufgabenerfüllung sowie der individuellen Karriereperspektive heraus einen realen Mehrwert generieren kann, wird sich die Fachebene in der Regel auf weiche Formen der Begegnung mit den «Kollegen jenseits der Grenze» beschränken und dabei im Zweifel die vorhandenen systemischen Unterschiede (mangelnde Vergleichbarkeit, andere Zuständigkeitsverteilungen, andere Arbeitskulturen etc.) als Hinderungsgrund für eine grenzüberschreitende

Kooperation besonders betonen – eine Option, die im nationalen Kontext in dieser Form nicht gegeben ist. Zwar gibt es auch Fälle, in denen die grenzüberschreitende Kooperation gerade aus der fachlichen Linie heraus initiiert und verstetigt wird, wie das Beispiel der Arbeits- und Expertengruppen von auf Dauer angelegten Kooperationsstrukturen wie der Oberrhein- oder der Bodenseekonferenz zeigt. Im Unterschied zu den «vertikalen Fachbruderschaften» des nationalen Kontextes muss die Ermöglichungsfunktion und damit die Funktionalität solcher grenzüberschreitender «horizontaler Fachbruderschaften», die dann als transnationale Sektoralverwaltungskulturen zu verstehen wären, angesichts der vorhandenen Systemunterschiede jedoch als vergleichsweise deutlich geringer betrachtet werden: es zeigt sich bei näherer Betrachtung, dass es sich dabei in der Regel um die punktuelle Kooperation fachlicher Einzelkämpfer – die sich als «grenzüberschreitende Pioniere» verstehen und die z.T. aus durchaus persönlichen Affinitäten zum Nachbarstaat heraus agieren – denn eine funktionsgerechte Vernetzung sektoraler Politikfelder handelt.

Insofern scheint es also nicht nur die eine transnationale Kooperationskultur, sondern verschiedene Pfadabhängigkeiten bei der Entwicklung und Ausgestaltung der grenzüberschreitenden Zusammenarbeit zu geben. Damit müsste sich perspektivisch auch die Suche nach der Relevanz des verwaltungskulturellen Faktors auf der transnationalen «Meso-Ebene» (vgl. Beck 2007, S. 34) in Abhängigkeit der beteiligten Sektoralverwaltungen differenzieren.

Das folgende Schaubild stellt anhand ausgewählter Kriterien zusammenfassend die wesentlichen Unterschiede zwischen den nationalen Kontextbedingungen und den Charakteristika des grenzüberschreitenden Kooperationssystems dar:

	Nationaler Verwaltungskontext	Grenzüberschreitendes Kooperationssystem
Aufgabenbegründung	materieller Rechtsrahmen, Daueraufgaben	freiwillig, punktuell
Verwaltungsfunktionen	Ordnungsverwaltung, wirtschaftende Verwaltung, Organisationsverwaltung, politische Verwaltung, Dienstleistungsverwaltung	Koordinierende (Dienstleistungs-)Verwaltung
Organisationsstruktur	Linienorganisation mit sektoraler Spezialisierung und komplementärer Projektorganisation	Projektorganisation mit komplementären Stabstellen

	Nationaler Verwaltungskontext	Grenzüberschreitendes Kooperationssystem
Personalstruktur	Spezialisten Teamarbeit eher selten	Generalisten Teamarbeit dominierend
Karriereweg	Führungs- und Fachkarriere	Projektkarriere
Prozessmuster	formalisiert, arbeitsteilig	informell, integriert
Steuerungsmuster	output-/wirkungsorientiert	input-/legitimationsorientiert
Finanzierung	i.d.R. dauerhaft: Budget/Haushalt	i.d.R. zeitlich begrenzt: Projekt-Budget
Institutionelle Differenzierung	Legislative, Exekutive, Judikative	primär Exekutive

3. Perspektiven

3.1 Perspektiven für die politik- und verwaltungswissenschaftliche Forschung

Grenzüberschreitende Zusammenarbeit kann als ein Beispiel des europäischen Intergouvernementalismus betrachtet werden (vgl. Beck 2011). Eine für die Konzeption und Interpretation des europäischen Integrationsprozesses wichtige, wenngleich lange Zeit nur wenig beachtete Denkschule ist der Transaktionismus. Diese sehr stark von der Soziologie (Karl Deutsch) beeinflusste Theorie geht davon aus, dass Integrationsfortschritte durch die Intensität und Struktur der Kommunikations- und Interaktionsbeziehungen zwischen politisch/institutionellen, ökonomischen, gesellschaftlichen und individuellen Akteuren beeinflusst werden. Aus verstetigten Kommunikations- und Interaktionsbeziehungen ergeben sich gegenseitige Lern- und Kooperationsbeziehungen, die nicht nur Transaktionskosten reduzieren, sondern auch gemeinsame Handlungsorientierungen befördern, welche zur Integration beitragen. Viele praktische Ansätze zur Förderung der interkulturellen Kommunikation, der europäischen Begegnung (etwa EU-Programme wie *Leonardo, Tempus*, Freiwilligendienste, Städtepartnerschaften etc.) oder zum Transfer von guten Praktiken (*Interact, Interreg IV C*) folgen letztlich diesen theoretischen Prämissen.

Interessengeleitete Interaktion und Kommunikation in Form von Verhandlungssystemen bilden auch die theoretischen Grundlagen der Theorie der europäischen Mehr-Ebenen-Politik (vgl. Scharpf 1994, S. 486; Jachtenfuchs/

Kohler-Koch 1996; Grande 2000, S. 11–30). Diese stark aus der politikwissenschaftlichen Netzwerk- und *Policy*-Forschung (vgl. Windhoff-Héritier 1990; Windhoff-Héritier 1993; Jann 2009) entwickelte Denkschule betrachtet Europäische Integration als Ergebnis eines hochgradig vernetzten Interaktions- und Kooperationsprozesses, in dem Akteure unterschiedlicher vertikaler (lokal, regional, national, supranational) und horizontaler (Staat, Wirtschaft, Gesellschaft, Wissenschaft etc.) Handlungsebenen funktional miteinander verbunden sind, um kollektive Probleme zu definieren und daraus resultierende Handlungsbedarfe arbeitsteilig zu lösen. Das Handeln der Akteure wird dabei zum einen durch den institutionellen Kontext bestimmt, innerhalb dessen diese im eigenen Handlungsrahmen tätig werden (können), zum anderen durch den Abgleich individueller Interessen und variable Modi der Entscheidungsfindung. Zwischen den Ebenen gibt es kein hierarchisches Subordinationsgefüge, Entscheidungskompetenzen werden letztlich eher durch situativ-strategische denn *per se* strukturell definierte Akteursqualitäten bestimmt. Funktionslogik, Grad und Finalität der europäischen Integration werden dadurch differenziert und letztendlich als variabel betrachtet – was wiederum zu normativen Fragen hinsichtlich der Legitimität und Akzeptanz eines solchen hochkomplexen europäischen Verhandlungssystems führt.

Ähnlich wie der europäische Integrationsprozess selbst historisch und konzeptionell durch alternative Denkschulen interpretierbar ist, bieten sich auch für die Analyse der grenzüberschreitenden Zusammenarbeit als Teil dieses übergeordneten Integrationsprozesses verschiedene Deutungsmuster bzw. Bewertungsebenen an. Die Schwierigkeit besteht zunächst allerdings darin, dass grenzüberschreitende Zusammenarbeit in den einschlägigen wissenschaftlichen Theoriebildungen kaum als eigener Gegenstandsbereich behandelt wurde, mithin also der notwendige konzeptionelle Brückenschlag interpretativ, und zwar auf Basis der grenzüberschreitenden Praxis selbst, erfolgen muss. Zum anderen hat grenzüberschreitende Zusammenarbeit eine primär horizontale Dimension, weshalb die in den meisten Integrationstheorien prädominante vertikale Sicht (Supranationalität) nur indirekt auf den grenzüberschreitenden Kontext übertragen werden kann.

Eine erste Bezugsebene zu den europäischen Integrationstheorien und den historisch variablen Bedeutungen ihrer jeweiligen Denkschulen lässt sich zunächst über eine Analyse der Genese der grenzüberschreitenden Zusammenarbeit herstellen (vgl. Wassenberg 2007). Hier zeigen sich interessante Parallelen, die allerdings zeitlich versetzt sind. Während sich mit den Römischen Verträgen auf der europäischen Ebene relativ schnell und dauerhaft funktionalistische Sichtweisen durchsetzten, können für die Anfänge der grenzüberschreitenden Zusammenarbeit in Europa eher transaktionistische und dann strukturalistische Grundhaltungen bei den beteiligten Akteuren festgestellt werden. Dem Moment der gegenseitigen Begegnung ehemaliger Kriegsgegner, dem Aufbau direkter, dezentraler Kommunikations- und Interaktionsbeziehungen über die nationalstaatlichen Grenzen hinweg sowie der Identifikation gemeinsamer Themen und Problemlagen auf dem Wege der gegenseitigen Information über die jeweils eigenen Politikanliegen kam hier im ersten Jahrzehnt der Kooperation eine zentrale Bedeutung zu. Diese erste Phase mündete dann direkt zu Beginn der 1960er Jahre und bis Ende der 1970er Jahre in eine intensive Phase der grenzüberschreitenden Institutionenbildung: zunächst auf der interkommunalen Ebene in Form von *Euregios*, dann auf der zwischenstaatlichen Ebene durch die Schaffung gemischter Regierungskommissionen mit zumeist dezentralen/dekonzentrierten Arbeitsstrukturen.

Ende der 1980er/Anfang der 1990er Jahre wiederum, in denen auf der europäischen Ebene Nationalstaat-zentrierte Ansätze an Bedeutung gewannen, lässt sich auf der Ebene der grenzüberschreitenden Zusammenarbeit mit der Umsetzung der ersten *Interreg*-Programme ein paradigmatischer Wandel hin zu einem eher funktionalistischen Selbst-Verständnis beobachten: Territoriale Kohäsion grenzüberschreitender Gebiete, so die Prämisse, kann besser durch konkrete Projekte, an deren Entwicklung, Finanzierung und Umsetzung Partner beiderseits der Grenze aktiv mitarbeiten, realisiert werden als im Rahmen institutionalisierter Gremien. Überlagert und gestärkt wurde dieser Paradigmenwechsel wiederum durch eines der größten funktionalistischen Projekte der europäischen Integration: der Verwirklichung des Binnenmarktes. Ende des letzten Jahrhunderts lässt sich dann eine gewisse Konvergenz zwischen europäischer und grenzüberschreitender Ebene feststellen, in dem auf beiden Ebenen Ansätze der *multi-level-Governance* favorisiert werden.

Ein klarer Unterschied lässt sich indessen bezüglich einer Interpretation der intergouvernementalen Sichtweise herausarbeiten. Während auf der europäischen Ebene trotz der Annahmen der realistischen und dann Nationalstaat-zentrierten Denkschulen im Zeitverlauf faktisch ein immer stärkerer Aufgaben- und Kompetenztransfer auf die supranationale Ebene zu beobachten ist, ist auf der Ebene der grenzüberschreitenden Zusammenarbeit im gleichen Zeitraum von einem proportional immer stärkeren Bedeutungszuwachs der beteiligten Staaten auszugehen. Zwar wurden im grenzüberschreitenden Kontext aufgrund des hohen territorialen Querschnittscharakters immer mehr thematische Handlungsfelder erschlossen und dezentrale Akteure auf breiterer Ebene aktiviert und motiviert, sich konkret in Projekten und Maßnahmen der grenzüberschreitenden Zusammenarbeit zu beteiligen. Dies erfolgte aber bislang faktisch innerhalb einem beständig engen Korridor nationalstaatlicher Souveränität. Keinesfalls kann heute davon gesprochen werden, dass in relevanten Politikfeldern Grenzregionen in der Lage seien, nicht erfolgte Integrationsleistungen der supranationalen Ebene durch eigene Kooperationsansätze zu kompensieren.

Die Nationalstaaten haben sich, was die Entwicklung von Ansätzen der «horizontalen Subsidiarität» (vgl. Beck 2013a) anbelangt, hier bislang eher zurückhaltend gezeigt und entsprechende Anliegen der Grenzregionen nach einem materiellen Kompetenztransfer in der Regel mit dem – aus dem Blickwinkel des nationalen Gesetzgebers durchaus nachvollziehbaren – Argument, die grenzüberschreitende Ausnahme (z.B. im Steuer-, Arbeits-, Sozial-, Verwaltungsrecht etc.) sei nicht mit dem innerstaatlichen Gleichbehandlungsgrundsatz zu vereinbaren, hinterfragt. Bislang gibt es jedenfalls noch kaum echte grenzüberschreitende Öffnungsklauseln auf der Ebene von Fachgesetzen bzw. den dazugehörigen Verwaltungsvorschriften.

Aus den oben skizzierten europäischen Integrationstheorien lassen sich darüber hinaus einige interessante Folgerungen ziehen, welche die Interpretation der Grundphilosophie grenzüberschreitender Zusammenarbeit und deren spezifischer *Governance* betreffen (vgl. Beck/Pradier 2011). «Der Begriff *Governance* gehört um die Jahrtausendwende zu den Favoriten im Wettbewerb um den Titel des meistgenutzten Begriffes in den Sozialwissenschaften» (vgl. Blatter 2006, S. 50). Mit diesem Befund verbindet sich zugleich eine weitere Beobachtung: «Entsprechend unterschiedlich und vielfältig ist [...] das Verständnis dessen, was denn Gegenstand der *Governance*-Forschung sein soll» (vgl. Grande 2009, S. 77). Es ist daher nicht verwunderlich, dass der *Governance*-Begriff auch in dem bislang von der Wissenschaft erst relativ wenig aufgearbeiteten Forschungsfeld der grenzüberschreitenden Zusammenarbeit in Europa seinen Einzug zunehmend findet. Es könnte forschungsleitend von Interesse sein, sich im Kontext der Suche nach einer transnationalen Verwaltungskultur neben anderen interessierenden Fragestellungen auch dem *Governance*-Begriff sowie seinen empirisch und konzeptionell identifizierbaren Ausprägungen im Bereich der grenzüberschreitenden Zusammenarbeit zu nähern.

Die Fragestellung eines solchen Beitrags müsste sich eng an zwei konzeptionellen Ausprägungen des *Governance*-Begriffs selbst orientieren. Nämlich zum einen dem eher normativen *Governance*-Begriff, wie er etwa im Konzept der «*good Governance*» zuerst in der Entwicklungszusammenarbeit seinen Ausdruck gefunden hat (vgl. Theobald 2001, S. 35) – was soll Governance leisten und wie muss sie strukturiert sein – und einem eher neutralen, empirischen Begriffsverständnis, wie es insbesondere in den Arbeiten des Autorenkreises um Arthur Benz zugrunde gelegt wurde (vgl. Benz et al. 2007) – was sind die Formen und Charakteristika, welche Effektivität und Funktionalität ist gegeben?

Was die definitorische Annäherung an den *Governance*-Begriff anbelangt, so hat Renate Mayntz eine breite Begriffsvariante von *Governance* vorgelegt: Diese dient der «Bezeichnung der verschiedenen Mechanismen, die in einer

Population von Akteuren Ordnung stiften. Dies kann geschehen durch einseitige Anpassung (Markt), Befehl und Gehorsam (Hierarchie), durch Verhandeln in Netzwerken, oder «[...]durch die gemeinsame Orientierung des Handelns an den Normen und Praktiken in einer Gesellschaft» (vgl. Mayntz 2009, S.9), wobei es dabei im Sinne einer engeren Begriffsvariante dann letztlich darum geht, verschiedene Formen der «absichtsvollen Regelung kollektiver Sachverhalte» (vgl. Mayntz 2009, S. 9) zu unterscheiden und zu klären, welches die in Frage stehenden Sachverhalte und welches die regelnden Akteure und ihre Interaktionsmuster sind.

In Anlehnung an Fürst (vgl. Fürst 2011) lassen sich hieraus zwei analytische Differenzierungen ableiten: Zum einen stellt sich die Frage nach dem Verfahren des Zustandekommens kollektiver Regelungen (z.B. Entscheidungsprozesse, Entscheidungsregeln, Politikstile etc.), also um «*Governance* im engeren Sinne» als Prozess-Dimension (vgl. Botzem et al. 2009) zum anderen diejenige nach den unterschiedlichen Organisationsformen dieses Verfahrens (z.B. klassische Institutionen vs. Netzwerke) also im Sinne einer Abgrenzung von «*Government* im engeren Sinne» als Strukturierungsdimension.

Ergänzend können für den Bereich der grenzüberschreitenden Zusammenarbeit noch zwei weitere Differenzierungen betrachtet werden. So kann eine dritte analytische Dimension entwickelt werden, die insbesondere in den Politikwissenschaften von großer Bedeutung ist, nämlich diejenige von *Governance* als einer spezifischen Form des Regierens, bei der private korporative Akteure an der Regelung gesellschaftlicher Sachverhalte mitwirken und die in analytischer Sicht eine Unterscheidung zwischen einer spezifischen Form der nichthierarchischen Regelung und dem Zusammenwirken hierarchischer und nichthierarchischer bzw. staatlicher und nicht-staatlicher Regelungsformen beinhaltet (vgl. Mayntz 2009, S. 10). Als vierte Dimension kann schließlich eine Differenzierung des *Governance*-Begriffs nach unterschiedlichen Ebenen erfolgen, die sich in der vertikalen Perspektive auf die Frage nach den verschiedenen *räumlichen* Handlungsebenen und in der horizontalen Dimension auf die *Typologie der beteiligten Akteure* (Staatlich/nicht-staatlich; öffentlich- privatgesellschaftlich) bezieht, und die damit die Perspektive der sogenannten *multilevel-Governance* (vgl. Benz 2009) in den Objektbereich der grenzüberschreitenden Zusammenarbeit integriert.

Gemeinsam ist den meisten konzeptionellen Festlegungen von *Governance*, dass es sich dabei offensichtlich um etwas Komplementäres handelt, das sich in der Regel ergänzend zu den bereits etablierten öffentlichen und/oder privaten Institutionen und Organisationen entwickelt (hat), sei es weil der gegebene institutionelle Handlungsrahmen für neue Herausforderungen als defizitär betrachtet wird und/oder weil gegebene marktliche oder staatliche Steuerungsmuster um neue Interaktionsformen (vgl. Scharpf 2010) der (gesellschaftlichen) Selbststeuerung komplettiert werden müssen (vgl. Kilper 2010).

Als erste Näherung könnte dabei angesichts der großen Vielfalt bereits vorliegender Definitionen ein eher einfaches Selbstverständnis von *Governance* zugrunde gelegt werden. Dieses bezieht sich auf eine komplementäre, vertikal (räumlich/funktionale Handlungsebenen) und horizontal (akteursspezifische Zusammensetzung) ausdifferenzierte Interaktions- und Steuerungsstruktur zur Lösung/Entwicklung kollektiver Probleme/Potenziale, wobei deren Funktionalität/Effektivität durch die in Frage stehenden materiell-strategischen Inhalte (*Policy*-Dimension) bestimmt wird. Insbesondere das letzte Merkmal, d.h. die sachlich-strategische Dimension von Politik, die bewusst in die Arbeitsdefinition aufgenommen wird, droht in den aktuellen *Governance*-Ansätzen, die sich zum Teil bewusst von den älteren «Steuerungsansätzen» und der «Policy-Forschung» abzugrenzen suchen oder sich bisweilen auf konzeptionelle Begriffs-Innovationen konzentrieren, zu verschwinden. Gerade für die Analyse von Kooperationsansätzen, die sich im Bereich der grenzüberschreitenden Zusammenarbeit bewegen und die durch einen hohen und zugleich sehr voraussetzungsvollen Praxisbezug gekennzeichnet sind, erscheint es nötig, diese eher klassische Analyse-Dimension gebührend zu berücksichtigen.

Auf dieser Basis kann dann die Frage aufgeworfen werden, welcher Funktionslogik grenzüberschreitende Zusammenarbeit primär folgt bzw. folgen sollte. Im Spannungsfeld zwischen der funktionalistischen Prämisse *«structure follows function»* und der strukturalistischen Sichtweise eines *«function follows structure»* scheint in der grenzüberschreitenden Zusammenarbeit zweiteres zu dominieren. Anders als die europäische Realität, die sich über tatsächliche funktionale Verflechtungen und als veritables Kern-Projekt auf der internationalen/globalen Agenda manifestiert, ist eine breitere grenzüberschreitende Realität (jenseits punktueller Phänomene wie z.B. Grenzgänger) *per se* nicht gegeben, sondern muss konstruiert werden (vgl. Gailing/Kilper 2010, S. 99). Institutionenbildung bringt dabei jenseits der jeweiligen zweckbezogenen Begründung im grenzüberschreitenden Kontext immer auch eine übergeordnete aufgaben-, ja politikfeldbezogene Symbolisierung mit sich (vgl. Edelmann 1990). Nicht umsonst ist gerade auch die nachhaltige grenzüberschreitende Strukturbildung eines der wichtigsten Ziele der *Interreg*-Programme, weil mit jedem dauerhaften Projekt eben auch eine neue grenzüberschreitende Realität begründet wird, die es zuvor in dieser Form nicht gegeben hat. Über die Strukturen werden so auch immer grenzüberschreitende Funktionen und Funktionalitäten begründet. Dass heute in vielen Grenzregionen die große Vielfalt und bisweilen Unübersichtlichkeit dieser Strukturen beklagt wird, muss vor diesem Hintergrund dann eher bedenklich stimmen.

Des Weiteren unterscheidet sich die grenzüberschreitende Zusammenarbeit von der europäischen Integration durch ihren sehr viel stärkeren transnationalen Charakter, der zu einer spezifischen, eher intergouvernementalen Funktionalität führt. Die transnationale Dimension der grenzüberschreitenden *Governance* als Verhandlungssystem (vgl. Benz/Scharpf/Zintl 1992) ist ein spezifisches Charakteristikum, das ganz wesentlich zur Erklärung der spezifischen Funktionen und Funktionalitäten dieses Kooperationsansatzes beiträgt. Anders als die «klassische» regionale (vgl. Fürst 2011) oder die europäische Governance ist grenzüberschreitende Governance dadurch gekennzeichnet, dass hier Entscheidungsarenen weniger, aber unmittelbar benachbarter und in der Regel sehr unterschiedlicher politisch-administrativer Systeme direkt miteinander verbunden sind. Die daraus resultierenden grenzüberschreitenden Verhandlungssysteme sind durch eine – im Vergleich zur nationalen, regionalen und europäischen *Governance* – deutlich stärkere *Principal-Agent*-Problematik gekennzeichnet. Hier geht es nicht nur um das Aufeinandertreffen bzw. die funktionale Koordination unterschiedlicher System-Merkmale, sondern um die jeweils spezifische Herausforderung der Rückvermittlung und damit der Möglichkeiten und Grenzen der funktionalen *«embeddedness»* eines grenzüberschreitenden territorialen Sub-Systems in seine jeweiligen konstitutiven nationalen politisch-administrativen Systeme (vgl. Frey 2003).

Hinzu kommt die interkulturelle Vermittlungs- und Verständigungsfunktion (vgl. Beck 2008, S. 179 ff.), die ebenfalls eng mit der transnationalen Dimension grenzüberschreitender *Governance* verbunden, und die aufgrund ihrer Bi- oder Tripolarität deutlich komplexer als diejenige der europäischen Ebene ist – zumal jene in der institutionellen Praxis zunehmend durch eine eigene europäische Verwaltungskultur überlagert ist (vgl. Georgakakis 2008, S. 259 ff.). Dies bezieht sich nicht nur auf die interpersonellen, sondern eben auch auf die inter-institutionellen Komponenten des grenzüberschreitenden Verhandlungssystems und schließt die prinzipiell offene Frage nach der Kompatibilität divergenter europäischer Verwaltungskulturen explizit mit ein (vgl. Thedieck 2007).

Ferner können Merkmale wie Konsensprinzip, Delegationsprinzip, die Nicht-Verfügbarkeit hierarchischer Konfliktlösungsoptionen, das Rotationsprinzip im Gremienvorsitz, die Tendenz zur Entscheidungsvertagung oder das strukturelle Implementierungsproblem ebenfalls durch diese transnationale Dimension erklärt werden. Grenzüberschreitende *Governance* teilt damit offensichtlich weitgehend jene generellen Merkmale, die in der internationalen Regime-Forschung hinsichtlich der Funktionalität transnationaler Verhandlungssysteme herausgearbeitet wurden (vgl. Hasenclever/Mayer/Rittberger 1997; Müller 1993; Kohler-Koch 1989, Efinger et al. 1990, S. 263–285).

Schließlich können europäische Integrationstheorien auch dahingehend für den grenzüberschreitenden Kontext nutzbar gemacht werden, dass Fragestellungen nach dem Spannungsfeld zwischen Personen (Pioniere) und Institutionen, nach dem Zusammenhang zwischen eher durch die europäische Ebene ermöglichte funktionelle Verflechtungen (insbesondere der Binnenmarkt-Effekt und die Währungsunion) und den konkreten Ergebnissen der grenzüberschreitenden Kooperationsprozesse oder die praktische Ausgestaltung der Rolle grenzüberschreitender Akteure (vgl. Lang 2010, S. 169–189) im Zusammenhang mit der europäischen *multi-level-Governance* (vgl. Benz 2009) thematisiert werden. Es ist nicht der Platz an dieser Stelle, eine vertiefende Interpretation der grenzüberschreitenden Zusammenarbeit aus dem Blickwinkel europäischer Integrationstheorien durchzuführen. Aber bereits diese sehr allgemeinen Gesichtspunkte haben verdeutlicht, dass vom Standpunkt der integrationsbezogenen Theoriebildung die grenzüberschreitenden Gebiete Europas einen vielversprechenden Gegenstand wissenschaftlicher Analyse darstellen können. Dabei scheint insbesondere die Kombination von strukturalistischen und transaktionsbezogenen Theorieansätzen, wie sie in der Politikwissenschaft in Form des sogenannten akteurszentrierten Institutionalismus entwickelt wurde (vgl. Scharpf 2006), für die Analyse einer doch erst emergenten transnationalen Verwaltungskultur ein besonderes Potenzial zu beinhalten.

3.2 Perspektiven für die Praxis

Neben diesen oben skizzierten verwaltungs- und politikwissenschaftlichen Forschungsperspektiven erscheint es indessen notwendig – aus dem Blickwinkel der transnationalen Verwaltungskultur –, die nachhaltige Optimierung der grenzüberschreitenden Zusammenarbeit als Labor einer auf transregionalen Identitäten basierenden Integration (vgl. Beck/Wassenberg 2013) in der Zukunft in genereller Hinsicht durch ein neues Funktionsprinzip zu stärken: die horizontale Subsidiarität.

In der Perspektive der Europäischen Integration wurde bereits sehr viel über das Subsidiaritätsprinzip diskutiert und geschrieben. Mit der Reform des Vertrags von Lissabon wurde dies in Art. 5 Abs. 3 festgeschrieben und wurden insbesondere den nationalen Parlamenten mit dem Frühwarnsystem und der Subsidiaritätsrüge zwei wichtige Instrumente bereitgestellt. In der wissenschaftlichen wie praxeologischen Integrationsdebatte fällt indessen auf, dass der Subsidiaritätsbegriff und damit auch Subsidiarität als normatives Konzept fast ausschließlich in einer vertikalen Perspektive gebraucht wird: Eine obere (in diesem Falle europäische) staatliche Ebene darf nur dann tätig werden, wenn in einem bestimmten Aufgabenbereich eine untere Ebene (in diesem

Falle eine nationale oder eben sub-nationale) diesen nicht besser erfüllen kann oder mit der Erfüllung überfordert wäre.

Ideengeschichtlich hat der Subsidiaritätsbegriff indessen seinen Ursprung in einer eher horizontalen Perspektive: nämlich als generelle Maxime, der zufolge die Eigenverantwortung einer kleineren Einheit (Individuum, Private, kleine Gruppen) Vorrang vor derjenigen größerer Einheiten (Gruppen, Kollektive, höhere Organisationsformen wie der Staat) haben solle; die öffentliche Hand soll demnach nur dann aktiv werden, wenn das Individuum, eine gesellschaftliche Organisation oder Vereinigung, die Wirtschaft usw. eine Aufgabe nicht ebenso oder nicht besser erfüllen kann.

Subsidiarität kann heute als generelles Prinzip sozialer Organisation betrachtet werden, wobei in der staatstheoretischen Perzeption dem Handlungsvorrang der leistungsfähigeren kleineren Einheit eine Unterstützungspflicht der größeren Einheit bei deren Überforderung an die Seite gestellt wird, was hinsichtlich der «Beweislast» zur Ausprägung zweier alternativer Konzepte (defensiv = Sicht der kleineren Ebene vs. komplementär = Sicht der größeren Einheit) geführt hat.

Betrachtet man die grenzüberschreitenden Gebiete Europas und die in ihnen stattfindende Kooperation als spezifische, horizontale Form der Europäischen Integration, so liegt es nahe, auch das Subsidiaritätsprinzip in diesem Sinne (neu) zu interpretieren: Subsidiarität in der grenzüberschreitenden Zusammenarbeit meint dann das horizontale Verhältnis zwischen einem grenzüberschreitenden Gebiet und den auf ihm agierenden Akteuren (= kleinere Einheit) im Verhältnis zu seinen nationalen (Teil-)Gebieten (= größere Einheiten), aus denen heraus sich dieses konstituiert. Demnach wäre der kleineren Einheit immer dann Vorrang vor den größeren Einheiten einzuräumen, wenn eine auf das grenzüberschreitende Gebiet bezogene Aufgabe (Entwicklungs- oder Problemlösungsaufgabe) horizontal-dezentral besser erfüllt werden kann. Im Umkehrschluss dürften die größeren Einheiten nur dann zuständig werden, wenn die kleinere Einheit die grenzüberschreitende Aufgabe nicht besser erledigen kann.

Ein so interpretiertes «horizontales» Subsidiaritätsverständnis in der grenzüberschreitenden Zusammenarbeit würde bedeuten, die heute de facto bestehende Zuständigkeitsverteilung und damit auch die aufgaben- und kompetenzseitige «Beweislast» konsequent zu verändern: Nicht die Mitgliedsstaaten und/oder deren territoriale Untergliederungen sind primär für die grenzüberschreitenden Angelegenheiten zuständig, sondern diese sind nur dann zuständig, wenn grenzüberschreitende (korporative) Akteure der kleineren Einheit die grenzüberschreitende territoriale Zuständigkeit nicht sachgerecht erfüllen können. Im Umkehrschluss würde dies natürlich zunächst einmal voraussetzen, die kleinere Einheit institutionell, materiell und funktional so weit in die Lage zu versetzen, dass eine sachgerechte Aufgabenerfüllung für den grenzüberschreitenden Raum überhaupt möglich ist. Durch den notwendigen Aufbau einer funktionsgerechten grenzüberschreitenden Verwaltungskapazität könnte – ähnlich vergleichbarer grenzüberschreitender Handlungsansätze im innerstaatlichen Kontext wie z.B. die Stadt-Umlandverbände oder die Metropolregionen (BVBS 2011) – der heute noch vielfach vorhandene Zustand überwunden werden, nachdem die grenzüberschreitenden Angelegenheiten – zumindest aus der Sicht der beteiligten «Heimatverwaltungen» – oft noch als etwas «Ehrenamtliches», Punktuelles etc. und damit eben nur als ein «sekundäres» Politikfeld betrachtet werden.

Nun ist es offensichtlich, dass in der grenzüberschreitenden Zusammenarbeit unter den realweltlichen Bedingungen einer «kleinen Außenpolitik» ein solches Prinzip der horizontalen Subsidiarität nicht bedeuten kann, dass die größeren Einheiten zugunsten der kleineren Einheiten staatliche Souveränität oder die in den nationalen Rechtsordnungen festgeschriebenen Verantwortlichkeiten für die Aufgabenerfüllung in den grenzüberschreitenden Raum abgeben, dieser also mithin als eigenes, autonomes grenzüberschreitendes Staatsgebilde sich neu konstituiert. Gerade in jungen oder politisch sensiblen, aber eben und gerade auch in etablierten europäischen Grenzregionen stellt dies eine «conditio sine qua non» für die Beteiligung und Unterstützung der Mitgliedsstaaten dar. Es sollen an den Grenzen der Gemeinschaft mit dem Prinzip der horizontalen Subsidiarität keine Autonomiebestrebungen von Minderheiten oder Separatisten grenzüberschreitend bestärkt werden. Was damit vielmehr gemeint ist, ist eine im Interesse der effizienten sowie problem- bzw. potenzialgerechten grenzüberschreitenden Aufgabenerfüllung notwendige neue Arbeitsteilung zwischen den grenzüberschreitenden Gebieten und den sie tragenden nationalen Partnern. Dabei sollte die kleinere Einheit möglichst so viel Gestaltungsspielraum bei der Aufgabenentwicklung und -implementation erhalten, dass sie ihre spezifischen grenzüberschreitenden Herausforderungen durch die dezentrale Entwicklung eigener, angepasster und flexibler Verfahren am besten selbst lösen kann.

Ein pragmatischer erster Schritt in diese Richtung könnte darin bestehen, für Aufgabenfelder mit echter grenzüberschreitender Relevanz (z.B. grenzüberschreitender Nahverkehr, Aus- und Weiterbildung, Ver- und Entsorgung, Arbeitsmarkt- und Wirtschaftsförderung, Umweltschutz und Gefahrenabwehr, Soziale Sicherheit und Gesundheitsversorgung etc.) jeweils eigene grenzüberschreitende Kompetenzbereiche für deren gemeinsame Umsetzung und Durchführung zu schaffen. Dies erfordert für die beteiligten Kommunen in relevanten Aufgabenbereichen die Bereitschaft zur horizontalen Übertragung der Aufgabendurchführung auf in der Regel supra-kommunale grenzüberschreitende

Trägerverwaltungen[5]. Für die beteiligten Mitgliedsstaaten und ihre subnationalen Untergliederungen bedeutet dies, dass in all jenen Aufgaben- bzw. Rechtsgebieten, in denen der europäische Gesetzgeber – zumeist aufgrund eines Eigeninteresses der Mitgliedsstaaten – bislang nicht harmonisierend tätig wurde, im Falle des Nachweises eines entsprechenden Bedarfes die nicht erfolgte Europäische Integration zumindest auf grenzüberschreitender Ebene horizontal gebündelt und fachlich-interinstitutionell abgestimmt, d.h. *integrativ,* wahrgenommen werden müsste.

Hierzu können natürlich nicht alle nationalen Fachgesetze in mobilitätsrelevanten Bereichen wie Steuer-, Arbeits-, Sozial- oder Wirtschaftsrecht an alle verschiedenen territorialen Spezifika der Grenzgebiete angepasst werden (dies würde schon allein aufgrund des Gleichbehandlungsgrundsatzes nicht funktionieren). Es wäre aber denkbar, zumindest auf Verordnungs-Ebene grenzüberschreitende Öffnungs- bzw. Experimentierklauseln oder – analog der sog. de-minimis-Regel – zumindest bestimmte Freistellungsregelungen für grenzüberschreitende Sachverhalte einzufügen, die eine flexiblere Anpassung an die grenzüberschreitenden Gegebenheiten ermöglichen können. Auch müssten für die Zukunft die Konturen eines transnationalen Verwaltungsrechts reflektiert werden, um belastbare grenzüberschreitende Verfahrensregelungen zur Verfügung zu stellen.

Zudem müsste die Rolle der Mitgliedsstaaten und ihrer sub-nationalen Untergliederungen verstärkt darin liegen, in einer ex-ante-Perspektive (z.B. im Rahmen der Impact-Assessment-Verfahren der EU-Kommission) zukünftige Initiativen des europäischen Gesetzgebers daraufhin zu untersuchen, ob diese auch mit den grenzüberschreitenden Gegebenheiten der jeweiligen Nachbarstaaten kompatibel sind, damit nicht – z.B. im Falle der «subsidiaritätsfreundlichen» Richtlinien – bei der Implementation europäischen Rechts durch die Mitgliedsstaaten fachliche Unterschiede beiderseits der Grenze eher festgeschrieben denn angeglichen werden. Auf der Ebene der nationalen Gesetzgeber wäre analog oder innerhalb der bestehenden Systeme der Gesetzesfolgenabschätzung eine «Grenzfolgenabschätzung» zu institutionalisieren, mit der mögliche negative Folgewirkungen nationalen Rechts auf die Nachbarstaaten bereits frühzeitig erkannt und berücksichtigt werden können.

Innerhalb eines solchen durch horizontale Subsidiarität gestärkten grenzüberschreitenden Handlungsraums wären dann wiederum zwei subsidiäre Binnenperspektiven zu berücksichtigen. Zum einen müsste eine vertikale Subsidiarität

---

[5] So hat man z.B. im Großraum Genf die Zuständigkeit für die Organisation und den Betrieb des grenzüberschreitenden ÖPNV auf eine neu geschaffene gemeinsame grenzüberschreitende Struktur übertragen, an der die beiden nationalen kommunalen Verkehrsbetriebe jeweils zu 50% beteiligt sind.

zwischen den verschiedenen räumlichen grenzüberschreitenden Handlungsebenen realisiert werden, bei der innerhalb der grenzüberschreitenden Aufgabengebiete die gesamträumliche Ebene (z.B. der Gesamtraum der Makroregion Donau, der Gesamtraum der Bodenseekonferenz, der Gesamtraum der Trinationalen Metropolregion Oberrhein etc.) nur dann tätig wird, wenn kleinere grenzüberschreitende Einheiten (inter-kommunale Kooperation, Eurodistrikte, Euregios etc.) in ihrer räumlichen und sachlichen Kompetenz überfordert sind. Dadurch könnten sich im grenzüberschreitenden Raum funktionale ebenenspezifische Aufgabenteilungen entwickeln, welche geeignet sind, die heute noch vielfach zu beobachtende Doppelarbeit zwischen verschiedenen institutionellen Akteuren und Gremien der grenzüberschreitenden Zusammenarbeit zu reduzieren. Voraussetzung wäre in einer solchen Perspektive allerdings die Bereitschaft der auf der dezentralen Ebene handelnden Akteure, innerhalb ihrer national bestehenden kommunalen Gestaltungsfelder auch tatsächlich Durchführungs- und/oder materielle Gestaltungskompetenzen für die integrative grenzüberschreitende Aufgabenwahrnehmung auf grenzüberschreitende Einrichtungen zu übertragen – die ausschließliche Schaffung solcher Einrichtungen mit Rechtspersönlichkeit scheint jedenfalls ohne den zweiten Schritt einer Übertragung von materiellen Handlungskompetenzen perspektivisch nur wenig Sinn zu machen.

Zum anderen wäre aber perspektiv auch sehr viel stärker die inter-sektorale Subsidiarität zu stärken. Während heute in den allermeisten grenzüberschreitenden Gebieten Europas die grenzüberschreitenden Angelegenheiten primär eine Sache der politisch-administrativen Akteure sind (die EU-Förderprogramme in ihrer heutigen Ausgestaltung bestärken diese Tendenz nachhaltig), müsste eine subsidiäre grenzüberschreitende Zusammenarbeit sehr viel stärker die Eigenverantwortlichkeit der grenzüberschreitenden Teilsysteme Wirtschaft, Wissenschaft und Forschung, Zivilgesellschaft selbst betonen. Öffentliche Handlungsbeiträge würden in diesen Sektoren, die sich grenzüberschreitend zukünftig sehr viel stärker selbst organisieren müssten, demnach entweder katalytisch (etwa zur Stimulierung von Projektinitiativen) oder komplementär (z.B. in Form einer finanziellen Beteiligung an Initiativen, die aus diesen Sektoren selbst kommen), jedoch nicht primär stellvertretend für diese erfolgen. Neben den grenzüberschreitenden öffentlichen Kernaufgaben (Infrastruktur, Daseinsvorsorge, Gefahrenabwehr etc.) könnten öffentliche Akteure in einer solchen Perspektive subsidiär begründbare funktionale Handlungslegitimation letztendlich aus der Aufgabe des grenzüberschreitenden, zukunftsgerichteten Nachweltschutzes (vgl. Böhret 1990, 1993) ableiten, die sich in integrierten Ansätzen einer grenzüberschreitenden Nachhaltigkeitsstrategie manifestieren müsste.

Ein solches, nach den Prinzipien der horizontalen und der vertikalen Subsidiarität ausdifferenziertes grenzüberschreitendes Handlungssystem erscheint als eine notwendige Voraussetzung, um die vorhandenen territorialen, interkulturellen und identifikatorischen Innovationspotenziale grenzüberschreitender Gebiete und damit ihre spezifische Funktion für die Europäische Integration in der Zukunft besser zu entfalten. Die Frage nach der Emergenz einer transnationalen Verwaltungskultur ist damit unmittelbar verbunden.

Literatur

ALMOND, G./VERBA, S. (1963): The Civic Culture. Political Attitudes and Democracy in Five Nations, Princeton

BECK, J. (1997): Netzwerke in der transnationalen Regionalpolitik. Rahmenbedingungen, Funktionsweise, Folgen, Baden-Baden

BECK, J. (2007): Methods of research to explore administrative culture, in Franz Thedieck (Ed.) Foundations of Administrative Culture in Europe, Baden-Baden, S. 29 ff.

BECK, J. (2008a): Patterns of Administrative Culture in Cross-Border Cooperation, in: Joachim Beck & Franz Thedieck (Eds.) The European Dimension of Administrative Culture, Baden-Baden, 2008, S. 179–213

BECK, J. (2008b): Lessons from an Institute for Cross-Border Cooperation on the Franco-German Border, in: The Journal of Cross-Border Studies in Ireland, No 3, pp. 38–49

BECK, J. /THEVENET, A. / WETZEL, CH. (Hrsg.) (2009): Europa ohne Grenzen – 15 Jahre gelebte Wirklichkeit am Oberrhein / L'Europe sans frontières – 15 ans de réalité dans le Rhin supérieur, Zürich/Baden-Baden (Dike/NOMOS)

BECK, J. (2010): La coopération transfrontalière, objet de recherche interdiciplinaire: Quelques réflexions sur un programme de travail scientifique, in: Wassenberg, B. (dir.) Vivre et penser la coopération transfrontalière (Volume I): les régions françaises, Stuttgart, 2010, p. 21–47

BECK, J./PRADIER, E. (2011): Governance in der transnationalen Regionalpolitik: Bestandsaufnahme und Perspektiven der Kooperationsbeziehungen in grenzüberschreitenden Verflechtungsräumen, in: Joachim Beck & Birte Wassenberg (Hrsg.), Grenzüberschreitende Zusammenarbeit erforschen und leben (Band 2): Governance in deutschen Grenzregionen Stuttgart (Steiner), S. 107–135

BECK, J. (2011): Grenzüberschreitende Zusammenarbeit im Prozess der Europäischen Integration, in: Birte Wassenberg / Joachim Beck (Hrsg.), Living and researching cross-border cooperation (Vol. 3): The European Dimension of Cross-Border Cooperation, Stuttgart (Steiner Verlag), S. 129–148

BECK, J. (2013a): Prospects of Cross-Border Cooperation in Europe: Capacity-Building and the Operating Principle of «Horizontal Subsidiarity», in: International Public Administration Review, Volume XI/March 2013, pp. 7–24

BECK, J. (2013b): Transnationale Verwaltungskultur? Ergebnisse einer Befragung zur grenzüberschreitenden Zusammenarbeit am Oberrhein, in: Kegelmann, J. / Martens, K.-U. (Hrsg.), Kommunale Nachhaltigkeit, Baden-Baden, S. 369–392

BECK, J./WASSENBERG, B. (2013): Grenzüberschreitende Zusammenarbeit leben und erforschen (Band 5): Integration und (transnationale) Identitäten, Stuttgart (Steiner)

BENZ, A./SCHARPF, F.W./ZINTL, R. (1992): Horizontale Politikverflechtung. Zur Theorie von Verhandlungssystemen, Frankfurt/Main

BENZ, A./LÜTZ, S./SCHIMANK, U./SIMONIS, G. (2007) (Hrsg.), Handbuch Governance, Theoretische Grundlagen und empirische Anwendungsfelder, Wiesbaden

BENZ, A. (2009): Politik in Mehrebenensystemen, Wiesbaden

BLATTER, J. (2000): Entgrenzung der Staatenwelt? Politische Institutionenbildung in grenzüberschreitenden Regionen in Europa und Nordamerika, Baden-Baden

BLATTER, J. (2006): Governance als transdisziplinäres Brückenkonzept für die Analyse von Formen und Transformationen politischer Steuerung und Integration, in: Bogumil J./ Jann, W./ Nullmeier, F.(Hrsg.), Politik und Verwaltung, Wiesbaden, 2006, S. 50 ff.

BÖHRET, C. (1990) Folgen. Entwurf einer aktiven Politik gegen schleichende Katastrophen, Opladen

BÖHRET, C. (1993), Funktionaler Staat. Ein Konzept für die Jahrtausendwende?, Frankfurt/Main 1993

BOTZEM, S./HOFMANN, J./QUACK, S./SCHUPPERT, G. F./ STRASSHEIM, H. (Hrsg.) (2009): Governance als Prozess. Koordinationsformen im Wandel, Baden-Baden

BVBS (2011): Bundesministerium für Verkehr, Bau und Stadtentwicklung (Hrsg.), Metropolitane Grenzregionen. Abschlussbericht des Modellvorhabens der Raumordnung (MORO) «Überregionale Partnerschaften in grenzüberschreitenden Verflechtungsräumen», Berlin 2011

CASTEIGTS, M. (2010): La mise en cohérence des politiques publiques en territoire transfrontalier, in: Wassenberg, B. (dir.) Vivre et penser la coopération transfrontalière (Volume I): les régions françaises, Stuttgart, p. 307–321

EDELMAN, M. (1990): Politik als Ritual. Die symbolische Funktion staatlicher Institutionen und politischen Handelns, Frankfurt a.M./New York

EFINGER, M./RITTBERGER, V./WOLF, K.D./ZÜRN, M. (1990): Internationale Regime und internationale Politik, in: Rittberger, V. (Hrsg..), Theorien der Internationalen Beziehungen: Bestandsaufnahme und Forschungsperspektiven, PVS Sonderheft 21, Opladen, 1990, S. 263–285

ESPON Metroborder (2012): Ulysses. Using research results from ESPON as a yardstick for cross-border spatial development planning – Multi-thematic Territorial Analysis of the Upper Rhine Trinational Metropolitain Region, Version 30/07/2012, Luxembourg/Karlsruhe

FISCH, R. (2002): Organisationskultur von Behörden, in: Klaus König (Hrsg.), Deutsche Verwaltung an der Wende zum 21. Jahrhundert, Baden-Baden, S. 449 ff.

FISCH, S. (2000): Verwaltungskulturen – Geronnene Geschichte?, in: Die Verwaltung, Bd. 33 (2000), S. 303–323

FREY, M. (2005): Eurodistrikte als neue Form der grenzüberschreitenden Zusammenarbeit am Oberrhein – Grundlagen und Gestaltungsmöglichkeiten, in: VBLBW, 12/2005, S. 449 ff.

FREY, R. (2003): Regional Governance zur Selbststeuerung territorialer Subsysteme, in: Informationen zur Raumentwicklung, Heft 8/9.2003, S. 451 ff.

FÜRST, D. (2011): Regional Governance – Was ist neu an dem Ansatz und was bietet er?, in: Beck, J./Wassenberg, B. (Hg.), Grenzüberschreitende Zusammenarbeit erforschen und leben (Band 2): Governance in deutschen Grenzregionen Stuttgart (Steiner), S. 89–105

GRANDE, E. (2000): Multi-Level Governance: Institutionelle Besonderheiten und Funktionsbedingungen des europäischen Mehrebenensystems, in: Grande, E./Jachtenfuchs, M. (Hrsg.), Wie Problemlösungsfähig ist die EU? Regieren im europäischen Mehrebenensystem, Baden-Baden, 2000, S. 11–30

GAILING, L./KILPER, H. (2010), Institutionen- und Handlungsräume als sozio-politische Konstruktion, in Kilper (2010) a.a.O., S. 93–109

GEORGAKAKIS, D. (2008): European Civil Service as a Group: Sociological Notes about the «Eurocrates» Common Culture, in: Beck. J./Thedieck, F. (Eds.), a.a.O., S. 259 ff.

GRANDE, E./MAY, S. (2009) (Hrsg.), Perspektiven der Governance-Forschung, Baden-Baden

GRANDE, E. (2009): Perspektiven der Governance-Forschung: Grundzüge des Forschungsprogramms des Münchner Centrums für Governance-Forschung, in: Grande, E./May, S. (Hrsg.), Perspektiven der Governance-Forschung, Baden-Baden, 2009, S. 77–89

HASENCLEVER, A./MAYER, P./RITTBERGER, V. (1997): Theories of International Regimes, Cambridge

HESSE, J.J./ELLWEIN, TH. (2012), Das Regierungssystem der Bundesrepublik Deutschland, Baden-Baden

HOPP, H./GÖBEL. A. (2008): Management in der öffentlichen Verwaltung. Organisations- und Personalarbeit in modernen Kommunalverwaltungen, Stuttgart

JACHTENFUCHS, M./KOHLER-KOCH, B. (Hrsg.) (1996): Europäische Integration, Opladen

JAKOB, E./FRIESECKE, M./BECK, J./BONNAFOUS, M. (Hrsg.) (2011): Bildung, Forschung und Innovation am Oberrhein. Dokumente zum 12. Dreiländerkongress vom 2. Dezember 2010 in Basel – Formation, recherche et innovation dans la région du Rhin supérieur. Documents du 12ème Congrès Tripartite du 2 décembre 2010 à Bâle, Zürich/Baden-Baden (Dike/NOMOS)

JANN, W. (1983): Staatliche Programme und «Verwaltungskultur». Bekämpfung des Drogenmißbrauchs und der Jugendarbeitslosigkeit in Schweden, Großbritannien und der Bundesrepublik Deutschland im Vergleich, Opladen

JANN, W. (2002): Verwaltungskultur. Ein Überblick über den Stand der empirischen und international vergleichenden Forschung, in: Klaus König (Hrsg.), Deutsche Verwaltung an der Wende zum 21. Jahrhundert, Baden-Baden, S. 425 ff.

JANN, W. (2009): Praktische Fragen und theoretische Antworten: 50 Jahre Policy-Analyse und Verwaltungsforschung, *PVS (2009) 50,* S. 476–505

KILPER, H. (Hrsg.) (2010): Governance und Raum, Baden-Baden

KOHLER-KOCH, B. (Hrsg.) (1989): Regime in den internationalen Beziehungen, Baden-Baden

KOHLISCH, TH. (2008): Regional Governance in europäischen Regionen. Eine empirische Analyse der transnationalen Verbünde Großregion/Grande Région und Oder-Partnerschaft/Partnerstwo-Odra, Münster

KÖNIG, K. (2008): Moderne öffentliche Verwaltung. Studium der Verwaltungswissenschaft, Berlin

LANG, S. (2010): Ouvrir la «Black Box»: Approche de la notion d'acteur de la coopération transfrontalière, in: Wassenberg, B. (dir.), Vivre et penser la coopération transfrontalière (Volume I), *Stuttgart,* S. 169–189

LUDWIG, J./MANDEL, K./SCHWIEGER, C./TERIZAKIS, G. (Hrsg.) (2009): Metropolregionen in Deutschland. 11 Beispiele für Regional Governance, Baden-Baden

MAYNTZ, R. (2009), Governancetheorie: Erkenntnisinteresse und offene Fragen, in: GRANDE, E./MAY, a.a.O., S. 9–19

MÜLLER, H. (1993): Die Chance der Kooperation. Regime in den internationalen Beziehungen, Darmstadt

RAUSCH, U. (1999): Grenzüberschreitende Kooperationen. Der kanadisch – US-amerikanische Nordosten und die Oberrheinregion im Vergleich, Opladen

SCHARPF, F.W. (1994): Mehrebenenpolitik im vollendeten Binnenmarkt, in: Staatswissenschaften und Staatspraxis, 1994, Baden-Baden, S. 486 ff.

SCHARPF, F.W. (2006): Interaktionsformen. Akteurszentrierter Institutionalismus in der Politikforschung, Wiesbaden

SCHIMANKE, D. (2008): Adminstrative Culture – a phenomen difficult to catch, in: Beck/Thedieck 2008, a.a.O., S. 13 ff.

SPEER, B. (2010): Grenze und grenzüberschreitende Zusammenarbeit im historischen Kontext: eine explorative politikwissenschaftliche Studie am Fallbeispiel des Pyrenäenraums Schriftenreihe der Hochschule Speyer, Bd. 201, Berlin

THEDIECK, F. (1992): Verwaltungskultur in Deutschland und Frankreich, Baden-Baden

THEDIECK, F. (Ed.) (2007): Foundations of Administrative Culture in Europe, Baden-Baden

THEOBALD, CH. (2001): Zehn Eckpunkte zu Good Governance, in: König, K./Adam, M. (Hrsg.), Governance als Entwicklungspolitischer Ansatz, Speyer, 2001, S. 35 ff.

WASSENBERG, B. (2007): Vers une eurorégion? La coopération transfrontalière franco-germano-suisse dans l'espace du Rhin supérieur de 1975 à 2000, Bruxelles

WINDHOFF-HÉRITIER, A. (1990): Policy-Analyse. Eine Einführung, Frankfurt/Main

Windhoff-Héritier, A. (Hrsg.) (1993): Policy-Analyse. Kritik und Neuorientierung, PVS Sonderheft 24, Opladen

Wille, Ch. (2012): Grenzgänger und Räume der Grenze. Raumkonstruktionen in der Großregion SaarLorLux, Frankfurt am Main

Wächst am Oberrhein eine grenzüberschreitende Verwaltungskultur?

Anmerkungen aus historischer Sicht

STEFAN FISCH

Inhaltsverzeichnis

1. Verwaltungskulturen auf supra-nationaler, inter-nationaler und nationaler Ebene   310
2. Kann es in der grenzüberschreitenden Zusammenarbeit überhaupt eine verfestigte Verwaltungskultur geben?   312
3. Wahrnehmung des Arbeitens der anderen als ‹anders›   313
4. Wenig Anpassungen aneinander in gemeinsamer Arbeit   314
5. Souveränität (bei den Zentralen) verhindert Entscheidungen vor Ort   314
6. Gemeinsames «wir»   314
7. Die Bedeutung national geprägter Verwaltungskulturen   315

Literatur   314

Verwaltungskultur als Konzept erfasst eine Realität, die sich dem Beobachter in überaus vielfältigen Ausprägungen darbietet, auch ohne dass er zur Suche nach «Varianten» einen Blick über die nationalen Grenzen hinaus zu werfen hat. Wenn er dies aber tut, bekommt er noch erheblich mehr zu sehen. Es empfiehlt sich daher, immer davon auszugehen, dass Verwaltungskulturen im Plural gesehen werden können und zu analysieren sind. Ihr spezifisches «Biotop» kann so klein sein wie eine Abteilung in einer bestimmten Gemeindeverwaltung und so groß wie der gesamte Tätigkeitsbereich eines Verwaltungszweigs in einem Lande, etwa der Bau- oder Finanzverwaltung als Ganzes. Verwaltungskulturen können auf allen verschiedenen Ebenen der Verwaltungsorganisation beobachtet werden und stehen immer auch im Kontext mit den anderen Ebenen. Mit den Worten von Bouckaert kann Verwaltungskultur nur als eine «layered vision» gesehen werden, bei der die jeweilige Ebene in Zusammenhang zu bringen ist mit ihrem «layered context» (Bouckaert 2007, S. 31, 32). Bei der konkreten Untersuchung wird man immer Typisches (auch auf höherer Abstraktionsebene Beobachtbares) finden und daneben zugleich spezifische Besonderheiten in der untersuchten Organisation und in ihrer konkreten Arbeit. Verwaltungskultur grenzt ja die jeweils eigene Perspektive von der anderer ab. «Die da...» gehen immer anders miteinander um und lösen Probleme anders als «wir hier». Das sehen die Mitarbeiter von innen ebenso wie die Beobachter von außen. Und wenn man den Blick über die nationalen Grenzen hinaus weitet, ist das nicht grundsätzlich anders. Unbestritten gibt es solche Unterschiede selbst auf einer Ebene sehr hoher Abstraktion wie etwa der von nationalen Verwaltungskulturen, wie sie Jann in seiner grundlegenden Arbeit gezeigt und untersucht hat (Jann 1983).

1. Verwaltungskulturen auf supra-nationaler, inter-nationaler und nationaler Ebene

Gegenüber den späten 70er Jahren, in denen Jann nationale Verwaltungskulturen untersuchte, hat sich die Zusammenarbeit von nationalen Verwaltungen inzwischen erheblich ausgeweitet und zugleich verdichtet. Dabei sind drei Formen von Kontakt und Nicht-Kontakt zu unterscheiden. In den seit 1952 aufgebauten «europäischen» Verwaltungsstrukturen der EGKS/Montanunion (Herbst 1993) und dann der auf ihr aufbauenden EWG (vgl. Hallstein 1979) entstand eine neue einheitliche Verwaltung mit durchaus hybrider Verwaltungskultur. Hybrid ist sie, weil sie eine Mischung darstellt aus institutionellen Grundsatzentscheidungen (etwa: Personalauswahl nach dem «concours»-System, rechtlicher Status der Beschäftigten) einerseits, die nach unterschiedlichen nationalen Vorbildern getroffen worden sind, und andererseits aus den aus ihrem nationalen Vorleben mitgebrachten Erfahrungen und Arbeitsweisen der handelnden Personen (vgl. u.a. Beck/Thedieck 2008; Bellier 1994; Christoph 1993; Priebe 2002). In den europäischen Institutionen hat sich diese ‹europäische› Verwaltungskultur zu einer Art «Konglomerat» mit eigener, von derjenigen seiner Bestandteile deutlich unterschiedener Struktur verfestigt (womit ich meine Metapher von Verwaltungskultur als ‹geronnener Geschichte› (Fisch 2000) in die ganz lange Dauer der geologischen Entwicklung verschiebe).

Als Folge dieser engeren Verflechtung in Europa begegnen sich nationale Verwaltungen außerdem zunehmend in direkter grenzüberschreitender Zusammenarbeit an gemeinsamen Projekten. Sie gelangen dabei nicht wirklich zu festen gemeinsamen Organisationsstrukturen; hauptamtlich besetzt sind höchstens die eher technisch unterstützenden Koordinationssekretariate. Das liegt daran, dass im Unterschied zum Zusammenwachsen Europas diese grenzüberschreitenden Kooperationen nach wie vor auf den Verfahren (und der lockeren Organisation) von klassischen bi- oder multilateralen Verhandlungssituationen aufbauen. Für sie gilt das völkerrechtliche Prinzip der Gleichberechtigung und deshalb auch das Einstimmigkeitsprinzip. Aber anders als früher findet sie «vor Ort» statt, unter Nachbarn und in der Nähe, und nicht in den Hauptstädten oder auf eigens einberufenen Konferenzen.[1] An dieser grenzüberschreitenden Zusammenarbeit im europäischen Rahmen sind nicht mehr Diplomaten als berufsmäßige Vertreter ‹nationaler› Interessen beteiligt, sondern Mitarbeiter der verschiedenen fachlich zuständigen Verwaltungen interagieren unmittelbar miteinander mit engem Bezug auf die grenzüberschreitende, gemeinsame ‹Region›. Will man dem verfestigten Konglomerat der genuin europäischen Zusammenarbeit in den europäischen Institutionen ein anderes geologisches Bild gegenüberstellen, so ist die grenzüberschreitende Zusammenarbeit der Spezialisten eher in der Art von Geröll verschiedenen Ursprungs vorstellbar, das sich aus einer gewissen steten Bewegung von beiden Ufern her allmählich an bestimmten Stellen einer kleinen Insel mitten im Fluss anlagert und dabei mehr oder weniger lose vermischt.

Diese regionale Zusammenarbeit über Grenzen ist ihrerseits schließlich zu unterscheiden von den nicht auf ein übernationales Ziel ausgerichteten und insofern viel stärker voneinander isolierten Handlungsmustern von Akteuren, die an sich zwar ähnliche Aufgaben verfolgen, aber räumlich mit ihrer Arbeit doch in ihren unterschiedlichen nationalen Kontexten verhaftet bleiben (vgl. Mayr 2006; Thedieck 1992). Wenn man im geologischen Metaphernkreis bleibt, stellt diese Nicht-Kooperation die unterschiedlichen Geröllablagerungen auf dem einen, steilen und auf dem anderen, flachen Ufer eines Flusses dar, jeweils anders, und weit entfernt voneinander.

Im Vergleich zur Metapher des über lange Zeit verfestigten Konglomerats verweist das Bild vom noch beweglichen Geröll auf die zentrale Frage: Gibt es in der grenzüberschreitenden Zusammenarbeit überhaupt die eine Verwaltung, die eine entsprechende gemeinsame Verwaltungskultur entwickeln und leben könnte? Und der Historiker ist für die Zeitdimension in dieser Fragestellung sensibel. Auf der supranationalen europäischen Ebene gibt es in der Europäischen Kommission einen einheitlichen (relativ jedenfalls) Apparat mit einer gewissen überstaatlichen kollektiven Identität. Für die Kommission und ihre Generaldirektionen kann man daher sinnvoll die Frage stellen, inwiefern es bei ihnen eine ‹europäische Verwaltungskultur› (im Detail der Generaldirektionen dann in verschiedenen Schattierungen) gibt, durch welche Einflüsse sie in der Vergangenheit besonders geprägt wurde und wodurch sie heute gekennzeichnet ist (Fisch 2008). Man erfasst damit soziale Einstellungen und Verhaltensweisen, die in dieser Verwaltung gewachsen sind und in ihr gelebt und an jüngere Mitglieder weitergegeben werden.

---

[1] Vgl. etwa zur Internationalen Telekommunikationsunion HENRICH-FRANKE 2006.

2. Kann es in der grenzüberschreitenden Zusammenarbeit überhaupt eine verfestigte Verwaltungskultur geben?

Der Vergleich mit diesen supranationalen (weil sie teilweise nationale Souveränitätsrechte ausüben) europäischen Institutionen in den vorangehenden Überlegungen zeigt, dass die Frage nach einer spezifischen Verwaltungskultur der grenzüberschreitenden Zusammenarbeit jedenfalls offen ist und nicht offenkundig zu bejahen ist. Man muss sich ihr über einige Einzelfragen an die Praxis der grenzüberschreitenden Zusammenarbeit am Oberrhein annähern. Sie zielen darauf ab, zu prüfen, ob es gemeinsame Einstellungen und gemeinsame Ziele und als Ergebnis eine als gemeinsam empfundene und als (Verwaltungs-) Kultur gelebte Praxis gibt.

- Wird die gemeinsame Praxis, u.U. je nach Herkunftsland unterschiedlich, anders wahrgenommen als Arbeit nur im eigenen nationalen Kontext und an ihr gemessen? Darin wäre ein Indikator zu sehen für das fortdauernde Vorherrschen der aus nationalen Erfahrungen mitgebrachten und zumindest in Teilen der eigenen Arbeit weiter allein gültigen Kategorien.
- Gibt es Anpassungen aneinander in der gemeinsamen Arbeit und eine wirkliche Vermischung von Arbeitsweisen?
- Gibt es, wenn es schon keine staatsrechtliche (Teil-)Souveränität der Akteure gibt, für sie wenigstens die Funktion, wichtige Teilentscheidungen treffen zu können?
- Gibt es schließlich das beobachtbare soziale Phänomen eines gemeinsamen «wir»?

Die diesem Buch zugrunde liegende empirische Studie des Euro-Instituts betritt Neuland bei der Erforschung dieses Felds, weil erstmals Akteure der grenzüberschreitenden Zusammenarbeit vor Ort im Blick auf ihre Tätigkeit, ihre Einstellungen dazu und Wahrnehmungen über sich und andere befragt worden sind. Der wirtschaftlich hoch innovative und urban sehr verdichtete Oberrhein/Rhin Supérieur bietet sich für eine solche Untersuchung an, weil hier im europäischen Vergleich der Grenzregionen schon seit recht langer Zeit Arbeitsfelder und Kooperationsmuster der Zusammenarbeit über Grenzen aufgebaut und mit Leben gefüllt worden sind. Vergleichbar ist am ehesten die durch den Brückenschlag über die Ostsee besonders dynamisch gewordene dänisch-schwedische Zusammenarbeit im Öresund-Großraum rund um Kopenhagen und Malmö.[2]

---

[2] Siehe http://www.oresundsregionen.org/en (01.08.2013).

Bei dieser Befragung gab es methodisch gesehen zwei unterschiedliche Arten von Antworten. Das waren zum einen solche, die durch zahlenmäßig auf einer normierten, stets gleichen Skala ausgedrückte Bewertungen einer quantitativen Auswertung (von ‹trifft sehr stark zu› bis ‹trifft nur sehr wenig zu›) zugänglich sind. Daneben gab es die Möglichkeit, den meisten dieser standardisierbaren Fragen ergänzend noch eine Antwort im Freitext hinzuzufügen, und eine Reihe von vorneherein offener Fragen; beide sind eher qualitativ auszuwerten.[3] Insgesamt liegt die Rücklaufquote mit 24% im mittleren Bereich schriftlicher Umfragen. In Verbindung mit der absoluten Zahl von 132 ausgefüllten Fragebogen führt dies dazu, dass Besonderheiten der Schweizer Sicht bei der geringen Zahl von 6 Antworten nicht verlässlich herausgearbeitet werden könnten. Auch sind Unterschiede zwischen den Antworten der Personen mit französischem und derer mit deutschem Hintergrund nicht immer statistisch ‹signifikant› (gewöhnlich so definiert, wenn das Signifikanzniveau p unter 0,05 liegt), wobei Signifikanz nicht einen Ursache-Wirkung-Zusammenhang bezeichnen muss.

3. Wahrnehmung des Arbeitens der anderen als ‹anders›

Den jeweiligen Partnern werden – übereinstimmend von Deutschen und Franzosen – ziemlich deutlich unterschiedliche Prioritäten und Selbstverständnisse (M_D = 4,0 und M_F = 3,9; Studie, Teil 2.2.1, Signifikanzniveau p zwischen Antworten auf unterschiedlichen Fragen nicht erhoben) zugeschrieben. Dies gilt noch deutlicher (M = 4,2, Unterschied nicht signifikant, p<0,06 und damit leicht über dem Grenzwert von 0,05) für die 44% der Antwortenden, die hauptamtlich grenzüberschreitend arbeiten. Auffällig ist, dass die Deutschen besonders deutlich sehen, dass die anderen Selbstverständnisse und Vorstellungen ihrer Partner die Realisierung des Vereinbarten erschweren (M_D = 4,1 und M_F = 3,4; Unterschied sehr signifikant, p<0,004; Studie, Teil 2.2.4). Dagegen sehen die Franzosen sehr viel deutlicher als die Deutschen, dass die Bindungswirkung von Beschlüssen in der Umsetzung eher gering ist (M_D = 2,9, aber M_F = 3,5; Unterschied sehr signifikant, p<0,02). Die Bedeutung von ungeschriebenen Regeln, die zu beachten sind, wird dagegen eher von Deutschen als ziemlich hoch angesehen (M_D = 4,2 und M_F = 3,9; Unterschied signifikant, p<0,03; Studie, Teil 2.2.6).

---

[3] Vgl. dazu als Grundlage BECKER-BECK, ULRIKE/BECK, DIETER: Kultur der grenzüberschreitenden Zusammenarbeit am Beispiel der Oberrhein-Region, in diesem Band; im Folgenden als «Studie» mit Gliederungspunkt bezeichnet.

4. Wenig Anpassungen aneinander in gemeinsamer Arbeit

Nicht besonders stark wird wahrgenommen, dass Praktiken der Partner in eine gemeinsame Arbeit übernommen worden sind (M_D = 2,8 und M_F = 2,7; Studie, Teil 2.2.8), und noch etwas schwächer sind die Ergebnisse bei der Folgefrage, ob dafür konkrete Beispiele bekannt sind.

5. Souveränität (bei den Zentralen) verhindert Entscheidungen vor Ort

Die Entscheidungsprozesse werden einheitlich sehr deutlich als langwierig erlebt (M_D = 4,3 und M_F = 4,2; Studie, Teil 2.2.3). Sie sind ganz wesentlich durch das Einstimmigkeitsprinzip bestimmt (M_D = 3,7 und M_F = 4,0), das im Blick auf die Innovationsfähigkeit eher bremsend wirkt. Da die Entscheidungen vor Ort in der Regel auf höherer Ebene (und unter ‹externen› Einflüssen) gebilligt werden müssen (M_D = 4,0 und M_F = 4,1), können die Agierenden ihre Handlungsspielräume nicht wirklich als recht weit erleben (M_D = 2,8 und M_F = 2,7).

6. Gemeinsames «wir»

Die grenzüberschreitende Zusammenarbeit ist in hohem Maße davon bestimmt, dass sich immer wieder dieselben Personen treffen (M_D = 4,4 und M_F = 4,2; Studie, Teil 2.2.9). Die Kultur ihrer Zusammenarbeit ist davon bestimmt, dass alle Beteiligten in starkem Masse bemüht sind, Konflikte zu vermeiden (M_D = 3,9 und M_F = 3,8; Studie, Teil 2.2.7). Dazu dient vor allem die recht wichtige Praxis, sich informell bereits im Vorfeld abzustimmen (M_D = 4,2 und M_F = 4,2; Studie, Teil 2.2.3).

Verstörend wirkt aber die Diskrepanz der Ansichten von Deutschen und Franzosen zu der Frage, ob die grenzüberschreitende Zusammenarbeit durch eine gleichberechtigte Partnerschaft geprägt sei (M_D = 4,1 und M_F = 3,3; Unterschied hoch signifikant, $p<0,0003$; Studie, Teil 2.2.7). Ob die Ursachen dafür mit der ebenfalls gerade aus französischer Sicht geringen Bindungswirkung einmal gefasster Beschlüsse zusammenhängen und diese wiederum mit dem hochkomplexen Mehrebenensystem des deutschen Föderalismus?

Für die Zukunft der grenzüberschreitenden Zusammenarbeit am Oberrhein zeigt sich hier ein zentrales Problem: Wer die Partnerschaft immer wieder deutlich weniger als gleichberechtigt erlebt, wird daraus irgendwann Konsequenzen ziehen, die diese Partnerschaft in Frage stellen können. Hier ist eine Sensibilisierung der Akteure angebracht mit dem Ziel, ihnen auch Wege zu zeigen, die eingefahrenen Strukturen zu verändern.

7. Die Bedeutung national geprägter Verwaltungskulturen

Bisher zielte das Argument darauf, zu prüfen, ob die gemeinsame Arbeit von beiden Seiten an der ‹kleinen Insel mitten im Fluss› vergleichbar ist mit den komplexen und aufgabengesättigten Gefügen einer nationalen oder supranationalen Verwaltung, die aus eigenem Recht Entscheidungen treffen kann. Dabei wurde die quantitative Evidenz der Pilotstudie herangezogen, um die Ansicht zu stützen, dass es nicht wirklich eine grenzüberschreitende Verwaltungskultur am Oberrhein gibt, da ihr auch nicht wirklich eine gemeinsame Verwaltung am Oberrhein entspricht.

Die Studie bietet aber noch mehr. Der Blick auf die viel weniger vorstrukturierten Aussagen in den verschiedenen Freitextfeldern des Fragebogens lohnt sich. Sie sind eine Quelle ganz eigener Art. In ihnen kann man nicht nur Antworten auf die gestellten Fragen lesen, sondern auch Zeugnisse sehen für Grundhaltungen und Werte aus der jeweiligen national geprägten Verwaltungspraxis. Die stillschweigende methodische Voraussetzung dabei ist, die deutschsprachigen Texte der deutschen Seite zuzuordnen, obwohl auch sechs (vermutlich germanophone) Schweizer den Fragebogen beantwortet haben. Es soll hier nur um eine kleine subjektive Skizze typischer Kategorien und Zugangsweisen auf französischer und deutscher Seite gehen, und da kann man mit dieser Unschärfe vielleicht doch leben.

‹Die› aus diesen Texten verallgemeinerte deutsche Sicht erscheint stärker von einem Denken in Institutionen, Kompetenzen und Verfahren und der Konzentration auf engere Sachfragen geprägt. Deren Lösung erscheint als wichtiges Ziel, wobei die politische Dimension eher ausgeklammert bleibt. Die französische Seite hat dagegen stärker menschliche und soziale Werte und Ziele und den politischen Prozess im Blick. Der Maßstab ihres ‹courage politique› liegt ‹dans l'intérêt général et non dans l'intérêt personnel ou national›. Franzosen setzen auch mehr auf gegenseitiges Vertrauen und erwarten, dass ein gegebenes Wort gehalten wird. Deutsche arbeiten eine (ihre...) Tagesordnung ab, Franzosen schweifen davon ab, um über die wesentlichen Dinge zu debattieren, Deutsche staunen, was da alles unerwartet diskutiert wird, und alle sehen, dass sie ein unterschiedliches Zeitverständnis haben. Deutsche analysieren gerne quantitativ die Gegenwart, Franzosen werfen gerne einen Blick in die

Zukunft und ihre Potentiale. Franzosen fällt es etwas leichter, auch die Zwänge der anderen Seite zu sehen und die eigene ‹vision hexagonale› zu relativieren. Für sie ist die Zusammenarbeit mit der deutschen Seite durch deren ‹asymmétrie des compétences› gekennzeichnet, und überhaupt ist der deutsche Föderalismus eher ein benanntes Problem als der französische Zentralismus (der sich vielleicht durch die Dezentralisierungspolitik verliert). Der Einblick in eine andere ‹culture› und der Respekt für sie ist schließlich für französische wie deutsche Beteiligte ein wichtiges persönliches Ziel für ihre Arbeit und ein beide Seiten intrinsisch motivierender Antrieb.

Zusammen könnte das doch durchaus eine gute Mischung ergeben... Dazu müsste aber an dem sichtbar gewordenen Problem der Gleichberechtigung der Partner gearbeitet werden. Und für die Zukunft zeichnet sich, wegen des Vormarschs des Englischen als neuer ‹lingua franca›, das Problem der Arbeits- und Verhandlungssprache ab. Obwohl 50% der Franzosen das Englische mindestens ‹gut› beherrschen und 80% der Deutschen, arbeitete man in den beiden eigenen Sprachen, wobei Deutsch von 71% der Franzosen mindestens ‹gut› beherrscht wird, aber Französisch nur von 42% der Deutschen. Das ist ein fragiles Gleichgewicht, das in einigen Jahren mit einer neuen Generation leicht kippen könnte. Ein dann eintretender Wechsel zum Englischen würde das Problem stellen, all die rechtlichen, technischen, verfahrensmäßigen Details der Sachfragen übersetzen zu müssen in eine dritte Sprache. Das Englische erfasst aber eigentlich seine eigene Welt und passt nicht auf die Besonderheiten links und rechts des Rheins – bei dem erwartbaren Fehlen von exakten Wortübereinstimmungen wird man immer wieder wortreich umschreiben müssen. Will man in Zukunft solch eine Entfremdung unter Nachbarn, die sich nicht mehr verstehen, es aber einmal konnten, verhindern, muss man spätestens jetzt handeln.

Literatur

Beck, J. / Thedieck, F. (eds.) (2008): The European Dimension of Administrative Culture, Baden-Baden

Bellier, I. (1994): La Commission Européenne. Hauts fonctionnaires et 'culture du management', in: Revue française d'administration publique n° 70 (1994), S. 253–262

Bouckaert, G. (2007): Cultural Characteristics from Public Management Reforms Worldwide, in: Schedler, Kuno / Proeller, Isabella (eds.): Cultural Aspects of Public Management Reform, Oxford, S. 29–64

Christoph, J.B. (1993): The Effects of Britons in Brussels: The European Community and the Culture of Whitehall, in: Governance. An International Journal on Policy and Administration 6 (1993), S. 518–537.

FISCH, S. (2000): Verwaltungskulturen – Geronnene Geschichte?, in: Die Verwaltung. Zeitschrift für Verwaltungsrecht und Verwaltungswissenschaften 33 (2000), S. 303–323

FISCH, S. (2008): Mechanisms creating a European administrative culture, in: Beck, J. / Thedieck, F.(eds.): The European Dimension of Administrative Culture, Baden-Baden, S. 23–30

HALLSTEIN, W. (1979): Zum Ethos des Europabeamten – Vor höheren Beamten der Kommission, Brüssel, 30.9.1963, in: Hallstein, Walter: Europäische Reden, Stuttgart, S. 441–446

HENRICH-FRANKE, CH. (2006): Organisationskultur und Vertrauen in den internationalen Beziehungen. Anknüpfungspunkt für einen interdisziplinären Dialog?, in: Geschichte und Gesellschaft. Zeitschrift für Historische Sozialwissenschaft 32 (2006), S. 344–363

HERBST, L. (1993): Zur Entstehungsgeschichte einer europäischen Bürokratie. Das Beispiel der Montanunion, in: Trausch, Gilbert (Hg.): Die Europäische Integration vom Schuman-Plan bis zu den Verträgen von Rom. Pläne und Initiativen, Enttäuschungen und Mißerfolge, Baden-Baden, S. 163–188

JANN, W. (1983): Staatliche Programme und 'Verwaltungskultur'. Bekämpfung des Drogenmißbrauchs und der Jugendarbeitslosigkeit in Schweden, Großbritannien und der Bundesrepublik Deutschland im Vergleich, Opladen

MAYR, CHR. (2006): Zwischen Dorf und Staat. Amtspraxis und Amtsstil französischer, luxemburgischer und deutscher Landgemeindebürgermeister im 19. Jahrhundert. Ein mikrohistorischer Vergleich, Frankfurt/Main

PRIEBE, R. (2002): Gemeinsame europäische Verwaltungskultur?, in: Hill, Hermann (Hg.): Staatskultur im Wandel. Beiträge der 69. Staatswissenschaftlichen Fortbildungstagung vom 14. bis 16. März 2001 an der Deutschen Hochschule für Verwaltungswissenschaften Speyer, Berlin, S. 159–171

THEDIECK, F. (1992): Verwaltungskultur in Frankreich und Deutschland, dargestellt am Beispiel von französischen und deutschen Gemeindeverwaltungen und unteren staatlichen Verwaltungsbehörden, Baden-Baden

Wandel der transnationalen Verwaltungskultur
Leben in einer entgrenzten Welt

FRANZ THEDIECK

Inhaltsverzeichnis

1. Kulturwandel in einer Organisation — 319
2. Wandel der transnationalen Verwaltungskultur — 324
   2.1 Definition — 324
   2.2 Wandel der transnationalen Verwaltungskultur — 325
3. Ursachen des transnationalen Kulturwandels — 327
4. Wirkungsmechanismen des Kulturwandels — 330
5. Schluss und Fazit — 333
Literatur — 334

Grenzen, die als offene Grenzen verstanden und gelebt werden, bieten Chancen für einen neuen freieren Lebensstil. Sie sind Kreativträume und Experimentierfelder. Sie brauchen dynamische Entwickler, die sie zum Erfolg führen. Die Eurozonen stellen Räume mit einem solchen Potenzial dar.

1. Kulturwandel in einer Organisation

Ein Arbeitseinsatz im Ausland gab mir kürzlich Gelegenheit, mich mit der Organisationskultur eines Unternehmens zu befassen, dem ich selbst einmal während mehrerer Jahre angehört habe. Manchmal gingen meine Gedanken zurück an die «guten alten Zeiten», die ich dort vor 20 Jahren verbracht habe.

Das scheint verständlich, weil wir häufig die Erfahrung machen, dass sich mit zunehmendem Zeitabstand die Vergangenheit verklärt. Die guten Erinnerungen bleiben, alles Unangenehme rückt in den Hintergrund oder wird schlicht vergessen. Meine Erinnerung an die neunziger Jahre des vergangenen Jahrhunderts in diesem Unternehmen ist außerordentlich positiv. Ich habe damals ein großes Maß an Freiräumen leben können, beruflich wie privat, deshalb kann die positive Erinnerung kaum überraschen. Wie selten in anderen Umgebungen habe ich mich wohl gefühlt in diesem dynamisch geführten, innovativen Umfeld, das intensiv auf die Bedürfnisse und Situationen seiner Mitarbeiter einging und dessen Organisationszweck auf die Entwicklung der Dritten Welt gerichtet war. Wer hier arbeitete, konnte ein umfassend gutes Gefühl besitzen: für seine Arbeit, seine Lebenssituation, seine «Entwicklungspartner», seine Arbeitskollegen und auch für seinen Arbeitgeber. So wurde Fortbildung der Mitarbeiter ganz großgeschrieben und nicht auf einen dienstlichen Anlass oder den beruflichen Bereich beschränkt, weil das Unternehmen davon ausging, dass sich eine Konsolidierung oder Verbesserung im persönlichen Bereich der Mitarbeiter auch positiv auf die Arbeitssituation und das Unternehmensergebnis auswirkt.

Was ist in der Zwischenzeit in diesem Unternehmen passiert? Was ist mir zuletzt aufgefallen? Was war bei dieser Begegnung anders?

Vorausschicken möchte ich, dass mein früherer Arbeitgeber nie ganz aus meinem Blickfeld verschwunden ist. Ich habe kontinuierlich kleinere Arbeitseinsätze für ihn absolviert, auf Konferenzen und Seminaren mit seinen Mitarbeitern diskutiert und während der Arbeitseinsätze auch mit ihnen zusammengearbeitet. Mein früherer Arbeitgeber ist mir also nie wirklich fremd geworden.

Doch diesmal wollte sich nicht das Gefühl einstellen, dass mir das bekannte Arbeitsfeld vertraut war. Ich fühlte mich eher als «Fremdfaktor». Nicht weil man mich spüren ließ, dass ich nicht oder nicht mehr dazu gehöre. Es war anfangs schlicht der Altersunterschied, der diesen Eindruck hervorrief. Meine Kolleginnen und Kollegen waren sämtlich unter 40 Jahre, mehrheitlich 30 bis 35 Jahre jung, ich dagegen über 60 Jahre alt. Es handelt sich also um den typischen Altersunterschied zwischen zwei Generationen. Dass dieser Unterschied sich nicht auf das bloße Alter beschränkt, sollte bei näherem Nachdenken nicht verwundern, denn die Sozialisation der betroffenen Personengruppen ist in den prägenden Ausbildungszeiten sehr unterschiedlich verlaufen: der «Aufbruch» mit «Studentenrevolution» in den späten 1960er Jahren bot ein ganz anderes Lernumfeld als das Jahrzehnt um die Jahrtausendwende. Außerdem standen meine Kollegen[1] am Anfang ihrer Berufskarriere, ich dagegen stehe an ihrem Ende.

Meine ersten Eindrücke veränderten Verhaltens betrafen die Oberfläche. Die Feststellungen müssen auch wie eine oberflächliche Analyse wirken und bedürfen weiterer Überlegungen, die in die Tiefe gehen. Was mich anfangs gestört hat, war eine gewissen Nonchalance zum Thema Pünktlichkeit. Häufiger wur-

---

[1] Die Verwendung der männlichen Form eines Begriffs schließt grundsätzlich die weibliche Form ein, ohne dass dies besonders erwähnt wird.

den Zeitabsprachen, die z.B. Fahrten zum Arbeitsplatz, zu Behörden, zu Programmpartnern oder zum Mittag- oder Abendessen betrafen, nicht eingehalten. Eine einzelne verspätete Person zwang eine fünfköpfige Gruppe mehrfach zu einer zehn- bis fünfzehnminütigen Wartezeit, ohne dass sie hierin einen Anlass für eine Erklärung oder eine Entschuldigung gesehen hätte.

Verändert hat sich auch die Vertrautheit mit elektronischen Medien. Immer modernere technische Kommunikationsmittel, elektronische und internetgestützte Methoden und Verfahren, z.B. bei der Visualisierung, sind Alltag. Wie auch sonst erleichtern sie die Kommunikation unter den Eingeweihten, andere werden tendenziell ausgeschlossen.

Von der Oberfläche zur Tiefe. Eine Form des Wandels macht sich auch daran fest, dass englische Formulierungen und Fachausdrücke weiter in die Berufssprache eingedrungen sind. Nach meiner Schätzung wird etwa 20% der mündlichen Fachkommunikation auf Englisch ausgedrückt, ohne dass dies als ungewöhnlich oder störend empfunden wird. Dies gilt in höherem Maße für Vorträge, die häufig vollständig auf Englisch ablaufen. Wenn in einer Gruppe ein Mitglied nicht deutsch spricht, wechselt üblicherweise die gesamte Gruppe in die englische Sprache als Kommunikationsplattform, die mündliche Kommunikation wird dann also zu 100% auf Englisch vorgenommen.

Die sonstige professionelle Sprache hat sich ebenfalls dem Englischen stark geöffnet, weil dies erlaubt, Fachausdrücke über Sprachgrenzen hinweg zu verwenden und einheitlich zu verstehen. Von «*commitment*» über «*framework*» zu «*policy design*» besteht ein englischsprachlicher Basiswortschaft, der in der internationalen Fachcommunity verstanden und genutzt wird. Mittelfristig werden diese Begriffe in die deutsche Sprache assimiliert und nicht mehr als Fremdworte empfunden werden. Das kann zumindest anfangs einen «alten Hasen», der dies neu lernen muss, älter aussehen lassen, als ihm lieb ist.

Hinzu kommt eine neue Generation an Abkürzungen. Kürzel waren schon immer gebräuchlich, sie sind einfach praktisch, um einen langen Begriff auf den Punkt zu bringen: PPP ist eben weniger umständlich als und als Begriff kürzer und effizienter einsetzbar als die Langfassung *Private Public Partnership*. Im Laufe von einem oder zwei Jahrzehnten werden die Arbeitsmethoden erneuert, der wissenschaftliche Fortschritt wirkt in die Praxis hinein. Routinen werden ausgetauscht, neue fachliche Bezeichnungen werden eingeführt, eingeübt und vertraut.[2] Die Begrifflichkeiten wandeln sich im Gleichschritt mit der Entwicklung der Arbeits- und Forschungsmethoden. Auch PPP kann dafür als Bei-

---

[2] Manchmal führt der Austausch von Begrifflichkeiten und Routinen auch lediglich zu einem modischen Wandel des Instrumentariums, der nicht von Dauer ist und sich in einem Rhythmus von fünf bis zehn Jahren ändert.

spiel herangezogen werden. Früher verstand man in Deutschland darunter *Partizipative Projekt Planung,* bevor die international verwendete Abkürzung den im deutschsprachigen Kontext verwendeten Begriff verdrängte. Es ist unbestritten, dass die Verwendung von Kürzeln die Fachkommunikation unter den eingeweihten Anwendern vereinfacht; allerdings erschwert sie die Verständigung mit Außenstehenden.

Täusche ich mich, wenn ich festzustellen meine, dass sich ein Nischen- und Sektorendenken ausgebreitet hat zu Lasten eines Gesamtverständnisses der Aufgabe bzw. der Institution? Dass Politologen sich anders mitteilen als Juristen, ist nicht neu. Fachausbildung, Fachsprache und fachspezifische Methoden prägen den Kommunikationsstil. Sie fördern auch ein gemeinsames Problembewusstsein und die Vorstellung, dass die spezifisch fachliche – z.B. juristische – Sicht auf ein Problem Besonderheiten verdeutlicht, die ohne diese Fachlichkeit verloren gehen würden. Das stärkt das fachspezifische Selbstbewusstsein und kann auch zu einer ebensolchen Überschätzung führen. Dass die Gesamtkommunikation und Zusammenarbeit auf diese Weise nicht gefördert wird, ist verständlich. Nischendenken steht einem Gesamtverständnis des Unternehmens entgegen, das Einzelinteressen tendenziell glättet und die übergreifenden Unternehmensinteressen in den Vordergrund stellt.

Die Aussage bezieht sich zunächst auf die Art und Weise, wie Aufgaben in der Teamarbeit angegangen werden. Ein gemeinsames Arbeits- und Verantwortungsverständnis erleichtert es, Kompromisse zwischen verschiedenen Personen und ihren Ansichten sowie Vorgehensweisen zu schließen. Es geht auch darum, Kompromisse zwischen verschiedenen fachlichen Betrachtungsweisen zu finden, statt auf einer einseitig fachlichen Sicht zu beharren. Die Betonung von Gemeinsamkeiten und die Bereitschaft zum Kompromiss fördern in der Regel den Arbeitsprozess und die Produktion eines Arbeitsergebnisses, welches das Gesamtverständnis des Unternehmens sowie die übergreifenden Unternehmenszwecke unterstreicht.

In dem Team gab es mehr Frauen als Männer. Ist das überhaupt bemerkenswert? Die Veränderung des Verhältnisses zwischen den Geschlechtern im Beruf hatte ursprünglich zum Ziel, dass die Benachteiligung von Frauen gegenüber Männern verringert wird. Quantitativ sind Frauen in dem Unternehmen heute besser vertreten als vor 25 Jahren, auch an der Unternehmensspitze befinden sich unter den fünf Führungspersonen immerhin zwei Frauen. Das ist noch kein Beweis für mehr Geschlechtergerechtigkeit, dennoch deutet sich eine auch qualitative Veränderung an. Sie wird von mir wahrgenommen durch ein stärkeres Selbstbewusstsein von Frauen, dem auf Seiten der Männer eine Verunsicherung über die eigene Rolle entspricht. Deutlich wird auch, dass die Frauen ihre Rollenerweiterung mit höherem Leistungsdruck bezahlen müssen und dass sie in ihrer traditionellen Rolle kaum Entlastung erfahren. Von einer «Gendernormalität» nehme ich noch wenig wahr, ich erlebe eine Umbruchphase, die offenbar noch längere Zeit andauern wird, bevor das Verhältnis zwischen Mann und Frau als ausgewogen empfunden wird. Währenddessen habe ich in einem nicht unbedeutenden Fachkonflikt erlebt, dass dieser entlang der Gendertrennungslinie entschieden wurde. Nicht die Fachdiskussion lieferte die Entscheidungskriterien, sondern die Solidarität zwischen allen weiblichen Missionsmitgliedern schien für die gemeinsame Lösung der Fragestellung ausschlaggebend. Dafür war fallbezogen auch eine positive Gruppendynamik ursächlich, die sich kaum regelmäßig herstellen lassen wird; dennoch hat mich diese Erfahrung sehr beeindruckt und gleichzeitig nachdenklich gemacht. Ist Solidarität zwischen Frauen anders zu bewerten ist als unter Männern?

Der Stressfaktor und Arbeitsdruck in dem Unternehmen scheint mir heute viel höher zu liegen, als das früher der Fall war. Dafür ist bereits der gewachsene Anteil der Dienstreisen an der Gesamtarbeitszeit der jüngeren Mitarbeiter maßgeblich; dieser Anteil dürfte etwa die Hälfte der Bruttoarbeitszeit ausmachen. Man kann sich leicht ausmalen, dass bei diesem Verteilungsmodus zeitliche Hetze angesagt ist und Routinen wie Wissensmanagement, z.B das Verfassen und Dokumentieren von Berichten und Analysen, in den Hintergrund treten. Für die Arbeitsweise des Unternehmens, z.B. für das Zurückgreifen auf positive Erfahrungen, entstehen dadurch Mängel und Lücken in der institutionellen Erfahrung, welche mittel- und langfristig tendenziell nicht mehr generiert wird. Aus dem gleichen Grund bildet sich keine typische Unternehmenskultur mehr aus; die positive Organisationskultur, die traditionell einen Wettbewerbsvorteil des Unternehmens darstellte, könnte auf der Strecke bleiben. Die Veränderung des Arbeitsdrucks ist ein generelles Phänomen und wird als Überlastung mit den individuellen Anforderungen an den Arbeitsplatz wahrgenommen. Auf die Überlastung wird mit Burn-out und anderen psychosomatischen Krankheiten reagiert. Den erhöhten Anforderungen und dem zunehmendem Arbeitsdruck auf der einen entspricht auf der anderen Seite eine kritikarme bis kritikunfähige Haltung der Mitarbeiter. Sie beruht sicher zum Teil auf individuell unsicheren Arbeitsbedingungen, auf Grund derer kaum jemand den Mut hat, sich kritisch zu äußern. Zeitverträge müssen nämlich nicht verlängert werden (vgl. Schoener 2013). Die unkritischen Verhaltensweisen beschränken sich demgemäß auf Vorgesetzte als Kommunikationspartner, in anderem Kontext trauen sich die Mitarbeiter durchaus ein offenes Wort.

2. Wandel der transnationalen Verwaltungskultur

2.1 Definition

Während der vergangenen 20 Jahre ist das Konzept der Verwaltungskultur auf wachsendes Interesse in der Verwaltungswissenschaft und -praxis gestoßen. Nicht nur die rechtliche und organisatorische Struktur, also die *«hardware»* (Thedieck 1992, S. 48), bestimmt das Bild der öffentlichen Verwaltung. Um eine Verwaltung gründlich zu verstehen, muss man auch ihre *«software»* (Thedieck 2007, S. 9) kennen, das sind ihre Tiefenstrukturen, also schwer zu fassende Orientierungsmuster aus ungeschriebenen Normen, Werten und Traditionen. Es gibt selbstverständlich detaillierte *Definitionen*, eine Standarddefinition zitiere ich hier:

> *In contrast to the legal and organizational structure administrative culture indicates the values, norms, orientations and attitudes of an organization. Administrative culture is composed of patterns, which have developed during a long period and often are discovered only by attentive observers. Administrative culture characterizes also the attitude towards change such as administrative reform* (Thedieck 2007, 9).

Dieser weite Begriff hat sich im Anschluss an die grundlegende Arbeit von Geert Hofstede (Hofstede 2001) zum Kulturbegriff ergeben, auf dem die nachfolgende Erforschung der politischen Kultur und der Unternehmenskultur (vgl. Heinen/Frank 1997) beruht. Die weitere Entwicklungslinie führt über die Organisationskultur (Schein 2003) zur Verwaltungskultur.

Verwaltungskultur bezeichnet die in einer (oder mehreren) Verwaltung(en) vorherrschenden Orientierungsmuster. Träger der Verwaltungskultur sind die Mitglieder der Behörden, aber auch die Bürger in den jeweiligen Verwaltungsbezirken. Im Einzelnen zählen zur Verwaltungskultur Riten, Rituale, Zeremonien, Gebräuche, Gewohnheiten, Mythen, Geschichten, Stories, Legenden, kulturelle Artefakte. (Thedieck 2008, S. 84 in Anschluss an Heinen 1987).

Die Kenntnis der jeweiligen Verwaltungskultur ist wesentlich für eine erfolgreiche Zusammenarbeit zwischen verschiedenen Verwaltungsinstitutionen und zwischen Bürger und Verwaltung. Die Nichtbeachtung des kulturellen Hintergrunds führt häufig zu Missverständnissen. Hierfür möchte ich ein Beispiel geben. In wenig hierarchisch organisierten Institutionen werden Arbeitssitzungen so vorbereitet, dass die teilnehmenden Personen unmittelbar eingeladen werden, ohne dass die Einladungen einen Umweg über einen oder mehrere Vorgesetzte machen müssen. In hierarchisch geprägten Institutionen ist dies anders. Der Postverkehr ist über die Behördenleitung organisiert, die darüber entscheidet, wie die innerbehördliche Post verteilt wird. Dass Außenstehende die innerbehördliche Entscheidungsfindung vorwegnehmen oder bestimmen, ist nicht gewollt und wird nach Möglichkeit verhindert. Dies kleine Detail kann die Zusammenarbeit zwischen Institutionen erheblich stören und zu Missverständnissen führen, die niemand beabsichtigt hat.

Sind Grenzen Kulturbarrieren? Grenzen müssen nicht notwendig Barrieren zwischen unterschiedlichen Kulturzonen bilden. Es gilt jedoch: Je unterschiedlicher die jeweiligen Verwaltungskulturen diesseits und jenseits einer Grenze sind, desto heftiger werden die kulturellen Eigenheiten empfunden, manchmal als Barriere, manchmal auch als liebenswerte Besonderheit. Zwischen zwei benachbarten Landratsämtern werden kaum größere kulturelle Unterschiede bestehen. An den Landesgrenzen sieht dies jedoch in der Regel anders aus: Landes- und Regionalgrenzen trennen auch verschiedenartige kulturelle Räume. Zwischen dem marktorientierten Deutschland und dem traditionell etatistisch ausgerichteten Frankreich sind diese Trennungen besonders intensiv zu spüren, da viele Kulturelemente betroffen sind, obwohl auch eine Reihe von Gemeinsamkeiten zu beobachten ist wie die legalistische Orientierung beider Systeme.

2.2 Wandel der transnationalen Verwaltungskultur

Ein föderales System, wie es die Bundesrepublik Deutschland darstellt, tut sich mit Veränderungen sehr schwer. Das liegt daran, dass an der jeweiligen Entscheidungsfindung besonders viele Akteure beteiligt sind, die sich nicht hierarchisch dirigieren lassen. In den eigenen Kompetenzen möchte sich ein Bundesland von niemandem vorschreiben lassen, wie es diese Zuständigkeit wahrnimmt. Wenn eine Landesregierung den Eindruck gewinnt, ihr Entscheidungsspielraum werde z.B von der Bundesregierung nicht genügend beachtet, dann wird sie schon aus grundsätzlichen Erwägungen ihr Störpotential demonstrieren. Für die Umsetzung der FFH-Richtlinie[3] hatte die EU seinerzeit drei Jahre veranschlagt; die Bundesrepublik Deutschland benötigte mehr als dreimal so viel Zeit, weil sich das Zusammenführen der unterschiedlichen Interessen auf den drei Politik- und Verwaltungsebenen denkbar kompliziert gestaltete.

Wenn bereits relativ überschaubare gesetzliche Änderungen sich schwierig und langwierig gestalten, um wie viel mehr trifft dies für den schwer greifbaren Bereich der Verwaltungskultur zu. Hier muss man in längerfristigen Zeiträumen rechnen. Geschahen Veränderungen bis vor fünfzig Jahren in Dimensionen von

---

[3] Flora-Fauna-Habitat Richtlinie 92/43 EWG.

Generationen[4], so hat das allgemein wahrgenommene Beschleunigungsphänomen (vgl. hierzu Nadolny 1983) inzwischen ebenso den kulturellen Wandel erfasst. Als Beispiel verweise ich auf die Veränderungen im Bereich der Telekommunikation, die das soziale Leben der Menschen grundlegend revolutionieren: Um die Jahrtausendwende kam die private Nutzung des Mobiltelefons verbreitet auf, fünf Jahre später wurde das Schreiben von SMS allgemein üblich und wiederum fünf Jahre später war das WLAN in Deutschland flächendeckend eingeführt. Das bedeutet, dass sich in knapp $1^1/_2$ Jahrzehnten die Art und Weise der Kommunikation und der Informationszugang stark geändert haben mit gewaltigen Konsequenzen für die Organisationskultur.[5]

Um einen grundlegenden Kulturwandel auszulösen, bedarf es häufig eines besonderen, spürbaren Anlasses. Einen solchen Auslöser, wie er selten vorkommt, stellt der Mauerfall von 1989 mit dem anschließenden Systemwechsel in der früheren DDR dar. Dass der Zusammenbruch des kommunistischen Systems Auswirkungen auf die zugrunde liegende politische Kultur und Verwaltungskultur haben würde, musste jedermann klar sein. Im Anschluss an dieses Jahrhundertereignis war mit tiefgreifenden Veränderungen zu rechnen. Der DDR ist das politische und wirtschaftliche System der Bundesrepublik übergestülpt worden. Mittel hierzu war insbesondere das Rechtssystem, denn wenn erst einmal die gleichen Rechte und Pflichten in beiden Landesteilen gelten, müsste die Systemgleichheit hergestellt sein. Das gilt zumindest einmal formal. In der Tiefenstruktur gilt dieses nicht so ohne weiteres. Denn die Tiefenstruktur, die politische und die Verwaltungskultur, wirken lange nach und verändern sich nur langsam. Das wird bestätigen, wer den Systemwechsel in der früheren DDR miterlebt hat. Die vorher gültigen Werte – die staatliche Beschäftigungsgarantie, die umfassende öffentliche Vorsorge und Sicherheit etc. – waren in den Köpfen der Bürger noch lange lebendig und standen westlichen Wertevorstellungen – z.B der Privatisierung der allgemeinen Lebensrisiken – im Wege.

An diesem Beispiel wird deutlich, dass und wie sich ein Kulturwandel vollzieht. In anderen Fällen – wie bei der Veränderung der eingangs geschilderten Unternehmenskultur – verläuft der Wandel weniger spektakulär und ist kaum spürbar. Jenseits eines politischen «Big Bang» geschieht der Wandel der Verwaltungskultur unauffällig. Man muss dann schon zwei verschiedene Zeitpunkte miteinander vergleichen können, um die langfristig wirkenden Unterschiede

---

[4] Für grundlegende Reformen ließ sich der Gesetzgeber Zeit zur Vorbereitung eines Gesetzentwurfs, z.B vor der Einführung des Bürgerlichen Gesetzbuchs im Jahre 1900. Das Gesetz galt dann aber auch für einen heute fast unbegreiflich langen Zeitraum. Gleiches lässt sich für den Datenschutz nicht feststellen Das ursprüngliche Konzept aus den 1970er Jahren wurde schon bald bei der Ablösung der Großcomputer durch immer kleinere und leistungsfähigere PCs obsolet.

[5] Ich danke meinem Freund Kay Andraschko für den Hinweis und das Beispiel.

festzustellen, einem kontinuierlich anwesenden Mitarbeiter oder Beobachter werden sie kaum auffallen.

Steter Tropfen höhlt den Stein, sagt das Sprichwort. Dies gilt natürlich auch für die Verwaltungskultur. Beispiele hierfür gibt die Europäische Rechtsentwicklung. Die für Projekte der EU vorgeschriebenen Verfahren – wie die Zwischen- und Schlussevaluationen – setzen sich langsam, aber stetig auch in den nationalen Verwaltungen durch. Ein anderes Beispiel ist das von Art. 41 der EU Grundrechtecharta ausgehende Bürgerrecht auf gute Verwaltungsführung, das z.B umgesetzt auf das Recht auf Akteneinsicht zu einem offenen Umgang mit dem Wissen bzw. Wissensvorsprung der Verwaltung führt.[6]

3. Ursachen des transnationalen Kulturwandels

Nach Ablauf eines Zeitrahmens, z.B nach einem Generationenwechsel, ist ein damit einhergehender Kulturwandel nur zu selbstverständlich. Somit beschreibt das eingangs geschilderte Beispiel des Wandels einer Unternehmenskultur den Normalfall. Es wäre erstaunlich, ja geradezu bedenklich, wenn sich insofern nichts verändert hätte. Diejenigen, die die frühere Unternehmenskultur geschätzt haben, mögen den Wandel bedauerlich finden, aber eine Situation, die über Jahrzehnte unverändert bleibt, ist viel problematischer, da eine Anpassung grundsätzlich die Fähigkeit zur Weiterentwicklung und zur Reform einer Institution kennzeichnet. Immobilität, auch im Hinblick auf die Kultur, markiert dagegen Reformunfähigkeit und langfristig ein Scheitern der Organisation.

Der Ort, an dem ein Kulturwandel stattfindet, könnte ebenfalls etwas über seine Ursachen verraten. Für eine Veränderung bedarf es eines äußeren Anstoßes, wie im Extremfall des Mauerfalls. In einer weitgehend homogenen Umgebung sind diese Anlässe seltener als in einer offenen, von Diversitäten geprägten Situation, an deren Ränder verschiedene Kulturen aneinander und aufeinander stoßen. Dabei kann dieses Zusammenstoßen von Kulturen nicht nur ein zufälliges Ereignis sein. Der Austausch mit einer anderen Kultur kann durchaus bewusst und gewollt erfolgen: Als eine Reformgruppe im Elsass die Fülle der nationalen und regionalen Verwaltungsstrukturen vereinfachen wollte – z.B sollten die zwei bestehenden Départements Haut Rhin und Bas Rhin in der verbleibenden Region Elsass aufgehen –, orientierte sie sich u.a. an der erfolgreichen Verwaltungsreform des ehemaligen Ministerpräsidenten Erwin Teufel in Baden-Württemberg. Diese Reform hatte Sonderbehörden aufgelöst

---

[6] Vgl. den Beitrag von KARL-PETER SOMMERMANN in diesem Band.

und die Landratsämter gestärkt.[7] Dieses Vorgehen offenbart einen Vorteil von Grenzregionen, in denen der Blick nicht durch die Grenze verstellt, sondern durch bewusstes Beobachten des Nachbarn und seiner Lebensverhältnisse geweitet wird. Deshalb ist unsere Umwelt, einschließlich der ihr zugrunde liegenden Verwaltungskulturen, an kulturellen Grenzen besonders dynamisch. Grenzen bezeichnen zwar die Systemunterschiede; diese müssen aber nicht an der Grenze verteidigt werden. Man kann sie als Anregungen nehmen, vom Nachbarn zu lernen und Anpassungen vorzunehmen, die ebenso im eigenen Kulturraum sinnvoll sind. Somit können Grenzen so gestaltet werden, dass sie eine weitgehend entgrenzte Welt strukturieren, aber nicht mehr trennen. Dies wird symbolisch an der Europabrücke zwischen Straßburg und Kehl deutlich, wo der Verkehr seit mehr als einem Jahrzehnt unkontrolliert fließt, wo nicht getrennt und behindert, sondern verbunden wird. Ein solcher Grenzraum kann als Experimentierfeld genutzt werden, z.B für den neuen Verwaltungstypus des «Eurodistrikts».

Die früheren Grenzräume waren durch Behinderungen und Kontrollen gekennzeichnet, die durch die Grenzsituation ausgelöst wurden: z.B die Grenzkontrollen durch Zoll und Polizei. Ganz besonders heftig wurde diese Grenzsituation an den Systemgrenzen empfunden, also z.B. bei einem Grenzübertritt von der Bundesrepublik in die DDR. Die Zollbeamten zeigten sich besonders unzugänglich und genossen es offenbar, mit der Unsicherheit der Bundesbürger zu spielen. Unsicherheit, weil man das jeweils andere System, die Handlungsweisen der Amtsträger sowie die ihr zugrunde liegende Verwaltungskultur nicht kannte.

Durch Offenheit und Toleranz, durch Respekt gegenüber dem Nachbarn und dem System auf der anderen Seite der Grenze, durch das Erleben von mehreren Kulturen nebeneinander, durch ein Öffnen gegenüber der Sprache des Nachbarn erschließt sich die Kultur des Nachbarn und wird es möglich, den Grenzraum, seine Diversität, seine unterschiedlichen Kulturen als Bereicherung zu erleben. Grenzräume wandeln sich zu Begegnungsfeldern, die einen Raum für Kreativität und Toleranz schaffen. Grenzen sind deshalb potenzielle Berührungspunkte, aus denen gemeinsame Aktionen entstehen können. Dies habe ich so ähnlich an der deutsch-französischen Grenze bei Straßburg erlebt.

Begegnungen gibt es jedoch nicht nur im geografischen Raum. Sie finden in ähnlicher Weise außerhalb des Raumes, also «raumlos», statt. Es existiert ein virtueller Grenzraum, in dem sich Menschen unterschiedlicher kultureller Prägung treffen. Wo trifft man auf diese virtuellen Grenzräume?

---

[7] Der Versuch der Vereinfachung der Verwaltung ist im Elsass vorerst gescheitert.

Virtuelle Grenzräume sind überall da, wo sich Lernräume befinden. Das trifft zunächst auf Schulen zu, vor allem Schulen, in denen sich unterschiedliche Kulturen begegnen. Das sind Schulen in Grenzregionen und internationale Schulen, also Schulen, in denen Schüler unterschiedlicher nationaler Zugehörigkeit und kultureller Bindung gemeinsam lernen. Auch Hochschulen gehören hierzu, wenn sie – wie im Normalfall – Studierenden unterschiedlicher nationaler und kultureller Herkunft einen gemeinsamen Lernraum bieten. Spiegelbildlich zu den kulturell geöffneten Hochschulen bieten Auslandssemester den Studierenden ein kulturell diverses Lernfeld, in dem die Erkenntnis gewonnen werden kann, dass die wirkliche Grenze in dem heimischen Umfeld besteht, in dessen Enge sich der einzelne einschließt und sich nicht der kulturellen Diversität jenseits der Grenze öffnet. Lernräume zu entgrenzen stellt also ein lohnendes Ziel dar. Abweichendes Verhalten von einzelnen Mitgliedern der Lerngruppe ist dann kein Grund für Misstrauen, sondern für die Überlegung, inwiefern es bei einer vorgegebenen Problemstellung einen Vor- oder Nachteil darstellt. Grenzen werden auf diese Weise nicht als trennende Elemente erlebt, sondern als Berührungspunkte, die neue Fragen aufwerfen und alternative Lösungsmöglichkeiten aufzeigen. Wer in solchen offenen und toleranten Lernräumen seine Lernerfahrungen gewonnen hat, wird in seinem späteren Leben fremden Menschen und neuen Inhalten stets große Offenheit und Toleranz entgegenbringen und sich kaum kulturell einengen lassen. Die Erfahrung der Entgrenzung, räumlich wie virtuell, wirkt auf Dauer.

Was für die Lernräume gilt, ist in ähnlicher Weise für die Arbeitswelt zutreffend. Die neuen Arbeitsräume sind weitgehend entgrenzt, von einer Kultur der Offenheit geprägt, wir können sie als «kulturoffen» bezeichnen. Die nationale oder kulturelle Zugehörigkeit spielt bei der Rekrutierung der Mitarbeiter eine immer geringere Rolle. Die Welt der Wirtschaft wird immer globaler, Waren werden kaum noch ausschließlich für nationale Märkte, sondern für größere Wirtschaftsräume produziert, wie sie die EU darstellt. Diese wirtschaftliche Öffnung gilt nicht nur für die Warenproduktion, sondern auch für die Arbeitswelt. Innerhalb der EU ist der Arbeitsmarkt weitgehend geöffnet, was bedeutet, dass die kulturellen Begegnungen zunehmen und infolgedessen Offenheit und Toleranz auch in der Arbeitswelt zunehmen können. Beispiele hierfür sind transnationale Institutionen wie das Euro-Institut in Kehl-Strassburg, in denen die Zugehörigkeit der Mitarbeiter zu den Kulturen diesseits und jenseits der Grenze zur gewollten Normalität gehört. Aber auch über internationale Institutionen hinaus findet eine Entgrenzung der Arbeits- und Wirtschaftswelt statt, die unseren Lebensstil revolutioniert im Hinblick auf die Vorbildung, die Arbeitsweisen, die Arbeitssprache und generell die Zusammenarbeit der arbeitenden Menschen. So normal wie die Vielfalt der nationalen und kulturellen Zugehörigkeit der Menschen in unseren Städten geworden ist, so normal wird die transnationale und transkulturelle Zugehörigkeit der Mitarbeiter in den Unternehmen und Organisationen empfunden. Die Exposition der Menschen gegenüber dieser Diversität prägt immer mehr unsere Lebenswelten. Diese bilden einen neuen Kosmos der Begegnung, in der mehrere Kulturen nebeneinander als korrekt bzw. normal empfunden werden und sich gegenseitig tolerieren. Als weiterer Schritt ist ein aktiver Dialog der sich begegnenden Kulturen wünschenswert. Diese gelebte Diversität bildet die Dynamik, die den transnationalen kulturellen Wandel antreibt.

4. Wirkungsmechanismen des Kulturwandels

In diesem Abschnitt gehe ich der Frage nach, was sich geändert hat und mit welchen Methoden der Wandel vollzogen wurde.

Wie im vorigen Abschnitt erläutert, stellen Grenzräume aktive Räume der Veränderung dar. In ihnen sind als Reaktion auf ein Problem mehr Lösungsalternativen erfahrbar und sichtbar als im Binnenland. Der handelnde Mensch schaut sich im Nachbarland nach Alternativen um und ist bereit, eine «fremde», ihm bislang unbekannte und kulturell ferne Lösung umzusetzen, wenn er sich davon Vorteile versprechen kann. Er besitzt die Chance, aus neuen, anderen Erfahrungen zu lernen und sie zu nutzen, wenn er bereit ist, seine Vorurteile gegenüber «fremden» Lösungen und Kulturen abzubauen oder sogar aufzugeben. In «entgrenzten» Räumen multipliziert sich der Erfahrungsschatz, aus dem für Problemlösungen geschöpft werden kann. Damit birgt der transnationale oder auch entgrenzte Raum – sowie generell eine entgrenzte Erfahrungssituation – besondere Chancen.

Welche Vorteile bringt ein Kulturwandel, der aus einer Entgrenzung hervorgeht? Wenn interkulturelle Kooperationen zuvor häufiger an selbst auferlegten Grenzen oder Beschränkungen gescheitert sind, so realisieren sich diese nunmehr aufgrund tieferer und besserer Einsicht. Der entgrenzte Kulturraum besitzt besondere Stärken: Verschiedene Betrachtungsweisen von Problemsituationen und verschiedene methodische Herangehensweisen an eine Lösungssuche potenzieren die zur Verfügung stehenden Lösungsmöglichkeiten. Sie schaffen neue, offenere Verstehensweisen und erweitern die Kreativitätsspielräume. Wer auf diese Erweiterung seiner Denk- und Handlungsspielräume verzichtet, begibt sich in eine Situation, wie sie Immanuel Kant in seiner berühmten Erläuterung der Aufklärung beschreibt:

> *Aufklärung ist der Ausgang des Menschen aus seiner selbstverschuldeten Unmündigkeit. Unmündigkeit ist das Unvermögen, sich seines Ver-*

standes ohne Leitung eines anderen zu bedienen. Selbstverschuldet ist diese Unmündigkeit, wenn die Ursache derselben nicht am Mangel des Verstandes, sondern der Entschließung und des Muthes liegt, sich seiner ohne Leitung eines anderen zu bedienen. Sapere aude! Habe Muth, dich deines eigenen Verstandes zu bedienen! ist also der Wahlspruch der Aufklärung (Kant 1784).

Wer aus intellektueller Einseitigkeit darauf verzichtet, die kulturelle Diversität zu erforschen und zu erleben, und wer sich ihrer Einsichten und Handlungsmöglichkeiten verschließt, begibt sich in eine selbst verschuldete Mangelsituation. Er erleidet einen Mangel an Luzidität und erlebt eine Situation der Beschränktheit im wörtlichen Sinne.

Ich wage die These, dass transnationale Kultur- und Arbeitsräume in besonderer Weise die menschliche Kreativität anregen. Aktive Grenzregionen stellen damit auch Entwicklungsräume *par excellence* dar. Im Hinblick auf wirtschaftlichen Erfolg besitzen sie beste Voraussetzungen für ausgeprägte Prosperität. Ich bemühe nochmals die Grenze zwischen der Bundesrepublik und der DDR: Diese «Zonengrenze» – z.B. bei Helmstedt – inkarnierte wirtschaftlichen Stillstand, dieser Raum der Passivität entleerte sich von aktiven Menschen und Unternehmen. Ein Gegenbeispiel mag der Basler Raum im Dreiländereck zwischen Deutschland, Frankreich und der Schweiz darstellen. Dort existiert zwar eine gemeinsame alemannische Regionalkultur. Daneben überlagern sich aber die drei nationalen Kulturen, dieser Aktivraum zieht die Menschen an, die Wirtschaft – und natürlich auch weitere kulturelle Aktivitäten wie die Kunst – profitiert von den verschiedenen ausgeprägten Fähigkeiten der Menschen, hier boomt sie folgerichtig und sichtbar.

Dieses Entwicklungspotenzial wirkt aus sich selbst heraus. Es bietet sich jedoch an, dieses Potenzial auch gezielt zu entwickeln und zu nutzen. Entwickeln heißt in diesem Zusammenhang, die offenkundigen Stärken zu verbessern, die Möglichkeiten kultureller Begegnung auszubauen und zu vervielfachen. Das beginnt bereits in Vorschulen und Schulen: Kinder, die in internationalen Kindergärten und Schulen lernen, die dort internationale Freundschaften schließen, erleben Interkulturalität in für das spätere Leben prägender Weise. Sie werden mit grosser Leichtigkeit später interkulturell teamfähig sein, weil es ihnen nicht schwer fällt, Menschen aus anderen Kulturen zu verstehen.

Wir erleben eine entgrenzte Welt im geografischen und politischen Sinne: Die früheren nationalen Grenzen verlieren innerhalb der EU an Bedeutung. Sie sind für die Wirtschaft, für die Technik, für die Ausbildung, für die Berufsausübung, aber auch für die Freizeit und die Bestimmung des Lebensmittelpunktes immer weniger bestimmend und begrenzend. Was für die EU bereits in fortgeschrittenem Maße gilt, schafft sich auch darüber hinaus Raum. Unser wirtschaftlicher

Aktionsradius hat sich erweitert, längst ebenso der geografische Radius der Freizeitaktivitäten, und selbst die Planung des Lebensabends schließt ferne Regionen auf anderen Kontinenten ein. Das gleichzeitige oder auch konsekutive Leben in mehreren Kulturen wird für viele Menschen zur Normalität.

Indirekt findet die Entgrenzung unserer Welt in nichträumlichen Zusammenhängen statt: Physik und Biologie wachsen zusammen in Biochemie, Biotechnologie und Biophysik. Juristen haben seit eh und je die Grenzen ihrer Wissenschaft überschritten, insbesondere als kulturell tätige Menschen wie J. W. von Goethe. In der Verwaltung geschieht dies ebenso, z.B am Euro-Institut, indem die dortigen Wissenschaftler und Praktiker das deutsche und französische Verwaltungssystem analysieren und zusammendenken. Auch politisch zeigt sich eine entgrenzte Welt: Auf dem *Tahrirplatz* in Kairo kamen westliche und östliche Welt im *Arabischen Frühling* zusammen. Ähnliches geschah im Sommer 2013 auf dem *Taksimplatz* und im *Gezi-Park* in Istanbul, wo Europa und dessen politische Kultur sich mit der türkischen Emanzipationsbewegung getroffen und eine kommende freiere Entwicklung angedeutet haben.

Ich habe den Wandel der transnationalen Kultur an den folgenden Beispielen aufgezeigt: an den Sekundärtugenden, der Sprache und der Dominanz des Englischen, an der Veränderung von Arbeitsweisen und -routinen, an der Kooperation der Geschlechter, am Kommunikationsverhalten, an der veränderten Mobilität und dem Wandel des Lebensstils, z.B. der Rollenverteilung in den Familien. Diese Beispiele stehen *pars pro toto,* der kulturelle Wandel kann jedes beliebige Feld erfassen, letztlich verändert er die Lebensumstände total. Der Wandel ergreift auch die Verwaltungskulturen, er wirkt tendenziell homogenisierend, z.B. im Sinne einer europäischen Verwaltungskultur (vgl. Beck/Thedieck 2008). Die vorhandenen Verwaltungskulurelemente werden verändert und auch neue Elemente kristallisieren sich heraus, z.B. die Kultur der Verwaltungsevaluation. Über die Verwaltungskultur greifen die Veränderungen auch in die Bereiche von Organisation und Recht hinaus. Diese *Transgressionen* bedienen sich dabei zur Realisierung vor allem der Methode der vergleichenden Beobachtung und Analyse. Je klarer die Vorteile erkannt werden, die in der Entgrenzung liegen, umso dynamischer treten die Veränderungen ein.

Frankreich hat ein prominentes Beispiel für den Versuch geliefert, einen sich abzeichnenden transnationalen Kulturwandel zu verhindern: Der Versuch, die französische Sprache gegenüber dem Vordringen der englischen Sprache zu schützen. Ich selbst habe eine groteske Anwendung dieser Sprachpolitik erlebt, als ich auf einer internationalen Konferenz mit Beteiligung der UN von der französischen Botschaft angewiesen wurde, für eine französische Übersetzung zu sorgen, für die es mangels frankophoner Zuhörer keine sachliche Notwendigkeit gab.

Die kulturelle Entgrenzung findet statt, ohne dass wir sie verhindern können. Wir mögen die französische Sprache und Kultur noch so sehr lieben, es ist sinnlos, sie vor fremden Einflüssen bewahren zu wollen. Nur unter totalitären Bedingungen lassen sich Kulturen steuern. So war es möglich im Dritten Reich eine der Diktatur genehme Kunst zu installieren und neue Kunstrichtungen als «entartet» zu verbieten. Ähnliches geschah als offizielle Kulturpolitik der DDR, als der Staat Literatur und Bildende Kunst in ein enges Korsett zu schnüren suchte. Unter rechtsstaatlichen Bedingungen können die geografischen wie die virtuellen Kulturräume nicht mehr voneinander abgeschottet werden. Doch auch darüber hinaus sind unliebsame Einflüsse nicht zu verhindern. Selbst unter so komplexen und vermeintlich undurchsichtigen administrativen und politischen Bedingungen, wie sie Nordkorea oder China aufweisen, wird es nicht gelingen, den nationalen Raum vor fremden Kulturentwicklungen zu bewahren. Dieser Wirkungsmechanismus besitzt somit starke hoffnungsvolle Elemente, wie sie bereits in dem Motto der Brandt'schen Ostpolitik «Wandel durch Annäherung» zum Ausdruck kam.

Eine viel bessere Alternative zur kulturellen Abschottung bietet gemeinsames Lernen, das gemeinsame Entwickeln neuer Verfahrensweisen und Lösungen über bestehende Grenzen jedweder Art hinweg. Um am Ende wieder auf die Verwaltung und ihre Kultur zurückzukommen: Natürlich gilt dieser Rat auch und gerade für die Verwaltung, die neue Chancen erhält, nicht nur die transnationale Kooperation in vielen Bereichen auszubauen – zum Beispiel die wachsende Nachfrage nach Mobilität oder Energie zu befriedigen –, sondern vor allem kreative Lösungen zu entwickeln, die die traditionell begrenzten Verfahren in räumlich, inhaltlich und methodischer Weise überwinden.

5. Schluss und Fazit

Mit diesem Beitrag habe ich dreierlei aufzeigen wollen:

1. Der kulturelle Wandel erlebt mit der Globalisierung eine neue Dimension. Die Veränderungen sind umfassender, sie vollziehen sich mit wachsender Geschwindigkeit und sie führen tendenziell zu einer Einebnung kultureller Unterschiede. Wir mögen das bedauern, aber was in der Popmusik bereits Realität ist, deutet sich allgemein als kulturelles Bewegungsgesetz der Moderne an.

2. Aktive Grenzregionen besitzen ein besonderes dynamisches Potenzial. Ihr Reichtum an kultureller Diversität macht sie zu einem *Entwicklungsraum par excellence*. Dieses Potenzial gilt es zu entwickeln, wenn man die Chancen dieser Entwicklungsräume optimal nutzen will. Die Chancen gehen von dem Kulturbereich aus, auch von dem der Verwaltungskultur, und erstrecken sich auf weitere

Arbeits- und Lebensfelder, wie das der wirtschaftlichen und künstlerischen Entfaltung.

3. Grenzregionen existieren nicht nur im geografischen Sinne. Entgrenzte Welten können überall entstehen, auch virtuell. Immer dort, wo Grenzen überschritten werden, wo Denkbarrieren fallen, wo man sich neuen kulturellen Dimensionen öffnet, entsteht ein neuer Kommunikationsraum. Er ermöglicht neue Beziehungen, fördert Kreativität und bringt dynamische Entwicklungen hervor. Dieser entgrenzte Raum kann grundsätzlich überall realisiert werden. Territoriale Grenzregionen besitzen naturgemäß einen leichteren Zugang zu Nachbarkulturen und damit ein in mehrfacher Hinsicht dynamisch wirkendes Potenzial.

Letztlich ist dieser Beitrag ein Appell, den Begriff des Entwicklungslandes nicht nur unentwickelten Regionen vorzubehalten, sondern sich darum zu bemühen, unsere tägliche Umwelt, egal in welchem geografischen und sozialen Kontext, als Entwicklungsraum zu verstehen, in dem wir unsere Lebensumstände im Sinne der Aufklärung autonom gestalten.

Literatur

BECK, J./THEDIECK, F. (Eds.) (2008), The European Dimension of Administrative Culture, Baden-Baden

HEINEN, E./FRANK, M. (1997), Unternehmenskultur: Perspektiven für Wissenschaft und Praxis, München

HEINEN, E. (1987), Unternehmenskultur als Gegenstand der Betriebswirtschaftslehre, München/Wien 1987

HOFSTEDE, G. (2001), Culture's Consequences – Comparing Values, Behaviors, Institutions and Organizations Across Nations, 2. Auflage, Thousand Oaks, London, Neu Delhi

KANT, I., (1784), Beantwortung der Frage: Was ist Aufklärung? Berlinische Monatsschrift. Dezember-Heft 1784, S. 481–494

NADOLNY, S. (1983), Die Entdeckung der Langsamkeit, 1. Aufl. München

SCHEIN, E. H. (2003), Organisationskultur. «The Edgar Schein Corporate Culture Survival Guide», Bergisch Gladbach

SCHOENER, J. (2013), Artgerechte Haltung, in: DIE ZEIT vom 27.06.2013

THEDIECK, F. (1992), Verwaltungskultur in Frankreich und Deutschland, Baden-Baden

THEDIECK, F. (Ed.) (2007), Foundations of Administrative Culture in Europe, Baden-Baden

THEDIECK, F. (2008), The Coming into Being of a European Administrative Culture, in: Beck/Thedieck, The European Dimension of Administrative Culture, a.a.O., S. 81–97

Le pilotage des politiques européennes

Un management sous injonctions paradoxales, ou pourquoi l'Europe est de plus en plus schizophrène

MICHEL CASTEIGTS

Sommaire

I. La diversité culturelle européenne, entre mosaïque et chaos	335
II. Une administration hétérogène, au positionnement ambigu	336
A. L'hétérogénéité structurelle de l'administration européenne	336
B. Les ambiguïtés de son positionnement	338
III. Une Europe malade de son (ses) managements(s)	341
A. La contradiction entre la gestion communautaire des ressources humaines et les principes du management interculturel	341
B. Une organisation sous injonctions paradoxales	343
1. La double contrainte, de la psychiatrie à la sociologie des organisations	343
2. Double contrainte et fonctionnement communautaire	344
IV. Conclusion: Pourquoi l'Europe est de plus en plus schizophrène	347
Bibliographie	347

I. La diversité culturelle européenne, entre mosaïque et chaos

En préambule de la déclaration sur la diversité culturelle adoptée par son comité des ministres le 7 décembre 2000, le Conseil de l'Europe rappelait que «que la diversité culturelle a toujours été une caractéristique européenne dominante ainsi qu'un objectif politique fondamental dans le processus de construction européenne». En septembre 2008, dans une communication au Parlement européen, au Conseil, au Comité économique et social européen et au Comité des régions, la Commission affirmait que le multilinguisme était «un atout pour l'Europe et un engagement commun».

Pourtant, à y regarder de plus près, diversité culturelle et multilinguisme constituent des atouts fortement ambivalents. A l'image d'une mosaïque ordonnée de cultures millénaires que véhiculent les représentations officielles, se superposent celles de cohabitations chaotiques et de rapports de forces inavoués. L'administration de la Commission n'échappe pas à cette règle. Elle en offre même un exemple particulièrement représentatif. Entre l'adhésion à la dynamique d'intégration communautaire, qu'impliquent leurs fonctions, et les forces de rappel de leurs identités nationales, les fonctionnaires européens sont tiraillés par des logiques contradictoires.

C'est que les services de la Commission sont une administration hétérogène, au positionnement ambigu (II). Face à des conflits de rationalité multiples, leur management est soumis à des injonctions paradoxales, au sens que Gregory Bateson et l'école de Palo Alto ont donné à cette expression (III). Cette Europe malade de son management adopte des attitudes de plus en plus schizophréniques.

II. Une administration hétérogène, au positionnement ambigu

A. L'hétérogénéité structurelle de l'administration européenne

Contrairement à une idée complaisamment véhiculée, les services de la Commission constituent une administration légère. En 2013, ils comportent 33000 fonctionnaires (contre plus de 50000 pour la seule ville de Paris). Il faut cependant pondérer cette appréciation en tenant compte du niveau de qualification très élevé des administrateurs européens, notamment par rapport aux administrations nationales:

> Même au bas de l'échelle, les administrateurs européens sont titulaires de diplômes de l'enseignement supérieur et parlent deux, trois ou davantage de langues de l'Union européenne. Par expérience, ils acquièrent une expertise horizontale et comparative qui n'a aucun équivalent dans les administrations nationales. La modestie de l'appareil administratif est donc toute relative. C'est une armée de généraux. (Bull, 2010: 100)

Ces agents se répartissent en une multiplicité de statuts. A côté des fonctionnaires statutaires, la Commission recourt aux services de contractuels de diverses catégories: contractuels de haute technicité, contractuels d'exécution, experts nationaux détachés etc. Cette dernière catégorie mérite une attention particulière. Il s'agit de fonctionnaires de haut niveau, bien insérés dans les processus décisionnels communautaires, mais qui conservent des liens privilégiés avec leur administration nationale d'origine, qu'ils sont appelés à rejoindre dans un délai maximum de quatre ans.

Cette diversité statutaire n'est pas significativement plus forte que celle que l'on note généralement au niveau national. Mais l'existence d'un cadre juridique commun ne revêt pas la même signification et n'a pas le même effet d'intégration pour des fonctionnaires issus de pays ayant une longue tradition d'administration statutaire (Allemagne, Grande Bretagne ou France) ou de pays privilégiant les relations contractuelles et pratiquant le *spoil system*.

C'est que l'hétérogénéité des nationalités, et donc des cultures administratives, est une des caractéristique majeures de l'administration communautaire. Dans le document le plus synthétique de présentation du personnel européen, un recto-verso de format A4 intitulé *Key figures card staff members – chiffres clés des membres du personnel*[1], la présentation par nationalités occupe la même place que la présentation par directions, soit pour chacun un quart du total des informations contenues dans la plaquette.

A la multiplicité des cultures nationales se combinent les effets de la diversité des parcours individuels. Les services de la Commission se sont constitués au fil du temps, au gré de sédimentations qui traduisent, avec plus ou moins de fidélité et de retard, les élargissements successifs[2]. Dans cette histoire là, la trajectoire des individus est très étroitement liée à leur appartenance nationale, ce qui explique une surreprésentation des ressortissants des États fondateurs ou ayant adhéré depuis longtemps.

Tous ces facteurs expliquent l'absence, dans l'administration communautaire, d'habitus commun susceptible d'unifier les cultures administratives des individus comme des groupes nationaux en présence[3]. Cette faiblesse des représentations partagées ne permet pas la mise en œuvre de processus convention-

---

[1] http://ec.europa.eu/civil_service/docs/hr_key_figures_en.pdf

[2] Un ouvrage récent, publié sous la direction de Didier Georgakakis, dresse une sociologie politique très détaillée de «l'Eurocratie» (Georgakakis, 2012).

[3] Le terme d'habitus a été utilisé par THOMAS D'AQUIN et le secteur social de la scolastique pour traduire la notion aristotélicienne d'*hexis*. Il a été repris par M. DURKHEIM, M. MAUSS et N. ELIAS, avant d'être placé par PIERRE BOURDIEU au centre de sa théorie de la reproduction sociale comme système «de dispositions durables et transposables, structures structurées prédisposées à fonctionner comme des structures structurantes, c'est-à-dire en tant que principes générateurs et organisateurs de pratiques et de représentations qui peuvent être objectivement adaptées à leur but sans supposer la visée consciente de fins et la maîtrise expresse des opérations nécessaires pour les atteindre, objectivement «réglées» et ‹régulières› sans être en rien le produit de l'obéissance à des règles, et, étant tout cela, collectivement orchestrées sans être le produit de l'action organisatrice d'un chef d'orchestre» (Bourdieu, 1980: 89).

nels[4] de coordination de l'action collective. Cela explique la place prédominante conférée au pilotage par les procédures et les reproches corrélatifs de rigidité, ainsi que la «lourdeur» souvent évoquée, qui tient au mode de fonctionnement de l'administration et non à ses effectifs. Un des paradoxes de cette situation est un recours systématique à l'expertise externe lorsque la complexité des questions à régler nécessiterait des transactions internes entre services que les logiques organisationnelles de la Commission ne permettent pas (Robert, 2003).

B. Les ambiguïtés de son positionnement

Le processus décisionnel de l'Union européenne est aujourd'hui marqué par la rupture de l'équilibre initial des pouvoirs entre les trois pôles de décision. Dans le traité de Rome, la Commission incarnait la dimension supranationale de la Communauté et assurait l'essentiel de l'impulsion des politiques nouvelles. Le Conseil était constitué de ministres délégués par chaque gouvernement et fonctionnait dans le cadre d'une présidence tournante (article 146). Face à la permanence et au poids de la Commission, son influence était relativement limitée et ne jouait vraiment qu'en situation de veto opposé par un des membres[5]. Quand à l'Assemblée parlementaire, composée de délégations des parlements nationaux et ne siégeant de plein droit qu'une fois par an, son rôle était essentiellement formel.

La situation actuelle est radicalement différente. Le Conseil, qui se réunit quatre fois par an au niveau des chefs d'État et de gouvernement, sans que cela se substitue aux réunions de niveau ministériel, est devenu à la fois le centre d'impulsion et l'instance décisionnelle majeure. Le Parlement, élu au

---

[4] Pour la sociologie des conventions, il s'agit de cadres interprétatifs communs plus ou moins implicites utilisés par des acteurs pour évaluer des situations et se coordonner (Diaz-Bone et Thévenot, 2010).

[5] La «politique de la chaise vide» menée par le gouvernement français de juin 1965 à janvier 1966 a constitué un bon exemple de cette configuration. Refusant un renforcement du rôle du Fonds européen d'orientation et de garantie agricole (FEOGA) dans la mise en œuvre de la politique agricole commune et la réduction de la place de la règle de l'unanimité dans la prise de décision au profit de la règle majoritaire, le général de Gaulle a suspendu la participation de la France au conseil des ministres de la CEE, bloquant le fonctionnement communautaire. Le compromis de Luxembourg a mis fin à cette crise en janvier 1966, en confirmant le principe d'une décision à l'unanimité pour les votes concernant des questions d'«intérêt vital» pour un État. Le compromis de Luxembourg peut être considéré comme un coup d'arrêt à la dynamique d'intégration et un certain retour à des logiques inter-gouvernementales dans le champ des compétences communautaires.

suffrage universel, exerce un contrôle effectif sur l'action de la Commission et partage avec le Conseil l'essentiel des pouvoirs législatifs. Face à ces deux instances sensiblement renforcées par rapport au traité de Rome, la Commission a perdu une bonne part de son influence et de ses marges de manœuvre.

Sans qu'il soit besoin d'expliquer cette évolution par des problèmes de leadership personnel, la situation actuelle s'explique notamment:

- *par les élargissements successifs* à des pays dont les motivations étaient très différentes de celles des membres fondateurs; à l'ambition initiale de fonder une paix durable sur une prospérité partagée dans le dépassement des égoïsmes nationaux, ont succédé des préoccupations de libre-échange, de consolidation de la démocratie ou de rupture avec le communisme dans une adhésion irréversible à l'économie de marché; si le rôle spécifique de la Commission comme organe supranational était au cœur du projet initial, il s'est banalisé au fur et à mesure que s'affirmaient les autres logiques;

- *par la crise de la Commission Santer (1998–1999)*; en décembre 1998, les parlementaires européens ont refusé de voter le quitus à la Commission pour l'exercice 1996; la commissaire française Edith Cresson et le commissaire espagnol Manuel Marin étaient particulièrement visés; une motion de censure de la Commission a été rejetée de peu par le Parlement en janvier 1999; le 15 mars, le rapport d'un comité *ad hoc,* très sévère pour la Commission, a conclu à un défaut général de contrôle de l'administration par les commissaires, au delà des deux cas initialement soulevés; le collège des commissaires a démissionné immédiatement; Romano Prodi a été désigné comme président de la nouvelle Commission, avec comme mission prioritaire la réforme des méthodes de travail de l'administration; dès lors, la métamorphose du centre d'impulsion politique en appareil bureaucratique s'est accélérée, d'autant que cette crise a mis en évidence la modification des rapports de forces entre le Parlement et la Commission, sous l'arbitrage du Conseil[6];

- *par la montée en puissance du Parlement*; au fur et à mesure que les modifications des traités accroissaient sa légitimité (élection au suffrage universel), ses pouvoirs et son champ de compétences, le Parlement s'est progressivement affirmé comme le défenseur des intérêts proprement communautaires face aux égoïsmes nationaux qui s'exprimaient au sein du Conseil; dans ce débat la Commission a conçu son rôle de défense des traités sur un registre de plus en plus juridique et de moins en moins politique, contrairement à ce qu'elle faisait du temps de Sicco Mansholt ou Jacques Delors;

---

[6] Pour plus de détail sur l'effet dévastateur de cette crise se reporter à Cantelli (2001). Il s'agit d'un article de référence, même si certaines considérations optimistes ont été démenties par les faits.

elle est devenue un organe technique largement aligné sur les positions du Conseil, comme l'ont montré de façon emblématique les péripéties d'élaboration du budget 2014–2020;

- *et surtout par l'essoufflement de l'esprit communautaire*; au souffle prophétique des pères fondateurs ont succédé des arbitrages inter-gouvernementaux relevant davantage de marchandages d'épicier que de l'enfantement de l'avenir; l'Europe a cessé d'être un projet de société pour devenir une machine bureaucratique, dans l'ingénierie de laquelle les services de la commission constituent des rouages essentiels; l'instauration d'une présidence permanente du Conseil, disposant de ses propres services, a parachevé l'affaiblissement politique de la commission.

Dans ce dispositif où l'administration relève du pôle décisionnel devenu le plus faible, il n'y a rien d'étonnant que la Commission et ses services fassent l'objet d'incessants procès en légitimité, leur statut symbolique et leurs prérogatives formelles[7] semblant disproportionnés par rapport à leur capacité à impulser positivement politiques et projets. Face à ces remises en cause, leur réflexe naturel a été de se replier sur les compétences les mieux assurées, c'est-à-dire les pouvoirs normatifs garantis explicitement par les traités, au détriment des ambitions stratégiques et des dynamiques de projet. Il en résulte un inexorable renforcement des dimensions juridiques et procédurales des cultures administratives en présence. Cette évolution est d'autant plus marquée que les services de la Commission n'ont généralement pas la responsabilité de la mise en œuvre opérationnelle des politiques européennes, qui incombe aux États-membres. L'efficacité des actions mises en œuvre dépend de la qualité de la collaboration entre instances nationales et instances communautaires, qui constituent un conglomérat composite qualifié souvent d'«administration composée» (Schmidt-Assmann, 2006). Ce dispositif hybride est caractérisé par un mode de fonctionnement mêlant coopération et compétition. Dans ce jeu là, les services de la Commission, privés de la légitimité «de terrain», s'arc-boutent sur celle des normes.

Tous ces processus, qui s'enchaînent en boucle, nourrissent une spirale de bureaucratisation qui éloigne de plus en plus l'administration communautaire de la réalité des enjeux sociétaux. Dès lors, les fonctionnaires européens sont enclins à donner des gages à leur pays d'origine, soit faute de référence stratégique communautaire (dans un processus décisionnel européen qui arbitre davantage en fonction des intérêts nationaux que d'une dynamique d'intégration), soit par affinités culturelles (en l'absence d'une culture administrative communautaire forte), soit par intérêt de carrière (notamment dans le cas des experts nationaux détachés).

---

[7] Y compris le niveau de rémunération de leurs agents...

Il en va souvent de même des membres de la Commission qui sont tentés de s'appuyer sur les représentants de leur propre État pour faire prévaloir leur position au niveau du Conseil, au détriment des dispositifs décisionnels internes à la Commission: les règles de décision à l'unanimité ou à la majorité qualifiée permettent souvent de transformer les procédures communautaires en processus d'arbitrage inter-gouvernementaux. Par ailleurs, la tentation est grande pour eux d'adopter des postures dictées moins par les problématiques communautaires que par le souci de renforcer leur visibilité dans leur pays d'origine et d'améliorer leurs perspectives de réinsertion à terme dans la vie politique nationale. Ces forces centrifuges sont cependant limitées par le rôle majeur que joue un petit groupe influent de très hauts fonctionnaires, au sein duquel s'inversent «les oppositions qui s'instaurent entre des pôles communautaires/nationaux et généralistes/sectoriels» et se renversent tendanciellement les hiérarchies «au profit des pôles communautaires et généralistes» (Georgakakis et de Lassalle, 2007: 38).

Pour éviter que tous ces facteurs de complexité et d'incertitude ne débouchent sur un mal-être structurel, il aurait fallu que les services communautaires disposent d'un système de management subtil dans sa conception, pertinent dans ses modalités et fort dans sa mise en œuvre. Tel n'est malheureusement pas le cas.

III. Une Europe malade de son (ses) managements(s)

A. La contradiction entre la gestion communautaire des ressources humaines et les principes du management interculturel

Piloter une organisation interculturelle n'a rien de simple:

> *L'interculturel dans les organisations se caractérise par des cohabitations de représentations, de sens, de codes, de règles multiples, derrière des usages que l'on recherche à plus ou moins unifier, à plaquer. Cette multiplicité de strates organisationnelles, de logiques identitaires peut être violente et s'apparenter pour les acteurs à des situations de doubles contraintes, de malentendus, ou encore générer des mécanismes de cliques, d'alliances/coalitions et renforcer l'instabilité organisationnelle.* (Gauthey, 2002)

Dans ce contexte, un des principes essentiels du management interculturel consiste à tirer pleinement profit de la diversité des cultures en présence, en valorisant les différences dans le jeu des complémentarités. Cela suppose un modèle organisationnel qui parte des compétences concrètes des individus et qui construise un dispositif à géométrie variable avec le souci de les mettre en valeur de façon optimale. Or telle n'est pas du tout la logique d'organisation des services communautaires, structurés de façon uniforme dans une perspective logico-rationnelle de bureaucratie wébérienne revue par les méthodes des consultants anglo-saxons. Dans ce cadre les individus doivent être parfaitement interchangeables et il ne saurait être question d'adapter les procédures pour valoriser les qualités spécifiques de chacun.

Ce mode d'organisation n'est pas propre aux administrations communautaires mais, au niveau national, il y a moins de différenciations culturelles et il existe un *habitus* administratif commun, qui est globalement en phase avec les procédures mises en œuvre. Tel n'est pas le cas dans le contexte européen où la standardisation des tâches ne permet pas de valoriser les potentiels individuels et génère de nombreuses frustrations. Ces frustrations sont d'autant plus difficilement supportées que la complexité des processus décisionnels communautaires rend quasiment inaccessible tout aménagement des procédures:

> *L'administration communautaire est encore victime d'un trait particulier des institutions européennes: l'extrême rigidité des procédures. La catégorie des normes «constitutionnelles» est envahissante et a diffusé ses métastases dans tout le corps européen. Établir une règle nouvelle prend des années; la changer est tout aussi compliqué, long et pesant. Contrairement aux administrations nationales qui peuvent rapidement corriger, suspendre, retirer une norme qui s'avère, à l'application, inutile, inefficace, contre-productrice ou tout simplement mal conçue, le processus de trial and error est difficile à mettre en œuvre au niveau européen une fois le train lancé. Dans la meilleure des hypothèses, les correctifs – s'ils bénéficient du consensus des États membres – exigeront des années d'efforts, de pressions et d'interventions (Bull, 2010: 101).*

Par ailleurs, au prétexte d'assurer l'équité entre nationalités, la répartition des postes de responsabilité génère l'iniquité ou l'absurdité dans la prise en compte des compétences. Il en va notamment ainsi de la réticence à tenir compte de certaines compétences linguistiques et culturelles lorsqu'elles semblent constituer des reliquats de situations coloniales. Ce colonialisme à rebours peut ainsi conduire à préférer un letton à un français pour travailler avec l'Afrique francophone, ou un autrichien à un portugais pour développer les relations entre l'Europe et le Brésil.

De façon plus générale, la réalité du modèle linguistique communautaire est bien loin des déclarations de principes de la Commission, et notamment de la communication de septembre 2008. Le multilinguisme est réservé à la publication des textes et à l'expression publique dans certaines phases procédurales (débats publics du Parlement, par exemple). Mais les processus concrets d'élaboration des politiques et des textes utilisent comme langue instrumentale un anglais appauvri, qui sert de matrice à une pensée commune au vocabulaire restreint et à faible potentiel de conceptualisation[8]. Cela contribue à un formatage procédural frustre et sans créativité, déclinant dans les domaines les plus divers des méthodes répétitives et inadaptées. Lorsqu'il s'avère nécessaire d'élaborer des raisonnements complexes, hors d'atteinte des capacités d'expression du *globish* communautaire usuel, c'est évidemment vers les universitaires ou consultants – essentiellement anglo-saxons – que les services de la Commission se tournent spontanément, contribuant ainsi à renforcer les références néolibérales dans les politiques européennes (Commission européenne, 2001).

Les effets de la fragmentation culturelle de l'administration européenne sont donc traités par une sélection restreinte de principes communs élémentaires, majoritairement importés d'outre-atlantique, et non par la mise en synergie de l'extraordinaire richesse que devrait constituer la diversité des identités culturelles des pays européens. Cet appauvrissement délibéré et institutionnalisé du potentiel interculturel communautaire est à la fois frustrant pour les individus et mutilant pour l'Europe. Il a notamment pour effet de renforcer les injonctions paradoxales auxquelles sont soumis les fonctionnaires et l'administration et de réduire leurs capacités d'adaptation et de réponse.

B. Une organisation sous injonctions paradoxales

1. La double contrainte, de la psychiatrie à la sociologie des organisations

La théorie des injonctions paradoxales (ou double contrainte), introduite par Gregory Bateson (Bateson et al., 1956), permet de rendre compte de la façon dont les dynamiques psycho-culturelles inhérentes au fonctionnement de l'Union européenne pèsent gravement sur la cohérence et l'efficacité des décisions politiques et administratives.

Anthropologue anglais, naturalisé américain en 1956, époux de Margaret Mead avec laquelle il a travaillé sur Bali et la Nouvelle-Guinée, Bateson fonde en 1952, au sein du *Veterans Administration Hospital* de Palo Alto, un groupe de recherche sur les paradoxes de l'abstraction dans la communication, financé par la Fondation Rockefeller. En 1954, le projet est prolongé de deux ans grâce à

---

[8] L'usage de l'allemand ou du français comme langue de travail relève de plus en plus de l'exception.

un financement de la Fondation Macy et recentré sur l'étude de la communication chez les schizophrènes. En 1956, Bateson et son équipe publient un article fondateur *Toward a theory of schizophrenia,* qui introduit le concept de «double contrainte».

Une injonction paradoxale, c'est à dire qui soumet à une double contrainte celui à qui elle s'adresse, peut être ainsi décrite:

> *Un message est émis qui est structuré de manière telle que: a) il affirme quelque chose, b) il affirme quelque chose sur sa propre affirmation, c) ces deux affirmations s'excluent. Ainsi, si le message est une injonction, il faut lui désobéir pour lui obéir; s'il s'agit d'une définition de soi ou d'autrui, la personne définie par le message n'est telle que si elle ne l'est pas, et ne l'est pas si elle l'est. Le sens du message est donc indécidable...*
>
> *Enfin, le récepteur du message est mis dans l'impossibilité de sortir du cadre fixé par ce message, soit par une métacommunication (critique), soit par le repli. Donc, même si, logiquement, le message est dénué de sens, il possède une réalité pragmatique: on ne peut pas ne pas y réagir, mais on ne peut pas non plus y réagir de manière adéquate (c'est à dire non paradoxale) puisque le message est lui-même paradoxal (Watzlawick et al., [1967] 1979: 213).*

Cette notion d'injonctions paradoxales va bien au delà de la situation classique de choix à opérer entre hypothèses contradictoires, puisqu'elle implique l'impossibilité logique d'un choix rationnel. C'est cette impossibilité logique qui induit des comportements pathologiques, dans la mesure où il n'y a pas de solution «normale» pour trancher le dilemme.

La théorie de la double contrainte a rapidement franchi les limites du champ clinique pour devenir une clé d'analyse très générale des comportements humains et des dynamiques organisationnelles. Elle a ainsi été mobilisée dans les domaines les plus divers, comme la souffrance au travail (Clot, 2010), les effets pervers de l'idéologie gestionnaire (de Gaulejac, 2005) ou le management de la formation (Snyder & Cummings, 1997).

2. Double contrainte et fonctionnement communautaire

Après la chute de la Commission Santer, une réforme majeure de l'organisation et du fonctionnement de la Commission européenne a été entreprise à partir de 1999 sous l'autorité de Neil Kinnock. Elle était marquée de la double préoccupation d'en améliorer l'efficacité et d'en renforcer l'éthique (Cini, 2010). Rien d'étonnant dans ces conditions qu'une part significative des injonctions paradoxales qui pèsent sur les services communautaires soit précisément liée aux contradictions entre éthique et efficacité.

Trois codes de conduite ont été adoptés pour définir les droits et devoirs des commissaires et de leurs services: le premier, approuvé avant la réforme Kinnock, s'appliquait aux membres du collège; le second réglait les relations entre les membres du collège et leurs services; le troisième concernait le fonctionnement propre de l'administration. De façon parfaitement convenue, les maîtres-mots de ces codes éthiques étaient «transparence» et «responsabilité». Parallèlement, au titre de l'efficacité, un nouveau règlement financier fut mis en chantier. Au terme d'une gestation longue et complexe, car les relations avec les États-membres étaient directement concernées, il fut adopté en 2002 pour entrer en vigueur en 2003[9]. Il mettait en place de nouvelles règles pour la gestion du budget communautaire, ainsi que des dispositifs rigoureux et complexes de validation, de contrôle et d'audit.

Au terme de ces réformes, le discours officiel est bien évidemment que la Commission et ses services sont aujourd'hui une «administration moderne»:

Chacun a son idée de ce que peut être une administration «moderne». À la Commission, nous pensons que c'est une administration fondée sur les principes d'efficacité, de transparence et de responsabilité.

Le système et les procédures administratives, la gestion des ressources humaines et financières, ainsi que la planification et la programmation des activités de la Commission ont été soumis à une vaste réforme. Cet exercice de modernisation est le plus important qui ait jamais été réalisé depuis la création de la Commission européenne en 1958.
(source: http://ec.europa.eu/civil_service/index_fr.htm)

Sous l'en-tête «Pour en savoir plus sur les différents aspects, politiques et actions qui font de la Commission une administration moderne», le site détaille un certain nombres de rubriques: efficacité, transparence, éthique et conduite, égalité des chances, commission en ligne, respect de l'environnement, multilinguisme. Le détail de ces *item* est éloquent. Ainsi, s'agissant de l'efficacité, elle implique de «fixer les priorités et allouer les ressources», «professionnaliser les ressources humaines», «décentraliser la gestion financière», «simplifier les outils et les procédures». Le caractère résolument novateur de ces principes n'échappera à personne ... Leurs contradictions méritent par contre un décodage plus précis.

En effet si, au nom de l'efficacité, on assigne à l'administration l'objectif d'alléger les procédures, au nom de la transparence on multiplie dans le même

---

[9] Le précédent datait de 1977.

temps les rapports et les contrôles. Les services, tenus de se conformer simultanément aux deux injonctions, sont placés dans une situation typique de double contrainte. Il en va de même du principe de responsabilité, dont la traduction concrète est l'imputabilité précise des conséquences des décisions. Cela a conduit à mettre en place une traçabilité intégrale des procédures, alourdissant de façon considérable les processus décisionnels et contribuant, paradoxalement, à déresponsabiliser les individus, en inhibant toute prise de risque, c'est à dire tout exercice concret d'une responsabilité effective. Là encore, les injonctions paradoxales sont manifestes.

De façon plus générale, le renforcement continu des contraintes procédurales et des règles formelles est totalement contradictoire avec les injonctions maintes fois répétées à l'initiative et avec toute culture de l'autonomie[10]. Cette double contrainte, qui est caractéristique de bien des organisations sociales, explique que, de plus en plus, la société soit «malade de la gestion» (Gaulejac, 2005). Mais dans le cas de la Commission, l'insularité organisationnelle et le fétichisme procédural en aggravent sensiblement les effets. En outre, les conditions concrètes des prises de décision européennes ne peuvent qu'alimenter le malaise. Que doivent ressentir des fonctionnaires, dont on exige transparence et responsabilité dans la conception et la mise en œuvre de politiques, face à des processus décisionnels aussi peu transparents et aussi peu responsables? C'est peu de dire que les arbitrages qui interviennent au sein du Conseil n'ont que de lointains rapports avec les principes d'efficacité, de transparence et de responsabilité affichés sur le site de la Commission. Mais ils ont des rapports encore plus lointains avec «l'intérêt communautaire» auquel se réfèrent les codes éthiques et le statut des fonctionnaires européens (Maggi-Germain, 2005). Comment exiger d'eux qu'ils fassent preuve de loyauté, d'efficacité, de transparence, et *a fortiori* de conviction, dans la promotion et la mise en œuvre de choix politiques qui résultent de marchandages entre intérêts nationaux, aux limites du chantage? Rien dans le fonctionnement des instances communautaires, au plus haut niveau, ne donne à leurs serviteurs des clés pour arbitrer, en leur âme et conscience, les injonctions paradoxales de la fidélité à l'intérêt communautaire et des attachements aux intérêts nationaux.

---

[10] En grec, auto-nomos signifie capacité de se donner à soi-même ses propres lois. Or le fonctionnement de l'administration communautaire est manifestement hétéronomique.

IV. Conclusion: Pourquoi l'Europe est de plus en plus schizophrène

Gregory Bateson a introduit la théorie de la double contrainte pour éclairer le comportement pathologique des schizophrènes. Au regard de l'ampleur des injonctions paradoxales auxquelles sont soumis la Commission et ses services, il n'y a rien d'étonnant que le fonctionnement des administrations communautaires semble de plus en plus schizophrénique: c'est pour elles une question de survie. En prise avec un monde réel où on exige d'elles tout et son contraire, elles n'ont d'autre recours que d'interposer, entre elles et cette insupportable réalité, un système de représentations reconstruites destiné à rétablir une cohérence formelle dans leur perception des choses. Il s'agit d'un monde fantasmé, réorganisé autour de dispositifs normatifs qui conditionnent les grilles d'analyse des enjeux, fournissent les références de l'action et *in fine* façonnent l'image de la société.

Dans cette mise à distance de la vie réelle, s'estompent l'intensité des attentes sociales, la brutalité des rapports de forces, l'ampleur des désespérances et la fragilité de l'espoir: rien de tout cela n'a sa place dans les guides de procédures et dans les *progress reports*. Cet aveuglement bureaucratique peut déboucher parfois sur des moments parfaitement surréalistes, lorsque le réel surgit inopinément, comme un retour du refoulé. Ainsi la Commission européenne a-t-elle été récemment amenée à retirer précipitamment une proposition de réglementation fixant la manière de servir l'huile d'olive dans les restaurants. Il est vrai qu'au regard des enjeux majeurs auxquelles les sociétés européennes sont confrontées l'urgence de ce dossier n'était pas flagrante. Le fait qu'il ait été engagé et poursuivi pendant de nombreux mois en dit cependant long sur la coupure entre les administrations européennes et le monde réel.

Bibliographie

BATESON G., D.D. JACKSON, J. HALEY & J. WEAKLAND, 1956, «Toward a theory of schizophrenia», *Behavioral Science,* Vol. 1, n°4, p. 251–264

BOURDIEU P., 1980, *Le sens pratique*, Paris, Editions de Minuit

BULL H., 2010, «Kafka à la sauce bruxelloise? Observations d'un praticien désabusé», *Revue française d'administration publique,* 2010/1, n° 133, p. 99–104

CANTELLI F., 2001, «La question administrative européenne à l'agenda: enjeux croisés d'un séisme», *Pyramides*, 3–2001, p. 81–100. [Mis en ligne le 30 septembre 2011] http://pyramides.revues.org/540

CINI M., 2010, «Ethique et réforme administrative de la Commission européenne», *Revue française d'administration publique*, 2010/1, n° 133, p. 45–60

CLOT Y., 2010, *Le travail à cœur. Pour en finir avec les risques psychosociaux*, Paris, La Découverte

COMMISSION EUROPÉENNE, 2001, *Democratising Expertise and Establishing Scientific Reference System*. Report of the Working Group for White Paper on Governance

DIAZ-BONE R. ET L. THÉVENOT, 2010, «La sociologie des conventions. La théorie des conventions, élément central des nouvelles sciences sociales françaises», *Trivium*, 5/2010. [En ligne] http://trivium.revues.org/3626

GAULEJAC V. DE, 2005, *La Société malade de la gestion. Idéologie gestionnaire, pouvoir managérial et harcèlement social*, Paris, Le Seuil

GAUTHEY F., 2002, «Management interculturel: représentations et pratiques en questions», *Communication et organisation*, 22–2002. [Mis en ligne le 27 mars 2012] http://communicationorganisation.revues.org/2721

GEORGAKAKIS D. (dir.), 2012, *Le champ de l'Eurocratie: une sociologie politique du personnel de l'Union Européenne*, Paris, Economica

GEORGAKAKIS D. ET M. DE LASALLE, 2007, «Genèse et structure d'un capital institutionnel européen. Les très hauts fonctionnaires de la Commission européenne.», *Actes de la recherche en sciences sociales*, n° 166–167, p. 38–53. [En ligne] http://www.cairn.info/revue-actes-de-la-recherche-en-sciences-sociales-2007-1-page-38.htm

MAGGI-GERMAIN N., 2005, «Les fonctionnaires communautaires et l'intérêt général communautaire», *Études européennes*, n°6, avril, vol.2. [En ligne] http://www.etudes-europeennes.eu/archives-completes/3.html

ROBERT C., 2003, «L'expertise comme mode d'administration communautaire: entre logiques technocratiques et stratégies d'alliance», *Politique Européenne*, 2003/3, n°11, p. 57–78

SCHMIDT-ASSMANN E., 2006, «Le modèle de l'administration composée et le rôle du droit administratif européen», *Revue française de droit administratif*, 2006-6, novembre-décembre, p. 1246–1255

SNYDER W. M. & CUMMINGS TH. G., 1997, *Organization-learning Disorders: Conceptual Model and Intervention Hypotheses*, Los Angeles, CEO Publication G 97-10 (322) – University of Southern California

WATZLAWICK P., J. HELMICK BEAVIN & DON D. JACKSON, 1967, *Pragmatics of Human Communication*, New York, Norton & Compagny; trad. franç. *Une logique de la communication*, Paris, Le Seuil, 1972; édition citée Collection Points 1979

Verzeichnis der Autoren

Joachim Beck ist Professor für Verwaltungsmanagement an der Hochschule für öffentliche Verwaltung Kehl und koordiniert dort am Institut für Angewandte Forschung das Kompetenzzentrum «Grenzüberschreitende Zusammenarbeit und Europa». Er war von 2006 bis März 2014 Direktor des deutsch-französischen Euro-Institutes in Kehl.

Dieter Beck ist außerplanmäßiger Professor für Psychologie an der Deutschen Universität für Verwaltungswissenschaften Speyer mit dem Arbeitsschwerpunkt Sozial-, Personal- und Organisationspsychologie.

Ulrike Becker-Beck ist Geschäftsführerin des Büros für Angewandte Psychologie (BAP), Saarbrücken, und Privatdozentin für Psychologie an der Universität des Saarlandes.

Christine Beneke ist Doktorandin und Wissenschaftliche Mitarbeiterin am Fachbereich Rechts- und Wirtschaftswissenschaften der Universität Mainz. Sie verfügt über eine Vielzahl von Abschlüssen deutscher und französischer Universitäten, hat am Cycle International Long der Ecole nationale d'administration in Frankreich teilgenommen und Berufserfahrungen in der deutschen und französischen Verwaltung gesammelt.

Ben Behmenburg ist Regierungsdirektor im Bundesministerium des Innern und Teilnehmer am berufsbegleitenden Studiengang «Master Européen de Gouvernance et d'Administration (MEGA)», Promotion Stéphane Hessel (2013/2014), der u.a. von der Bundesakademie für öffentliche Verwaltung (BaköV) und der Ecole Nationale d'Administration (ENA) durchgeführt wird.

Bertrand Cadiot est conseiller à la coopération internationale du secrétaire général du ministère français de l'intérieur. Il a passé trois ans à Berlin comme fonctionnaire d'échange et conseiller pour la coopération franco-allemande au ministère fédéral allemand de l'intérieur.

Michel Casteigts, ancien Inspecteur général de l'administration au ministère français de l'Intérieur; professeur associé de management public à l'Université de Pau et des Pays de l'Adour et chercheur au Centre de documentation et de recherches européennes (CDRE); spécialiste du management territorial stratégique, notamment en contexte transfrontalier.

Cédric Duchêne-Lacroix ist Wissenschaftlicher Mitarbeiter am Lehrstuhl für Soziale Ungleichheit, Konflikt- und Kooperationsforschung an der Universität Basel, Promotion in Sozialwissenschaften an der Humboldt Universität zu Berlin zum Thema «Transnationale Archipele & Identitätszusammenstellung – Die französische Präsenz in Berlin».

Stefan Fisch ist Inhaber des Lehrstuhls für Neuere und Neueste Geschichte, insbesondere Verfassungs- und Verwaltungsgeschichte an der Deutschen Universität für Verwaltungswissenschaften Speyer.

RAPHAËLLE GRISEL occupe le poste d'Online Marketing Managerin en charge des projets francophones dans une agence de e-marketing en Allemagne. Elle a terminé son cursus universitaire par un master en Administration Publique Européenne effectué aux Hochschulen für öffentliche Verwaltung de Ludwigsburg et de Kehl. L'article présenté dans cette publication est un extrait de son mémoire de fin d'études.

JÜRGEN KEGELMANN ist Professor für Management, Organisation und Personal sowie Prorektor an der Hochschule für öffentliche Verwaltung, Kehl. Er leitet dort das Institut für Angewandte Wissenschaften.

FABRICE LARAT, Directeur du Centre d'Expertise et de recherche administrative de l'Ecole nationale d'administration, Strasbourg et Rédacteur en chef de la revue française d'administration publique.

KARL-PETER SOMMERMANN, Professor für Öffentliches Recht, Staatslehre und Rechtsvergleichung an der Deutschen Universität für Verwaltungswissenschaften Speyer, Ordentliches Mitglied des Deutschen Forschungsinstituts für öffentliche Verwaltung.

JEAN LUC TALTAVULL est commissaire de Police depuis une quinzaine d'années. Après quelques années en sécurité publique puis à la police judiciaire de Paris, il a servi en tant qu'attaché de sécurité intérieure près l'ambassade de France à Berlin, fonction dans laquelle il a pu relever bien des particularités dans les organisations policière et administrative respectives de deux pays «si loin, si proches».

FRANZ THEDIECK ist Leiter des Steinbeis-Beratungszentrums International Public Management, bis 2013 Professor an der Hochschule für öffentliche Verwaltung Kehl, zuvor Direktor der ZÖV (Zentralstelle für Öffentliche Verwaltung) der Deutschen Stiftung für Entwicklungszusammenarbeit.

GÉRARD TRABANT a été adjoint chargé de la culture puis de l'urbanisme à la ville de Haguenau de 1989 à 1993 et premier adjoint du maire 1993 à 2008. Il était conseiller régional en Alsace jusqu'en 2010. Ancien professeur d'histoire, il est auteur du livre «Effacer la frontière?: Soixante ans de coopération franco-allemande en Alsace du Nord».

MARTIN WEBER ist Generalsekretär des Bundes Schweizer Architekten und Geschäftsführer der Martin Weber Beratung, Basel, zuvor u.a. Projektkoordinator Internationale Bauausstellung IBA Basel 2020 beim Kanton Basel-Stadt, Leiter Grenzüberschreitende Zusammenarbeit und Europadelegierter beim Kanton Basel-Stadt, Schweizer Delegationssekretär der Deutsch-französisch-schweizerischen Oberrheinkonferenz.

HANNAH WUNRAM a obtenu son bac en Allemagne, avant de faire une licence en psychologie ainsi qu'un master en Euroculture et Communication Internationale à l'Université de Strasbourg. Depuis 2013, elle travaille en tant que formatrice d'allemand pour différentes entreprises à Strasbourg et depuis 2014 comme gestionnaire de projet dans le domaine interculturel à l'Euroinstitut.

Andreas Uebler ist Leiter des Dezernats IV im Landratsamt Emmendingen. Zuvor war er nach einer Tätigkeit im Innenministerium des Landes Brandenburg, sowie einem neunmonatigen Aufenthalt an der Ecole Nationale d'Administration, in der Europaabteilung der Stadt Strasbourg u.a. für die grenzüberschreitenden und europäischen Angelegenheiten zuständig.

Schriften zur Grenzüberschreitenden Zusammenarbeit

Bd. 1   Regina Derrer/Simon Thummel
Die trinationale Regio-S-Bahn Basel
2009. XVI, 230 Seiten, broschiert, CHF 58.–

Bd. 2   Joachim Beck/Anne Thevenet/Charlotte Wetzel (Hrsg.)
Europa ohne Grenzen – 15 Jahre gelebte Wirklichkeit am Oberrhein
L'Europe sans frontière – 15 ans de réalités dans le Rhin Supérieur
2009. XII, 174 Seiten, broschiert, CHF 49.–

Bd. 3   Kerstin Odendahl/Hans Martin Tschudi/Andreas Faller (Hrsg.)
Grenzüberschreitende Zusammenarbeit im Gesundheitswesen
Ausgewählte Rechtsfragen am Beispiel des Basler Pilotprojekts
2010. XXIII, 521 Seiten, broschiert, CHF 78.–

Bd. 4   Karl-Heinz Lambertz (Hrsg.)
Die Grenzregionen als Labor und Motor kontinentaler Entwicklungen in Europa
Berichte und Dokumente des Europarates sowie Reden zur grenzüberschreitenden Zusammenarbeit in Europa
2010. X, 261 Seiten, broschiert, CHF 59.–

Bd. 5   Eric Jakob/Manuel Friesecke/Joachim Beck/Margot Bonnafous (Hrsg.)
Bildung, Forschung und Innovation am Oberrhein – Formation, recherche et innovation dans la région du Rhin supérieur
2011. XX, 588 Seiten, broschiert, CHF 98.–

Bd. 6   Benjamin Schindler/Hans Martin Tschudi/Martin Dätwyler (Hrsg.)
Die Schaffung eines trinationalen Rheinhafens Basel-Mulhouse-Weil
2012. XII, 105 Seiten, broschiert, CHF 39.–

Bd. 7   Benjamin Schindler/Hans Martin Tschudi (Hrsg.)
Umwelt und Verkehr im Bodenseeraum
2013. XVII, 407 Seiten, broschiert, CHF 72.–

Bd. 8   Hans Martin Tschudi/Benjamin Schindler/Alexander Ruch/
Eric Jakob/Manuel Friesecke (Hrsg.)
Die Grenzüberschreitende Zusammenarbeit der Schweiz
Juristisches Handbuch zur Grenzüberschreitenden Zusammenarbeit von Bund und Kantonen
2014. XL, 867 Seiten, gebunden, CHF 128.–

Bd. 9   Thomas Pfisterer
Die Kantone mit dem Bund in der EU-Zusammenarbeit
Art. 54 Abs. 3, 55 und 56 BV und deren Anwendung auf die bilateralen Verträge
2014. XLVII, 165 Seiten, broschiert, CHF 58.–